**Histoire naturelle
de l'amour**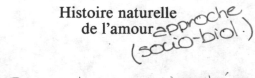

Collection *Pluriel* fondée par Georges Liébert

dirigée par Pierre Vallaud

HELEN FISHER

Histoire naturelle de l'amour

*Instinct sexuel et comportement amoureux
à travers les âges*

Traduit de l'anglais par Evelyne Gasarian

ROBERT LAFFONT

Ethnologue et anthropologue, **Helen Fisher** *dirige un programme de recherche au département d'anthropologie du Museum américain d'histoire naturelle et anime des débats à la radio et à la télévision ; elle a déjà publié un ouvrage sur l'évolution de la sexualité et de nombreux articles.*

Titre original : *Anatomy of Love*
© Helen Fisher, 1992.
Traduction française : Éditions Robert Laffont, S.A., 1994.

PRÉFACE
Une « façon de voir »

Ma sœur et moi sommes de vraies jumelles. Dès l'âge de quatre ou cinq ans, j'avais commencé à remarquer les regards intrigués et interrogateurs que les adultes posaient sur nous. Les problèmes et soucis de Lorna étaient-ils aussi les miens ? Aimions-nous toutes les deux les mêmes jouets ? M'était-il déjà arrivé de me prendre pour elle ? Je garde encore ce souvenir d'elle et moi, assises sur le siège arrière de la voiture familiale, et comparant nos mains. Nous avions le même rire, et nous l'avons conservé. Le même goût du risque, bien que nous ne l'exprimions pas de la même façon. Elle est aujourd'hui pilote de montgolfière dans le Colorado, tandis que j'anime des conférences et débats télévisés sur des problèmes délicats de la vie affective, adultère ou divorce. Elle est aussi artiste. Elle peint de grands tableaux à petits coups de pinceau, tandis que j'aligne des mots sur des centaines de pages. Ces deux activités exigent patience et attention pour les détails. Et toutes les deux, nous travaillons seules.

Ainsi, dès ma petite enfance, je me suis mise tout à fait inconsciemment à évaluer mon comportement, et à faire la part des choses entre ce qui m'avait été transmis et ce que j'avais appris. Plus tard, à l'université, j'ai découvert les controverses sur l'inné et l'acquis. L'idée de John Locke selon laquelle l'esprit serait une *tabula rasa,* ou une ardoise vide, me rendait perplexe. Chaque nourrisson était-il vraiment cette feuille vierge sur laquelle la culture gravait une personnalité ? Je ne le croyais pas.

C'est alors que j'ai lu le livre de Jane Goodall, *In The Shadow of Man* (A l'ombre de l'homme), sur les chimpanzés sauvages de

Tanzanie. Ces animaux avaient chacun leur personnalité, se faisaient des amis, se prenaient par la main, s'embrassaient, s'offraient mutuellement des cadeaux de feuillages et de brindilles et pleuraient quand un compagnon mourait. Je fus saisie par la ressemblance affective entre la belle et la bête, l'homme et l'animal. Et j'acquis la conviction qu'une part de mon comportement était bien d'origine biologique.

Ce livre est consacré aux caractères *innés* du sexe, de l'amour et du mariage, aux particularités de l'accouplement que nous avons *héritées* de notre passé. Le comportement humain est un nœud complexe de forces héréditaires ou déterminées par l'environnement, et je ne souhaite pas minimiser l'influence de la culture sur la conduite humaine. Mais ce sont les composantes génétiques du comportement qui m'ont toujours intriguée.

L'idée de ce livre me vint dans le métro new-yorkais. A l'époque, je brassais force statistiques sur le mariage aux États-Unis et mon attention fut attirée par d'étranges motifs de divorce. Je me demandai si, dans d'autres cultures, les séparations relevaient des mêmes causes. Je me suis donc penchée sur les données concernant le divorce au sein de soixante-deux sociétés figurant dans l'annuaire démographique des Nations unies ; j'y ai trouvé des cas tout aussi curieux. Puis j'ai étudié les données concernant l'adultère au sein de quarante-deux cultures différentes. Et lorsque j'ai étudié ce que nous connaissons de la monogamie, de l'« infidélité » et de l'abandon de famille chez les oiseaux et les mammifères autres que l'homme, à la lumière du tableau planétaire des relations humaines offert par les statistiques des Nations unies, j'ai découvert des ressemblances si frappantes qu'elles m'ont amenée à une théorie générale de l'évolution de la sexualité humaine et de la famille.

Pourquoi nous marions-nous ? Pourquoi certains d'entre nous sont-ils adultères ? Pourquoi divorçons-nous ? Pourquoi nous remarions-nous et tentons-nous à nouveau notre chance ? Le livre commence par des chapitres sur la *nature* des comportements de séduction, des sentiments amoureux, de la monogamie, de l'adultère et du divorce. A partir du chapitre 6, je remonte tout au début de la vie sociale humaine. Je retrace l'évolution de notre sexualité, de ses premières manifestations, il y a quelque quatre millions d'années, dans les prairies de l'Afrique de l'Est, jusqu'aux mœurs des sociétés contemporaines, occidentales ou plus « exotiques », en passant par celles de nos ancêtres des cavernes, à l'époque des peintures rupestres et de la grande glaciation européenne.

En même temps que j'expose mes théories, j'étudie pourquoi nous tombons amoureux d'une personne plutôt que d'une autre, pourquoi nous avons le coup de foudre, quelles sont les racines physiologiques de la fidélité ou du donjuanisme ; j'étudie pourquoi les hommes ont de gros pénis et les femmes des poitrines qu'elles cherchent à rendre toujours plus avantageuses ; j'étudie les différences entre les sexes au niveau du cerveau, l'évolution des relations entre « femmes, hommes et pouvoir », le développement de l'adolescence, l'origine de notre conscience, et moult autres fruits de nos pulsions sexuelles. Pour finir, dans le dernier chapitre, j'utilise l'ensemble de ces données pour anticiper quelque peu sur les « relations » que nous pourrions entretenir demain et, si notre espèce survit, dans quelques millénaires.

Quelques mises en garde préliminaires. Chemin faisant, j'ai procédé à de nombreuses généralisations. Ni vos comportements ni les miens ne correspondent exactement aux modèles que je suis amenée à décrire. Pourquoi en serait-il ainsi ? Il n'y a pas de stricte corrélation entre l'immense variété des conduites humaines et les lois générales de la nature. Je m'intéresse aux modèles dominants, plutôt qu'aux exceptions.

Par ailleurs, je ne m'efforce pas d'être « politiquement correcte * ». La nature veut que les hommes et les femmes agissent ensemble. Mais je ne peux pas affirmer qu'ils soient semblables. Ils ne le sont pas. Et en ce qui concerne les différences entre les sexes, j'en ai exposé les racines biologiques, ou ce qui ressort de l'évolution, à chaque fois que cela m'a paru pertinent.

J'ai résisté aussi à certaines marottes d'anthropologues. Il n'est plus en vogue actuellement d'utiliser les Bochimans Kungs de l'Afrique du Sud comme modèles de ce qu'aurait pu être la vie à l'époque reculée où nous étions chasseurs-collecteurs. Les raisons pour lesquelles je continue cependant à le faire sont exposées en fin

---

* Terme consacré, utilisé dans un certain milieu intellectuel issu de la révolte des années 1968 et viscéralement hostile à tout ce qui peut être considéré comme discriminatoire sur le plan sexuel ou racial. (*N.d.T.*)

d'ouvrage, dans une des nombreuses notes dont j'espère que le lecteur prendra connaissance.

Certains s'inquiéteront peut-être de mon insistance à souligner la probable composante génétique et les qualités adaptatives de comportements sociaux complexes, dévalués et souvent très mal vécus, comme l'adultère et le divorce. Je ne *plaide en aucune façon* en faveur de l'infidélité ou de l'abandon de foyer ; j'essaie seulement de comprendre ces péripéties douloureuses de la vie humaine.

Enfin je suis éthologue, c'est-à-dire que je m'intéresse aux origines génétiques du comportement. On pourrait dire des éthologues ce que Margaret Mead disait autrefois des anthropologues — qu'ils ont leur « façon de voir ». Je considère que les êtres humains ont une nature commune, qu'ils partagent un ensemble de tendances et de potentialités *inconscientes,* codées dans leur ADN et qui ont évolué à l'usage dès les premiers âges de l'humanité, il y a des millions d'années. Nous n'avons pas conscience de ces prédispositions, mais elles n'en déterminent pas moins nos actions.

Je ne pense pas, cependant, que nous soyons des pantins dont les gènes tireraient les ficelles, ou que notre ADN *déterminerait* notre conduite. Au contraire, à partir d'un matériel génétique commun, la culture forge d'innombrables et diverses traditions ; les individus répondent à leur environnement et à leur hérédité par des moyens propres que les philosophes ont longtemps appelés « libre arbitre ».

Dans leur long cheminement pour mieux se comprendre eux-mêmes, les hommes ont d'abord étudié le soleil, la lune et les étoiles, puis les plantes et les animaux qui les entourent. Il a fallu attendre ces deux derniers siècles pour qu'ils examinent d'un point de vue scientifique leur tissu social et leur intellect. A l'ère victorienne, on ne rangeait pas les livres d'auteurs masculins et féminins sur les mêmes étagères. C'est seulement dans les années 1950, somme toute récentes, que le chercheur Alfred Kinsey, un pionnier en la matière, réalisa ses études sur la sexualité des Américains. Les scientifiques n'en sont qu'aux débuts de leurs recherches sur les fondements génétiques des pratiques amoureuses humaines. C'est pourquoi ce livre est une tentative d'*histoire naturelle* de nos vies sentimentales.

L'amour relève du merveilleux — comme les poètes et les tourtereaux le savent. Je ne veux surtout pas profaner un sanctuaire. Mais nos désirs sexuels sont tangibles et connaissables. Et je suis fermement convaincue que mieux nous parviendrons à comprendre notre héritage humain, mieux nous le maîtriserons et exercerons la plénitude de notre libre arbitre.

Helen E. Fisher

Ne sonde pas de Dieu l'immense profondeur ;
Travaille sur toi-même, et rentre dans ton cœur,
L'étude la plus propre à l'Homme, est l'Homme même.
Quel mélange étonnant ! Quel étrange problème !
En lui que de lumière, et que d'obscurité !
En lui quelle bassesse, et quelle majesté !
Il est trop éclairé pour douter en sceptique,
Trop faible pour s'armer de la vertu stoïque,
Serait-il en naissant au travail condamné ?
Aux douceurs du repos serait-il destiné ?
Tantôt de son esprit admirant l'excellence,
Il pense qu'il est Dieu, qu'il en a la puissance ;
Et tantôt gémissant des besoins de son corps,
Il croit que de la brute il n'a que les ressorts.
Ce n'est que pour mourir qu'il est né, qu'il respire :
Et toute sa raison n'est presque qu'un délire.
S'il ne l'écoute point, tout lui devient obscur ;
S'il la consulte trop, rien ne lui paraît sûr.
Chaos de passions et de vaines pensées,
Admises tour à tour, tour à tour repoussées,
Dans ses vagues désirs, incertain, inconstant,
Tantôt fou, tantôt sage, il change à chaque instant ;
Également rempli de force et de faiblesse,
Il tombe, il se relève, et retombe sans cesse.
Seul il peut découvrir l'obscure vérité,
Et d'erreur en erreur il est précipité ;

Créé maître de tout, de tout il est la proie ;
Sans sujet il s'afflige, ou se livre à la joie ;
Et toujours en discorde avec son propre cœur,
Il est de la Nature et la honte et l'honneur.

Alexander Pope *

---

* Alexander Pope (1688-1744), écrivain classique anglais, éditeur de Shakespeare et traducteur d'Homère, célèbre en particulier par ce long poème philosophique, *An Essay on Man,* dont les vers ci-dessus sont un passage. Édition Armand König, 1772, traducteur : monseigneur l'abbé Du Resnel. (*N.d.T.*)

1

LA SÉDUCTION
A quoi jouent les hommes

> *Sous les forces de l'amour, ce sont les fragments du monde qui se recherchent pour que le monde arrive.*
>
> Pierre Teilhard de Chardin

Vrai ou faux, on raconte qu'un collègue se serait ainsi adressé au grand généticien anglais J.B.S. Haldane :

« Dites-moi, monsieur Haldane, vous qui connaissez si bien la nature, que pouvez-vous me dire de Dieu ? »
Ce à quoi Haldane aurait répliqué :
« Il éprouve une excessive tendresse pour les coléoptères. »

C'est un fait. Le monde compte plus de trois cent mille espèces de coléoptères. J'ajouterais pourtant volontiers que « Dieu » adore aussi les jeux amoureux des hommes, car aucun autre aspect de notre comportement n'est à ce point varié, subtil ou envahissant. Et bien que les stratégies sexuelles diffèrent d'un individu à l'autre, les figures fondamentales de la chorégraphie de la séduction, de l'amour et du mariage comportent une myriade d'arrangements qu'on croirait gravés à l'eau-forte dans la psyché humaine. Œuvre du temps, de la sélection et de l'évolution.

Cela commence au moment où hommes et femmes esquissent les premiers pas de la séduction, avec chacun son art et sa manière de conter fleurette.

Eibl-Eibesfeldt

Le langage du corps

Dans les années 1960, Irenäus Eibl-Eibesfeldt, un éthologue allemand[1]*, releva un curieux schéma de conduite amoureuse féminine. Eibl-Eibesfeldt avait utilisé une caméra munie d'un objectif astucieux qui, au lieu de filmer ce qui lui faisait face, filmait de guingois. Incognito. Par ce « truc » technique, il pouvait saisir sur le vif les expressions de personnes proches, sans qu'elles aient posé. Dans ses voyages à Samoa, en Papouasie, en France, au Japon, en Afrique ou en Amazonie, il filma de nombreuses séquences de comportements de séduction. De retour en Allemagne, dans son laboratoire de physiologie du comportement, à l'institut Max-Planck de Munich, il examina minutieusement, image après image, chaque scène de cette saga amoureuse.

Il en dégagea un modèle universel de comportement amoureux féminin. Des femmes de contrées aussi diverses que les jungles d'Amazonie, les salons parisiens ou les montagnes de Nouvelle-Guinée flirtaient de toute évidence selon les mêmes séquences expressives.

Tout d'abord, la femme sourit à son galant et lève les sourcils d'un mouvement rapide et furtif tandis qu'elle ouvre de grands yeux pour le contempler. Puis elle baisse les paupières, penche la tête vers le bas et de côté, et détourne le regard. Souvent, elle cache son visage dans ses mains et glousse nerveusement. Cette séquence gestuelle amoureuse est si caractéristique qu'Eibl-Eibesfeldt est convaincu qu'elle est innée et représente un stratagème amoureux utilisé par les femelles de l'espèce humaine depuis des temps immémoriaux en signe d'excitation sexuelle.

D'autres ruses remontent aussi, très vraisemblablement, à notre passé primitif. Jouer les effarouchées, par exemple, c'est-à-dire détourner brusquement la tête et jeter un regard timide à son prétendant. La femelle opossum prend cette attitude quand elle tend sa mâchoire et son museau vers son amoureux pour le regarder au fond des yeux. Les animaux agitent souvent la tête pour attirer l'attention. Ce geste est également familier aux

---

* Les notes sont regroupées par chapitre à la fin du livre.

séductrices de l'espèce humaine : elles redressent les épaules, cambrent le dos et secouent brusquement leur chevelure d'un ample mouvement de tête. Les albatros jettent leur tête en arrière et claquent du bec dans leurs périodes de parade, se font la révérence puis frottent leurs becs l'un contre l'autre. Les tortues aquatiques allongent le cou puis le rétractent, après quelques nez-à-nez. Les femmes n'ont pas l'exclusivité des minauderies.

Les mâles humains utilisent des techniques de cour similaires à celles d'autres espèces. Ne vous est-il jamais arrivé d'entrer dans le bureau de votre chef pour le découvrir calé dans son fauteuil, les mains nouées derrière la tête, les coudes levés bien haut et le torse bombé ? On peut parier qu'il a contourné son bureau pour s'avancer vers vous, radieux, le dos cambré et la partie supérieure de son individu projetée en avant. Attention à vous ! Dans son subconscient, il cherche à vous dominer. Et si vous êtes une femme, il y a des chances qu'il vous courtise.

« Bomber le torse » fait partie d'un registre fondamental de postures, utilisé dans l'ensemble du règne animal pour « faire l'important ». Les mâles dominants enflent. Les morues bombent leurs têtes et poussent en avant leurs nageoires pelviennes. Les escargots, les grenouilles et les crapauds gonflent leur corps. Les antilopes et les caméléons présentent leur profil pour accentuer leur corpulence apparente. Les cerfs-mulets regardent de côté pour mieux montrer leurs andouillers. Les chats hérissent le poil. Les pigeons se rengorgent. Les homards se dressent sur leurs pattes locomotrices et étirent leurs pinces ouvertes. Les gorilles se frappent la poitrine à grands coups. Les hommes se contentent de bomber le torse.

Confrontées à un animal dominant, de nombreuses créatures se font toutes petites. Certains hommes tournent leurs pieds en dedans, creusent leurs épaules ou baissent la tête. Les loups s'enfuient la queue entre les jambes. Les homards dominés se recroquevillent. De nombreuses espèces se courbent. Une morue malmenée incurve son corps vers le bas. Les lézards filent en zigzag. Les chimpanzés de rang subalterne hochent la tête d'un mouvement vif et saccadé, qualifié par les spécialistes des primates de « salut ».

Les attitudes « humbles » ou « menaçantes » d'une foule de créatures se retrouvent dans les comportements amoureux. Je me rappelle la bande dessinée d'un magazine européen. Premier tableau : un homme en costume de bain est seul sur une plage déserte — sa tête tombe en avant, son estomac déborde, sa poitrine est creuse. Second tableau : une femme aguichante arpente la plage et passe devant l'homme ; celui-ci redresse la tête, son estomac est comme aspiré de l'intérieur tandis que sa poitrine se bombe fièrement. Dernier tableau : la femme s'en est allée et l'homme a retrouvé sa posture avachie. Il n'est pas rare de voir des individus qui, comme la grenouille, veulent se faire aussi gros que le bœuf ou veulent au contraire se faire tout petits, pour signaler soit leur importance, soit leur vulnérabilité, mais, dans les deux cas, leur disponibilité.

« Copuler » des yeux

Le regard est probablement l'instrument de séduction le plus redoutable chez l'être humain. Les yeux ont leur langage. Dans les cultures occidentales, où il n'est pas proscrit de poser le regard sur un individu du sexe opposé, un homme ou une femme peut contempler un partenaire potentiel de longues secondes, jusqu'à s'en dilater les pupilles — signe d'un intérêt intense. Les yeux, ensuite, se baissent et le regard fuit ailleurs.

Rien d'étonnant si le port du voile a été adopté dans de si nombreuses cultures. L'échange de regards semble avoir un effet instantané. La vue excite une partie primitive du cerveau humain, qui éveille une des deux émotions fondamentales — l'attirance ou la répulsion. Vous ne pouvez pas rester indifférent au regard d'un autre ; vous devez y répondre. Vous pouvez sourire et entamer la conversation. Vous pouvez détourner les yeux et vous glisser furtivement vers la porte. Certains, pour se donner une contenance, se livrent à des gestes inconscients, à des « activités de substitution » : ils se tripotent le lobe de l'oreille, ajustent leur sweater, bâillent, mettent et remettent leurs lunettes... Manège rituel avant de se dérober ou d'accepter le jeu de la séduction.

Ce regard, qualifié par les éthologues de « copulateur », pourrait bien s'être imprimé dans notre psyché au cours de l'évolution. Les chimpanzés et d'autres primates menacent leurs ennemis en les fusillant du regard, puis ils se réconcilient après une bagarre, par le truchement, cette fois, de longs regards profonds. Le regard est utilisé avant le coït, chez les chimpanzés « pygmées », par exemple — des proches parents du chimpanzé commun, mais plus petits et probablement plus élégants. On peut trouver un grand nombre de ces créatures presque humaines au jardin zoologique de San Diego, où mâles et femelles copulent régulièrement. Juste avant l'accouplement, ils passent de longs moments à se manger des yeux.

Pendant la saison des amours, les babouins s'observent l'un l'autre, intensément. Bien que cette branche animale se soit séparée du tronc de l'évolution humaine il y a plus de dix-neuf millions d'années, babouins et humains gardent des points communs dans leur façon de courtiser. Ce qui pousse l'anthropologue Barbara Smuts à écrire à propos du comportement de séduction d'un jeune babouin vivant sur les escarpements de l'Eburru, au Kenya :

> « On aurait dit qu'il dévorait des yeux deux novices, dans un club de rencontres pour personnes seules. »

L'affaire commença un soir quand une femelle babouin, Thalia, tourna autour d'un jeune mâle, Alex. Elle le toisa du regard et jeta sur lui son dévolu. Ils étaient à cinq mètres environ l'un de l'autre. Il détourna les yeux immédiatement. Du coup, elle le fixa à nouveau — jusqu'à ce qu'il finît par la regarder. Alors, elle se mit à tripoter ses orteils avec une extrême concentration. Et le manège continua. Chaque fois qu'elle le fixait, il regardait ailleurs ; chaque fois qu'il regardait de son côté, elle se plongeait dans la contemplation de ses orteils. Jusqu'à ce qu'Alex finisse par capter le regard de Thalia — le « regard en retour », enfin.

Immédiatement, il aplatit ses oreilles sur la tête, baissa les paupières, et commença à se lécher les babines, marque d'affection s'il en est chez les babouins. Thalia était transie. Pendant un long moment, elle le fixa des yeux. Ce n'est qu'après ce long échange de regards qu'Alex s'approcha d'elle et qu'elle se mit à le toiletter : tel fut le début d'une relation amicale et sexuelle encore solide six ans plus tard, quand Smuts retourna au Kenya étudier l'amitié chez les babouins.

Peut-être est-ce l'œil — plutôt que le cœur, les parties génitales ou le cerveau — le véritable organe de la passion amoureuse, car c'est souvent le regard qui, chez l'homme, déclenche le sourire.

« Il est un sourire d'amour / Il est un sourire de leurre », a écrit le poète William Blake. Les êtres humains possèdent aujourd'hui une palette d'au moins dix-huit sourires différents, mais n'en utilisent que quelques-uns pour faire la cour. Pour saluer une de leurs connaissances, les hommes comme les femmes utilisent l'« esquisse de sourire », un léger mouvement de la bouche fermée. Dans cette expression, les lèvres restent closes mais tendues, et aucune dent n'est visible ; le mouvement va souvent de pair avec un petit signe complice de la tête. Les gens qui vous adressent ce sourire ne tiennent probablement pas à frayer davantage avec vous.

Signe d'un intérêt plus grand : le « large sourire ». Dans cette mimique, les dents de la mâchoire supérieure sont largement découvertes, en signe de bonne disposition. Ce large sourire se combine souvent avec une œillade furtive — d'un sixième de seconde — durant laquelle les sourcils sont levés et aussi vite rabaissés. Eibl-Eibesfeldt a pu observer ce sourire chez les Européens, les Balinais, les Indiens d'Amazonie et les Bochimans d'Afrique du Sud. Il rapporte qu'il est utilisé dans toutes sortes de contacts amicaux — dont le flirt. Chimpanzés et gorilles sourient ainsi quand ils jouent. Cependant, ils montrent plutôt leurs dents du bas que celles du haut. Ils tiennent leurs crocs en forme de poignard à l'abri des regards, et ne découvrent les canines que pour se menacer mutuellement.

Le « super-sourire », où les lèvres sont complètement étirées vers l'arrière et les dents du haut et du bas largement découvertes, est fréquemment utilisé pour séduire. Le sourire de l'ancien président Jimmy Carter en est un remarquable spécimen. Carter courtisait nos esprits, nos voix, nos opinions ; s'il avait panaché son « super-sourire » avec les premières phases du comportement de séduction — mine farouche, rejet brusque de la tête en arrière, gonflement des pectoraux et regard intense —, il aurait trahi un certain penchant pour la bagatelle. Pour sûr !

En revanche, le « rictus nerveux conventionnel », un autre type de mimique humaine, est particulièrement peu approprié à la séduction. Il remonte à une pratique ancienne chez les mammifères, qui consiste à montrer les dents quand on est acculé. J'ai eu l'occasion d'assister à une magnifique démonstration de ce sourire, lors d'une prestation télévisée. La présentatrice, en butte aux propos agressifs d'une invitée, se retenait de riposter et de tout laisser en plan. Elle étira alors ses lèvres en arrière et exposa, tout entières, ses deux rangées de dents fermement serrées. Puis elle resta de glace, figée dans cette grimace nerveuse.

Lorsqu'ils sont menacés par plus forts qu'eux, les chimpanzés montrent aussi toutes leurs dents, dans ce « rictus nerveux conventionnel ». Ils expriment ainsi un mélange de peur, de détermination, d'amitié et d'apaisement. Nous aussi avons recours à cette mimique conventionnelle dans les situations sociales difficiles, mais jamais pour séduire. Si votre éventuel prétendant, ou votre éventuelle amante, grimace ainsi à votre endroit, en serrant les dents, croyez bien qu'il, ou elle, pense davantage à se tirer d'un mauvais pas qu'à vous suivre dans une aventure sentimentale.

Code universel de conduite amoureuse

En dépit d'analogies évidentes dans l'art et la manière de faire la cour, il a fallu plus d'un siècle de recherches pour prouver que les humains partagent effectivement avec d'autres espèces de nombreux signaux identiques non verbaux. Darwin fut le premier à s'intéresser au caractère héréditaire de certaines expressions faciales et corporelles. Afin de vérifier l'hypothèse qu'hommes et femmes du monde entier utilisaient effectivement les mêmes gestes et attitudes pour exprimer leurs émotions fondamentales, il adressa, en 1867, un questionnaire à des collègues vivant aux quatre coins du monde, dont certains très reculés — en Amérique, en Afrique, en Asie et en Australie.

Parmi les questions concernant les aborigènes, il y avait celles-ci :

« Quand un homme est outragé ou méfiant, fronce-t-il le sourcil ? Raidit-il le corps et la tête ? Hausse-t-il les épaules et serre-t-il les poings ? »

« Quand il éprouve de la répugnance, l'exprime-t-il par un léger mouvement vers le bas de la lèvre inférieure, et vers le haut de la lèvre supérieure, accompagné d'une expiration brusque ? »

« Quand il est de bonne humeur, son œil est-il pétillant, et cela s'accompagne-t-il d'un plissement de la peau autour et alentour des yeux ainsi que d'une rétractation vers l'arrière des coins de la bouche [2] ? »

Des scientifiques, des journalistes, des missionnaires et des amis lointains de Darwin répondirent affirmativement à son questionnaire. Il eut la confirmation que la joie, le chagrin, le bonheur, la surprise, la peur et bien d'autres sentiments humains s'exprimaient effectivement partout par une gestuelle similaire. Legs d'une évolution commune. Le sourire humain est un des éléments de ce code muet. Comme Darwin l'écrivit plus tard dans son ouvrage *L'expression des émotions chez l'homme et chez les animaux* (*The Expression of Emotions in Man and Animals,* 1872) :

« Chez toutes les races humaines, l'expression de la bonne humeur semble être la même, et elle est aisément reconnaissable. »

Plus de cent ans plus tard, le psychologue Paul Ekman et ses collègues confirmèrent l'hypothèse darwinienne selon laquelle les peuples les plus divers utilisaient les mêmes expressions faciales fondamentales. Lorsqu'il montra à des hommes de tribus primitives de Nouvelle-Guinée, à des villageois Sadong de Sarawak, à des Brésiliens et des Japonais, les images de visages américains et leur demanda d'en identifier les expressions, hommes et femmes des contrées les plus diverses reconnurent aisément dans ces mimiques, pourtant typiquement américaines, le chagrin, la surprise, le dégoût, la peur et la colère.

Il semble que nous soyons nés pour sourire. Certains nourrissons imitent le sourire de leur mère dans les trente-six heures qui suivent leur naissance, et tous les bébés commencent à sourire à leur entourage dès l'âge de trois mois environ. Même les enfants nés sourds et aveugles, et qui n'ont jamais pu voir cette expression faciale caractéristique, arborent des mimiques radieuses.

Le sourire, comme les différentes étapes déjà évoquées de la séduction amoureuse (mine effarouchée, rejet brusque de la tête en arrière, bombement du torse et œillade), est l'élément d'un répertoire humain standard destiné, dans un certain contexte, à captiver le partenaire.

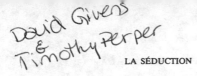

Ces signaux caractéristiques de comportements de séduction seraient-ils les éléments d'une chorégraphie séductrice humaine plus universelle ?

C'est l'avis de l'anthropologue David Givens et du biologiste Timothy Perper. Les deux chercheurs ont passé plusieurs centaines d'heures dans des bars, en ville, à observer les manœuvres d'approche et de séduction entre hommes et femmes. Givens s'est livré à cette activité dans les pubs avoisinant le campus universitaire de Seattle, dans l'État de Washington. Perper, lui, sirotant force bières, a observé les jeunes en quête de rencontres et pris note de leurs comportements dans le « Main Brace », le « Homestead » et autres bars du New Jersey, de New York et de l'est du Canada. Nos deux « voyeurs » constatèrent que les différentes étapes de la séduction se succédaient toujours selon le même scénario.

Selon eux, la « drague » dans les bars américains se décompose en plusieurs actes, avec à chaque fois un moment fort. On peut distinguer cinq phases. La première est celle où l'on attire l'attention. Le garçon et la fille le font quelque peu différemment. Dès son entrée dans le bar, il ou elle, mâle ou femelle, marque de façon typique son territoire — un siège, une place où s'adosser, un endroit stratégique à occuper près du juke-box ou de la piste de danse. Une fois en possession des lieux, on commence à attirer l'attention sur soi.

Les tactiques varient. Les hommes ont tendance à jouer de la tête et rouler des épaules, à s'étirer, à se redresser et à se balancer d'un pied sur l'autre. Ils exagèrent les mouvements de leur corps. Au lieu d'un simple geste du poignet pour touiller leur boisson, ils déplacent le bras tout entier, comme s'ils remuaient de la boue. Le geste prompt qui permet d'allumer une cigarette devient un mouvement de l'ensemble du corps, s'achevant en une secousse étudiée du coude pour éteindre l'allumette. Et c'est encore tout leur corps qui accompagne ces rires à réveiller un mort. Les gestes les plus simples deviennent solennels et outrés.

Ensuite, les garçons affichent une attitude vantarde en arpentant ostensiblement les lieux. Les babouins mâles des prairies de l'Afrique de l'Est paradent de la même façon quand ils sont à l'affût d'une aventure amoureuse. Le mâle gorille se baguenaude dans une direction puis une autre, mal à l'aise, en quête d'une femelle.

23

Cette démarche de parade est citée par les spécialistes des primates comme celle du « chien d'arrêt ». Chez de nombreuses espèces, les mâles se font beaux. Ceux de l'espèce humaine s'arrangent les cheveux, ajustent leurs vêtements, se flattent le menton, ou s'accordent quelques autres caresses ou marques d'affection par lesquelles ils libèrent un peu de leur tension nerveuse.

Les hommes âgés ont généralement recours à d'autres procédés. Ils affichent leur disponibilité en exhibant des bijoux coûteux, des vêtements et accessoires destinés à appeler le succès. Tous ces signaux peuvent se réduire à un seul message fondamental, en trois volets :

> « C'est moi qui suis là. Je ne suis pas n'importe qui. Il n'y a pas de risque à m'approcher ! »

Un amalgame de signaux difficile à émettre, car il est pour le moins délicat de faire comprendre qu'on est un personnage à la fois important et accessible. Pourtant, les hommes semblent bien s'en tirer puisque les femmes, jusqu'à présent, leur courent après.

« Mieux vaut se faire voir qu'aller se faire voir * », dit un jour Mae West. Les femmes le savent bien. Les jeunes femmes cherchent à capter l'attention d'un éventuel partenaire — première phase du processus — avec le même arsenal de procédés que les hommes, à peu de chose près — sourires, regards profonds, gestes étudiés, balancements du corps, pomponnage, mouvements déambulatoires. Elles ajoutent souvent quelques ingrédients de leur cru. Elles tortillent une boucle de cheveux, penchent la tête, lèvent timidement les yeux, gloussent, dressent les sourcils, donnent de petits coups de langue, lèchent leur lèvre supérieure et se cachent le visage comme pour dire : « Mais si, je suis là. »

Certaines femmes adoptent aussi une démarche de séduction caractéristique : elles cambrent le dos, pointent leurs seins en avant, balancent des hanches et se pavanent avec arrogance. On comprend que bien des femmes affectionnent les talons hauts. Cette étrange coutume occidentale, introduite par Catherine de

---

* Littéralement « mieux vaut se faire remarquer que passer inaperçu », jeu de mots sur *to be looked over* ou *overlooked* difficilement traduisible. *(N.d.T.)*

Médicis au XVIᵉ siècle, accuse anormalement la cambrure des reins, fait ressortir les fesses et galbe généreusement la poitrine dans une pose de femelle aguichante. Le claquement des talons aiguilles aidant, ces femmes ne passent pas inaperçues.

C'est avec cet arsenal — démarche d'échassier, lèvres pincées, paupières battantes, sourcils mobiles, paumes offertes, pieds cambrés, démarche chaloupée, jupes virevoltantes et dents étincelantes — que les femmes signifient aux hommes leur disponibilité.

« Discours de toilettage »

Le deuxième acte commence à la rencontre des regards. L'un des amoureux potentiels accuse alors réception de la disponibilité de l'autre par un sourire ou un léger mouvement du corps, et le couple entre dans la danse d'approche. Ce peut être le début d'une histoire d'amour.

Mais la manœuvre est encore incertaine, jusqu'au point suivant et crucial de l'escalade — troisième acte —, la conversation[3]. Elle est généralement futile, dénuée d'intérêt. Desmond Morris l'a baptisée « discours de toilettage ». Les voix se font souvent plus aiguës, étouffées et rassurantes, avec des tonalités qu'on utilise pour exprimer aux enfants l'affection qu'on leur porte ou aux personnes qui ont besoin de soins particuliers le souci qu'on a d'elles.

Ce « discours de toilettage » commence par des remarques insignifiantes telles que « Vous avez une jolie montre » ou « Comment trouvez-vous le repas ? » Les façons de briser la glace sont aussi variées que l'imagination humaine, mais les meilleures entrées en matière sont probablement les compliments ou les questions, surtout quand celles-ci appellent une réponse. D'ailleurs, *ce que* vous dites a généralement moins d'importance que *la façon* dont vous le dites. Voilà l'important. Au moment où vous ouvrez la bouche et parlez, vous dévoilez vos intentions uniquement par l'inflexion et l'intonation de votre voix. Un « bonjour » aigu, doux, mélodieux, peut trahir l'intérêt sexuel, tandis qu'un « salut » sec, grave, terne et lancé pour la forme n'incite guère à la bagatelle. Le partenaire éventuel qui rit un peu plus fort que la situation ne le veut vous fait probablement des avances.

A noter qu'il est très dangereux de parler. Pour une raison capitale. La voix humaine est comme une deuxième signature, une griffe personnelle qui ne révèle pas seulement les intentions mais trahit aussi le milieu, l'éducation et les humeurs de celui qui parle. Elle peut sur-le-champ attirer ou rebuter le partenaire éventuel. Les acteurs, tous ceux dont la profession consiste à parler en public — diplomates et menteurs invétérés — savent tellement bien le pouvoir du timbre qu'ils apprennent à moduler régulièrement leur voix. Pour trouver les tons doux et coulants propres aux scènes d'amour, les acteurs de cinéma peuvent monter d'une octave. Les menteurs astucieux évitent de raconter des bobards au téléphone, car ce support purement auditif souligne les plus subtiles exagérations d'accent ou de ton. Nos parents nous entraînent à contrôler les expressions de notre visage dès l'enfance, ce qui nous vaut l'inévitable : « Fais risette à Mamie. » Mais la plupart d'entre nous n'a pas conscience du pouvoir de la voix.

Givens comme Perper ont constaté qu'un grand nombre d'histoires d'amour tournent court dès les préambules verbaux. Mais si un couple résiste aux effets ravageurs de cette première offensive des sens, si chacun des partenaires prête l'oreille à l'autre, il en arrive au quatrième acte : le contact physique [4].

Celui-ci commence par des gestes qui traduisent l'intérêt — se pencher en avant, déplacer son bras sur la table vers celui de l'autre, glisser son pied plus près si on est debout côte à côte ou caresser son propre bras comme on caresserait celui de l'autre. Puis arrive le moment fatidique où l'on touche l'autre à l'épaule, à l'avant-bras, au poignet, à toute autre partie du corps que les conventions sociales rendent accessible. C'est généralement la femme qui se hasarde au premier contact, en effleurant des doigts le corps du soupirant de la façon la plus fortuite et calculée qui soit.

Aussi anodins que soient ces attouchements, ils n'en sont pas moins cruciaux. La peau humaine est une prairie dont les brins d'herbe sont autant de terminaisons nerveuses. Le moindre contact physique peut laisser dans le cerveau, gravée, la trace de l'instant. Le message est reçu immédiatement par son destinataire. Si ce dernier esquisse un recul craintif, tout est fini. S'il semble ignorer l'avance, on peut envisager une nouvelle tentative. Mais si le destinataire se penche vers celle qui l'a touché, s'il lui sourit ou lui rend son geste par une caresse délibérée, le couple a surmonté un obstacle majeur, bien connu du monde animal.

La plupart des mammifères se font des caresses pendant la phase de séduction. Les baleines bleues se frottent les unes aux autres à l'aide de leurs nageoires. Les papillons mâles caressent et frottent l'abdomen de leur partenaire quand ils s'accouplent. Les dauphins se mordillent. Les taupes se frictionnent le museau. Les chiens se pourlèchent. Les chimpanzés s'embrassent, s'étreignent, se donnent de légers coups de patte et se tiennent par la main. Les mammifères ont l'habitude de se caresser, de se toiletter ou de se flairer avant la copulation.

Le toucher a la réputation d'être le premier de tous les sens. Sans doute. Chaque culture humaine a d'ailleurs des codes qui indiquent qui peut toucher qui, quand, où et comment[5]. Imaginatifs et ingénieux dans leur variété, ces jeux codifiés sont fondamentaux pour le bon déroulement de la manœuvre de séduction. Si nos compères continuent à se parler et à se prodiguer caresses et attouchements — s'ils se donnent de petites tapes, penchent la tête, se regardent dans le blanc des yeux, se sourient, se balancent, marivaudent — c'est qu'ils en sont généralement au dernier acte de la cour : la synchronisation parfaite des corps.

Prendre le rythme

Le synchronisme corporel est la phase finale la plus curieuse de la séduction. Lorsque les amants virtuels sont bien ensemble, ils pivotent jusqu'à ce que leurs épaules soient proches et leurs corps face à face. Cette rotation de l'un vers l'autre peut s'esquisser avant qu'aucune parole n'ait été échangée, ni aucune conversation entamée. L'homme et la femme commencent bientôt à se mouvoir en tandem, furtivement et comme à la sauvette, dans un premier temps. Quand il lève son verre, elle lève le sien. Puis, ils se désynchronisent. Mais jusque-là, le mimétisme est flagrant. Lorsqu'il croise les jambes, elle croise les siennes. Ils s'engagent dans un mouvement parfaitement rythmé tandis qu'ils se regardent au fond des yeux.

Ce rythme de l'amour, du sexe, de la perpétuelle reproduction humaine, peut être cassé à tout moment. Mais si les deux

27

partenaires sont en passe de permettre à la vie humaine de poursuivre son chemin, ils trouveront le rythme et continueront leur danse lascive. Les couples qui ont atteint le synchronisme corporel total quittent souvent le bar ensemble.

Le cinquième acte de la séduction est-il commun aux hommes et aux femmes ? Nous ne le savons pas. Tous les individus de la planète ne se conforment pas, à la lettre, aux modèles de comportement que Givens et Perper ont observés dans les bars et clubs de rencontres. Dans la plupart des groupes sociaux, on n'a pas pour habitude de se rencontrer dans les bars. Beaucoup ne se courtisent même pas ouvertement ; les mariages, au contraire, sont arrangés. Et peu d'anthropologues ont étudié les postures, gestes et expressions utilisés par les hommes et les femmes d'autres cultures pour entrer en relation. Des témoignages en grand nombre convergent néanmoins pour suggérer que certains modèles sont universels.

A Bornéo, par exemple, une femme Dusun peut faire des mouvements de tête très étudiés et contempler longuement un amant potentiel. Lorsqu'elle lui passe le saké à une réception, elle peut lui effleurer la main par hasard. La plupart des grands voyageurs savent pertinemment que l'usage de la langue indigène n'est pas indispensable aux succès amoureux. Le regard, le sourire, les attouchements légers sont apparemment suffisants pour séduire, où que ce soit.

D'autres indices prouvent l'universalité du synchronisme des corps. Dans toutes les sociétés où hommes et femmes sont autorisés à choisir leur partenaire, les esseulés se rencontrent dans des soirées, fêtes et bals. Et qu'est-ce que la danse, sinon une gestuelle rythmée, le mouvement de deux corps au même tempo ?

Les Medlpa de Nouvelle-Guinée ont même ritualisé ce mimétisme. Chez ces peuples, les filles non mariées rencontrent leurs futurs époux dans un *tanem het,* une salle commune de la maison des parents. Une série d'époux potentiels, parés de la tête aux pieds de leurs plus beaux atours, se rassemblent et s'assoient deux par deux. La fête des « têtes qui roulent » commence quand les couples se mettent à chanter. Les partenaires virtuels balancent leurs têtes, se frottent le front et le nez, et s'adressent des saluts répétitifs, sur un fond de rythme obsédant. Pour les Medlpa, le synchronisme est symbole d'harmonie. Le fait qu'un partenaire sache garder le rythme de l'autre donne l'assurance que le couple sera bien assorti.

Actuellement, de nombreuses manifestations sociales — dont le comportement de cour — reposent sur les rythmes corporels synchrones. Dans les années 1960, un étudiant travaillant avec l'anthropologue Edward Hall se posta avec une caméra dans une cour d'école du Middle West américain. Il se tapit derrière une voiture abandonnée pour observer, et filmer, les enfants pendant la récréation. L'étude soigneuse des séquences filmées permit de constater que les mouvements corporels des enfants étaient synchrones et suivaient un même rythme. Apparemment, tous jouaient deux par deux, au même tempo. En outre, une fillette très active gambadait tout autour de la cour — et battait la mesure générale. Tous les autres enfants, inconsciemment, gardaient son rythme.

Ce mimétisme, appelé synchronisme interactionnel, se manifeste dès la petite enfance. Le second jour de la vie, un nouveau-né commence déjà à faire correspondre les mouvements de son corps avec les modèles rythmiques de la voix humaine. Et il est fermement établi que les membres d'autres cultures adoptent le même rythme quand ils se sentent bien ensemble. Des photographies ou des films au ralenti d'hommes et de femmes de divers milieux dans des cafés, gares, supermarchés, réceptions et autres lieux publics, témoignent de cette tendance universelle à mimer inconsciemment l'attitude du voisin.

La vie bat la mesure. Si, à titre expérimental, on mesure par électroencéphalographie les activités cérébrales d'amis en pleine conversation, on constate que les tracés présentent des oscillations « synchrones » révélant des activités cérébrales « synchrones ». En fait, si vous vous attablez pour un dîner et observez soigneusement ce qui se passe autour de vous, vous constaterez que vous pouvez ponctuer la conversation de la main pendant que les membres de la famille parlent et mangent. Les syllabes accentuées battent généralement la mesure ; même les silences ont leur rythme ; quand quelqu'un met sa main devant sa bouche, un autre — au signal — tend la main vers le sel. Les repos et les syncopes, les voix assourdies, les coudes levés, voilà qui donne son tempo à la vie comme à l'amour.

Notre besoin de garder le même rythme nous fait partager ce mimétisme avec de nombreux animaux. A de multiples reprises, le primatologue Wolfgang Kohler a eu l'occasion d'entrer dans l'enclos des chimpanzés d'un centre d'études des primates. Il a trouvé un groupe de mâles et de femelles en train de tourner toujours autour du même mât, au petit trot, selon « une ébauche grossière de rythme ». Kohler affirme que les animaux avancent à bonne allure en hochant la tête, et tous du même pas. Les chimpanzés se balancent parfois d'un côté et de l'autre lorsqu'ils se regardent dans les yeux, juste avant de s'accoupler. Dans les danses de séduction, chez les animaux, rien n'est plus fondamental en fait que le mouvement rythmé. Les chats tournent en rond. Les cerfs communs caracolent. Les singes hurleurs font la cour avec des mouvements saccadés de la langue. Les épinoches dansent une gigue zigzagante. Chez les ours comme chez les coléoptères, les couples qui entreprennent de se séduire se livrent à des rituels rythmés pour exprimer leurs intentions amoureuses.

La danse est naturelle. C'est pourquoi on peut raisonnablement émettre l'hypothèse que le synchronisme des mouvements est une étape obligée de la séduction chez les humains : dès que nous commençons à être attirés l'un par l'autre, nous sommes en passe de trouver le même rythme.

La séduction a besoin de messages d'encouragement

On peut faire d'autres analogies entre les comportements de séduction chez les hommes et chez les animaux. Normalement, les humains prennent tout leur temps. Chez les tarentules, par exemple, la circonspection est de mise. Le mâle de l'araignée vorace doit traverser la longue et sombre entrée de l'enclos de la femelle pour faire sa cour et copuler. Il le fait lentement. S'il se montre trop rapide, il est dévoré par la belle.

Les hommes et les femmes trop impétueux dans les premières phases de la cour en font également les frais. Celui qui s'approche trop près, joue des mains trop vite ou bavarde à la légère sera probablement rejeté. Comme chez les araignées voraces, chez les babouins et bien d'autres, l'entreprise de séduction humaine exige des messages de réciprocité. A chacune de ses étapes, le rituel exige des partenaires qu'ils se donnent correctement la réplique, faute de quoi l'entreprise échoue.

Tout d'abord, Perper constata une curieuse division du travail dans l'échange des signaux. Ce sont généralement les femmes américaines qui font les premiers pas — s'exprimant par des signes non verbaux subtils tels une légère perte de poids, un sourire ou un regard. Ce sont elles qui amorcent les deux tiers des histoires d'amour rapportées par Perper. Et les femmes, qu'il a réinterrogées par la suite, ont avoué avoir consciemment aguiché un amant potentiel en engageant la conversation avec lui, en l'effleurant volontairement de la main, en usant pour le charmer de tout un arsenal de regards enjôleurs, questions, compliments et plaisanteries.

La hardiesse féminine n'est évidemment pas un phénomène purement américain. Dans les années 1950, Clellan Ford et Frank Beach, spécialistes bien connus de la classification et de la comparaison des comportements sexuels de différentes cultures, confirmèrent que ce sont bel et bien les femmes qui cherchent activement à plaire et à entamer une liaison amoureuse, bien que l'opinion commune veuille que ce soient les hommes qui prennent l'initiative.

Mais les préjugés ont la vie dure. Les hommes et les femmes de soixante-douze des quatre-vingt-treize groupes sociaux étudiés dans les années 1970, et interrogés sur la question, ont maintenu dur comme fer que les deux sexes manifestaient des pulsions sexuelles grosso modo équivalentes.

La puissance des besoins sexuels féminins trouve son équivalent chez les femelles d'autres espèces du règne animal. Toutes les femelles mammifères entrent en « chaleur » et sollicitent activement les mâles en période de rut ou d'ovulation, quand elles sont sexuellement réceptives.

La femelle en chaleur d'un chimpanzé sauvage ira tourner autour du mâle, présentera son arrière-train sous le museau de son partenaire et traînera ce dernier à ses pieds pour l'accouplement. Quand c'est chose faite, elle copule avec presque tous les autres mâles de la communauté. En laboratoire, des femelles chimpanzés captives prennent l'initiative de 85 % des accouplements. Les orangs-outangs mâles captifs ont tendance à s'endormir après le coït. Mais une femelle au plus fort de sa réceptivité sexuelle pourra harceler un mâle au point de le maintenir éveillé pour un deuxième round. Si vous n'avez jamais eu l'occasion de constater l'agressivité sexuelle des singes femelles, vous avez probablement assisté au cirque d'une chienne en chaleur. Il faut littéralement barricader les lieux pour la condamner à l'abstinence.

Cet acharnement sexuel femelle a un fondement biologique. Ceux qui survivent sont ceux qui se reproduisent, soulignait Darwin. Les femmes aux violentes pulsions sexuelles ont indéniablement un avantage génétique.

Il est étrange, tout compte fait, que les Occidentaux se cramponnent à l'idée des hommes-séducteurs, tandis que les femmes seraient les cibles effacées et dociles des entreprises masculines. Cette idée fausse est probablement un vestige de notre long passé paysan, quand les femmes — comme des pions — servaient de monnaie d'échange dans ces mariages qui n'étaient que des procédures maniaques de transfert de propriété. La valeur des femmes dépendait de leur « pureté ». C'est de là que vient la coutume de sévèrement chaperonner les filles et de brider leur instinct sexuel. Les femmes occidentales ont retrouvé aujourd'hui leur liberté sexuelle. Émancipées de l'esclavage sexuel et du carcan des fiançailles imposées, c'est à leur tour de prendre les devants, la plupart du temps.

Si l'homme veut que la liaison s'engage, il doit répondre aux avances féminines. Comme une femme l'a rapporté à Perper : « A un certain moment, l'homme doit saisir la balle au bond et reprendre l'initiative du jeu. »

Les hommes semblent avoir une connaissance intuitive de cet instant critique que Perper appelle « transfert d'initiative ». Il intervient généralement lorsque le couple quitte le bar. C'est alors au mâle de jouer — d'enlacer la femme, de l'embrasser, de la cajoler jusqu'à lui donner envie de faire l'amour. Il est intéressant de voir combien les hommes savent leur rôle. Perper a demandé à trente et un d'entre eux de décrire les étapes qu'ils avaient franchies pour séduire. Tous, sauf trois, ont éludé allégrement les étapes initiales — celles impulsées par la femme. Un seul d'entre eux a été capable de préciser lequel des deux partenaires avait engagé la conversation, et à quel moment, lequel s'était hasardé à des attouchements et lequel avait exprimé le premier son attirance pour l'autre. Mais les trente et un mâles, en contrepartie, furent intarissables sur leurs propres performances, leurs premiers baisers et caresses et les stratagèmes déployés pour convaincre la femme de coucher avec eux.

Qui est le chasseur, qui est la proie ? Qui est l'ensorceleur, qui est l'ensorcelé ? Il est clair que les deux partenaires jouent des rôles également décisifs. Si l'un ou l'autre manque une réplique, l'idylle peut en rester là. Si, en revanche, tous les signaux sont correctement émis et reçus, la séduction ira de l'avant. Comme dans le règne animal, les partenaires humains engagés dans l'entreprise amoureuse doivent faire ce qu'il faut au bon moment, et au même rythme.

Les bars américains où l'on peut faire des rencontres ressemblent étrangement aux lieux de rassemblement de certains oiseaux — les *lek*. *Lek* est un terme du vocabulaire ornithologique suédois qui indique le bout de terrain où les oiseaux mâles et femelles se rencontrent, se fréquentent et s'accouplent. Peu d'espèces volatiles copulent sur le lek, mis à part le tétras cupidon d'Amérique du Nord. Dans les premiers jours du mois de mars, le mâle apparaît sur des territoires qui vont de l'est de la Californie au Montana et au Wyoming. Là, à des emplacements bien précis, sur de vastes prairies utilisées tous les ans pour l'accouplement, chaque mâle établit un minuscule territoire de parade où, durant plusieurs heures après le lever du jour, et pendant environ six semaines, il se met en valeur. Il se pavane, lisse son plumage, « ronfle » et hérisse ses plumes pour signaler son importance aux femelles de passage.

La perdrix cendrée femelle migre jusqu'au terrain en question quand les mâles y sont installés. Elle commence par pénétrer à l'intérieur des limites territoriales du domaine mâle ; elle se rengorge et inspecte les occupants, ce qui peut prendre deux ou trois jours. Puis elle se repose sur le territoire du mâle qu'elle trouve le plus attirant. Peu après, les deux partenaires, le résident et la passagère, commencent leur danse nuptiale, adaptant l'un l'autre leurs rythmes en une parade affectueuse avant de s'accoupler.

La mise en scène des cocktails-parties, des fêtes paroissiales, des buffets campagnards au bureau ou des soirées et nuits dans des clubs privés est-elle si différente des gambades sur le lek ? En tant qu'anthropologue, je ne peux ignorer que les hommes et les perdrix cendrées disposent tous deux de territoires où étaler leurs performances, où déployer leurs arsenaux de séduction et où expérimenter le synchronisme corporel qui prélude à l'accouplement. La nature ne semble avoir prévu qu'un nombre limité de manœuvres de séduction.

L'invitation à dîner

Agapes et musique sont les attributs les plus universels du comportement de cour. Rien de plus banal que l'invitation à dîner, en Occident, comme prélude rituel à l'amour. Si c'est l'homme qui veut séduire, il paie — et la femme sait alors instinctivement qu'il la désire. En fait, l'offrande alimentaire en échange de faveurs sexuelles est le procédé le plus universellement répandu. Partout dans le monde, des hommes font des cadeaux aux femmes avant de faire l'amour. Un poisson, un morceau de viande, des bonbons, un verre de bière sont autant de délicatesses, parmi une infinité d'autres, que les femmes doivent à l'imagination mâle[6].

Ce rite n'est pas propre à l'espèce humaine. Les mouches aux ailes à bouts noirs capturent des pucerons, des faucheux ou des mouches communes dans le sous-bois des forêts. Quand un mâle a capturé une proie particulièrement savoureuse, une glande de son abdomen sécrète des substances odorantes qui, portées par la brise, annoncent alentour la chasse heureuse. Il n'est pas rare qu'une femelle de passage s'arrête pour profiter du repas — et copuler pendant qu'elle se restaure. Les oiseaux mâles nourrissent leurs amantes potentielles. La sterne de mer commune apporte un petit poisson à son bien-aimé. Le coucou terrestre mâle offre un petit lézard. Les chimpanzés mâles qui vivent le long du lac Tanganyika, en Afrique de l'Est, font cadeau d'une délicate bouchée de bébé gazelle, de lièvre ou de quelque autre animal capturé et sacrifié. La femelle en œstrus consomme le cadeau puis s'offre au donateur.

« Le chemin du cœur masculin passe par l'estomac », dit un adage.

Peut-être. Il existe peu de femelles de mammifères qui donnent à manger à leurs amants ; les femmes sont de ce nombre. Mais reconnaissons que les hommes donnent le change. Pas pratique ou un tantinet démodé d'offrir de la nourriture ? Qu'à cela ne tienne. Les hommes apportent à leurs biens-aimées du tabac, des bijoux, des vêtements, des fleurs ou d'autres cadeaux, petits mais néanmoins fort prisés, car ils sont des gages d'affection et une invitation à peine voilée pour un rendez-vous ultérieur.

L'« offrande alimentaire amoureuse », comme on nomme cette coutume, est probablement antérieure aux dinosaures, car elle a une importante fonction reproductive. En nourrissant les femelles, les mâles montrent leurs capacités de chasseurs, de pourvoyeurs, et de dignes procréateurs.

« Si la musique peut alimenter l'amour, jouez alors ! » Shakespeare a élégamment apporté son tribut au dernier, mais non des moindres, instrument de séduction — la sérénade. Chanter ou jouer d'un instrument de musique pour séduire est universel. Chez les Indiens Hopis du Sud-Ouest américain, la tradition voulait que les hommes donnent une sérénade élaborée à la promise. Les Samoans de l'ouest du Pacifique, les Chiricahuas du Sud-Ouest américain, et les Sanpoils de ce qui est aujourd'hui la partie orientale de l'État de Washington faisaient de même. Les Apaches cherchaient à attirer les filles au fond des bois en leur jouant de la flûte, et les hommes, aussi bien que les femmes, Ifugaos de l'île de Luzon aux Philippines, pratiquaient la harpe d'amour pour insuffler la passion à l'objet de leur désir.

Notre société est probablement la plus imbibée de musique. Radios beuglantes trimballées dans les rues par les adolescents des ghettos ; sonos omniprésentes dans les lieux publics. La musique règne partout où hommes et femmes s'assemblent. Et pour peu que vous soyez invité(e) à dîner chez « lui » ou chez « elle », vous pouvez parier que vous n'aurez pas seulement de la pizza ou du bifteck, mais aussi votre ration de décibels.

Comme de juste, la séduction musicale à l'honneur dans les sociétés humaines trouve son équivalent dans les chants de la communauté animale. Restez dehors par une brûlante nuit d'été, vous entendrez un vacarme de tous les diables. Les grenouilles coassent. Les criquets stridulent. Les chats poussent des miaulements aigus. Les insectes bourdonnent. Les porcs-épics gémissent. Les alligators mugissent. On a droit à tous les cris de la saison du rut, aux tout-puissants signaux amoureux du règne animal — des roulements de tambour de la vessie natatoire de l'aiglefin au borborygme sourd de l'éléphant ou au « pschuitt » du lézard gecko.

Il y a quelques décennies, Otto Jespersen, le philologue danois, émit l'hypothèse que ce sont les premiers cris d'amour qui stimulèrent l'apparition du langage.

> « Le langage, dit-il, naquit avec les comportements de séduction de l'humanité ; les premières expressions verbales, je les imagine à mi-chemin entre les solos lyriques des matous, la nuit sur les toits et les mélodieux chants d'amour du rossignol. »

Quelque chose qui transcendait le réel en tout cas. Que les premiers hommes aient senti la nécessité d'un mode de communication élaboré s'explique vraisemblablement par un ensemble de raisons complexes. Mais le chant d'amour, comme à leur façon les hymnes nationaux, ont à coup sûr la faculté de « remuer les sangs ».

J'aimerais croire qu'on puisse séduire à l'aide d'une anecdote désopilante sur des politiciens véreux, de commentaires judicieux sur l'économie mondiale, ou de remarques intelligentes sur le dernier événement artistique ou sportif, avec de l'humour et de l'esprit. Mais une légère inclination de la tête, un simple regard, un frôlement inopiné, une tendre syllabe, une vulgaire côte de bœuf dans un restaurant chic, la rengaine fredonnée entre deux danseurs enlacés en rythme, voilà qui peut susciter le coup de foudre. Dans ce cas, il suffit que le corps réagisse, laissant loin derrière lui l'intellect, à qui reste la tâche délicate de démêler le tien du mien et de répondre à la question : « Pourquoi lui, pourquoi elle ? »

2

LA PASSION AMOUREUSE
Pourquoi lui ? Pourquoi elle ?

> *La rencontre entre deux êtres ressemble au contact entre deux substances chimiques ; en cas de réaction, les deux sont transformés.*
>
> Carl Jung

« Je reste sans voix à ta vue. Ma langue se brise, la fièvre me brûle, mes yeux se brouillent, mes oreilles bourdonnent, je transpire, je frissonne, je verdis, je crois mourir. » Ainsi commence un des poèmes d'amour de la poétesse grecque Sapho, écrit il y a quelque vingt-cinq siècles, sur l'île de Lesbos.

Qui n'a jamais été éperdument amoureux ? Qui ignore ce que cela signifie : euphorie, tourment, nuits sans sommeil et jours sans repos. Inondé de joie ou assailli de craintes, vous rêvez tout éveillé à l'école ou au travail, vous oubliez votre manteau, laissez passer votre tour, campez près du téléphone et, obsédé, possédé par le désir ardent de la prochaine rencontre avec « lui » ou « elle », vous jouez et rejouez en imagination, et par le menu, les détails de la scène. Et puis, en sa présence enfin, un geste suffit pour que votre cœur batte la chamade. Un sourire d'elle vous fait tourner la tête. Vous prenez des risques fous, débitez des fadaises, forcez votre rire, révélez Dieu sait quels secrets intimes, passez la nuit à bavarder pour partir au petit matin, après d'interminables baisers et étreintes. Vous oubliez le monde entier. Quand cette fièvre vous tient, elle vous coupe le souffle et vous anesthésie de bonheur.

Malgré les milliers de poèmes, de chants, de livres, d'opéras, de drames, de mythes et de légendes qui ont célébré le sentiment amoureux depuis bien avant Jésus-Christ, malgré l'histoire inlassablement répétée d'hommes et de femmes tellement « possédés » qu'ils ont laissé tomber leur famille et leurs amis, se sont laissés dépérir, se sont suicidés, ou sont allés jusqu'au meurtre, les scientifiques ne se sont guère intéressés à ce phénomène comme il le mérite. Sigmund Freud a évacué la question en réduisant le sentiment amoureux à une pulsion sexuelle refoulée ou différée. Havelock Ellis a résumé l'attraction passionnée à l'équation « sexe plus amitié », peu faite pour évoquer cet embrasement des sentiments. A l'inverse, beaucoup ont cédé à la facilité qui consiste à affirmer que l'amour-passion serait une expérience mystique, inexprimable, inexplicable, une pulsion sacrée défiant toute loi de la nature et toute rigueur scientifique. Des centaines d'universitaires et de philosophes ne citent l'amour que comme référence obligée ; peu ont essayé de comprendre cette attirance animale qui porte les êtres humains les uns vers les autres.

Comment tombe-t-on amoureux ?

Dans son ouvrage *Amour et égarement (Love and Limerence),* la psychologue Dorothy Tennov a finement analysé l'emballement de la passion.

Dans les années 1960, Tennov conçut un long questionnaire, une liste de deux cents jugements de valeur sur l'amour romanesque, auquel il fallait répondre par « vrai » ou « faux ». Quatre cents hommes et femmes de l'université de Bridgeport et ses alentours, dans le Connecticut, furent amenés à se prononcer, et des centaines d'autres personnes répondirent à des variantes ultérieures du questionnaire. A partir de la matière recueillie, du contenu de journaux intimes, ou autres témoignages personnels, Tennov dégagea une constellation de caractéristiques propres à cet « état amoureux ». Elle parle d'égarement. Des psychiatres parlent d'« attraction ». Je parle de mon côté de ceux qui sont éperdument amoureux.

Que l'être aimé soit un vieil ami qu'on regarde avec un œil neuf ou un véritable inconnu, le sentiment amoureux s'impose d'emblée sur le mode dramatique, dès qu'un être prend un « relief particulier ». Comme l'exprime un témoin interrogé :

*mécanisme de la passion
amoureuse (et apès)*

« Le monde qui était le mien a été transformé. Il a trouvé un nouveau centre, et ce centre est Marilyn. »

Celui qui est « frappé » développe un syndrome d'abord reconnaissable à l'irruption d'images mentales incontrôlables. Vous êtes assailli de pensées concernant l'« objet de votre amour ». Ses mots continuent à résonner à votre oreille ; son sourire à danser devant vos yeux ; vous vous rappelez telle réflexion, tel moment particulier, telle allusion — et vous en savourez le souvenir. Vous êtes anxieux de savoir ce que l'être aimé penserait du livre que vous lisez, du film que vous avez vu ou de vos ennuis professionnels. L'instant fugitif passé ensemble prend une importance accrue et donne matière à ruminations et reconsidérations.

Au départ, les rêveries parasites surviennent par intermittence. Certains témoins rapportent que leur conscience a été accaparée durant moins de 5 % de leurs heures de veille. D'autres, en revanche, relatent que, l'obsession grandissant, il leur arriva de consacrer entre 85 et 100 % de leurs nuits et de leurs jours — et toutes leurs facultés intellectuelles — à l'adoration de cet être unique au monde. Arrive ensuite le stade de la focalisation sur les traits les plus triviaux de l'adoré, par un processsus que Tennov appelle cristallisation *.

Ce qui distingue la cristallisation de l'idéalisation, c'est la conscience qu'a l'être épris des faiblesses de son idole. En fait, tous les amoureux étudiés par Tennov pouvaient en énumérer les imperfections. Mais ils leur prêtaient peu d'importance ou leur trouvaient un charme particulier. Ils insistaient et réinsistaient sans cesse sur les traits moraux et physiques positifs de leurs « doux cœurs ».

Deux sentiments, tout particulièrement, l'emportaient dans les rêves tout éveillés rapportés par Tennov : l'espoir et l'incertitude. Au moindre gage donné par l'être aimé, l'amoureux passait et repassait dans sa tête la précieuse scène, des jours durant. Si l'être aimé repoussait les avances, l'incertitude pouvait tourner au désespoir et l'« énamouré » risquait de sombrer dans une rêverie

---

* Et Stendhal bien avant elle... (*N.d.E.*)

mélancolique, ressassant les événements jusqu'à s'en forger une version favorable et pouvoir nourrir à nouveau sa passion amoureuse. Curieusement, le malheur est toujours un catalyseur ; toujours, il exacerbe la passion.

Au plus profond de cet état d'exaltation anxieuse, on trouve la peur. Un routier de vingt-huit ans exprimait ainsi ce sentiment, largement partagé :

> « J'étais complètement sur les nerfs, dit-il. Cela ressemblait au trac de l'artiste au moment d'affronter le public. Ma main tremblait littéralement quand je sonnais à sa porte. Quand je l'appelais au téléphone, j'avais l'impression que mon pouls battait à mes tempes plus fort que la sonnerie de l'appareil. »

La plupart des sujets étudiés par Tennov disent être passés par tous les états : tremblements, pâleur extrême, bouffées de chaleur, sensation de gêne accablante, bégaiements. Certains affirment avoir perdu jusqu'à leurs réflexes élémentaires et leurs talents. Stendhal, le romancier français du XIXe siècle, a décrit à la perfection cet état. Évoquant ses promenades, l'après-midi, aux côtés de la femme aimée, il écrivait :

> « Quand je donnais le bras à Léonore, il me semblait toujours être sur le point de tomber, et je pensais à bien marcher. »

Autres sentiments ressentis par les êtres pris de passion : la peur d'être rejetés, l'appréhension et le désir d'être payés de retour, la timidité. Celui qui aime se sent terriblement impuissant, désarmé face à sa passion rebelle, irrationnelle, inattendue, échappant à sa volonté. Voici comment un cadre supérieur, quinquagénaire encore vert, décrivait à Tennov une idylle nouée sur son lieu de travail :

> « Je suis attiré vers Émilie par une sorte de pulsion biologique, quasi instinctive, j'en suis persuadé. La volonté et la logique n'y peuvent rien... Cette pulsion me gouverne. J'essaie désespérément de me raisonner, de limiter son influence, de la canaliser (vers un exutoire sexuel, par exemple), de l'ignorer, d'en jouir et, oui — nom de nom — de faire qu'Émilie réponde

à mes avances ! Car j'ai beau savoir qu'Émilie et moi n'avons aucune chance de faire une vie à deux, je ne pense qu'à elle. C'est une obsession. »

Être « mordu » est, semble-t-il, un salmigondis d'émotions intenses. On passe de la plus grande excitation à la plus profonde dépression. Vous êtes livré aux montagnes russes sentimentales, pieds et poings liés, aux fantaisies d'un seul être. Vous oubliez tout ce qui vous entoure — travail, famille, relations amicales. Et ce fatras de sensations rebelles n'a qu'un lien partiel avec la sexualité. 95 % des femmes interrogées par Tennov et 91 % des hommes ont dénié que « le meilleur de l'amour est le sexe ».

Pourquoi tomber amoureux de Ray plutôt que de Bill, de Sue plutôt que de Cécile ? Pourquoi lui ? Pourquoi elle ? « Le cœur a ses raisons que la raison ne connaît point », disait Blaise Pascal. Les spécialistes ont toutefois quelques explications « raisonnables » à opposer à cet ouragan d'émotions.

L'odeur, charme et piège

Le coup de foudre peut être déclenché par un de nos sens les plus primitifs : l'odorat. Tous les individus ont leur odeur ; nous avons une « empreinte olfactive » personnelle, aussi distincte de celle du voisin que notre voix, nos mains, notre intellect. Les nourrissons reconnaissent leur mère à cette empreinte et deviennent capables en grandissant de discerner plus de dix mille odeurs. La nature nous guide parfaitement, mais peut aussi parfaitement nous égarer. Exactement par les mêmes moyens.

Bien des créatures utilisent les odeurs pour séduire, comme le naturaliste français Jean Henri Fabre l'a mis en évidence, il y a déjà près d'un siècle. Fabre découvrit un cocon du magnifique phalène impérial *(Saturnia pavonia)*. Il le rapporta chez lui, dans sa maison de campagne, et l'enferma pour la nuit dans son bureau. Le matin suivant, une femelle sortit de la chrysalide, étincelante. Fabre l'enferma dans une cage. A son grand étonnement, quarante phalènes impériaux mâles pénétrèrent ce soir-là par la fenêtre ouverte, avec force battements d'ailes, pour courtiser la pucelle ; au

Jean Henri Fable

cours des nuits suivantes, il en vint plus de cent cinquante. Fabre prouva que l'abdomen dilaté de ce papillon de nuit femelle avait sécrété une substance invisible — une « phéromone » — dont les effluves avaient attiré les soupirants à près de deux kilomètres à la ronde[1].

Depuis les expérimentations de Fabre, on a pu isoler les empreintes odorantes de plus de deux cent cinquante espèces d'insectes et de bien d'autres animaux. Certaines de ces odeurs — le castoréum (le ricin) extrait de la glande à parfum des castors de Russie et du Canada ; le musc, la phéromone rouge et gélatineuse du chevrotin de l'Asie orientale ; et la civette, une sécrétion au goût de miel, des genettes éthiopiennes — ont été utilisées pour enivrer l'être aimé chez des peuples aussi divers que les Grecs de l'Antiquité, les hindous et les Chinois.

Le corps humain peut produire des « bouquets aphrodisiaques » très puissants. Les hommes comme les femmes ont des glandes « apocrines » sous leurs aisselles, autour des mamelons et dans la région de l'aine, qui entrent en activité à la puberté. Ces poches de parfum dont la sécrétion, mélangée aux bactéries de la peau, produit l'odeur âcre de la sueur, diffèrent des glandes « eccrines » couvrant l'essentiel du corps et sécrétant un liquide inodore.

Baudelaire pensait que l'âme de chacun s'exhalait de cette sueur érotique. Le romancier français du XIXe siècle Joris Karl Huysmans avait l'habitude de suivre les femmes à la trace, à travers champs, littéralement au flair. Selon lui, l'odeur des aisselles féminines « débusquait vite l'animal chez l'homme ». Napoléon partageait cet avis. On a rapporté qu'il aurait envoyé une lettre à sa maîtresse, lui enjoignant :

« Je serai à Paris demain soir. Surtout ne vous lavez pas. »

Aujourd'hui, dans certaines parties de la Grèce et des Balkans, des hommes placent leur mouchoir sous leurs aisselles pendant les festivités et offrent ces gages parfumés aux femmes qu'ils invitent à danser ; ils sont prêts à en jurer l'efficacité. Dans le monde entier, la sueur est effectivement un ingrédient des philtres d'amour. A l'époque de Shakespeare, des femmes portaient une pomme pelée sous le bras jusqu'à ce que le fruit soit imprégné de leur odeur ; et elles faisaient humer à leur amant la « pomme d'amour ». La recette d'une potion récemment concoctée par des immigrants antillais aux États-Unis indiquait :

> « Préparez un hamburger. Trempez-le dans votre propre sueur. Faites cuire. Servez à celui ou celle que vous désirez. »

Mais l'odeur d'un homme peut-elle vraiment *déclencher* le coup de foudre chez une femme ? Difficile à vérifier. En 1986, Winnifred Cutler, George Preti et leurs collègues du Monell Chemical Senses Center, à Philadelphie, découvrirent une fascinante relation entre femmes, hommes et odeurs[2]. Ils conçurent l'expérience suivante : des volontaires masculins devaient porter des tampons d'ouate sous leurs aisselles plusieurs jours par semaine. L'« essence mâle » en était alors extraite, mélangée à de l'alcool, congelée puis décongelée, pour être appliquée à petits coups sur la lèvre supérieure de femmes qui venaient pour cela trois fois par semaine à la clinique. Les femmes disaient ne pas sentir d'autre odeur que celle de l'alcool.

Le résultat fut surprenant. Certaines femmes, au début de l'expérience, avaient un cycle menstruel irrégulier, plus long ou plus court que la moyenne de vingt-neuf jours et demi. Après douze à quatorze semaines de traitement, le cycle menstruel de ces femmes devint plus régulier. Il semblerait que l'essence mâle stimule la régularité du cycle, et qu'elle soit donc un facteur non négligeable de fertilité optimale.

Le lien possible entre les sécrétions spécifiques au mâle et les capacités reproductives de la femelle peut fournir un début d'explication à l'attraction amoureuse. Les femmes ont l'odorat plus subtil que les hommes. Elles sont cent fois plus sensibles à l'exaltolide, un composé très approchant du musc sexuel masculin ; elles peuvent percevoir des effluves de sueur à une distance d'environ un mètre ; elles sont plus sensibles encore au musc masculin pendant l'ovulation, au milieu de leur cycle menstruel. Il n'est pas impossible qu'en période d'ovulation, les femmes soient d'autant plus réceptives sexuellement qu'elles perçoivent l'odeur mâle ou sont, même inconsciemment, sensibles à une substance odoriférante qui contribuerait à régulariser leur cycle menstruel.

Selon Cutler et Preti — et c'est décisif à leurs yeux — les

femmes ne sont sensibles à l'essence mâle que lorsqu'elles y sont exposées par contact corporel direct. On ne sait pas si les phéromones mâles ont le pouvoir d'attirer les femmes à distance.

On a certaines preuves, en revanche, que les odeurs corporelles féminines ont un effet à longue distance sur les hommes.

Il y a plus d'une décennie, des chercheurs rapportèrent que des étudiantes partageant la même chambre dans un collège, et que des femmes travaillant ou vivant à proximité les unes des autres, avaient des cycles menstruels synchronisés. Ces données sont assez subjectives. Mais chez certains animaux, les périodes de chaleurs sont déclenchées par ces émissions odorantes, les phéromones.

Une « essence femelle » pourrait-elle, de la même façon, favoriser cette synchronisation ? Preti, Cutler et leurs collègues exposèrent dix femmes dont les cycles menstruels étaient normaux aux effluves de sueur d'autres femmes. Ils utilisèrent la même technique que précédemment : tous les deux-trois jours, un tampon d'ouate imbibé de sueur, cette fois féminine, était placé sous les narines des femmes soumises à l'expérience. Dans les trois mois suivants, les cycles menstruels des sujets « receveurs » commencèrent à coïncider avec ceux des sujets « donneurs ». Si des femmes sécrètent certaines substances suffisamment odorantes pour affecter d'autres femmes, pourquoi ces mêmes substances n'auraient-elles pas le pouvoir de tourner la tête à un homme, même à distance et dans une pièce bondée ?

Il serait bien possible que l'odeur de l'homme ou celle de la femme provoque de puissantes réactions physiologiques ou psychologiques. Quelque part entre vos deux yeux, à l'intérieur de votre boîte crânienne, à la base de votre cerveau, quelque cinq millions de neurones olfactifs sont suspendus au toit de chaque cavité nasale, balancés par les déplacements de l'air inhalé. Ces cellules nerveuses transmettent des messages à la partie du cerveau qui contrôle l'odorat. Mais elles sont liées aussi au système limbique, un assemblage de structures cérébrales primitives qui commandent entre autres les émotions, la peur, la rage, la haine, l'extase et le désir sexuel. Grâce à ce câblage cérébral, les odeurs ont le pouvoir de déclencher des sensations érotiques intenses.

L'odeur dégagée par un homme ou une femme peut également libérer une foule de souvenirs. Le système limbique commande aussi la mémoire à long terme ; grâce à laquelle vous pouvez garder le souvenir d'odeurs, des années après les avoir humées, tandis que la trace de nombreuses perceptions visuelles ou auditives s'efface en quelques jours ou en quelques semaines. Kipling a donné une émouvante illustration de cette mémoire olfactive dans son poème *Lichtenberg*, qui décrit les acacias trempés de pluie dont les effluves ont si fortement marqué le lieu où il a grandi. Vous pouvez à coup sûr vous rappeler la senteur du sapin de Noël, l'odeur du chien de la famille ou même d'un ancien amant. Elle éveille en vous une foule de sentiments. C'est ainsi que le bon parfum, au bon moment, peut faire revivre de vifs et agréables souvenirs, ou produire l'étincelle fantastique d'où jaillit la flamme de l'amour.

Cependant, les Américains, les Japonais et bien d'autres peuples trouvent les odeurs corporelles désagréables ; les effluves de transpiration leur répugnent plutôt qu'ils ne les attirent. Des chercheurs pensent que la tradition des mariages arrangés, qui contraint des hommes et des femmes à des contacts intimes avec des partenaires pour lesquels ils n'éprouvent aucun attrait, explique que les Japonais soient excessivement incommodés par les odeurs corporelles. J'ignore pourquoi les Américains sont également rétifs aux senteurs naturelles du corps. Peut-être est-ce le résultat du véritable lavage de cerveau que nous imposent les publicitaires pour nous faire acheter des produits déodorants.

Nous apprécions, chez un partenaire, l'usage des parfums artificiels vendus dans le commerce. Nous achetons des shampoings à ceci, des savons à cela, des lotions après-rasage, des parfums aux bouquets divers et aux prix exorbitants. Nous avons tous une empreinte olfactive, un label, fait d'odeurs alimentaires, d'air frais, de tabac, d'effluves de bureau ou de foyer familial, mêlés à nos senteurs naturelles ; véritable brouet, auquel les autres réagissent. Une étude récente de la Fragrance Foundation révèle que les hommes aussi bien que les femmes considèrent les sensations olfactives comme une composante non négligeable du « sex-appeal » — et leur accordent la note de 8,4 sur 10. Comme le phalène, l'être humain trouve dans les odeurs un excitant sexuel.

Toutes ne font pas l'unanimité ! Les opinions sur l'odeur de transpiration varient du tout au tout selon les cultures. Les caprices de l'odorat dépendent du climat, des types de vêtements, de la possibilité de prendre des bains quotidiens, des concepts d'hygiène, d'éducation et de bien d'autres variables culturelles. En outre, nous ignorons tout du lien éventuel entre les phéromones humaines et cet état affectif labile de ceux qui sont possédés par la passion et qui passent, sans transition, du désespoir à l'euphorie.

Il me semble cependant raisonnable de penser qu'en rencontrant une personne qui vous plaît, vous « aimerez son odeur », qui vous prédisposera à lui conter fleurette. Ensuite, quand le sentiment amoureux connaîtra son plein épanouissement, les senteurs seront un aphrodisiaque, l'adjuvant nécessaire à toute histoire d'amour.

A chacun sa carte du Tendre

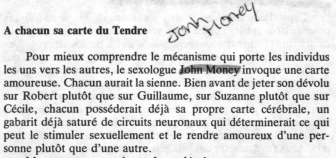

Pour mieux comprendre le mécanisme qui porte les individus les uns vers les autres, le sexologue John Money invoque une carte amoureuse. Chacun aurait la sienne. Bien avant de jeter son dévolu sur Robert plutôt que sur Guillaume, sur Suzanne plutôt que sur Cécile, chacun posséderait déjà sa propre carte cérébrale, un gabarit déjà saturé de circuits neuronaux qui déterminerait ce qui peut le stimuler sexuellement et le rendre amoureux d'une personne plutôt que d'une autre.

Money pense que les enfants développent ces cartes amoureuses entre cinq et huit ans (ou même plus tôt) en réponse à leur famille, à leurs amis, à leurs propres expériences et au hasard de leurs rencontres. Par exemple, chacun serait marqué, étant enfant, par le calme, ou les turbulences du foyer familial, par la façon dont sa mère l'écoute, lui tire les oreilles et le dorlote, par celle dont son père plaisante, déambule et imprègne l'entourage de ses odeurs. Certains traits de caractère d'amis ou de parents se gravent positivement ; d'autres, en revanche, restent définitivement associés à des événements déplaisants [3]. Peu à peu, ces traces enregistrées et mémorisées commencent à forger un ensemble, un modèle subconscient de ce qui vous « branche » ou vous rebute.

A mesure que l'individu grandit, sa carte amoureuse se dessine, à son insu, et le portrait-robot de l'amant(e) idéal(e) émerge progressivement. A l'adolescence, quand les pulsions sexuelles inondent le cerveau, cette carte amoureuse se cristallise et devient « si précise qu'elle fournit les détails de la physionomie de l'amant idéal, sa carrure, sa race et sa couleur, sans oublier son tempérament et ses manières... ». L'individu posséderait une image mentale de son partenaire idéal, indiquant les traits qui lui paraissent séduisants et le type de conversation ou d'activités amoureuses qui l'excitent.

Ainsi, longtemps avant que vous ne croisiez votre « cher-et-tendre » dans une salle de classe, une rue commerçante ou un bureau, vous avez déjà construit la charpente de votre amour idéal. Ensuite, si vous découvrez quelqu'un qui correspond grosso modo à votre ébauche, vous en tombez amoureux et projetez sur cet « échantillon en chair et en os » votre vision de rêve. Il n'est pas rare que l'exemplaire réel supporte mal la confrontation avec la carte idéale. Mais vous balayez les écarts pour adorer follement votre propre création. D'où la célèbre formule de Chaucer selon laquelle « l'amour est aveugle ».

Ces topographies amoureuses varient d'un individu à l'autre. Certaines femmes s'entichent du costume trois pièces de l'homme d'affaires ou de la blouse blanche du médecin. Certains hommes ne jurent que par les gros seins, les petits pieds ou les rires espiègles. Voix, sourire, relations, patience, spontanéité, sens de l'humour, centres d'intérêts, aspirations, équilibre, charisme — une myriade d'éléments, des plus grossiers aux plus subtils, sans oublier ce qui reste inconscient — contribuent à rendre un être plus attirant que le voisin. Nous pouvons tous énumérer les traits particuliers qui nous séduisent ; mais il s'en cache bien d'autres dans les profondeurs de notre psyché.

Le goût américain en la matière correspond cependant à certains critères bien définis. Dans les années 1970, mille trente et un étudiants blancs de l'université du Wyoming eurent à exposer leur conception de l'attirance sexuelle. Leurs réponses confirmèrent ce qu'on pouvait attendre. Les hommes préféraient généralement les blondes aux yeux bleus et à la peau claire, tandis que les femmes préféraient les bruns. Mais on eut quelques surprises. Peu d'hommes s'avouèrent portés vers les femmes à forte poitrine ou, au contraire, sveltes comme de jeunes éphèbes, et presque aucune femme ne se déclara particulièrement excitée par un physique très musclé. De fait, les deux sexes affectionnaient plutôt les demi-mesures. Trop petit ou trop grand, exagérément filiforme ou sculpté par la « gonflette », trop pâle ou trop basané — les extrêmes étaient écartés.

Le juste milieu garde les faveurs. Dans une étude plus récente, des psychologues ont sélectionné trente-deux visages de femmes américaines blanches et, par une technique informatique, en ont tiré des portraits-robots. Ils présentèrent ces portraits aux étudiants d'un même collège. Sur quatre-vingt-quatorze photos de visages féminins, quatre seulement furent jugés plus séduisants que les images fabriquées de toutes pièces.

Les idéaux sexuels des étudiants blancs du Wyoming ne sont pas partagés par le monde entier, cela va sans dire. Quand les Européens émigrèrent en Afrique pour la première fois, leurs cheveux blonds et leur peau claire les firent passer pour d'« affreux albinos » auprès de certains Africains. Le Namaqua traditionnel d'Afrique du Sud* apprécie tout particulièrement les vulves féminines aux lèvres pendantes, et les mères massent consciencieusement les parties génitales de leurs filles pour qu'à l'adolescence leurs lèvres tombantes soient irrésistibles. Les femmes des îles Tonga de Polynésie jeûnent pour rester minces, tandis que les femmes Sirionos de Bolivie s'empiffrent afin de rester grasses.

En fait, les embellissements du corps humain, censés stimuler les appétits sexuels, sont le fruit d'une ingéniosité sans borne : cous distendus, têtes façonnées, dents limées, nés percés, poitrines scarifiées, cuirs artistiquement roussis ou peaux tannées. Sans oublier les talons hauts qui rendent la démarche scabreuse, les calebasses orange mesurant deux pieds de long qui servent de coques protège-pénis aux mâles des tribus de Nouvelle-Guinée, ou encore les boucs teints en pourpre des distingués gentlemen de la période élisabéthaine. Seuls les yeux de l'amour définissent les canons de la beauté. Mais pour enrichir l'excitation sexuelle, chaque société possède son propre attirail.

Par-delà l'extrême diversité des critères de beauté et de « sex-appeal », un certain consensus s'établit autour d'un nombre, somme toute réduit, d'opinions largement et communément admises sur les ressorts de la passion amoureuse. Dans le monde entier, hommes et femmes sont attirés par les complexions

---

* Peuple hottentot de la Namibie. (*N.d.T.*)

David Buss

robustes, par les partenaires d'apparence propre. Presque partout, les hommes préfèrent les femmes aux hanches avantageuses. Le physique compte.

L'argent aussi. En étudiant trente-sept peuples de trente-trois pays, le psychologue Davis Buss a découvert ce qui différencie les goûts sexuels des hommes et des femmes. Des Zoulous de la brousse aux Brésiliens des mégapoles, les hommes sont attirés par les femmes jeunes, qui ont du cran et fière allure, tandis que les femmes sont attirées par les hommes riches qui ont des biens et de la propriété. Les Américains ne font pas exception. Les adolescentes sont impressionnées par les mâles aux voitures tape-à-l'œil, et les femmes d'un certain âge le sont par les hommes qui ont maisons, terrains, bateaux ou autres biens coûteux. Ce qui explique que le charpentier pauvre, doux et sentimental, n'aura pas les femmes à ses pieds aussi facilement que le banquier riche et froid.

Ces appétits, mâles et femelles, sont probablement innés. L'intérêt génétique d'un mâle est de tomber amoureux d'une femme qui engendre une progéniture viable. Jeunesse, peau claire, grands yeux, chevelure fournie, dents blanches, corps souple et personnalité enjouée sont garants de bonne santé et de vigueur pour la descendance génétique. Les femmes ne partagent pas le même point de vue : pour elles, c'est la richesse qui procure le pouvoir, le prestige, la réussite et qui garantit la subsistance des siens. Car c'est un avantage biologique pour la femme d'avoir un compagnon qui l'aide à élever ses petits. Comme Montaigne, écrivain du xvie siècle, auteur des *Essais,* l'a écrit du mariage :

« Sa principale fin, c'est la génération... »

Montaigne

En chasse

Il faut garder à l'amour son mystère. Il faut des inconnues à l'équation. On ne tombe pas amoureux de ceux qu'on connaît trop bien — comme une étude classique, menée dans un kibboutz israélien, l'a montré de façon flagrante. Des enfants en bas âge furent amenés à vivre ensemble, dans la journée, en petites collectivités du même âge, pendant que leurs parents travaillaient. Dans leurs dix premières années, il leur arriva de se livrer à des jeux à caractère sexuel, mais avec la préadolescence, les relations mutuelles entre garçons et filles devinrent embarrassées, crispées. Un peu plus tard seulement, les adolescents nouèrent entre eux des liens solides et fraternels. Mais quasiment aucun ne se maria à l'intérieur du groupe où il avait grandi*. Sur les deux mille sept cent soixante-neuf mariages sur lesquels porte l'étude, treize seulement eurent lieu entre membres d'un même groupe et dans chaque cas, en fait, il s'agissait de couples dont l'un des deux partenaires avait quitté la communauté avant l'âge de six ans.

A une certaine période de l'enfance, les individus perdent généralement à jamais toute appétence sexuelle pour leurs proches. L'amour-passion a besoin de terres à défricher.

Les obstacles aussi excitent les sentiments déjà exacerbés. Comme ils stimulent la chasse. L'excitation grandit avec les difficultés de la « capture ». La nécessité d'avoir à conquérir un partenaire de haute lutte déclenche souvent la première étincelle, d'où ce fameux syndrome de Roméo et Juliette. Les obstacles — en particulier les querelles de famille, à couteaux tirés, entre les Montaigus et les Capulets dans le drame de Shakespeare — contribuent à exacerber la passion. Rien d'étonnant si certains tombent amoureux d'un individu déjà marié, d'un étranger ou d'un être dont les sépare une barrière apparemment infranchissable. Cela dit, il faut ne serait-ce qu'un zeste d'espérance pour que les premiers émois se transforment en passion.

Le bon moment et le bon rythme jouent également leur rôle dans l'éveil du sentiment amoureux. Une certaine prédisposition rend certains individus particulièrement vulnérables s'ils sont en quête d'aventure et avides de quitter leur foyer, ou bien, au contraire, esseulés, égarés dans un pays lointain, à un tournant de leur vie, ou encore s'ils sont prêts, financièrement et psychologiquement, à partager leur vie avec un autre et à fonder un foyer. Après avoir interrogé et enquêté auprès de plus de huit cents Américains, Tennov a constaté que pour tomber amoureux, il faut être disponible et prêt à combler un être d'attentions.

Enfin, c'est un fait que nous sommes immanquablement attirés

---

* Cf. *Les enfants du rêve* de Bruno Bettelheim, collection « Réponses », Robert Laffont, 1971.

par ceux qui nous ressemblent, appartiennent au même groupe ethnique, ont les mêmes traits physiques ou le même niveau d'éducation. « Qui se ressemble, s'assemble », dit-on. C'est ce que les anthropologues appellent l'« accouplement positif assorti ».

On tombe généralement amoureux pour la première fois juste après la puberté. Mais cela peut arriver à tout âge. De très jeunes enfants peuvent connaître un grand amour ; des octogénaires être follement épris. Une fois qu'un individu est devenu réceptif à l'amour, il risque de s'éprendre de la première personne venue.

Le coup de foudre

C'est le surgissement inopiné de cette constellation de facteurs — moment opportun, obstacles difficiles à franchir, mystère, affinités électives, carte amoureuse favorable, et même odeurs propices — qui expose à la morsure amoureuse. Il suffit alors que l'objet du sentiment latent hoche la tête, sourie ou vous regarde avec de grands yeux, pour que vous soyez gagné par la fièvre. Elle peut s'installer progressivement ou tout embraser dans la seconde — d'où l'expression de « coup de foudre ».

Les Occidentaux ne sont pas les seuls à être sujets à cette attirance violente, parfois instantanée.

Andreas Capellanus, un ecclésiastique de la cour d'Aliénor d'Aquitaine, au XIIᵉ siècle en France, écrivit de l'amour qu'il éprouvait :

> « Une certaine souffrance innée, dérivée d'un état d'excessive méditation sur la beauté du sexe opposé, qui fait naître chez deux êtres l'envie exclusive de s'étreindre. »

Depuis, certains Occidentaux ont exprimé la conviction que l'amour-passion serait une invention des troubadours — ces pages, ces poètes, ces amoureux lyriques du XIᵉ au XIIIᵉ siècle en France, qui mettaient leur talent à en chanter les vicissitudes.

Je trouve cela grotesque. Le grand sentiment amoureux est très largement répandu. Vâtsyâyana, l'auteur du fameux *Kâmasûtra*, traité classique de l'art d'aimer écrit en sanskrit, a vécu en Inde entre le Iᵉʳ et le VIᵉ siècle après Jésus-Christ. Il a décrit clairement l'amour sentimental entre hommes et femmes. Il a même fourni aux amoureux un mode d'emploi détaillé et instructif pour se courtiser, s'enlacer, s'embrasser, se caresser, s'accoupler. Même sous la chape de plomb du confucianisme, dont les prêches sur la piété filiale ont longtemps écrasé les mœurs chinoises, des hommes et des femmes ont connu le déchirement entre leur soumission à leurs aînés et leur passion romantique pour l'être aimé. Des petits chefs-d'œuvre littéraires remontant au VIIe siècle après Jésus-Christ en racontent les souffrances. Dans le Japon traditionnel, les amants maudits, qu'on avait fiancés de force à d'autres partenaires, choisirent parfois le suicide à deux, le *shin ju*.

Les Cherokees de l'Est croyaient que si un jeune homme chantait pour une fille à minuit, « elle rêverait de lui, se languirait de lui et, à leur prochaine rencontre, serait irrésistiblement attirée vers lui ». Les filles Yukaghirs, du nord-est de la Sibérie, écrivaient des lettres d'amour sur les écorces de bouleaux. A Bali, les hommes pensaient que la femme à qui un soupirant faisait ingurgiter une certaine feuille, où avait été gravée l'image d'un dieu exhibant un très gros pénis, tomberait amoureuse de lui.

Même les peuples qui nient l'« amour » ou l'« état amoureux » trahissent par leur comportement la preuve de son existence. Les Mangaians de Polynésie se livrent à des activités sexuelles au hasard des rencontres, mais il n'est pas rare qu'un jeune homme, à qui il est refusé d'épouser la fille qu'il aime, se tue par désespoir. Les Bem-Bem des montagnes de Nouvelle-Guinée nient connaître la passion, mais une fille refuse parfois d'épouser celui que son père a choisi pour elle et s'enfuit avec son « tendre amour ». Les Tiv d'Afrique n'ont pas de concept pour l'amour-passion, mais ils l'appellent « folie ».

Histoires d'amour, mythes, légendes, poèmes, chants, manuels pratiques, élixirs d'amour, sortilèges, querelles d'amants, rendez-vous galants, fugues et suicides sont le lot commun des sociétés traditionnelles du monde entier. Au terme d'une enquête où ils se sont penchés sur les peuples appartenant à cent soixante-huit cultures, les anthropologues William Jankoviak et Edward Fischer ont fourni des preuves tangibles de l'existence d'un sentiment amoureux chez 87 % de l'échantillon.

Cette folie, cet « égarement », cette attraction, cet engouement, cette extase, si souvent ignorés du monde scientifique, sont bel et bien des données humaines universelles.

Il est tout à fait possible que l'espèce humaine n'ait pas le monopole de la passion amoureuse. C'est à la lecture d'un récit sur un gorille femelle d'Amérique, appelé Toto et élevé dans une famille, que cette idée me vint à l'esprit pour la première fois. Toto était régulièrement en chaleur pendant environ trois jours, au milieu de son cycle menstruel ; et apparemment, elle s'amourachait aussi de mâles humains. Tel mois, elle avait le béguin pour le gardien, tel autre pour le chauffeur ou le maître d'hôtel, et « son regard exprimait indéniablement le mal d'amour ».

Les couples de lions font preuve d'une grande tendresse l'un pour l'autre quand la femelle est en chaleur. Les girafes se caressent doucement l'une l'autre, avant de s'accoupler. Les babouins, les chimpanzés et d'autres grands primates montrent une affinité pour tel individu plutôt que pour tel autre, affichent des amitiés durables, même au-delà des périodes de réceptivité sexuelle des femelles. Deux éléphants peuvent passer des heures, côte à côte, pendant le rut, à se frotter mutuellement la trompe. De nombreux animaux se caressent, se flairent, roucoulent et échangent des regards affectueux.

C'est en 1988, cependant, que fut racontée l'histoire la plus étrange sur l'existence de sentiments amoureux entre espèces. Les journaux rapportèrent l'aventure d'un élan tombé amoureux d'une vache, dans le Vermont. L'herbivore sérieusement « mordu » suivit la piste de son idole pendant soixante-seize jours avant de renoncer à ses assiduités et à son désir. L'euphorie comme le désespoir dans les jeux de l'amour ne sont pas l'apanage des humains.

Le « coup de foudre ». Cette aptitude humaine à tomber éperdument amoureux dès la première rencontre est-elle plus généralement répandue dans la nature ? Je pense que oui. Il est possible que le coup de foudre ait une fonction adaptative cruciale chez les animaux. Prenons l'exemple de la femelle écureuil qui, pendant la saison des amours, a besoin de donner naissance à des petits. Son intérêt n'est pas de s'accoupler avec un porc-épic. Si elle découvre un écureuil mâle en bonne santé, elle ne perdra pas de temps. Elle le jaugera. Et s'il paraît à première vue convenable, elle saisira au vol sa chance d'accouplement. Le coup de foudre n'est peut-être rien d'autre qu'une pulsion innée, qui encourage de nombreuses créatures à ne pas traîner pour s'accoupler. Et on peut imaginer que ce qui n'était à l'origine qu'une attraction animale s'est transformé chez nos ancêtres humains en brutale passion amoureuse.

Mais comment la nature a-t-elle vraiment créé les sensations physiques de l'engouement ? De quelle substance est fait l'amour ?

La chimie de l'amour

Notre espèce a probablement commencé à parler d'amour il y a plus d'un million d'années, quand nos ancêtres se prélassaient, nonchalamment couchés, les yeux au ciel, sur les berges des fleuves d'Afrique. Plus tard, les penseurs se sont posé des questions et ont émis des hypothèses astucieuses au sujet de cette fièvre. W.H. Auden[*] assimile le désir sexuel à « une intolérable démangeaison neuronale ». H.L. Mencken, quant à lui, dit que :

> « Être amoureux se résume à un simple état d'anesthésie de la perception. »

Tous deux pressentaient le phénomène physiologique dont le cerveau est le siège, anticipant une découverte sur la chimie de l'amour qui pourrait se révéler étonnante.

L'histoire de ce traumatisme émotionnel que nous appelons l'amour pourrait bien commencer avec une petite molécule nommée phényléthylamine, ou PEA. La PEA est une amine qui joue le rôle d'un excitant, une substance chimique cérébrale qui déclenche les sensations d'allégresse, d'exultation, d'euphorie. Mais pour comprendre exactement comment la PEA peut contribuer à

---

[*] Wystan Hugh Auden — 1907-1973 — est un poète dramaturge britannique, membre d'un cercle littéraire réputé des années 1930, qui a émigré aux États-Unis en 1939 et en est devenu citoyen en 1946. Henry Louis Mencken — 1880-1956 —, dont il est question deux lignes plus loin, est un journaliste et critique littéraire américain, qui s'est illustré par des essais écrits dans les années 1920-1930. (*N.d.T.*)

provoquer cette sensation d'attraction, il faut rappeler quelques rudiments sur ce qui se passe à l'intérieur de notre boîte crânienne.

Le cerveau humain a environ la taille d'un pamplemousse, pèse moins de deux kilogrammes et occupe un volume moyen de quelque mille quatre cents centimètres cubes. Il est à peu près trois fois plus gros que les cerveaux de nos parents les plus proches, chimpanzés et gorilles, dont le volume cérébral moyen est respectivement de quatre cents et cinq cents centimètres cubes environ.

Dans les années 1970, le spécialiste en neurosciences Paul MacLean a avancé le postulat que le cerveau était divisé en trois grandes sections. Les choses sont en fait bien plus complexes, mais l'approche de MacLean reste utile pour un premier débroussaillage. La partie la plus primitive du cerveau entoure le bulbe rachidien, lui-même prolongement de la moelle épinière. Cette région cérébrale, qui mérite sa réputation de « cerveau reptilien », gouverne les comportements instinctifs comme l'agression, le sens de l'équilibre, les rituels stéréotypés et l'établissement de hiérarchies sociales. Nous utilisons probablement cette région cérébrale dans les comportements de séduction, en particulier dans les conduites instinctives de parade, de toilettage, de cour.

Au-dessus du cerveau reptilien, et l'entourant, en plein centre de la boîte crânienne, se trouve un assemblage de structures auquel on donne le nom global de « système limbique ». Comme on l'a dit plus haut, ces structures gouvernent les émotions fondamentales — la peur, la rage, la joie, la tristesse, le dégoût, l'amour et la haine. Si vous êtes inondé de joie, paralysé de peur, fou de colère, révolté ou abattu, c'est qu'au niveau de certaines parties du système limbique se déclenchent des perturbations électriques et chimiques. Le caractère foudroyant de l'amour a très certainement son origine physiologique à cet endroit.

Recouvrant le système limbique (et séparé de lui par une épaisse couche de matière blanche — le corps calleux et les ponts axonaux qui relient différentes parties du cerveau), se trouve le cortex cérébral, une pellicule grise de matière spongieuse, faite de circonvolutions qui se développent directement sous le crâne. Le cortex commande les fonctions cérébrales supérieures fondamentales, comme la vue, l'ouïe, le langage et les facultés mathématiques et musicales. Plus important encore, le cortex intègre nos émotions et nos pensées. C'est cette partie du cerveau qui *pense* à « lui » ou à « elle ».

Le problème est donc ici de comprendre quel rôle peut jouer la PEA (et probablement d'autres substances chimiques cérébrales, comme la norépinéphrine et la dopamine).

A l'intérieur de chacune des trois parties fondamentales du cerveau, et assurant leur connexion, se trouvent les neurones, ou cellules nerveuses ; nous en avons au moins cent milliards. Les impulsions électriques circulent le long d'un axone neuronal et franchissent un interstice — la fente synaptique — jusqu'à une cellule nerveuse voisine. C'est ainsi qu'elles circulent dans le cerveau, par ce réseau enchevêtré de routes neuronales.

La PEA est un neuromédiateur, contenu dans de petites vésicules à l'extrémité de certaines cellules nerveuses et qui, une fois libéré, aide l'impulsion électrique à passer d'un neurone à l'autre. La PEA est aussi une amphétamine naturelle ; elle stimule l'activité du cerveau. Michael Liebowitz, psychiatre à l'Institut psychiatrique de l'État de New York, pense que nous ressentons un émoi amoureux quand les neurones du système limbique — le « cœur » de nos émotions — sont saturés en PEA et/ou en autres substances chimiques, ou suffisamment sensibilisés par elles pour que l'activité cérébrale en soit stimulée.

Rien d'étonnant si les amoureux peuvent rester toute la nuit éveillés, à se parler et se caresser. Rien d'étonnant s'ils sont parfois si distraits, si écervelés, si optimistes, si sociables et débordants de vie. Des amphétamines naturelles sont libérées dans les centres cérébraux qui commandent leurs émotions ; ils sont « défoncés » par une drogue naturelle.

Les drogués de la passion

Liebowitz et son collègue Donald Klein parvinrent à cette conclusion en traitant des patients qu'ils appelaient « les drogués de la passion ». Ces individus étaient en quête maladive de relations. Trop impatients pour chercher chaussure à leur pied, ils étaient chaque fois rejetés et leur exultation première tournait vite au désespoir — jusqu'à ce qu'ils repartent en chasse. Au gré de ses misérables affaires sentimentales, le « camé » de la fleur bleue passait alternativement de la dépression à l'allégresse, du désespoir à l'émoi d'une nouvelle passion, passade toujours inadéquate et malheureuse.

Les deux psychiatres pensèrent que ces véritables malades d'amour souffraient d'un dysfonctionnement de leur câblage sentimental — lié particulièrement à un manque de PEA. Ainsi, à titre très expérimental, administrèrent-ils à ces « drogués » des inhibiteurs de MAO, une enzyme du cerveau — la monoamine oxydase, appartenant à une catégorie de substances qui cassent l'action de la PEA et d'autres neuromédiateurs (norépinéphrine, dopamine et sérotonine). Ces antidépresseurs, en bloquant l'action de cette enzyme, relèvent significativement les taux de PEA et autres amphétamines naturelles, et conservent au sentiment amoureux son tonus.

Après avoir été traité pendant des semaines par des inhibiteurs de MAO, un homme qui jusque-là souffrait en permanence d'instabilité affective commença à l'étonnement général à mieux choisir ses partenaires et même à s'adapter à une vie confortable sans partenaire. Apparemment, il ne souffrait plus de cette déficience en PEA qui le condamnait à des affaires d'amour aussi excitantes un jour que désastreuses le lendemain. Le patient suivit cette thérapie des années durant, lors de séances qui lui permirent de mieux se connaître lui-même.

> « Mais il apparaît, dit Liebowitz, que jusqu'à l'administration d'inhibiteur de MAO, le patient était totalement incapable d'utiliser ce qu'il avait appris, dépassé par des réponses émotionnelles ravageuses. »

Le psychiatre Hector Sabelli parvint de son côté à la même conclusion au sujet de la PEA. Il étudia le cas de trente-trois personnes qui s'affirmaient heureuses de leurs liens affectifs avec un « être auquel elles tenaient beaucoup », qui disaient qu'elles se sentaient bien, et qui *toutes* avaient un taux élevé de métabolite de PEA dans leurs urines. En revanche, les taux de PEA étaient bas chez un homme et une femme engagés dans une procédure de divorce — probablement, dit-il, parce que les deux époux furent atteints d'une légère dépression lorsqu'ils se quittèrent.

La PEA semble avoir un puissant effet également sur les animaux. Des souris à qui on en injecte courent et poussent des cris aigus ; elles présentent ce syndrome d'allégresse propre à la souris, appelé « comportement du pop-corn » en jargon de laboratoire. Les macaques rhésus traités avec des drogues chimiques du même type que la PEA émettent des appels de plaisir et se lèchent les babines dans un geste appartenant au comportement amoureux. Les babouins en cage appuient frénétiquement sur des manettes, plus de cent soixante fois en trois heures, pour obtenir les doses supplémentaires qui maintiennent leur taux de PEA.

Auden et Mencken avaient décrit les symptômes de l'attraction romantique avec beaucoup de finesse. Tomber amoureux peut résulter d'une saturation du cerveau, submergé par un déluge de PEA et/ou autres stimulants naturels qui altèrent les sensations et, du coup, la réalité.

Mais l'engouement amoureux ne se résume pas à une excitation. C'est un élément intrinsèque de l'amour ; c'est le dévouement, pour ne pas dire la dévotion quasi mystique, d'un être à un autre. Cet état sentimental complexe pourrait-il n'être dû qu'à une stimulation chimique du cerveau ?

En fait, la PEA crée seulement un état général d'éveil, de vigilance, d'excitation et d'égale bonne humeur, comme le suggère Sabelli. Sabelli a mesuré le taux de PEA libéré dans les urines d'un parachutiste, avant et après le saut. Pendant la chute libre, le taux de PEA est monté en flèche. Pour des raisons similaires, le taux de PEA des membres d'un couple fit un bond brutal pendant leur procès de divorce. Il apparaît que la PEA ne crée pas autre chose qu'un état particulier d'excitation et d'appréhension, lié à la décharge supplémentaire de substances chimiques qui accompagne, en fait, bien des situations. Dont l'état amoureux.

La seconde flèche de Cupidon : la culture

Le travail de Liebowitz et Sabelli sur la chimie de l'amour a entraîné des controverses, non seulement parmi ceux de leurs collègues qui, comme eux, admettent que cette recherche n'est encore que spéculative, mais également parmi ceux qui ne sont pas

*inné &
acquis*

encore débarrassés de la problématique sur l'inné ou l'acquis. Il s'agit de ce vieux débat qui consiste à démêler quelle part de notre comportement dérive de notre matériel génétique, de la nature et de l'hérédité, et quelle autre part découle de la culture, de l'apprentissage et des expériences faites pendant l'enfance.

Je voudrais souligner ici un concept fondamental. Le cerveau et le corps produisent des dizaines (si ce n'est des centaines) de substances chimiques différentes qui affectent notre comportement. Quand un individu se fâche, s'effraie ou devient euphorique, il sécrète de l'adrénaline, par exemple, par les glandes surrénales ; la décharge d'adrénaline accélère le rythme cardiaque, stimule la respiration et prépare le corps à l'action. Mais ce n'est pas l'adrénaline qui provoque la colère, la peur ou la joie ; ce sont les stimuli de l'environnement.

Admettons, par exemple, qu'un collègue de bureau fasse une mauvaise plaisanterie sur votre travail. Vous vous sentez insulté — une réaction en grande partie apprise. Votre corps sécrète de l'adrénaline. Vous ressentez l'apport de carburant. Mais votre esprit culturellement conditionné *transforme* cette énergie naturelle en hargne, plutôt qu'en peur ou en joie. Et vous ripostez par un commentaire sarcastique.

En amour aussi, la culture joue un rôle majeur. Dès l'enfance, vous commencez à aimer ou ne pas aimer les odeurs qui vous entourent. Vous apprenez à répondre à certaines formes d'humour. Vous vous habituez à une vie familiale paisible ou hystérique. Et vous commencez à esquisser votre propre carte du Tendre à partir de vos expériences. Puis, à l'adolescence, d'une façon ou d'une autre, vous larguez les amarres : vous êtes incorporé dans l'armée ou rejoignez l'université. Ce sont ces événements *culturels,* et bien d'autres, qui déterminent *qui, quand et où* vous aimerez. Mais après avoir rencontré l'être en question, c'est probablement la dose de PEA et/ou autres médiateurs neurochimiques qui induiront *comment* vous vous sentirez *quand* vous aimerez. Culture et biologie, comme toujours, marchent main dans la main.

Il semble y avoir cependant quelques variations, d'un individu à l'autre. Parmi ceux qui disent n'avoir jamais connu l'amour-passion, certains souffrent d'une maladie rare qui vient d'un dysfonctionnement dès l'enfance de la glande hypophysaire — causant des désordres hormonaux aussi bien qu'une « cécité à l'amour ». Ces hommes et ces femmes mènent des vies normales ; certains se marient et trouvent dans cette union une compagne ou un compagnon ; mais de l'extase et de la souffrance sentimentales, ils ne connaissent que les mots.

Tennov, lui aussi, a constaté des disparités parmi les huit cents Américains qu'elle a interrogés sur l'amour, dans les années 1960 et 1970. Un petit nombre seulement d'hommes et de femmes affirmèrent qu'ils n'étaient jamais tombés amoureux, tandis que d'autres déclarèrent avoir vécu cette expérience plus d'une fois. Mais la grande majorité des individus ont indubitablement connu les ravissements de l'amour-passion, et les deux sexes « dans des proportions à peu près égales ». Les sexologues John Money et Anke Ehrhardt le confirment ; comme Tennov, ils n'ont pas trouvé de différence entre les sexes sur ce terrain.

La science est loin de pouvoir totalement appréhender cet état émotif qui tend à accaparer tout le champ de la conscience. Il est incontestable toutefois que le sentiment amoureux relève à la fois de la physiologie et de la psychologie. Les mécanismes physiologiques aussi ont connu une évolution. Le système limbique, le noyau émotionnel du cerveau, est rudimentaire chez les reptiles mais bien développé chez tous les mammifères. C'est pourquoi je maintiens, dans les chapitres suivants, que nos premiers ancêtres ont hérité de l'animal leurs émotions primaires, mais qu'ils ont découvert ensuite, avec l'évolution, quand ils se sont adaptés il y a quatre millions d'années au monde très varié des prairies d'Afrique, les délices et les affres de l'engouement amoureux.

L'amour, hélas, passe avec le temps. Comme Emerson l'a écrit :

> « L'amour est à son paroxysme dans sa quête encore insatisfaite, mais avec la pleine possession de son objet, il se mue en amitié. »

A un certain moment, le sortilège perd sa magie. Chez certains adolescents, les « coups de cœur » peuvent durer une semaine. Les amants qui se voient irrégulièrement — parce qu'un océan (ou la bague que l'un porte au doigt) les sépare — peuvent conserver plusieurs années la folie et la fraîcheur de leur sentiment.

Toutefois, on peut mesurer la longévité moyenne de l'état amoureux. Tennov l'a fait, du coup de foudre initial jusqu'au moment où s'instaure une certaine « neutralité sentimentale » à l'égard de l'être aimé. Elle en conclut que :

> « L'intervalle le plus fréquent, qui est aussi une moyenne, va approximativement de dix-huit mois à trois ans. »

John Money est d'accord, et pense qu'à partir du moment où des tourtereaux se voient régulièrement, les jours de leur passion sont comptés. Ils en ont pour deux à trois ans.

Selon Liebowitz, la fin de la passion amoureuse est inscrite, elle aussi, dans la physiologie cérébrale. Il émet l'idée que l'activité du cerveau ne peut pas se maintenir éternellement en surrégime, au rythme accéléré des coups de foudre. Ou bien les terminaisons nerveuses s'accoutument aux neuromédiateurs du cerveau, ou bien les doses de PEA (et/ou autres substances naturelles semblables à l'amphétamine) commencent à chuter [4]. Le cerveau ne résiste pas, à long terme, à ces drogues. Il résume ainsi la situation :

> « Si vous souhaitez que votre partenaire continue à vous exciter sexuellement, et réciproquement, il faudra forcer la nature car vous êtes en quelque sorte engagé à contre-courant du reflux biologique. »

A ce moment-là, apparaît une émotion plus discrète — l'attachement. C'est le sentiment confortable, chaud, sécurisant dont témoignent tant de couples. Liebowitz est convaincu que, au fur et à mesure que l'amour-passion s'évanouit et que l'attachement croît, un nouveau système chimique prend la relève, et qu'une manière d'opium gagne alors l'esprit. Ces substances, les endomorphines, sont chimiquement analogues à la morphine, un opiacé et un narcotique. Comme la PEA, l'endomorphine est stockée à l'extrémité des terminaisons nerveuses. Elle franchit les fentes synaptiques d'un neurone à l'autre, et diffuse dans des aires spécifiques du cerveau. A la différence de la PEA, elle calme l'esprit, annihile la douleur et réduit l'anxiété.

Liebowitz émet l'idée que les partenaires qui en sont à la phase de l'attachement amoureux stimulent mutuellement leur sécrétion d'endomorphines, et renforcent leur sentiment de sécurité, de stabilité, de tranquillité. Désormais, les amants peuvent parler, manger et dormir en paix[5].

Personne n'a fait de recherches sur la longévité du stade de l'attachement et ses répercussions sur le cerveau ou sur les relations. Je pense qu'elle varie selon les capacités cérébrales des individus, selon les circonstances sociales et l'âge. Comme vous le verrez dans la suite de ce livre, plus vous vieillissez et plus il vous est facile de rester attachés. Mais l'état amoureux, lui, a un commencement et une fin. Comme Stendhal l'a brillamment exprimé :

> « L'amour est comme la fièvre, il naît et s'éteint sans que la volonté y ait la moindre part. »

Pourquoi l'amour connaît-il flux et reflux ? Le rythme de l'engouement, comme celui de nombreuses conduites amoureuses, fait partie de schémas naturels — soigneusement câblés dans le cerveau au cours du temps, de l'évolution et selon les anciens modèles de liens humains.

3

DES LIAISONS HUMAINES
La monogamie est-elle naturelle ?

> *Faudrait-il qu'il soit coriace, l'homme qui sou-*
> *tiendrait que deux sexes ne suffisent pas ?*
>
> Samuel Hoffenstein

Lorsque Darwin utilisa le terme de « survie du meilleur », il ne faisait pas référence à votre bonne mine ou à votre compte en banque ; il pensait à vos enfants. Si vous élevez des enfants qui élèvent à leur tour des enfants, vous avez réussi, selon les critères de la nature. Vous avez communiqué vos gènes à la génération suivante et, en termes de survie, vous avez vaincu. Les deux sexes sont ainsi prisonniers d'une danse nuptiale, par laquelle chacun ajuste ses mouvements sur ceux de l'autre. Les hommes comme les femmes ne peuvent se reproduire qu'en *tandem* et donner ainsi à la vie humaine son impulsion.

Cette danse nuptiale (notre « stratégie de reproduction » fondamentale) a commencé il y a très, très longtemps, lorsque le monde était jeune et lorsque nos plus primitifs ancêtres évoluaient vers deux sexes distincts.

Pourquoi le sexe ?

Les différentes espèces se reproduisent différemment. Quelques-unes, auxquelles appartient une variété de lézards à queue-de-fouet, ont abandonné complètement l'usage du sexe. Ces petits reptiles parcourent le chaparral semi-aride du Sud-Ouest américain. Pendant la saison de la reproduction, chacun développe huit à dix ovules non fertilisés. Ces œufs donneront naissance, après l'éclosion, à de parfaites répliques d'eux-mêmes. Ce type de reproduction asexuée — dite parthénogenèse, ou gestation virginale — est bien pratique. Les lézards queues-de-fouet ne perdent ni leur temps, ni leur énergie à se faire mutuellement la cour. Ils n'échangent pas leurs gènes avec ceux des autres queues-de-fouet, qui pourraient posséder un capital génétique inférieur. Ils n'ont pas à porter de lourds andouillers, comme le wapiti mâle, afin de se battre contre les autres prétendants, ni de bizarres queues à plumes, comme le paon, pour subjuguer les femelles. Ils n'attirent pas non plus les prédateurs quand ils lèvent leur garde pour faire la cour et s'accoupler. Et ils donnent le jour à une descendance qui transmet à 100 % leur ADN.

L'amour sexuel est-il nécessaire à la reproduction ? Pas en ce qui concerne les lézards queues-de-fouet des déserts et des prairies, ni pour certains pissenlits, mûres, trembles ou plantes sauvages asexuées. Ces espèces sont dispensées d'accouplement.

Cependant, en dépit des considérables avantages darwiniens de l'asexualité, nos ancêtres, ainsi que de nombreuses autres créatures, choisirent la voie de la reproduction sexuée, pour au moins deux raisons. Les individus qui s'accouplent offrent un avantage vital à leur descendance : la variété. Un colley et un caniche pourront donner naissance à un chiot qui ne ressemble en rien à aucun des parents. Cela peut avoir des conséquences néfastes, le mélange produisant parfois un triste assortiment. Mais la recombinaison crée de nouvelles « personnalités » génétiques. Certaines mourront. Certaines vivront et triompheront de l'infatigable effort de la nature pour éliminer les variétés faibles.

Récemment des biologistes ont avancé une explication plus subtile de l'évolution vers la reproduction sexuée : semer la confusion chez l'adversaire. Il s'agit de l'hypothèse dite de la Reine Rouge, suite à l'anecdote tirée du livre de Lewis Carroll, *A travers le miroir*.

La Reine Rouge prend Alice par le bras et, ensemble, elles courent éperdument, main dans la main. Mais quand elles s'arrêtent, elles se trouvent exactement à l'endroit d'où elles étaient parties. La Reine explique à Alice cette situation étrange en disant :

« Vois-tu, il te faudra courir tant que tu peux pour rester toujours au même endroit. »

En termes de théorie évolutionniste, cela signifie que les êtres vivants qui subissent régulièrement des mutations demeurent biologiquement moins sujets à l'attaque des bactéries, virus et autres parasites qui les tuent. La reproduction sexuée aurait ainsi évolué de façon à éliminer les germes de chacun.

Mais pourquoi deux sexes ? Des mâles et des femelles ? Pourquoi nos plus lointains prédécesseurs ne choisirent-ils pas une stratégie de reproduction dans laquelle chaque individu pût échanger son « bagage » génétique avec celui de n'importe quel autre individu ?

C'est ce que font les bactéries. Celles qui se rencontrent échangent leur ADN, tout simplement. A peut s'accoupler avec B ; B peut s'accoupler avec C ; C peut s'accoupler avec A ; n'importe qui peut s'accoupler avec n'importe qui d'autre ; les bactéries ne présentent aucune distinction sexuelle. En revanche, nos lointains ascendants (qui sont aussi ceux de la plupart des créatures vivantes actuelles) se développèrent en deux types distincts, contrairement aux bactéries : les femelles portant de gros œufs léthargiques composés d'une molécule d'ADN entourée de riches substances nutritives, et les mâles pourvus de petits spermatozoïdes, mobiles et démunis de tout sauf de gènes.

Personne ne sait comment l'évolution vers deux sexes distincts commença au sein du bouillon océanique primitif. Certains émettent l'hypothèse que nos premiers ancêtres sexués ressemblaient à des sortes de grandes bactéries, mais cette fois multicellulaires, qui produisaient des cellules germinales (les gamètes) ne contenant que la moitié de leur ADN. Comme les bactéries, chaque individu produisait des gamètes qui pouvaient s'unir avec n'importe quel autre gamète. Mais tandis que certains organismes répandaient de gros gamètes, entourés d'un important cytoplasme nutritif, d'autres diffusaient de petites cellules germinales comprenant moins de réserve nutritionnelle. D'autres enfin envoyaient de minuscules gamètes quasiment dépourvus de nourriture.

Toutes ces créatures dispersaient leurs cellules germinales au gré des courants de l'océan. Le hasard faisait le reste. Quand deux gamètes de petite taille s'unissaient, la nourriture leur manquait pour survivre. Quand deux grosses cellules sexuelles fusionnaient, elles étaient trop poussives pour se tirer d'affaire. Mais quand un gamète de petite taille, agile et libre de ses mouvements, autrement dit un protospermatozoïde, s'unissait à un gamète de taille respectable riche en réserves nutritives, un proto-ovule, le nouvel organisme prospérait. Avec le temps, deux sexes distincts firent leur apparition, l'un chargé d'ovules, l'autre véhiculant du sperme.

Cette hypothèse a ses failles, tout autant que d'autres[1]. On peut le regretter, mais il n'existe aucun organisme vivant pouvant nous donner un modèle adéquat du mode de vie de nos plus lointains ascendants sexués. Il n'empêche. Des individus à l'origine de deux filiations complémentaires ont commencé à se différencier il y a plus d'un milliard d'années. Puis deux sexes bien distincts firent leur apparition. Leur descendance continuellement renouvelée se mit à croître et à multiplier au rythme des changements et des bouleversements de notre immense passé.

Les pratiques sexuelles que nos ancêtres ont ignorées

Il est étonnant que nos prédécesseurs les plus primitifs n'aient pas opté pour la vie sexuelle des fraises, ces créatures qui, à l'instar du petit lézard queue-de-fouet, peuvent aussi bien se reproduire asexuellement que s'adonner aux plaisirs de la fécondation. Lorsque les fraises se sentent en sécurité, dans un terrain vierge et en milieu stable, elles clonent. Pourquoi se compliquer la vie avec le sexe ? Mais quand l'espace vient à manquer, les fraises, bien forcées, se dispersent là où la place est libre, se mettent à produire des fleurs, puis se livrent à la fécondation. Un peu plus tard, une fois les pionnières installées, elles se remettent à cloner.

Les lombrics pratiquent une autre forme de sexualité. Ils sont à la fois mâles et femelles et peuvent s'autoféconder. Mais la plupart des plantes et des animaux hermaphrodites se donnent beaucoup de mal pour éviter l'autofécondation qui réunit les inconvénients de la sexualité et de l'asexualité.

La forme la plus originale de reproduction, au regard des normes humaines, se rencontre chez certaines espèces dont les individus ont la faculté de passer d'un sexe à l'autre. C'est le cas de certains poissons vivant le long de la Grande Barrière de corail, en Australie. Connus sous le nom de « poissons éboueurs », ou *Labroides dimidiatus,* ces nettoyeurs de récifs vivent en groupes composés d'un mâle et de cinq ou six femelles. Si l'unique mâle meurt ou disparaît, la femelle dominante commence à se métamorphoser en mâle. En quelques jours « elle » devient « il ».

Si les hommes et les femmes que **nous** sommes pouvions pratiquer la parthénogenèse, l'hermaphrodisme, ou passer indifféremment d'un sexe à l'autre en quelques heures, notre évolution n'eût pas dépendu des regards séducteurs et autres œillades aguichantes. Elle n'aurait pas abouti à cette physiologie cérébrale qui rend tendres et amoureux. Mais les ascendants de l'homme, comme de la plupart des espèces, n'ont pas choisi la sexualité des fraises, ni celle des lombrics ou des poissons transsexuels. Au lieu de quoi nous sommes devenus hommes et femmes, deux sous-espèces condamnées à échanger leurs gènes ou à sombrer dans l'oubli.

La copulation n'est pas le seul moyen que vous et moi possédions pour assurer notre postérité génétique. Les organismes sexués transmettent aussi leur ADN par le truchement de ce qu'on appelle la sélection parentale. Il s'agit là d'un fait biologique : chaque individu hérite du capital génétique de ses parents. L'enfant reçoit de sa mère la moitié de ses gènes, et l'autre moitié de son père. Il partage la moitié de ses gènes avec chacun de ses vrais frères ou sœurs, s'il en a ; le huitième avec ses cousins et ainsi de suite. L'homme ou la femme qui passe sa vie à éduquer ses proches génétiques favorise la transmission de son propre ADN ; quand quelqu'un est adapté à l'environnement et survit, sa famille survit avec lui ; d'où la notion d'« adaptation globale[2] ». Guère étonnant que tout un chacun, partout dans le monde, ait tendance à favoriser sa famille biologique.

La voie la plus sûre vers la postérité passe cependant par l'accouplement. De fait, tous les rituels humains de cour amoureuse et d'accouplement, de mariage et de divorce, peuvent être compris comme des scénarios de séduction — ce que les biologistes nomment des stratégies de reproduction. En quoi consistent ces jeux amoureux ?

67

Deux choix, qui se résument à chaque fois à une question de nombre, s'offrent aux hommes comme aux femmes. L'homme peut s'unir à une seule femme, en pratiquant la *monogynie* (du grec *mono,* un, et *gynè,* femelle ou femme), ou bien disposer de plusieurs partenaires simultanément, en pratiquant la *polygynie* (plusieurs femmes). La femme peut faire des choix similaires : pratiquer la *monoandrie* (un seul homme), ou la *polyandrie* (plusieurs hommes). Ces termes sont communément utilisés * pour décrire les différents types de mariages humains. La *monogamie* indique la présence d'un seul « conjoint », la *polygamie* de plusieurs, sans faire de distinction entre les sexes [3].

A strictement parler, la monogamie n'implique pas la fidélité.

Il importe de se rappeler que le mot « monogamie » est sans cesse employé à tort. L'*Oxford English Dictionary* définit le terme de *monogamy* ** comme « le fait d'être marié avec une seule personne à la fois, qu'il s'agisse d'une condition ou d'une règle sociale, ou d'une simple coutume ». Cela ne signifie pas que les partenaires soient sexuellement fidèles l'un envers l'autre. Les zoologistes James Wittenberger et Ronald Tilson utilisent le terme de monogamie pour désigner « une association prolongée et une relation de couple essentiellement exclusive entre un mâle et une femelle ». Mais la notion de fidélité n'est pas essentielle à cette définition scientifique. Ils ajoutent :

> « Par " essentiellement exclusif ", nous voulons dire que les accouplements clandestins et occasionnels en dehors des liens du couple (impliquant donc la " tromperie ") ne remettent pas en cause l'existence de la monogamie. »

Monogamie et *fidélité* ne sont donc pas des termes synonymes. Pis, l'adultère semble souvent aller de pair avec la monogamie, comme avec les autres stratégies de reproduction ici mentionnées.

---

* Dans les pays anglo-saxons. (*N.d.T.*)
** *Idem.*

Les vaudevilles de la nature *

Les carouges à épaulettes mâles surveillent de vastes territoires de marécages à l'époque de la reproduction ; plusieurs femelles s'unissent à un mâle unique sur sa parcelle de territoire, et avec lui seul — monoandrie. Mais l'histoire peut se dérouler autrement. Récemment, des chercheurs ont vasectomisé certains de ces mâles avant la période des amours. Des femelles s'unirent à ces mâles castrés, s'accouplèrent avec eux, et nichèrent dans leurs aires d'habitation — rien d'inhabituel.

Plus étonnant, plusieurs de ces femelles donnèrent naissance à des couvées fécondes. Il est clair que ces femelles monoandriques n'avaient pas été sexuellement fidèles à leurs partenaires. Pour s'en assurer, les chercheurs prélevèrent des échantillons sanguins sur les oisillons nouveau-nés de trente et une femelles de l'espèce du merle à ailes rouges. Presque la moitié des nids contenaient un ou plusieurs poussins dont le père n'était pas le propriétaire du domaine. La plupart des femelles s'étaient accouplées avec des oiseaux de passage ou avec un mâle du voisinage.

L'adultère semble être aussi la règle chez d'autres espèces. Des ornithologues ont observé des accouplements « extraconjugaux » et autres aventures furtives, chez plus d'une centaine d'espèces d'oiseaux monogames. Même chose chez les petits singes d'Amérique du Sud, où les ouistitis et tamarins femelles, par exemple, ne se gênent pas pour tricher. Même chose chez les femelles de la plupart des mammifères souvent considérées comme des parangons de vertu. Les marais, les prairies et les forêts de la planète sont les théâtres des vaudevilles de la nature.

Au cas où la coexistence de la monogamie et de l'adultère chez le merle à ailes rouges ou chez le ouistiti vous aurait échappé, vous avez sûrement eu l'occasion de constater l'infidélité conjugale chez les êtres humains. Tous les hommes et femmes mariés des États-Unis sont, par définition, monogames ; la bigamie est hors la loi. Si

---

* L'auteur intitule en fait le chapitre « Nature Peyton Place », en référence à un vieux feuilleton télévisé américain où s'étalaient les drames conjugaux d'une petite ville des États-Unis. (*N.d.T.*)

l'on en croit de récentes estimations, plus de 50 % des Américains mariés sont infidèles. Difficile de certifier l'exactitude de tels chiffres ! Mais qui niera que l'adultère sévit chez tous les peuples du monde, quelle que soit leur culture ?

Là est le nœud de la question. Certains peuples ne permettent aux hommes qu'une femme, d'autres les autorisent à avoir un harem ; certaines femmes n'épousent qu'un homme à la fois, quand d'autres monopolisent plusieurs maris en même temps. Mais le mariage n'est qu'une face de la stratégie humaine de reproduction ; l'acte sexuel extraconjugal est souvent le revers complémentaire de nos diverses tactiques sexuelles. Cependant, avant d'explorer l'imbroglio inextricable de l'adultère humain, examinons les modèles d'unions humaines qui sautent aux yeux : nos différents systèmes de mariage [4].

Les deux sexes ont au moins un point commun : ils cherchent à tout prix à s'unir. Le mariage est un universel culturel, dans toutes les sociétés. Plus de 90 % des hommes et femmes américains se marient, si l'on en croit du moins les registres de recensement qui remontent au milieu du XIXe siècle. L'Office des statistiques des États-Unis a fait une synthèse des différentes données sur le mariage depuis les années 1940, à partir des renseignements consignés dans les livres des Églises, les registres de justice, les listes nécrologiques et les fichiers de mariage de quatre-vingt-dix-sept sociétés industrielles et agricoles. Entre 1972 et 1981, une moyenne de 93,1 % de femmes et de 91,8 % d'hommes ayant atteint l'âge de quarante-cinq ans étaient mariés.

Le mariage est la norme, y compris là où les registres n'existent pas. Chez les Indiens de la tribu Cashinahua, au Brésil, on se marie avec une certaine désinvolture. Lorsqu'une adolescente brûle de convoler et obtient la permission de son père, elle demande à son promis de la rejoindre dans son hamac, une fois toute la famille endormie. Il repart à l'aube. Il installe progressivement ses affaires dans le foyer de la famille. Mais on ne prend le mariage au sérieux que lorsque la fille est enceinte, ou que la liaison dure depuis au moins un an. En revanche, en Inde, il arrive que les parents choisissent un mari à leur fille avant même qu'elle ne sache marcher. Les fiancés passent par plusieurs cérémonies nuptiales successives. Longtemps après que le mariage a été consommé, les familles des époux continuent à échanger des biens selon les clauses négociées des années auparavant.

Les coutumes nuptiales varient. Mais des steppes de l'Asie jusqu'aux atolls coraliens de l'océan Pacifique, la grande majorité des hommes et des femmes prennent un conjoint. En fait, dans toutes les sociétés traditionnelles, le mariage constitue le passage obligé vers l'état adulte ; les vieilles filles et les vieux garçons sont rares.

Les stratégies de mariage des hommes et des femmes diffèrent-elles ? Bien que je maintienne que la monogamie, ou la relation de couple, soit la marque distinctive de l'animal humain, il ne fait aucun doute qu'une minorité d'hommes et de femmes adoptent d'autres scénarios sexuels. Le sexe masculin étant le plus volage, commençons par lui.

Le harem

« *Hogamus, higamus,* les hommes sont polygames », dit la chanson. Mais 16 % seulement des huit cent cinquante-trois cultures recensées prescrivent effectivement la monogamie. Les cultures occidentales en font partie ; nous nous situons donc dans la minorité. En revanche, 84 % de toutes les sociétés humaines autorisent les hommes à prendre plus d'une épouse à la fois — la polygamie.

Les anthropologues ont fait couler beaucoup d'encre sur les raisons culturelles de la vogue du harem, alors qu'une simple motivation biologique s'impose : la polygamie procure aux hommes une formidable récompense génétique.

Ismaïl Moulay, dit « le Sanguinaire », un empereur du Maroc, aurait réussi à régner sur l'un des plus grands harems de l'Histoire. Selon le Livre Guiness des records, Ismaïl eut huit cent quatre-vingt-huit enfants de ses innombrables épouses. Mais Ismaïl a sans doute été surpassé. Certains empereurs chinois « durs au labeur » fécondèrent plus de mille femmes dont on programmait soigneusement la visite, à tour de rôle, dans la chambre à coucher royale, au moment favorable de leur cycle. Les chefs d'État n'ont pas le monopole de la vie de harem. La polygamie est très répandue dans certaines sociétés de l'Ouest africain, où près du quart des hommes âgés possèdent au moins deux ou trois épouses.

On rencontre un type de harem particulièrement exotique, au regard de nos normes occidentales, dans la tribu des Tiwis, sur l'île Melville, à environ quarante kilomètres au large de la côte nord de l'Australie.

La coutume en vigueur dans cette gérontocratie voulait que toutes les femmes fussent mariées — même celles qui n'avaient pas encore été conçues. Après sa première menstruation, la jeune fille pubère sortait de son isolement provisoire dans la brousse pour saluer son père et le futur gendre de celui-ci. Dès qu'elle les voyait, elle se couchait dans l'herbe et feignait d'être endormie. Son père introduisait alors délicatement une lance de bois entre ses jambes, puis tendait l'arme cérémonielle à son acolyte qui s'en emparait pour la briser, l'embrasser et lui dire qu'elle était sa femme. Par cette simple cérémonie, l'ami du père — un homme d'une trentaine d'années — venait d'épouser toutes les filles pas encore nées que l'adolescente porterait un jour en son sein.

Les hommes adultes se fiançant à des bébés pas encore conçus devaient attendre d'avoir environ quarante-cinq ans avant de pouvoir faire l'amour à leurs femmes pubères. Les jeunes hommes étant néanmoins dotés d'un sexe, ils ne se gênaient pas pour filer en douce s'isoler avec une amoureuse dans la brousse. Mais ils aspiraient ardemment au prestige et au pouvoir que conférait le mariage. Aussi apprenaient-ils à brasser des affaires, à troquer des promesses, de la nourriture et du travail pour acquérir femmes et richesses en prévision de leurs vieux jours. Au fur et à mesure qu'ils accumulaient des épouses et engendraient des enfants, les hommes obtenaient ainsi le contrôle des futures filles de leurs propres filles, qu'ils projetaient de marier à leurs amis en échange d'un plus grand nombre de femmes virtuelles [5]. Un gentilhomme Tiwi de soixante-dix ans, suffisamment riche et avisé, pouvait ainsi posséder une bonne dizaine d'épouses, bien que la plupart dussent se contenter de bien moins !

Le mariage Tiwi traditionnel fut pratiqué jusqu'à l'arrivée des Européens. La grande différence d'âge entre époux incitait hommes et femmes à se marier plusieurs fois. Les femmes, en prenant de l'âge, aimaient se choisir de nouveaux jeunes maris. Hommes et femmes mûrs s'adonnaient avec beaucoup de plaisir et de présence d'esprit aux subtilités du marchandage qui présidait à ces mariages arrangés. Et les Tiwis disaient que tout le monde, chez eux, appréciait les changements de partenaires sexuels.

Dans la plupart des sociétés, les femmes essaient d'empêcher leurs maris de prendre une épouse plus jeune, bien qu'elles soient moins réticentes à accepter une jeune sœur comme coépouse. Les femmes ne veulent pas non plus être l'épouse cadette. Mis à part les scènes de jalousie chroniques et les luttes sournoises pour capter l'attention du mari, les femmes mariées au même homme ont tendance à se quereller au sujet de la nourriture et de toute autre ressource qu'il leur procure. Il existe un cas cependant où l'on vit les femmes rejoindre volontiers le harem — un cas limite, un seuil transitoire vers la polygamie.

Cela se passait chez les Indiens Pieds-Noirs des plaines septentrionales d'Amérique du Nord à la fin du XIXe siècle. L'état de guerre était chronique à cette époque, les victimes nombreuses, et les rangs des candidats au mariage s'éclaircissaient. Les femmes avaient besoin de maris, les hommes de femmes supplémentaires pour travailler. En effet, les chevaux et les fusils qu'ils avaient acquis auprès des Européens avaient permis à ces Indiens d'abattre beaucoup plus de bisons qu'ils n'auraient été capables d'en tuer à pied, avec leurs arcs et leurs flèches. Les chasseurs heureux réclamaient des bras supplémentaires pour le tannage des peaux, épine dorsale du pouvoir commercial. Cela fit pencher la balance : les filles non mariées préférèrent devenir la seconde femme d'un homme riche plutôt que l'unique femme d'un pauvre, ou rester célibataires[6].

La polygamie se pratique aussi aux États-Unis aujourd'hui. Certains mormons prennent plusieurs femmes pour des raisons religieuses, même si la loi l'interdit. Les pères fondateurs de l'Église adventiste du Septième Jour, créée en 1831 par Joseph Smith, soutenaient que les hommes devaient prendre plus d'une femme. En dépit du fait que l'Église mormone a abandonné officiellement le dogme de la polygamie en 1890, quelques mormons intégristes pratiquent toujours le mariage multiple. Comme par hasard, la plupart de ces mormons polygames sont aussi des hommes riches.

La polygamie serait légale à New York, Chicago, ou Los

Angeles que le premier adepte venu de l'Église épiscopale possédant deux cents millions de dollars pourrait, n'en doutons pas, trouver plusieurs femmes disposées à partager son amour et son argent[7].

Les hommes recherchent la polygamie pour propager leurs gènes, et les femmes rejoignent les harems pour acquérir des ressources et assurer la survie de leur progéniture. Notez bien toutefois qu'il ne s'agit pas de motivations conscientes. Si vous demandiez à un homme pourquoi il désire une seconde épouse, il vous dirait qu'il apprécie son intelligence, son sens des affaires, sa vivacité... ou le galbe de ses cuisses. Si vous demandiez à une femme pourquoi elle consentirait à « partager » un homme, elle vous dirait qu'elle ne peut pas résister à son regard, à son sourire ou à la perspective de passer de merveilleuses vacances avec lui.

Peu importent les raisons invoquées. La polygamie permet aux hommes d'avoir beaucoup d'enfants, et aux femmes, sous certaines conditions, d'en retirer des bénéfices reproducteurs. Dans un lointain passé, les hommes préhistoriques, pratiquant la polygamie, comme les femmes, qui consentaient à rejoindre un harem, ont dû bénéficier, inconsciemment, d'un avantage sélectif. Rien d'étonnant à ce que les harems soient apparus partout où c'était possible.

L'homme : un primate monogame

Bon nombre d'anthropologues voient dans l'institution des harems une marque distinctive de l'humanité, sous prétexte que la polygamie offre certains avantages sélectifs et que de nombreuses cultures l'autorisent. Je ne peux souscrire à ce point de vue. Il ne s'agit certainement que d'une stratégie de reproduction secondaire et *occasionnelle*. Chez la plupart des peuples autorisant la polygamie, 5 à 10 % des hommes seulement possèdent effectivement plusieurs femmes à la fois. On parle plus de polygamie qu'on ne la pratique.

En fait, après avoir étudié deux cent cinquante peuples de cultures différentes, l'anthropologue George Peter Murdock a mis un point final à la controverse :

« Un observateur impartial, écrit-il, se fondant sur les seuls critères numériques, serait contraint de caractériser la quasi-totalité des sociétés humaines comme monogamiques, en dépit de la fréquence de la polygamie et de l'engouement incontestable qu'elle suscite. »

Partout dans le monde, les hommes ont tendance à n'épouser qu'une femme à la fois.

« *Higamus, hogamus,* les femmes sont monogames »... Certes, les femmes elles aussi ne prennent généralement qu'un époux, et pratiquent la *monoandrie*. Toutes les femmes dans les sociétés dites monogames n'ont qu'un mari. Elles ne possèdent jamais deux époux simultanément. Dans les sociétés dites polygames, la femme n'épouse aussi qu'un seul homme à la fois, bien qu'elle puisse avoir des coépouses. Étant donné que les femmes de 99,5 % des peuples de la planète ne se marient qu'avec un homme à la fois, il est raisonnable d'en conclure que la monoandrie prédomine très largement chez la femelle de l'humain.

Cela ne veut pas dire que la femme ne dispose jamais d'un harem d'hommes. La polyandrie reste rare : 0,5 % de l'ensemble des sociétés permet aux femmes d'avoir plusieurs maris simultanément. Et ce cas de figure ne se présente que dans des circonstances très particulières, lorsque les femmes sont très riches, par exemple.

Les Indiens Tlingits du sud de l'Alaska étaient prospères avant l'arrivée des Européens. Ils vivaient, comme ils le font toujours, le long de la plus abondante zone de pêche du monde, l'archipel de l'Alaska. Durant les mois d'été, les hommes Tlingits prenaient du saumon et piégeaient une multitude d'animaux dans les bois longeant le rivage. Les femmes rejoignaient les hommes dans les campements d'été de pêche et de chasse, collectaient les baies et les plantes sauvages, transformaient les prises en poissons séchés, en huiles, viandes fumées, fourrures et confectionnaient de précieux articles artisanaux en bois et en coquillage. A l'automne, hommes et femmes partaient pour des expéditions de troc le long de la côte.

Mais les Tlingits ne commerçaient pas à la façon des Européens. Le rôle du négociant revenait aux femmes. Elles fixaient les prix, présidaient aux marchandages, menaient à bien les transactions, et c'étaient elles qui empochaient les bénéfices. Leur statut social était généralement élevé. Et il n'était pas rare pour une femme fortunée d'avoir deux maris.

La polyandrie se pratique aussi dans l'Himalaya, pour une autre raison cette fois. Les familles tibétaines cossues des montagnes de Limi, au Népal, tenaient farouchement à préserver l'intégralité de leurs domaines ; le partage des terres entre héritiers aurait fait perdre de sa valeur à la précieuse propriété. En outre, les parents avaient besoin de nombreux fils pour travailler la terre, surveiller le bétail, yaks et chèvres, et faire les corvées dues aux suzerains. Lorsqu'un couple donnait naissance à plusieurs fils, il les encourageait à partager la même femme. Du point de vue de la femme, il s'agissait bien de polyandrie.

Évidemment, les relations entre coépoux n'étaient pas toujours sereines. Les frères n'avaient pas le même âge, et une jeune femme de vingt-deux ans pouvait trouver son mari de vingt-sept ans plus à son goût que celui de quinze ans, encore immature. Les jeunes frères ne se soumettaient à ce favoritisme sexuel qu'afin de rester sur le territoire familial et de profiter des bijoux, des tapis et des chevaux — la belle vie en somme. Mais les ressentiments couvaient.

La polyandrie se rencontre rarement chez les hommes, comme chez les autres animaux, pour une simple raison biologique. Les femelles des oiseaux et des mammifères ne peuvent porter qu'un nombre limité d'enfants durant leur vie. La gestation demande du temps. Le petit requiert une attention supplémentaire jusqu'au sevrage. Et les femelles marquent des pauses entre les naissances successives. Les femmes, par exemple, ne peuvent guère porter plus de vingt-cinq enfants dans leur vie. Le record est détenu par une femme russe qui donna naissance à soixante-neuf bébés, en vingt-sept grossesses. Cela reste un phénomène. La plupart des femmes des sociétés de chasseurs-cueilleurs ne portent pas plus de cinq nouveau-nés. La polyandrie peut favoriser en qualité la progéniture d'une femme, mais pas l'aider à avoir beaucoup plus d'enfants.

Pour les hommes, la polyandrie peut conduire au suicide génétique. Les mâles des mammifères ne peuvent s'acquitter de la grossesse ni allaiter. Les hommes peuvent à la rigueur avoir des milliers de descendants à l'exemple des anciens empereurs chinois, s'ils parviennent à obtenir les faveurs d'une colonie de partenaires complaisantes, et à surmonter leur propre surmenage sexuel... Mais si un homme rejoint le harem d'une femme, il prodiguera son sperme en pure perte !

L'amour communautaire

Plus rare encore que la polyandrie, le « mariage de groupe », ou *polygynandrie* (du grec « plusieurs mâles et femelles »). Cette tactique sexuelle mérite qu'on s'y arrête non pour sa fréquence, mais pour ce qu'elle révèle d'essentiel de la relation humaine entre sexes.

Les peuplades qui pratiquent le mariage de groupe se comptent sur les doigts d'une main. Parmi elles, les Pahārīs, une tribu népalaise. Leurs femmes y sont si chères que deux frères font parfois pot commun pour payer le « prix de la fiancée » au père de la promise. Celle-ci les épouse tous les deux à la fois. Si les frères font fortune, ils acquièrent une seconde fiancée. Selon toute apparence, les deux femmes font l'amour aux deux époux[8].

La sexualité de groupe se pratique aussi aux États-Unis dans certaines de ces sectes qui surgissent et disparaissent d'une décennie à l'autre[9]. La communauté Oneida en offre l'exemple le plus classique. L'itinéraire de la secte illustre parfaitement l'une des principales caractéristiques du jeu amoureux humain.

Cette colonie « d'avant-garde » fut fondée dans les années 1830 par un religieux fanatique, John Humphrey Noyles. Cet homme audacieux et sexuellement vigoureux désirait créer une utopie chrétienne et communiste. En 1847, sa communauté s'installa à Oneida, dans l'État de New York, où elle resta en activité jusqu'en 1881. A son apogée, plus de cinq cents femmes, hommes et enfants travaillaient sur les terres de la colonie et fabriquaient des pièges d'acier qu'ils vendaient au monde extérieur. Tous vivaient dans le même bâtiment, Mansion House, qui existe toujours. Chaque adulte disposait de sa propre chambre. Mais l'on partageait tout le reste, y compris les enfants avec lesquels on avait rejoint la communauté, les vêtements et les partenaires sexuels.

Noyles commandait. L'amour romantique envers une personne particulière était considéré comme égoïste et répréhensible.

Il était interdit aux hommes d'éjaculer à moins que leurs partenaires n'aient dépassé la ménopause. Aucun enfant ne devait naître. Et tous étaient censés copuler avec tout le monde.

En 1868, Noyles leva l'interdiction qui pesait sur la reproduction, et, sur permission spéciale, plusieurs femmes accouchèrent. Noyles et son fils engendrèrent douze des soixante-deux enfants nés dans les années qui suivirent. Mais les heurts et les frictions s'aggravaient entre membres de la secte. Les hommes les plus jeunes étaient tenus d'avoir des relations sexuelles avec les femmes les plus âgées, tandis que Noyles avait d'emblée jeté son dévolu sur les jeunes filles pubères. En 1879, les hommes se révoltèrent et accusèrent Noyles d'avoir violé plusieurs jeunes femmes. Il prit la fuite. La secte se dispersa en quelques mois.

Mais le plus intéressant au sujet de l'expérience sexuelle de la communauté d'Oneida est qu'en dépit de ses prescriptions tyranniques, Noyles ne put jamais empêcher les hommes et les femmes de tomber amoureux et de former des couples clandestins. L'attirance entre les individus était plus forte que ses décrets. En fait, aucune expérience occidentale de mariage de groupe n'a réussi à se maintenir plus de quelques années. Comme l'explique Margaret Mead :

> « Peu importe combien de communautés chacun peut inventer, la famille refait toujours tranquillement surface. »

La psychologie de l'animal humain le porte à former un couple avec un unique conjoint.

La monogamie est-elle naturelle ?
Oui.
Il existe certainement des exceptions. Si on leur en offre l'occasion, les hommes optent souvent pour des épouses multiples afin de promouvoir leur lignée. Les femmes rejoignent un harem si les avantages qu'elles en retirent l'emportent sur les inconvénients. La polygynie et la polyandrie sont naturelles, mais les coépouses se querellent, comme les coépoux. Hommes et femmes peuvent consentir à partager un conjoint, à condition qu'ils puissent en espérer plus de richesses. Autant le harem semble être la règle chez les gorilles, les chevaux et de nombreuses autres espèces, autant

78

chez les humains polyandrie et polygynie semblent n'être que des exceptions opportunistes et occasionnelles. La monogamie reste la norme [10]. Il n'est pas besoin de supplier les êtres humains pour leur faire adopter la vie de couple. Bien au contraire. Nous marivaudons. Nous nous séduisons. Nous tombons amoureux. Nous nous marions. Et la plupart d'entre nous épousons une seule personne à la fois.

La relation de couple est le sceau de l'humanité.

L'amour arrangé

Tout cela ne signifie pas que tous les maris et toutes les femmes soient épris l'un de l'autre quand ils se marient. Au sein des sociétés les plus traditionnelles, le premier mariage d'un fils ou d'une fille est arrangé à l'avance. Là où le mariage est un moyen de contracter des alliances, comme chez de nombreuses peuplades de cultivateurs d'Europe et d'Afrique du Nord, ou au cœur de l'Inde, de la Chine et du Japon à l'époque préindustrielle, les deux membres d'un jeune couple pouvaient ne s'être jamais rencontrés avant leur nuit de noces. Mais dans la plupart des cultures, la famille tient compte des aspirations de la fille et du garçon avant de poursuivre le projet de mariage.

En témoigne la pratique des Égyptiens actuels. Les parents des époux virtuels prévoient une rencontre entre les adolescents ; si les deux « enfants » s'aiment, la famille projette le mariage. A New York, les parents traditionalistes chinois, coréens, juifs d'Europe centrale, antillais ou arabes se présentent souvent leurs fils ou filles en espérant qu'ils se plairont et auront envie de se marier.

Curieusement, bon nombre de ces gens-là tombent effectivement amoureux. En ce qui concerne l'Inde nous sommes très bien renseignés sur ce point. On enseigne aux enfants hindous que l'amour conjugal est l'essence de la vie. Aussi les hommes et les femmes entrent-ils dans la vie maritale avec enthousiasme, en faisant en sorte que la première inclination se transforme en véritable amour. Et c'est bien ce qui arrive le plus souvent. Comme disent les hindous :

> « Nous commençons par nous marier, puis nous tombons amoureux. »

Cela ne me surprend guère. Si l'on admet qu'un seul regard, en un seul instant, peut susciter l'amour, pourquoi tout un cortège de séductions réglées par avance ne pourrait-il se transformer rapidement en véritable amour ?

Où en sommes-nous donc ? La monogamie est la stratégie fondamentale de reproduction des humains, bien qu'ils puissent vivre occasionnellement en harem. Mais on ne peut pas tuer l'amour romantique. Quand bien même il arrive qu'hommes et femmes vivent avec plusieurs conjoints à la fois, ils ont un partenaire de prédilection. Au sein des communautés prônant la libération sexuelle, hommes et femmes ont tendance à former des couples. Et l'amour fleurit même là où les mariages sont strictement arrangés et les effusions sentimentales proscrites. Le thème d'un roman comme *Famille,* de Pa Kin, en offre une illustration très convaincante.

Kin y décrit la vie traditionnelle d'une famille chinoise dans les années 1930. Hésitant entre la fidélité aux valeurs de piété filiale, propre à la Chine ancienne, et les idées modernes de l'individualisme, les jeunes fils d'un vieil homme tyrannique cherchent désespérément à donner un sens à leur vie. L'aîné accepte son sort et son mariage arrangé. Mais il se languit chaque jour de sa bien-aimée, une douce jeune fille qui se meurt de ne pouvoir partager son amour avec lui. La femme de chambre de la famille va, quant à elle, se jeter dans un lac pour échapper au mariage arrangé avec un hideux vieillard ; sa condition sociale est trop humble pour qu'elle puisse épouser l'homme qu'elle aime, un des fils de la maison. Une nuit, le plus jeune des fils s'enfuit en cachette de l'enceinte familiale pour vivre sa vie dans l'une des villes les plus libres de la Chine en voie d'occidentalisation. L'intrigue se déroule pendant que le patriarche dîne avec sa concubine, une femme dont il est tombé amoureux des années auparavant.

Pendant des centaines d'années, la tradition chinoise essaya de réprimer tout élan sentimental. On inculquait aux jeunes l'acceptation du destin, la résignation et l'obéissance. La plus cruelle de toutes les coutumes au monde — la pratique millénaire du bandage des pieds — rivait la jeune fille à son métier à tisser et l'empêchait de s'enfuir de la maison de son mari. La tradition des mariages arrangés commence aujourd'hui à tomber en désuétude en Chine. Les romans à l'eau de rose et les chansons sentimentales ont de plus en plus de succès ; la jeunesse se donne des rendez-vous galants, divorce de partenaires jamais aimés et se choisit elle-même compagnes et compagnons. Elle ne jure plus que par « l'amour libre ».

Partout dans le monde, tabous, mythes, rituels, conventions sociales de toutes sortes ont longtemps canalisé la jeunesse vers des unions obligées. Aujourd'hui, là où ces mariages peuvent être dissous, comme en Nouvelle-Guinée, sur les atolls de l'océan Pacifique, dans la plus grande partie de l'Afrique et de l'Amazonie, les gens divorcent et se remarient avec des conjoints qu'ils ont eux-mêmes choisis. Séduire, tomber amoureux, former un couple font partie de notre humaine nature.

Mais pourquoi certains d'entre nous sont-ils sexuellement infidèles à leurs serments d'amour ?

4

POURQUOI L'ADULTÈRE ?
L'essence de l'infidélité

> *Ô malédiction du mariage,*
> *que nous puissions appeler nôtres*
> *ces délicates créatures*
> *sans pouvoir commander à leurs désirs !*
> *J'aimerais mieux être un crapaud*
> *et vivre dans les miasmes d'un cachot*
> *que de laisser un coin de l'être que j'aime*
> *à l'usage d'autrui !*
>
> William Shakespeare, *Othello*

Le long de l'Adriatique, vers le sud, la monotonie des plages italiennes est brisée par des promontoires rocheux. Là, à l'abri des regards, dans des criques naturelles peu profondes, bordées de bancs de sable, de jeunes Italiens séduisent les étrangères qu'ils ont cueillies dans les hôtels pour vacanciers, sur les plages, dans les bars ou les discothèques. Là, pendant les quelques années qui précèdent leurs vingt ans, les garçons perdent leur pucelage, aiguisent leurs talents sexuels, dressent la comptabilité de leurs conquêtes et forgent leur réputation d'amants italiens experts et passionnés, personnages qu'ils vont cultiver toute leur vie.

Comme les jouvencelles du cru sont trop surveillées pour être courtisées, et comme la prostitution n'existe pas dans ces villages, l'éducation sexuelle des jeunes hommes, avant le mariage, est donc tributaire de l'activité touristique saisonnière. Ensuite, à l'âge mûr, les hommes sont pris dans un vaste entrelacs de relations sexuelles, système élaboré et quasi institutionnel d'affaires extraconjugales avec les femmes de leur propre village. Avec le temps, chaque coureur de jupons acquiert l'art de la discrétion et le respect de certaines convenances qui tombent sous le sens commun.

Le psychologue Lewis Diana rapporte que dans ces petites villes qui s'égrènent sur la côte centrale et sud de l'Adriatique, l'adultère est la règle, bien plus que l'exception ; presque tout homme a une maîtresse qu'il fréquente régulièrement, les jours ouvrables. Généralement, les amants se voient en fin de matinée ou en début d'après-midi, lorsque le mari est encore au travail dans les vignes, dans sa petite boutique, sur son bateau de pêche ou qu'il vaque lui-même à ses relations clandestines privées.

Les hommes de la moyenne ou grande bourgeoisie entretiennent généralement des idylles durables avec des femmes mariées d'un niveau social égal ou inférieur. De jeunes domestiques rendent parfois visite aux femmes des propriétaires, tandis que les hommes prestigieux ont à l'occasion des rendez-vous galants avec leurs bonnes ou leurs cuisinières. Mais les relations les plus solides sont celles qui se nouent entre personnes déjà mariées par ailleurs ; de telles relations peuvent durer plusieurs années, voire toute une vie.

Sont vraiment tabous les relations entre femmes d'un certain âge sans attaches et jeunes célibataires dont la vantardise est dangereuse. La moindre indiscrétion est intolérable. Dans ces villages, la famille reste l'armature de la vie sociale ; si les ragots dévoilent le réseau des relations extraconjugales, ils risquent de casser sérieusement la cohésion de la communauté et de détruire la vie familiale. Ainsi, bien que l'infidélité soit pratique courante chez les adultes — et que nul ne puisse l'ignorer du fait de la promiscuité — la loi du silence règne. La vie de famille ne doit pas être ébranlée. Un homme d'affaires italien à la retraite, qui avait vécu en Amérique depuis son enfance, porta un coup violent à cette complicité collective quand il se permit, dans un club pour hommes, une allusion publique à une femme mariée dont il eût aimé gagner les faveurs. Ses interlocuteurs se turent brusquement. Puis, l'un après l'autre, ils se levèrent et s'en allèrent. Comme le rapporte Diana :

> « C'était une monumentale bourde. Aucun homme marié ne mentionne jamais son attirance pour une autre femme. Le tabou est impératif et ne supporte aucune exception. La vie est déjà suffisam-

ment difficile pour qu'on ne compromette pas un de ses rares passe-temps. »

Par-delà l'Océan, en Amazonie, les relations extraconjugales sont également prisées, mais beaucoup plus complexes. Parmi les Kuikurus, un groupe d'environ cent soixante personnes habitant l'unique village au bord de la rivière Xingu, dans la jungle du Brésil, il est fréquent que les hommes et les femmes se marient peu après la puberté. Après quelques mois de mariage, les époux commencent à prendre des amants ou amantes, appelés *ajois*.

Les ajois misent sur la complicité d'amis pour se ménager des rendez-vous galants ; sous prétexte d'aller chercher de l'eau, de se baigner, de pêcher ou d'aller jardiner, ils saisissent le moment opportun pour flâner hors du domaine de la communauté. Les amoureux s'éclipsent furtivement et se retrouvent dans une clairière voisine où ils papotent, échangent de petits cadeaux et s'accouplent. Même les Kuikurus plus âgés s'échappent régulièrement pour ces rendez-vous de « 5 à 7 », raconte l'anthropologue Robert Carneiro. La plupart des villageois comptent entre quatre et douze relations extraconjugales en même temps.

A la différence des hommes de la côte italienne, cependant, les Kuikurus aiment étaler publiquement ces affaires. Les petits enfants scandent, sous forme de comptines, ces relations entre ajois, aussi naturellement que les jeunes américains débitent leur ABC. Seuls le mari et la femme évitent d'aborder entre eux ce chapitre, l'un et l'autre souhaitant éviter la gêne et la perturbation qui découleraient de la nécessité d'affronter la partie offensée, si les faits devenaient de notoriété publique. Si une femme, cependant, affiche avec exubérance ses amitiés ou passe tellement de temps hors du village qu'elle néglige ses tâches quotidiennes, le mari peut se fâcher. Une dispute éclate alors en public. Mais les Kuikurus considèrent la liberté sexuelle comme allant de soi ; le châtiment pour adultère est rare.

Des études ethnographiques par douzaines, sans parler d'innombrables œuvres d'histoire et de fiction, témoignent de la prédominance des activités sexuelles extraconjugales parmi les hommes et femmes du monde entier[1]. Bien que nous flirtions, tombions amoureux et convolions en justes noces, les êtres humains ont un penchant à cocufier leurs conjoints. C'est pourquoi ce chapitre explore le second aspect de la stratégie de reproduction humaine : comment les relations clandestines se manifestent ; pourquoi l'adultère apparaît.

Les multiples facettes de l'adultère

Lors des cérémonies d'initiation, à la puberté des garçons, les Turus de Tanzanie s'accordent une totale licence sexuelle. Au premier jour de ces festivités, les amants non mariés se livrent à des danses qui simulent les rapports sexuels et ils chantent des hymnes à la gloire du pénis, du vagin et de la copulation. Si ces danses ne sont pas « chaudes », ou passionnément sexuelles, comme disent les Turus, la fête est ratée. Dans la soirée, les amoureux consomment l'acte qu'ils ont suggéré toute la journée. Plus près de nous, la fête du Mardi gras offre un même climat de permissivité.

Prêter sa femme, considéré comme l'expression de l'« hospitalité », est fréquent chez plusieurs peuples Inuit (Esquimaux). Cette forme d'adultère plonge ses racines dans une certaine conception de la parenté. Si un homme cherche des liens avec un compagnon de chasse, il peut lui offrir les services sexuels de sa femme — mais seulement avec la permission de celle-ci. Si tout le monde est d'accord, un contrat d'affaires est passé pour plusieurs jours, voire plusieurs semaines. Les femmes sont aussi un havre sexuel pour les visiteurs et les étrangers. Les femmes Inuit considèrent ces accouplements extraconjugaux comme de précieux gages de parenté éternelle, et non comme des manquements aux règles sociales.

Peut-être la coutume la plus curieuse prescrivant officiellement l'adultère se trouve-t-elle dans notre héritage culturel occidental. Dans plusieurs sociétés européennes, les seigneurs féodaux s'arrogeaient le droit de déflorer la jeune épousée d'un vassal la nuit du mariage — une coutume connue sous le nom de *jus primae noctis,* ou « droit de la première nuit ». Quelques historiens doutent que ce rite ait été largement pratiqué ; les preuves existent pourtant que des nobles écossais du Moyen Âge couchaient bel et bien avec les jeunes mariées de leurs sujets.

Ce qui amène la question : en quoi consiste donc l'adultère ? Les appréciations varient. Les Lozis d'Afrique n'associent pas l'adultère à l'acte sexuel. Selon les Lozis, l'homme qui fait un bout de chemin avec une femme mariée et sans liens de parenté avec lui, qui lui offre une bière ou une petite prise de tabac, a commis l'adultère. Exagéré ? Mais les Américains non plus n'associent pas forcément l'adultère à l'acte sexuel. S'il arrive à un homme d'affaires américain d'offrir à dîner à une charmante collègue, dans une ville éloignée de son domicile, et que tous deux vivent ensuite diverses péripéties sexuelles, sauf la copulation, l'homme a quelque raison — en dépit de l'absence de coït — de se sentir coupable d'adultère. En fait, selon une enquête menée par le magazine *People* en 1986, quelque 74 % des sept cent cinquante personnes interrogées pensent que l'infidélité commence avant la consommation de l'acte sexuel.

Les Kofyars du Nigeria ont une tout autre conception de l'adultère. Une femme qui n'est pas satisfaite de son mari mais ne souhaite pas divorcer peut prendre un amant légitime qui habitera avec elle sous le toit du mari. Les hommes Kofyars jouissent du même privilège. Et personne ne considère ces relations extraconjugales comme adultérines.

L'*Oxford English Dictionary* définit l'adultère comme la pratique de rapports sexuels avec un ou une autre que son époux ou épouse. Ainsi, selon les critères occidentaux, l'Italien, la femme Esquimau et la femme Kofyar précédemment évoqués auraient commis l'adultère en prenant des amants, alors que le mari Lozi et l'Américain marié qui paient à boire à une femme, et peut-être même atteignent l'orgasme avec elle — mais sans coït — ne seraient pas adultérins. Vérité en deçà des Pyrénées, erreur au-delà : le jugement et l'attitude envers l'adultère dépendent des habitudes culturelles.

Nulle part plus évident que dans les sociétés agricoles où les gens cultivaient le sol à l'aide d'un araire (plutôt que d'une houe) — dans la Chine, l'Inde ou le Japon traditionnels ou dans l'Europe préindustrielle. Dans ces sociétés patriarcales, l'« adultère » n'était ordinairement pas imputé aux hommes ; mais bien plus largement aux femmes, jugées seules coupables.

Cette morale à sens unique en ce qui concerne l'adultère, appliquée différemment à l'un et l'autre sexe, provenait, dans les sociétés agricoles, de la croyance que l'homme est porteur de la semence familiale. Il était de son devoir d'assurer la reproduction et la transmission du lignage. En Inde seulement, les hommes sont supposés être fidèles à leurs épouses. Dans presque toute l'Asie les maris sont encouragés à avoir des concubines. En Chine, où un homme ne peut avoir qu'une seule et unique épouse légitime, des concubines étaient souvent amenées sur le domaine familial, et se voyaient offrir appartements personnels, objets de luxe et attentions. Ces femmes étaient traitées avec bien plus de respect que ne le sont les actuelles maîtresses occidentales — en grande partie parce qu'elles accomplissaient la tâche sacro-sainte de donner au mari des garçons. Même les enfants nés hors du lit conjugal étaient considérés comme légitimes en Chine, pour peu qu'ils eussent dans leurs veines du sang de la lignée patriarcale.

La conduite d'un homme traditionnel chinois ou japonais ne pouvait être blâmée comme adultère que s'il couchait avec la femme d'un autre. C'est cela qui était tabou. Des rapports sexuels illicites avec une femme mariée étaient un outrage au mari de ladite femme et à tous ses ancêtres. En Chine, ceux qui brisaient cette loi étaient brûlés vifs. En Inde, l'homme qui séduisait la femme d'un gourou pouvait être condamné à s'asseoir sur une plaque de fer chauffée au rouge, puis émasculé. La seule issue honorable pour un Japonais était alors le suicide. Dans les sociétés agricoles asiatiques traditionnelles, seules les geishas, les prostituées, les esclaves et les concubines étaient consommées librement. Faire l'amour avec elles n'était nullement considéré comme adultère.

Les droits sexuels de la femme en Inde, en Chine ou au Japon traditionnels étaient une tout autre affaire. La valeur d'une femme variait selon deux critères : sa dot, qui devait accroître la prospérité et le prestige de son mari et sa capacité à faire fructifier en son sein la semence de son époux. La responsabilité d'une femme étant d'assurer une descendance à son mari, elle devait être chaste avant son mariage et lui être sexuellement fidèle toute sa vie — la paternité devait être protégée afin de préserver la lignée familiale mâle. Résultat : une fille respectable était souvent mariée dès l'âge de quatorze ans, avant qu'elle puisse succomber aux charmes de soupirants clandestins. Ensuite, elle était attachée à la demeure de son mari et soumise à vie à la vigilance de sa nouvelle famille.

Toute relation sexuelle extraconjugale était formellement interdite aux femmes. Une épouse infidèle ne méritait pas de vivre. Un hindou pouvait tuer une femme adultère. En Chine ou au

Japon, on attendait d'une femme coupable qu'elle se suicidât. Dans ces sociétés patriarcales, la légèreté d'une femme menaçait la terre de son mari, sa richesse, son nom, son statut social. Ses ascendants autant que ses descendants étaient menacés d'opprobre.

Chez les ancêtres de la civilisation occidentale, on trouve trace de la même morale à sens unique, des mêmes « deux poids, deux mesures » concernant l'adultère, en particulier dans plusieurs lois écrites en langues sémitiques entre 1800 et 1100 avant notre ère, dans des villes de l'ancienne Mésopotamie. Certaines de ces prescriptions gardent encore une influence sur le statut légal et les droits et devoirs des femmes.

Tout comme les autres communautés paysannes, ces peuples primitifs des vallées du Tigre et de l'Euphrate estimaient qu'une femme devait « garder sa vertu ». Une femme adultère pouvait être exécutée, ou avoir le nez coupé. Pendant ce temps, un mari avait la liberté de forniquer avec toutes les prostituées de la terre ; l'infidélité ne transgressait les lois que si elle était commise avec l'épouse d'un autre homme, ou si elle portait atteinte à la virginité d'une fille destinée à l'un de ses pairs. Pour de tels crimes seulement, le mari pouvait être condamné à une sévère amende, à la castration ou à la mort.

Comme dans l'Amérique d'aujourd'hui, plusieurs codes sexuels étaient cependant en vigueur simultanément. Certains anciens fêtaient la fertilité dans des cérémonies où le coït entre non-époux était pratiqué. Pour la circonstance, le sexe prenait une aura de sainteté ; l'acte sexuel apportait la fertilité et le pouvoir. Mais généralement, des codes plus stricts dominèrent le berceau des civilisations occidentales. Seules les femmes étaient tenues d'être fidèles, certes. Mais dans la plupart des sociétés paysannes d'Asie, l'homme adultère était stigmatisé pour avoir empiété sur la propriété d'un autre. En outre, comme dans d'autres sociétés paysannes anciennes, l'adultère n'était nullement considéré comme un péché, ni une offense à Dieu.

Cela allait changer.

« Tu ne commettras point l'adultère »

Selon l'historien Vern Bullough, c'est au temps des anciens Hébreux, c'est-à-dire aux débuts de l'histoire de l'Occident, que l'adultère a été lié à l'idée de péché. Avant l'exil babylonien, le judaïsme primitif obéissait à un code de conduite sexuelle simple ; peu de pratiques sexuelles étaient taxées d'immoralité. Mais dans la période d'après l'exil, de 516 avant J.-C. environ, jusqu'à la destruction de Jérusalem par les Romains en 70 avant J.-C., les mœurs sexuelles juives furent de plus en plus rapportées à Dieu. Selon la loi de Moïse, une femme devait être vierge la nuit de ses noces, et rester ensuite fidèle au lit de son mari. En revanche, les hommes pouvaient fréquenter des prostituées, concubines, veuves et servantes. Seules les relations sexuelles avec une femme mariée étaient proscrites. Dieu avait dit : « Tu ne commettras point l'adultère. »

Dans la période talmudique qui a suivi, durant les premiers siècles de l'ère chrétienne, l'attitude des Hébreux envers le sexe est devenue plus explicite.

Dieu, disait-on, avait ordonné que mari et femme remplissent leur devoir conjugal la veille du sabbat. Des listes d'obligations sexuelles minimales furent établies pour les différentes classes sociales. Les hommes oisifs appartenant au beau monde étaient tenus de copuler chaque nuit avec leur femme ; les hommes qui exerçaient une activité et résidaient dans la ville où ils travaillaient devaient faire l'amour deux fois par semaine ; les commerçants qui voyageaient vers d'autres villes, une fois par semaine ; les conducteurs de chameaux, au moins une fois tous les trente jours. Et les érudits devaient remplir leur devoir conjugal le vendredi soir. Le sexe devint béni, célébré et sanctifié dans et par le mariage.

> « Réveille-toi, Aquilon ! Viens, Autan !
> Souffle sur mon jardin,
> Que ses fragrances soient répandues au loin.
> Que mon amant vienne ici
> Et qu'il butine ses fruits préférés ! »
>
> *(Le Cantique des cantiques.)*

Ce n'est qu'un extrait du Chant de Salomon, cette ode extravagante et joyeuse à l'amour entre mari et femme que les juifs ont ajoutée à la Bible hébraïque aux environs de 100 après J.-C. Les cheveux des femmes, leurs dents, leurs lèvres, leurs joues, leur cou, leurs seins, tout était objet de célébration devant l'Éternel. Les juifs assimilaient l'adoration entre mari et femme à l'amour entre le peuple d'Israël et son Dieu. Mais l'homosexualité, la zoophilie, le travestisme, la masturbation et l'adultère de la femme ou de l'homme avec une personne mariée étaient condamnés par Dieu.

Cette disposition du monde hébraïque à l'égard de l'adultère allait profondément influencer les mœurs occidentales, comme allaient le faire également certaines coutumes curieuses des anciens Grecs.

Souvent considéré comme le premier peuple de l'Histoire à s'être adonné aux divertissements, le peuple grec des temps classiques s'est effectivement révélé dans ses jeux. Les mortels grecs, pour imiter leurs dieux, ont donné libre cours à leur concupiscence. Au Ve siècle avant J.-C., les ébats sexuels comptaient parmi les distractions favorites — du moins des hommes, qui se considéraient comme supérieurs aux femmes. Les filles de bonne famille étaient mariées peu après leurs dix ans à des hommes qui avaient deux fois leur âge. Elles étaient traitées alors comme des protégées sous tutelle plutôt que comme des épouses reléguées à la maison pour engendrer des garçons. Seule faute abominable qu'un homme pouvait commettre : coucher avec l'épouse d'un autre, transgression aux règles qui pouvait coûter la vie.

Ces liaisons dangereuses, qui pouvaient être mortelles, n'étaient pas très pratiquées. Dans l'Athènes et la Sparte des temps classiques, les hommes mariés s'amusaient, en toute légitimité, avec une armée de conquêtes extraconjugales. Les concubines satisfaisaient leurs besoins quotidiens. Les courtisanes éduquées, connues sous le nom d'hétaïres, les divertissaient en ville. Et certains hommes, des classes supérieures tout particulièrement, participaient régulièrement à des rencontres homosexuelles avec de jeunes éphèbes.

Les premiers chrétiens allaient réagir violemment contre ces appétits, mais chérir d'autres idéaux grecs. Bien que les Grecs aient largement célébré le sexe, certains nourrissaient la profonde crainte qu'il contamine, souille, et salisse. Divin célibat ! Dès 600 avant J.-C., les hommes de culte avaient commencé à épouser l'ascétisme et la chasteté. Ces valeurs vantées et promues par des groupes marginaux par rapport à la tradition hébraïque firent leur chemin de génération en génération, jusqu'à influencer les premiers dirigeants chrétiens et finalement imprégner profondément les mœurs des hommes et des femmes d'Occident.

Dans la Rome antique, l'ascétisme et le célibat sont restés bien vivaces — encore qu'en marge de la vie quotidienne. Les anciens Romains étaient connus pour leur libertinage[2]. Vers l'année 100 avant J.-C., beaucoup d'entre eux considéraient l'adultère comme les Américains la fraude fiscale. Quoi de plus justifié ?

Mais le stoïcisme était une vertu romaine. Beaucoup rêvaient de ce bon vieux temps où Rome était un village de haute intégrité morale et où tout le monde faisait preuve de *gravitas,* ce sens aigu de la dignité et de la responsabilité. Le caractère romain était profondément imprégné de moralité, continence et abstinence. En dépit des excès sexuels auxquels se livraient empereurs et citoyens ordinaires des deux sexes, quelques philosophes et maîtres à penser diffusèrent à Rome, pendant ces siècles glorieux, la philosophie grecque du renoncement volontaire à tout plaisir charnel.

Les chefs de file des premiers chrétiens ont été séduits par cette tendance gréco-romaine à l'ascétisme, mâtinée de la conception hébraïque qui considérait certaines formes de sexualité, notamment l'adultère, comme péché.

Les enseignements de Jésus sur la sexualité furent diversement interprétés. Peut-être Jésus tenait-il en haute estime la sexualité dans le mariage. Mais Marc (X ; 11) lui fait dire, à propos de l'adultère :

> « Celui qui divorce de sa femme et en épouse une autre commet un adultère envers elle ; et si elle divorce de son mari pour en épouser un autre, elle commet l'adultère. »

Même le divorce et le remariage étaient considérés comme des actes licencieux.

Puis dans les siècles de notre ère, la foi de certains dirigeants influents de la chrétienté prit une tournure de plus en plus hostile au sexe, sous toutes ses formes. Paul penchait probablement pour le célibat, bien que certains aient suggéré qu'il aurait pu professer des conceptions hébraïques traditionnelles en matière de sexe. Il écrivit dans une lettre aux Corinthiens (VII ; 8-9) :

> « Aux célibataires et aux veuves, je dis qu'il est bon pour eux de rester célibataires comme je le suis. Mais s'ils ne se sentent pas capables de contrôler leurs instincts, qu'ils se marient. Car mieux vaut être marié que dévoré par la passion. »

Exit le sexe. Officiellement, le célibat ne fut pas imposé à l'ensemble du clergé chrétien avant le XIᵉ siècle. Mais au fur et à mesure que les générations se sont succédé, l'abstinence sexuelle a été de plus en plus associée à Dieu, et l'adultère au péché — à la fois pour l'homme et pour la femme.

Saint Augustin, qui vécut entre 354 et 430 de notre ère, allait répandre cet enseignement dans toute la chrétienté. Encore jeune homme, il aspirait fortement à se convertir au christianisme, mais il ne pouvait se défaire de son attirance pour sa maîtresse ni de son attachement à son fils. Il a écrit, dans ses *Confessions,* l'histoire de sa conversion devenue un classique du mysticisme chrétien, comment il priait régulièrement Dieu en disant :

> « Apporte-moi la chasteté et la continence, mais ne me les apporte pas tout de suite. »

Obéissant aux commandements de sa mère, Monique, femme autoritaire, Augustin avait chassé sa concubine afin de prendre une épouse légitime d'un statut social convenable. Mais ce mariage n'eut en fait jamais lieu. Pendant les deux ans précédant le mariage, il prit une maîtresse en intérim. Ce fut un tournant dans sa vie. En pleine crise de conscience, il abandonna ses projets conjugaux, se convertit au christianisme, et opta pour une vie chaste. Peu après, Augustin commença à considérer le coït comme une chose vile, le plaisir comme honteux, et toute pratique sexuelle comme contre nature. Le célibat, affirmait-il, était le bien le plus précieux. Les rapports sexuels entre mari et femme devaient être limités à la procréation. Et l'adultère masculin comme féminin était jugé diabolique.

La condamnation de l'adultère comme transgression aux règles morales des deux sexes a dominé les mœurs occidentales jusqu'à nos jours.

Infidèlement vôtre, version américaine

Ce code moral n'a pas empêché hommes et femmes d'Occident — ou de toute autre société — de tricher avec leurs conjoints. Les Américains ne font pas exception. Ils s'adonnent aux aventures extraconjugales avec une constance forcenée, nonobstant la morale qui blâme l'infidélité et la culpabilité qui succède aux écarts de conduite et aux bouleversements qu'elles occasionnent dans leur vie de famille et dans leur vie sociale. Comme George Burns l'a si bien dit un jour :

> « C'est quoi, le bonheur, sinon d'avoir une famille nombreuse, unie, aimante et aimée, dans une autre ville ? »

Nous ne saurons jamais combien d'Américains sont adultères. Dans les années 1920, le psychiatre Gilbert Hamilton, un pionnier de la recherche sur les comportements sexuels, révélait que 28 hommes et 24 femmes interrogés sur 100 avaient avoué s'être écartés du « droit chemin ». En Amérique, dix ans plus tard, on en parlait encore le soir, à la table familiale.

Le fameux rapport Kinsey, publié à la fin des années 1940 et au début des années 1950, affirmait que sur 6 427 maris, un peu plus d'un tiers étaient infidèles. Comme les personnes interrogées affichaient généralement quelques réticences à parler de leurs escapades, Kinsey estima que ces chiffres étaient sous-estimés et que la moitié des Américains, très probablement, avaient été infidèles à un moment ou à un autre depuis leur mariage. Sur les 6 972 femmes américaines interrogées — mariées, divorcées ou veuves — 26 %, selon Kinsey, avaient eu des rapports sexuels extraconjugaux avant l'âge de quarante ans. Sur le total des femmes adultères, 41 % avaient fait l'amour avec un seul et unique partenaire « illégitime » ; 40 % avaient eu entre deux à cinq amants ; 19 %, plus de cinq amants.

Près de deux décennies plus tard, de toute évidence, ces chiffres n'avaient pas significativement changé — en dépit des énormes bouleversements de la morale et des mœurs américaines dans les années 1970-1980, apogée de la « révolution sexuelle ». Une étude commandée par le magazine *Playboy,* et menée par Morton Hunt dans les années 1970, rapportait que 41 % des 691 hommes, et 25 % des 740 femmes blanches, mariées, de milieu petit-bourgeois, représentant l'échantillon interrogé, avaient couru le guilledou.

Deux nouvelles tendances, cependant, se dessinaient alors : les deux sexes se révélaient plus précoces à commettre des écarts que leurs prédécesseurs des décennies antérieures, et c'en était fini de la morale inégale entre les sexes. Alors que, dans les années 1950, 9 % seulement des femmes mariées de moins de vingt-cinq ans avaient eu des amants, environ 25 % des jeunes épouses en avaient eu dans les années 1970. Hunt en concluait que dans la mesure où la femme et la société reconnaissaient aussi bien aux femmes qu'aux hommes le droit à l'adultère, « la femme ira chercher des aventures extraconjugales aussi souvent que l'homme ». Un sondage réalisé par *Redbook* confirmait les données de Hunt pour les années 1970. Sur un échantillon d'environ 100 000 femmes interrogées, 29 % des épouses avaient commis des écarts extraconjugaux — mais elles avaient tendance à tromper leur mari de plus en plus tôt après leur mariage. « Pourquoi attendre ? » semblait être devenue la devise.

Ces chiffres ont-ils encore augmenté depuis les années 1970 ? Peut-être que oui, peut-être que non. Une enquête du magazine *Cosmopolitan,* datant du début des années 1980 et portant sur 106 000 lectrices, indiquait que 54 % des femmes mariées avaient eu au moins une aventure, et un sondage portant sur 7 239 hommes indiquait que 72 % de ceux qui étaient mariés depuis plus de deux ans avaient été adultères. Ces chiffres, concernant les hommes aussi bien que les femmes, ont été confirmés par d'autres recherches. Comme le rapportait le numéro de *Mariage and Divorce Today* du 1er juin 1987, « 70 % des Américains ont connu une aventure à un moment ou à un autre de leur vie conjugale. Et l'adultère est de plus en plus précoce. Une enquête récente portant sur 11 200 personnes mariées indiquait qu'environ 25 % des hommes et des femmes de moins de vingt-cinq ans avaient trompé leur conjoint.

Mais ces statistiques sont-elles vraiment fiables?

Les hommes ont tendance à mentir en ce qui concerne le sexe, alors que les femmes avouent plus volontiers leurs escapades. Peut-être les épouses des décennies passées avouaient-elles moins facilement leurs histoires de cœur, tandis que celles des années 1980 sont plus honnêtes. Peut-être les femmes des classes moyennes ont-elles aujourd'hui davantage d'« occasions » que leurs aînées, parce qu'elles travaillent à l'extérieur. Peut-être les hommes se sentent-ils plus libres de courir les jupons depuis que les femmes ont une plus grande indépendance financière. Tous les Américains n'ont pas répondu. Peut-être les chercheurs ont-ils posé leurs questions ou mené leurs enquêtes dans des milieux plus disposés à commettre des infidélités, ou plus prêts à les avouer à un enquêteur.

« Mais qui a couché dans mon lit? » demande le Papa Ours d'un de nos contes enfantins. Impossible de mesurer l'exacte étendue des dégâts adultérins dans l'Amérique d'hier et d'aujourd'hui. Après tout, à la différence de Hester Prynne, l'héroïne du roman d'Hawthorne, les époux adultères n'ont pas à afficher leur infidélité par un « A » écarlate. Bien que des lois condamnant l'adultère existent encore dans vingt-cinq États américains, la législation actuelle autorisant le divorce « par consentement mutuel » a ravalé le mariage à une sorte de partenariat économique; les transgressions sexuelles sont rarement portées devant les tribunaux; et elles font rarement l'objet de recensements. Aussi, bien naïfs sont les scientifiques qui pensent connaître la vérité, toute la vérité et rien que la vérité sur le cocufiage en Amérique.

Mais une chose au moins est certaine : en dépit du tabou culturel qui frappe l'infidélité, les Américains pratiquent l'adultère. Nos mœurs sociales, nos programmes d'enseignement religieux, nos amis et parents nous pressent d'investir l'essentiel de notre énergie sexuelle sur une seule personne, mari ou femme. Mais dans la pratique, en se coulant dans d'autres lits, un pourcentage non négligeable d'hommes et de femmes partagent leur temps, leur vigueur, et leur amour entre une multitude de partenaires[3].

Et nous ne sommes en rien extraordinaires. Récemment, j'ai lu quarante-deux études ethnographiques sur le passé et le présent de différents peuples. Qu'ils vivent dans de grands ensembles, dans des pavillons alignés à l'anglaise ou des huttes de chaume ; qu'ils cultivent le riz ou leur fortune ; qu'ils soient riches ou pauvres ; qu'ils adorent le dieu des chrétiens ou des dieux habitant le soleil, le vent, les rochers ou les arbres, aucun de ces peuples n'ignorait l'adultère. Au mépris de leurs traditions en matière de mariage, de leurs coutumes en matière de divorce, en dépit des règles morales de leurs communautés concernant les relations sexuelles, pas un de ces peuples n'a méconnu l'adultère, même quand l'adultère était puni de mort.

Ces quarante-deux peuples ne sont pas les seuls à goûter aux charmes de l'infidélité. Comme Kinsey concluait :

> « En ce qui concerne les activités sexuelles extraconjugales des hommes et des femmes mariés, il ressort des biographies et romans du monde entier que les désirs humains sont universels par-delà les âges et les cultures. L'adultère est la cause première des divorces et des violences familiales, en Amérique comme dans bien d'autres pays. Il n'existe aucune culture qui ignore l'adultère, aucun procédé ou convention sociale qui élimine l'infidélité. »

« L'amitié est fidèle en toute chose, sauf en affaires d'amour », écrivait Shakespeare. Notre attirance humaine pour les liaisons extraconjugales semble sonner le triomphe de la nature sur la culture. L'infidélité semble être un de nos atouts ancestraux dans le grand jeu de la reproduction, avec la séduction, le sourire, les mécanismes physiologiques cérébraux qui accompagnent les émois amoureux et notre désir d'être lié à un seul partenaire.

Pourquoi l'adultère ?

Toutes les cruautés du monde ont été infligées aux époux infidèles. On a médit d'eux en public, on les a montrés du doigt, marqués au fer rouge, battus, mis au banc de la société ; on leur a mutilé les parties génitales, coupé le nez et les oreilles, brisé les pieds, tranché les membres ; on les a abandonnés, lapidés, brûlés, noyés, étranglés, fusillés, poignardés et répudiés. L'inventaire des châtiments est tel qu'on peut s'étonner que des êtres humains se hasardent encore à des aventures extraconjugales. Et pourtant ils le font.

Pourquoi ? D'un point de vue darwinien, il est facile d'expliquer pourquoi la nature a poussé les hommes vers la variété sexuelle. Si un homme a deux enfants d'une femme, il s'est reproduit lui-même, génétiquement parlant. Mais s'il engage d'autres relations avec d'autres femmes et engendre, par bonheur, deux autres descendants, il aura doublé sa contribution aux générations futures. Ainsi, le fait que les hommes recherchent dans la variété sexuelle le plus grand nombre d'enfants répondrait à une logique biologique. Le fait que ces descendants transmettent aux générations suivantes le « quelque chose » contenu dans ses gènes inciterait l'homme à la quête de « visages frais », comme disait Byron.

Mais pourquoi les femmes sont-elles adultères ? Une femme ne peut pas faire un nouvel enfant chaque fois qu'elle se glisse dans le lit d'un nouvel amant ; elle ne peut tomber enceinte qu'à certaines périodes de son cycle menstruel. En outre, il lui faut neuf mois pour accoucher d'un enfant, plusieurs mois avant de pouvoir en concevoir un autre. A la différence d'un homme, une femme ne peut pas engendrer chaque fois qu'elle fait l'amour. Et parce qu'une femme ne peut mettre au monde qu'un nombre limité d'enfants, l'anthropologue Donald Symons en déduit que les femmes seraient biologiquement moins motivées que les hommes à chercher les fameux « visages frais ».

Les femmes sont-elles réellement moins attirées par le changement sexuel ? Cette question peut être envisagée sous divers angles. Je vais me faire l'avocate du diable et vérifier si les femmes ne seraient pas aussi volages que les hommes, quelles qu'en soient les raisons. Commençons par Symons, qui avance un argument curieux pour expliquer que les hommes seraient davantage portés vers la nouveauté sexuelle.

Symons fonde son axiome non seulement sur la logique génétique évoquée plus haut, mais aussi sur les mœurs des homosexuels américains. Cette catégorie, pense-t-il, fournit un test décisif pour étudier les différences entre les sexes car le comportement de l'homosexuel, femme ou homme, n'est pas « masqué par les compromis et par les injonctions morales qui altèrent les relations hétérosexuelles ».

Prenant cela pour parole d'évangile, Symons cite diverses études des années 1960-1970 sur les homosexuels américains et en déduit que les hommes homosexuels sont enclins à des passades d'une seule nuit, à des relations faciles, anonymes et éphémères, à la pratique du coït avec des partenaires nombreux, variés et sans attaches, et à la collection de harems et autres amants « extras ». Les femmes homosexuelles, de leur côté, ont tendance à nouer des relations plus durables, plus solides, avec moins d'amantes mais des partenaires familières, et plutôt que de rechercher le sexe pour le sexe, elles le recherchent pour les sentiments.

Symons suggère alors que ces différences entre les « psychologies sexuelles » masculine et féminine prennent racine dans le vieux et long passé de chasse et de cueillette de l'humanité : depuis d'innombrables millénaires, les mâles qui goûtaient la nouveauté sexuelle engrossèrent davantage de femelles, engendrèrent davantage de descendants et assurèrent la transmission de leur bagage génétique ; il en découle que, pour les mâles du temps jadis, avoir le diable au corps était une condition de l'adaptation.

Mais nos ancêtres femelles devaient d'abord trouver un protecteur pour assurer la survivance de leurs enfants. Une femme en quête de variété courait le risque d'être abandonnée par un compagnon jaloux. Plus encore, les escapades sexuelles de la femme empiétaient sur le temps imparti à la culture du sol et à l'élevage des enfants. Si bien que les femelles qui s'accouplaient avec de nombreux partenaires mouraient relativement plus jeunes et enfantaient moins souvent — ce qui expliquerait que les femmes des temps modernes aient une prédisposition à la fidélité.

La conception du darwinisme de Symons, son choix d'un échantillon homosexuel et son propre scénario évolutif le conduisent à penser que les hommes sont, *par nature,* plus portés à la variété sexuelle que les femmes.

L'homme, un don Juan de naissance ? Et la femme, d'emblée Pénélope ? Les Américains étaient à deux doigts de le croire. A cause de notre vieux fond paysan, et de cette morale élastique (stricte pour les femmes, libérale pour les hommes), on admit de voir en tout homme un séducteur-né, et en toute femme un parangon de vertu. Ce qui explique que de nombreux spécialistes aient pris la thèse évolutionniste de Symons sur les racines de l'infidélité pour argent comptant. L'idée que les hommes, à la différence des femmes, auraient un irrépressible besoin de nouveauté sexuelle inspire donc de nos jours tous les livres et cervelles académiques.

Lequel des deux sexes est le plus volage?

Je ne suis cependant pas convaincue que les comportements homosexuels expriment les natures véritables des sexes masculin et féminin. La plupart des experts estiment qu'environ 5 % des hommes américains sont homosexuels, et un pourcentage moins grand de femmes. Le comportement homosexuel ne constitue nullement une norme, ni aux États-Unis, ni ailleurs dans le monde. De plus, je ne peux pas me ranger à l'opinion de Symons selon laquelle le comportement homosexuel constituerait la nature « à l'état pur » de chacun des sexes ; il est probable au contraire que les homosexuels soient tout autant affectés par l'environnement. Dans les années 1970, lorsque l'échantillonnage de son enquête a été réalisé, la mode était à l'amour rapide et détaché pour les hommes. Les lesbiennes, de leur côté, peuvent avoir subi au contraire les pressions socioculturelles qui poussent les femmes à restreindre leurs escapades sexuelles.

Également important est le fait que la sexualité varie avec l'âge et bien d'autres facteurs. Kinsey et ses collègues montrèrent que les hommes de milieu ouvrier connaissent une grande quantité d'amourettes quand ils ont vingt ans, et réduisent ensuite leur tableau de chasse quand ils approchent de la quarantaine ; dans les milieux d'employés ou d'intellectuels, au contraire, les hommes courent moins le jupon à vingt ans, mais multiplient le nombre de leurs infidélités, jusqu'à pratiquer l'escapade hebdomadaire vers la cinquantaine. Les femmes, en revanche, atteignent les sommets de l'inconstance au tournant de la trentaine et de la quarantaine. Et dans l'hypothèse où les hommes et les femmes de Symons auraient été à la fois jeunes et de milieu ouvrier, rien de surprenant à ce que les premiers aient recherché davantage de variété sexuelle que les secondes.

Un simple petit calcul pose un autre problème. Chaque fois qu'un hétérosexuel « découche », il fait l'amour avec une femme. Étant donné que la grande majorité des adultes de par le monde sont mariés, la logique veut que chaque fois qu'un homme marié se faufile derrière un buisson d'Amazonie, un rocher d'Australie ou sous une hutte d'Afrique ou d'Asie, il couche vraisemblablement avec une femme mariée.

Le stock permanent de célibataires des civilisations urbaines modernes dissimule cette corrélation bêtement mathématique. En outre, quelque 8 à 15 % des frivolités que s'accordent les maris américains sont des charmes monnayés auprès de prostituées. Il est juste, néanmoins, de dire que la grande majorité des infidélités hétérosexuelles mondiales impliquent des hommes mariés et des *femmes mariées*. Et il est difficile d'admettre que toutes les femmes mariées qui, d'un bout à l'autre de la planète et depuis la nuit des temps ont pris des amants, l'auraient fait contre leur gré.

En fait, quatre raisons au moins militent en faveur d'une justification biologique adaptative de l'adultère, pour nos ancêtres femelles.

La plus évidente de toutes est élégamment exposée par Nisa, une femme Kung qui vit dans le désert du Kalahari, dans le sud de l'Afrique. Quand l'anthropologue Marjorie Shostak rencontra Nisa en 1970, celle-ci vivait au sein d'un groupe de chasseurs-cueilleurs, avec ses cinq maris. Mais elle avait en plus une pelletée d'amoureux. Lorsque Shostak lui demanda pourquoi elle en avait autant, Nisa répliqua :

> « Une femme a une foule de travaux à faire et, où qu'elle aille, elle devrait avoir des amants. Si elle part seule en visite, quelqu'un lui donnera des perles, quelqu'un de la viande, et quelque autre une nourriture différente encore. Quand elle reviendra au village, elle pourra se flatter qu'on s'est bien occupé d'elle. »

Nisa fournissait, en quelques phrases, une explication subtile du penchant féminin pour la variété sexuelle — un surplus de subsistance. Des « extras » de nourriture et de services rendus auront probablement fourni à nos aïeules adultères davantage d'abris, une alimentation plus abondante, une protection et une santé meilleures, toutes choses qui assurèrent à leurs enfants une chance supérieure de survie.

Deuxièmement, l'adultère faisait probablement fonction, auprès de nos aïeules, de police d'assurance. Si le « mari » décédait ou abandonnait le domicile conjugal, l'épouse avait un remplaçant sous la main pour assumer les tâches parentales.

Troisième argument, si une de nos ancêtres femelles était « mariée » avec un chasseur pauvre, à la vue basse et au tempérament poltron ou grincheux, elle se devait d'améliorer sa descendance génétique en concevant des enfants avec un autre homme — un M. Bon-Gène.

Quatrièmement, si une femme engendrait des enfants avec une ribambelle de pères, chaque enfant aurait quelque chose de différent et la probabilité que certains survivent aux modifications imprévisibles de l'environnement serait accrue.

Tant que les femmes préhistoriques sont restées discrètes sur leurs liaisons extraconjugales, elles ont pu engranger des ressources supplémentaires, une assurance-vie, de meilleurs gènes et la garantie d'un ADN plus varié pour leur progéniture. Ainsi survécurent celles qui se glissèrent dans les buissons avec des amants secrets — et, inconsciemment, transmirent à travers les siècles cette intuition indéfinissable qui pousse les femmes modernes à l'infidélité.

On peut affirmer que l'inconstance féminine a eu dans le passé un caractère adaptatif. Au point qu'elle a laissé sa marque dans la physiologie. Au moment de l'orgasme, les vaisseaux sanguins du sexe de l'homme renvoient le sang dans le reste du corps, le pénis redevient flasque, et c'en est fini de l'amour. L'homme doit tout recommencer à zéro pour avoir un nouvel orgasme. L'excitation féminine, elle, peut n'en être qu'à son début. Les organes génitaux de la femme, à la différence de ceux de son partenaire, ne renvoient pas tout le sang. Si la femme sait comment s'y prendre, elle peut atteindre à nouveau l'orgasme rapidement, et encore et à nouveau si elle le veut. Parfois les orgasmes reviennent si rapidement d'affilée qu'ils ne se distinguent plus l'un de l'autre, phénomène connu sous le nom d'orgasme continu.

Ces pulsions sexuelles vivaces de la femelle humaine, qui concordent avec ce que l'on sait des performances d'autres primates, ont conduit l'anthropologue Sarah Hrdy à une nouvelle hypothèse sur les origines de l'adultère chez les femmes du genre humain.

Hrdy fait remarquer que les femelles des petits singes et des grands singes anthropoïdes se lancent dans une multitude de coïts non reproducteurs. Pendant le rut, par exemple, une femelle chimpanzé copulera volontiers avec tous les mâles des environs, ses fils exceptés. Cette sexualité d'appoint des femelles de chimpanzés et de bien d'autres primates n'est pas nécessairement destinée à concevoir des petits. Hrdy émet en conséquence l'hypothèse que la recherche de nombreux partenaires sexuels chez la femelle chimpanzé vise deux buts darwiniens : amadouer les mâles qui seraient tentés de tuer un nouveau-né, et brouiller la paternité afin que chaque mâle de la communauté ait un comportement paternel avec l'enfant mis au monde.

Hrdy applique ensuite ce raisonnement aux femmes, attribuant leur fort dynamisme sexuel à cette tactique évolutionniste atavique consistant à copuler avec de nombreux partenaires pour obtenir un engagement paternel supplémentaire et une assurance contre l'infanticide. C'est une idée séduisante. Peut-être nos ancêtres maternelles vivant dans les arbres forniquaient-elles avec un grand nombre de mâles différents pour se faire des amis. Quand nos prédécesseurs se sont hasardés dans les plaines herbeuses de l'Afrique, il y a quelque quatre millions d'années, et que des couples se sont formés pour élever les enfants, les femmes auraient pu troquer la promiscuité sexuelle ouverte contre la promiscuité clandestine, conservant ainsi le double avantage d'avoir des ressources suffisantes en quantité, et des gènes satisfaisants en qualité.

L'hypothèse de Donald Symons, conforme à la croyance américaine selon laquelle les hommes seraient des don Juan et les femmes des victimes sexuelles timides et effacées, est loin de faire l'unanimité.

Si la coutume du voile est apparue dans les sociétés musulmanes, c'est bien parce que les peuples islamiques accordaient aux femmes des vertus hautement séductrices. C'est pour étouffer la libido de la femme que la clitoridectomie, c'est-à-dire l'excision du clitoris et souvent d'une partie du tissu génital environnant, est pratiquée dans plusieurs cultures africaines. Si les écrivains talmudistes des débuts de l'ère chrétienne stipulent que le devoir de l'homme est de faire régulièrement l'amour à sa femme, c'est précisément parce qu'ils attribuent à la femme une sexualité supérieure. Les Indiens Cayapas de la partie occidentale de l'Équateur pensent que les femmes sont des débauchées. Même les hommes espagnols qui se pavanent, font les coqs et draguent dans les petites villes d'Andalousie sont convaincus que les femmes sont dangereuses, aguichantes et volages — d'où la coutume du chaperonnage.

En fait, si vous aviez demandé à Clellan Ford et Frank Beach, sexologues des années 1950, lequel des deux sexes était davantage porté sur la bagatelle, ils vous auraient répondu :

> « Dans les sociétés qui n'imposent pas deux poids deux mesures selon les sexes, et où des liaisons multiples sont permises, les femmes se montrent tout aussi avides de saisir les occasions que les hommes. »

Kinsey opinait, en ajoutant :

> « Même dans les cultures qui tentent d'exercer sur les écarts extraconjugaux des femmes la surveillance la plus rigoureuse, il est parfaitement clair qu'il s'en produit quand même, et dans bien des cas très régulièrement. »

L'ensemble des faits d'observation conduit à se convaincre que les femmes savourent les amours illicites avec au moins autant de délice que les hommes.

L'énigme de l'adultère commence à se résoudre : la nécessité biologique pour les hommes de répandre leurs gènes et le nombre notable d'homosexuels masculins très actifs sexuellement confortent l'idée que les hommes sont par nature plus attirés par la multiplicité sexuelle que les femmes. Mais chaque fois qu'un homme hétérosexuel badine en dehors du mariage, c'est bien avec une femme qu'il couche. En outre, la pulsion biologique féminine à trouver des ressources, à contracter une police d'assurances et à garantir à sa progéniture l'ADN le meilleur et le plus varié, son excitabilité sexuelle intense et prolongée, la fréquence élevée de l'adultère féminin dans les sociétés où règne une certaine liberté de mœurs induisent que les femmes recherchent aussi systématiquement que les hommes les rapports sexuels multiples.

La prostitution en offre des preuves d'un autre ordre, mais tout aussi frappantes.

Le plus vieux métier du monde

Dans les sociétés agricoles imposant une morale sexuelle stricte et différente selon les sexes, les femmes s'engageaient généralement pour la vie dans l'une de ces deux voies très différentes : celle de la femme d'intérieur cloîtrée, ou celle de la courtisane, concubine ou prostituée. Les premières avaient un unique partenaire tandis que les autres fréquentaient beaucoup d'hommes. Les peuples cultivateurs n'eurent pas l'exclusivité des « dames de la nuit ».

Chez les Mehinakus d'Amazonie, la personne la plus active du village, sexuellement parlant, était une femme — qui recevait du poisson, de la viande, ou des bibelots en paiement de ses rendez-vous avec divers partenaires. Certaines femmes Navajos choisissaient de ne pas se marier ; elles préféraient vivre seules et recevoir de nombreux visiteurs mâles en échange d'honoraires. Dans plusieurs autres tribus indiennes d'Amérique, certaines femmes accompagnaient traditionnellement les hommes dans leurs expéditions de chasse et en revenaient avec de la viande en échange des plaisirs sexuels qu'elles leur avaient dispensés.

Il n'était pas rare, chez les Canelas du Brésil central, qu'une fille célibataire désirant obtenir de la nourriture ou des services choisît un amant potentiel et demandât à son frère d'arranger la rencontre. Beaucoup de ces rendez-vous devenaient des investissements financiers à long terme. Les « dames » prospéraient chez les Tarascos traditionnels de la sierra, au Mexique. Ces femmes plus âgées géraient une kyrielle de filles disponibles à tout moment. Les femmes Nupes de l'Afrique subsaharienne venaient sur les marchés le soir, ornées de parures et de bijoux ; elles vendaient des noix de kola ; mais les clients pouvaient aussi acheter les charmes de la vendeuse pour la nuit.

On peut évidemment rétorquer que ces femmes (et celles de bien d'autres civilisations) se lancent dans la prostitution pour des raisons purement économiques. Ce qui n'empêche que de nombreuses femmes ne cachent pas leur préférence pour la variété sexuelle.

Les femmes ne sont pas seules à en faire profession. Le royaume des animaux est plein de femelles faciles. Comme vous l'avez vu au chapitre premier, les femelles des chimpanzés, d'autres mammifères, d'oiseaux, d'insectes de reptiles sollicitent sexuellement les mâles et copulent en échange de nourriture. Chez les criquets et autres insectes des buissons australiens, on appelle « cadeaux nuptiaux » les offrandes faites par les mâles. La prostitution mérite bien son titre vénérable de « plus vieux métier du monde ».

Une modeste proposition

Revenons-en à notre leitmotiv : qui cherche le plus la diversité sexuelle, l'homme ou la femme ?

A mon modeste avis, les hommes, au cours de leur longue évolution, ont recherché les liaisons amoureuses pour distribuer leurs gènes, alors que les femmes ont développé une double stratégie d'acquisition de ressources : d'un côté la relative fidélité à un seul homme dans le but d'en obtenir un grand nombre d'avantages ; et de l'autre, l'engagement dans des aventures clandestines avec de multiples mâles pour obtenir de chacun des ressources. Scénario qui coïncide avec les croyances communément admises selon lesquelles l'homme serait play-boy de naissance, et la femme, pute ou madone.

Un vieil axiome scientifique veut que vous finissiez par trouver ce que vous cherchez. Cela s'applique probablement aux recherches sur l'adultère. Dans une étude récente de Donald Symons et Bruce Ellis, par exemple, on a demandé à quatre cent quinze étudiants s'ils aimeraient avoir des rapports sexuels avec un étudiant anonyme du sexe opposé. On assurait aux participantes et participants qu'il n'y avait aucun risque de grossesse, de maladie ou d'identification. Le résultat fut celui que vous pouvez imaginer. Les mâles furent largement plus enclins à répondre positivement, et les chercheurs à conclure que les hommes sont plus attirés que les femmes par les rapports multiples. CQFD !

Mais il y a un hic. Cette étude prend en considération la motivation primitive de l'infidélité mâle — féconder une jeune femme —, mais ne tient pas compte de la motivation primitive des femmes — l'acquisition de ressources.

105

Quel résultat auraient obtenu Symons et Ellis s'ils avaient demandé aux mêmes hommes :

> « Aimeriez-vous avoir une nuit d'amour avec une femme de l'hospice de vieillards voisin ? »

Je doute que les hommes auraient manifesté le même enthousiasme pour la diversité sexuelle. Et quel résultat, si Symons et Ellis — autre hypothèse — avaient par exemple demandé aux femmes :

> « Aimeriez-vous passer une nuit avec Robert Redford à la condition qu'il vous offre une Porsche flambant neuve ? »

La logique de l'évolution veut que les femmes fassent l'amour pour des biens et services. Et tant que les scientifiques ne tiendront aucun compte des motivations génétiques sous-jacentes propres à chacun des sexes, ni de l'âge, ni du statut social de ceux et celles qu'ils interrogent, nous ne saurons pas lequel des deux sexes est le plus sensible à la nouveauté sexuelle.

Quoi que vous pensiez de ces observations et opinions, il n'existe pas de preuve que les femmes soient sexuellement timides ou qu'elles évitent les amours clandestines. En fait, les deux sexes, hommes et femmes, semblent manifester une stratégie de reproduction mixte : monogamie mâtinée d'adultère.

L'amour « parfait »

Saurons-nous jamais qui trompe le plus ? Nous savons en revanche pourquoi hommes et femmes se déclarent adultères.

Lorsqu'ils sont interrogés sur leur quête d'aventures extraconjugales, les individus répondent généralement qu'ils sont adultères « Pour le plaisir », « Par amour », ou « Je ne sais pas ». Pour être pris en flagrant délit et provoquer la rupture, ajouteraient certains psychologues. Ou, au contraire, pour consolider leur mariage, parce que leurs expériences extraconjugales leur apportent des satisfactions qu'ils ne trouvent pas ou plus à domicile. Pour délaisser leur épouse avec une excuse. Pour attirer l'attention. Pour trouver l'autonomie ou l'indépendance. Pour se sentir exceptionnels, désirés, plus masculins ou plus féminins, plus attirants ou mieux compris. Pour trouver davantage de communication, d'intimité, ou simplement de sexe. Pour vivre des situations dramatiques, excitantes, périlleuses. Pour avoir leur revanche. Pour filer peut-être le « parfait amour ». Pour se prouver à eux-mêmes qu'ils sont toujours jeunes, le célèbre « démon de midi ».

Carol Botwin affirme que certains hommes sont incapables d'être fidèles car ils auraient fait un blocage au stade infantile ; ces individus auraient besoin d'une personne proche lorsqu'ils sont en voyage ou quand leur partenaire n'est pas disponible. D'autres hommes et femmes infidèles ont grandi dans des communautés où ils n'ont jamais connu de relations intimes avec les parents, ce qui les conduirait ensuite à se contenter de relations sans engagement, en particulier de liens conjugaux superficiels. Certains hommes placent leur compagne sur un piédestal, mais préfèrent coucher avec des femmes « tirées du ruisseau ». D'autres hommes ou femmes sont narcissiques ; sans de multiples amants, ils perdent leur brillante façade. Certains aiment les amours à trois et la rivalité. D'autres adorent les cachotteries. Quelques-uns cherchent à résoudre un problème sexuel.

Bien des facteurs sociologiques et psychologiques interviennent dans l'adultère et affectent le tempérament de chacun : le travail à plein temps pour la femme, le niveau d'éducation, l'époque et ses mœurs, la pratique religieuse assidue ou non, le degré d'indépendance financière, l'expérience sexuelle prénuptiale, les valeurs morales et les activités des parents, la maladie chronique du conjoint, la frigidité de l'épouse, les voyages répétés d'un des partenaires.

Mais en tant que darwiniste, je préfère penser tout simplement que l'homme recherche la variété, ou croire Nisa quand elle explique :

> « Un homme ne vous donne qu'une seule sorte de nourriture à manger. Mais si vous avez des amants, l'un vous apporte ceci, l'autre cela. L'un vous rend visite le soir avec de la viande, le second avec de l'argent, le troisième avec des perles. »

Ces réponses sont d'une sincérité tout évolutionniste ! Car même si, en ôtant le dessus-de-lit, la femme qui s'apprête à coucher

107

avec un collègue n'a pas en tête la survie de son patrimoine génétique, et même si le mari volage souhaite tout, sauf mettre enceinte la collègue de travail qu'il a séduite à la fête de Noël, des millénaires de commerce amoureux — et les avantages génétiques procurés par l'infidélité — ont abouti au penchant pour l'adultère, tout autour de la planète.

« Tu commettras l'adultère. » Une coquille dans l'édition de 1805 de la Bible réhabilite tout d'un coup l'infidélité. Cette édition perverse fut vite mise au pilon. Mais l'animal humain est remarquablement paradoxal. Il est en quête permanente du grand amour. Il le trouve, lui ou elle. Et il s'installe. Lorsque le charme commence à s'affadir, l'esprit vagabonde. Oscar Wilde résume notre damnation en ces termes :

« Il y a deux grandes tragédies dans la vie : perdre celui que vous aimez et conquérir celui que vous aimez. »

La conquête, hélas, conduit souvent tout droit au second volet de notre stratégie de reproduction, le divorce.

5

DIVORCE, MODE D'EMPLOI
La démangeaison des quatre ans

*Ce fut une maîtresse femme toute sa vie, elle
qui prit cinq maris sur le seuil de l'église.*

G. Chaucer, *Conte de la bourgeoise de Bath*

« Ô mes yeux, soyez forts, vous qui chérissez des êtres qui, ensuite, s'en vont. »

Safia, une bédouine entre deux âges du désert occidental de l'Égypte, retenait ses larmes en récitant à l'anthropologue Lila Abu-Lughold ce poème mélancolique. L'année précédente, l'homme qui avait été son époux pendant vingt ans était venu la trouver, alors qu'elle était au four, pour lui dire :

« Tu es répudiée. »

Sur le moment, Safia avait gardé une attitude détachée, impassible. Elle feignait encore l'indifférence et disait à l'anthropologue :

« Je m'en fichais, qu'il me quitte. Je ne l'ai jamais aimé. »

Mais Safia cachait sa détresse. Dans ce petit poème, en revanche, elle laissait libre cours à sa nostalgie, son attachement, sa faiblesse.

Bien que les Bédouins expriment la passion entre hommes et femmes dans leurs chants et leurs contes, un certain opprobre pèse à leurs yeux sur les sentiments romantiques. Ils attendent des individus du groupe qu'ils se conforment aux mariages décidés par leurs familles. Il n'est décent de nourrir un profond amour que pour les parents, les frères et sœurs, et les enfants — mais pas pour le conjoint. Aussi les Bédouins sont-ils scandalisés par les marques publiques d'affection entre mari et femme. Et même s'ils savent que des époux peuvent tomber profondément amoureux, les gens comme il faut doivent respecter l'*hasham* — la pudeur sexuelle et la décence. Un coin de voile n'est levé sur les passions qu'au détour de quelques vers.

Aujourd'hui, ces nomades se sont sédentarisés pour élever des moutons, entretenir quelques oliveraies et figueraies, faire de la contrebande ou s'adonner à quelque activité de négoce. Mais un vieil amour de l'amour leur colle à la peau.

Bien avant les chemins de fer, avant les camions Toyota, leurs ancêtres des déserts d'Afrique du Nord conduisaient des caravanes chargées de dattes ou autres marchandises, depuis les oasis perdues dans les sables jusqu'aux marchés de la vallée du Nil. Avec eux, ils apportaient leurs mœurs tribales arabes — amour de l'indépendance, de l'honneur, du courage, de la galanterie et de l'hospitalité, penchant pour la vendetta et, par-dessus tout, goût pour les femmes, le vin et les chants. Le petit poème de Safia, tout comme les couplets bédouins modernes sur l'ivresse ou le déchirement amoureux, font écho aux complaintes de ces troubadours du désert, depuis longtemps disparus.

« Je te répudie ; je te répudie ; je te répudie. »

Ces mots proviennent également des temps pré-islamiques. A cette époque reculée, les femmes étaient honorées et respectées. C'étaient aussi des biens recherchés. Les filles vivaient sous la tutelle familiale. Après le mariage, les femmes devenaient la propriété de leurs époux et pouvaient être rejetées s'ils n'étaient pas satisfaits. Selon al-Ghazali, le distingué lettré et auteur du XIᵉ siècle, le divorce était facile à obtenir dans l'ancienne société arabe. Il suffisait de prononcer trois fois « je te répudie ».

Au VIᵉ siècle après J.-C., le prophète Mohammed s'appuya sur cette coutume tribale. A la différence des premiers pères de la chrétienté qui vénéraient le célibat, Mohammed croyait que le coït était un des grands bonheurs de la vie, et que les liens du mariage protégeaient les hommes et les femmes du monde impie de la débauche sexuelle. Aussi insistait-il fortement pour que ses disciples se marient. Il disait :

> « Je jeûne et je mange, je veille et je dors, et je suis marié. Et qui ne veut pas suivre ma sunna (tradition) n'est pas des miens. »

L'Islam n'avait aucun goût pour le célibat.

Jusqu'à ce jour, l'influence de Mohammed a engendré cette culture islamique favorable au sexe, disent les scientifiques, une société qui vénère l'amour entre hommes et femmes, l'acte sexuel et le mariage. La culture occidentale, en revanche, a condamné le sexe, parce que les préceptes de la religion qui a marqué son histoire exaltent les vertus du célibat et de la vie monastique.

Mohammed a scellé d'autres traditions. Bien qu'il ait considéré, selon une croyance héritée des peuples pré-islamiques, les femmes inférieures aux hommes, il a introduit un ensemble de règles sociales, morales, et légales destinées à protéger les femmes, ainsi qu'une liste précise des droits et devoirs de chacun des deux époux. Notons au passage que ce guide de bonne conduite veut qu'un homme n'ait pas plus de quatre femmes, et qu'il aille de l'une à l'autre chaque nuit consécutive. Et surtout, un mari doit subvenir à leurs besoins sans aucun favoritisme.

La femme avait des responsabilités, elle aussi, et tout particulièrement celle de porter et d'élever la progéniture, de faire la cuisine et d'obéir à son mari. Dans l'Islam, le mariage reposait sur un contrat légal. A la différence du mariage chrétien qui devint un sacrement indissoluble, le mariage musulman pouvait être rompu. Les commandements du Prophète étaient d'essence divine.

Aujourd'hui ces procédures traditionnelles de divorce restent en vigueur dans la plus grande partie du monde islamique, bien que le divorce soit devenu plus difficile à obtenir dans certains pays. La procédure la plus usitée est toujours le *talaqus-sunna*, conforme aux préceptes du Prophète. Une ou deux règles sensiblement différentes sont admises pour procéder à cette forme de *talaq* ou divorce. L'une d'entre elles, *talaq ahsan*, consiste simplement à énoncer : « Je te répudie ; je te répudie ; je te répudie », dans une

111

période où la femme n'a pas ses règles et après trois mois d'abstinence sexuelle entre les deux époux. Le divorce peut être annulé si le mari retire les paroles prononcées ou si le couple refait l'amour pendant ce délai.

En matière de divorce, la loi islamique comporte une quantité d'autres stipulations, concernant entre autres le moment où une femme peut quitter son mari et la manière dont les époux peuvent se séparer à l'amiable. Mohammed appréciait l'harmonie des relations entre hommes et femmes, que ceux-ci vivent séparés ou à deux. Et le Coran prescrivait :

> « Alors, quand ils arrivent au terme des trois mois d'attente, ils se remettent ensemble ou se séparent avec amabilité. »

Il n'empêche que Safia fut triste quand son mari s'en alla.

Séparation

Nous portons tous notre boulet. Mais quitter un époux ou une épouse est probablement une des choses les plus pénibles qui soit. Existerait-il une façon élégante de s'en tirer ?

J'en doute. Mais on a conçu plusieurs démarches formelles pour mettre fin à un mariage. Dans certaines sociétés, des tribunaux ou des conseils spéciaux négocient les divorces. Parfois, le chef du village tient audience et entend les deux parties. Plus souvent, le divorce est considéré comme une affaire strictement privée, relevant des seuls partenaires et de leur famille. Le cas peut être aussi facile à régler que le déplacement d'un hamac d'un foyer à un autre, ou il peut au contraire faire éclater une communauté — comme on l'a vu récemment en Inde.

En 1988, le *New York Times* rapporta l'histoire d'une jeune hindoue, Ganga, qui s'enfuit de chez son mari, après cinq ans de mariage, parce que celui-ci l'avait sévèrement battue. Le jour suivant, plus de cinq cents personnes se réunirent dans un champ proche du village, pour entendre le couple et les familles répondre aux questions posées par les doyens respectés du village. Mais lorsque Ganga accusa le pèz et l'oncle de son mari d'avoir tenté de la violer, la tentative de conciliation tourna à l'altercation. Les insultes dégénérèrent bientôt en affrontement à coups de bâton et, peu de temps après, des hommes gisaient au sol — meurtris et sanglants. La bataille ne prit fin que lorsque courut le bruit de l'arrivée de la police. La procédure de divorce suivit malgré tout son cours, sous forme d'âpres invectives échangées cette fois à l'abri des murs de torchis.

Que le divorce ait lieu dans la fureur ou dans le calme, en grande pompe ou sans façons, il est incontestablement un des lots de la condition humaine. Presque partout dans le monde, le divorce est autorisé. A quelques exceptions. Les anciens Incas ne le permettaient pas. L'Église catholique romaine refuse toujours de le reconnaître. Un petit nombre de groupes ethniques et certaines sociétés interdisent la dissolution du mariage. Et il est difficile d'obtenir le divorce dans certaines cultures[1].

Mais c'est un fait que, des toundras de Sibérie aux jungles d'Amazonie, les individus considèrent le divorce comme un mal regrettable — mais nécessaire. Il existe partout des pratiques sociales ou des formalités légales spécifiques de divorce. Et elles restent en usage. De plus, à la différence de beaucoup d'Occidentaux, les peuples traditionnels ne font pas du divorce une question de morale. Les Mongols de Sibérie résument à leur façon le bon sens universel :

> « Si deux individus ne peuvent pas continuer ensemble harmonieusement, il vaut mieux qu'ils se séparent. »

Pourquoi les hommes et les femmes divorcent-ils ? Scènes de ménage douloureuses, réflexions indélicates, manque d'humour, intérêt exclusif pour la télévision, incapacité d'écouter, ivrognerie, lassitude sexuelle — les motifs de divorce sont aussi nombreux et variés que les raisons qu'on a de se marier. Mais il y a un même éventail de circonstances qui, d'un bout du monde à l'autre, incite les individus à rompre.

L'adultère notoire arrive en tête. L'anthropologue Laura Betzig a réalisé une étude portant sur cent soixante sociétés, d'où il ressort que l'infidélité flagrante, particulièrement celle des femmes, est communément invoquée, pour rompre un mariage. La stérilité et l'infécondité arrivent en second. La cruauté mentale et les

113

sévices, essentiellement masculins, en troisième lieu. Partout dans le monde. Viennent ensuite une flopée de griefs contre la personnalité ou la conduite du conjoint. L'autre a vraiment sale caractère ou est jaloux ; il est bavard, chamailleur ou irrespectueux ; la femme est paresseuse ou le mari la néglige ; l'un et/ou l'autre se délaissent ou ne cessent de se chercher noise, désertent le domicile conjugal pour courir amant ou maîtresse. Voilà pour les reproches les plus usuels.

Je ne m'étonne pas que l'infidélité et la stérilité arrivent en bonne place. Darwin pensait fermement que les gens se marient avant tout pour assurer leur descendance. Sans aucun doute, beaucoup espèrent trouver un bon parti, dont les ressources économiques permettent de bien vivre et d'élever les enfants qui seront des soutiens pour leurs vieux jours ; d'autres se marient pour sceller des ententes politiques et tactiques entre parents, amis ou ennemis. Mais comme Betzig s'est attachée à le prouver, Darwin voyait juste : puisque les principaux motifs de divorce sont étroitement liés au sexe et à la reproduction, c'est bien pour assurer leur descendance[2]. Avant toute chose, marions-nous !

En bonne logique, il devrait alors s'ensuivre que la plupart des divorcés encore en âge d'avoir des enfants se remarient. C'est effectivement le cas[3]. Malgré les rêves brisés, les souvenirs douloureux d'insoutenables querelles ; malgré la conscience aiguë que le mariage est insupportable, lugubre et pénible, une large majorité des divorcés prennent le chemin de nouvelles épousailles.

En Amérique, 75 % des femmes et 80 % des hommes séparés se remarient. Et comme le mariage, dans la plupart des sociétés traditionnelles, marque l'accession au statut d'adulte, les divorcés du monde entier trouvent un nouveau partenaire.

Il semble que nous nourrissions un optimisme fondamental sur les vertus du conjoint... suivant.

Questions d'argent

Samuel Johnson définit le mariage comme le triomphe de l'espérance sur l'expérience. Les Américains blaguent souvent sur la « démangeaison des sept ans* ». Les anthropologues connaissent bien la pratique humaine des « monogamies successives ». Appelez cela comme vous voudrez, mais le penchant à divorcer et à se remarier est universel. Et il révèle d'autres phénomènes intéressants.

Remarquons d'abord que le divorce est courant dans les sociétés où l'homme et la femme possèdent tous deux des terres, des animaux, de l'argent, de l'instruction, d'autres biens et ressources, et où tous deux peuvent distribuer ou échanger leurs richesses personnelles au-delà du cercle familial. Si vous possédez une banque à New York, si vous êtes détenteur des droits sur le puits le plus proche du désert du Kalahari, ou si vous allez vendre vos céréales sur un marché du Nigeria, et que vous revenez chez vous avec des biens que vous pouvez garder, investir, vendre, troquer ou donner, vous êtes riche. Quand l'homme et la femme ne dépendent pas l'un de l'autre pour survivre, le mariage raté peut être rompu. C'est d'ailleurs souvent ce qui se produit.

L'exemple des Bochimans Kungs du désert du Kalahari illustre combien l'indépendance économique est précieuse. Chez eux, hommes et femmes se marient plus d'une fois. Et le fait que les femmes y détiennent autant de pouvoir économique et social que les hommes n'y est certainement pas pour rien.

Bien que les Kungs assimilent à grande vitesse les valeurs occidentales et la technologie du xxᵉ siècle, le taux élevé de divorces dans leur communauté ne date pas d'aujourd'hui. Lorsque des anthropologues ont décrit leurs mœurs, dans les années 1960, les Kungs vivaient encore, à la saison des pluies, en groupes de dix à trente personnes. Ils se rassemblaient en plus larges communautés, autour des puits naturels, avec le changement de saison et l'apparition du soleil brûlant d'octobre qui asséchait la surface du sol. Mais même lorsque les Kungs s'éparpillaient dans la brousse, hommes et femmes voyageaient régulièrement d'un groupe à l'autre pour préserver les multiples liens d'un réseau aux contours indécis de quelques centaines de parents.

---

* *Seven Year-Itch* fut d'ailleurs le titre d'un célèbre film réalisé par Billy Wilder en 1955, avec Marilyn Monroe, sorti sur les écrans français sous le titre anodin de *Sept Ans de malheur*. (*N.d.T.*)

Les femmes Kungs se déplaçaient pour travailler. Pas tous les matins ; tous les deux ou trois jours. Lorsque les provisions commençaient à fondre, elles partaient pour la cueillette. La femme, arrimant son bébé sur son dos à l'aide d'une étoffe, et abandonnant les enfants plus grands aux soins d'amis ou de parents, rejoignait un groupe de compagnes et partait dans la brousse.

Chaque expédition de ravitaillement avait sa singularité. Parfois, la femme revenait avec des fruits de baobab, des oignons sauvages, des melons de *tsama,* des noix sucrées de *mongongo.* D'autres fois, elle récoltait des prunes acides, des haricots *tsin,* des légumes à feuilles et des tubercules aqueux. Miel, chenilles, tortues et œufs d'oiseaux faisaient également partie du panier de la ménagère. Et régulièrement, les femmes revenaient de leurs expéditions avec de riches informations. A partir des traces d'animaux découvertes chemin faisant, elles pouvaient dire quelles créatures étaient passées par là, à quel moment, combien de têtes comptait le troupeau et quelle destination il avait prise.

Les hommes Kungs, de leur côté, partaient à la chasse deux ou trois jours par semaine, en quête d'une colombe ou d'un tétras centrocerque, d'un lièvre, d'un porc-épic, d'une antilope ou même d'une girafe. L'homme revenait parfois avec juste assez de viande pour sa femme et ses enfants ; d'autres jours, à plusieurs, ils réussissaient à abattre une bête assez grosse pour fournir largement les chasseurs, leurs parents et amis. La viande était une gâterie. Honneurs étaient rendus aux bons chasseurs. Mais les hommes ne rapportaient de quoi faire bombance qu'un jour sur quatre.

En conséquence, c'étaient les femmes qui fournissaient 60 % à 80 % de la nourriture quotidienne. C'étaient elles, également, qui géraient l'utilisation équitable des points d'eau dans le désert — ce qui présente quelque similitude avec la gestion d'une banque de quartier aux États-Unis. Pendant leurs années de fécondité, les femmes jouissaient d'une haute considération en tant que procréatrices. Les vieilles femmes, ensuite, devenaient souvent prêtresses ou régentaient les affaires de la communauté.

Les femmes Kungs exerçaient un réel pouvoir.

Et lorsqu'un mariage entre un homme et une femme se révélait vraiment malheureux, l'un ou l'autre empaquetait ses quelques effets personnels et partait vers un autre campement. Pourquoi ?

Parce que c'était possible. Les époux Kungs se querellaient souvent des mois avant de rompre. On ne compte plus les mots cruels, ni les larmes amères perdus dans les sables du désert. Les voisins s'en mêlaient immanquablement. Mais en cas de mariages vraiment ratés, on allait jusqu'à la rupture s'il fallait en passer par là. Sur les trois cent trente et un mariages Kungs étudiés par la sociologue Nancy Howell dans les années 1970, cent trente quatre se sont terminés par un divorce. Les hommes et les femmes se remariaient ensuite. Certaines femmes Kungs eurent cinq maris successifs.

Dans une multitude de cultures, on constate une corrélation entre l'indépendance économique et le divorce[4]. Chez les Yorubas de l'Ouest africain, par exemple, ce sont traditionnellement les femmes qui contrôlent le système complexe du marché. Elles s'occupent des cultures, apportent chaque semaine les produits au marché — un marché totalement organisé par elles. Si bien qu'elles fournissent à la famille non seulement les provisions nécessaires mais aussi de l'argent, des objets de luxe et diverses richesses. Et jusqu'à 46 % des mariages Yorubas se terminent par un divorce.

Les Hadzas vivent dans des prairies, aux environs des gorges d'Olduvai, en Tanzanie. Bien que la région des gorges soit sèche et rocailleuse, elle abonde en racines, en baies et petit gibier, et durant la saison des pluies, les époux partent chaque matin au ravitaillement, chacun de leur côté. C'est pendant la saison sèche que des groupes se forment autour des puits naturels, ou que les hommes partent ensemble à la chasse au gros gibier ; et tous de se mettre alors à danser, s'amuser, bavarder et partager la nourriture. Mais les hommes et femmes Hadzas ne dépendent pas les uns des autres pour leur en-cas du soir. Leurs mariages reflètent cet esprit libertaire. Dans les années 1960, le taux des divorces était cinq fois plus élevé dans leur communauté qu'aux États-Unis.

L'indépendance économique personnelle garantit la possibilité de séparation. Les Navajos du sud-ouest des États-Unis fournissent une illustration frappante de cette corrélation, et je l'affirme avec d'autant plus de certitude que je les connais bien pour avoir partagé leur vie plusieurs mois, en 1968.

Sortez de Gallup, au Nouveau-Mexique, par la route 66 ; au bout de quarante-cinq minutes, empruntez une large route de terre qui sillonne vers le nord à travers le maquis, la poussière et les

117

odeurs de sauge ; dépassez le centre commercial de Pine Spring, au-
delà d'une hutte abandonnée (une maison en rondins à sept pans de
murs) ; tournez à droite juste après le grand pin et grimpez la
colline aux fleurs sauvages. Là est notre maison de bois — avec son
poêle ventru qui donne de la chaleur, son fourneau à gaz où cuire
les galettes, préparer le café ou la soupe de mouton, ses deux
grands lits à montants de cuivre, sa table de cuisine, ses trois lampes
à pétrole pour le soir, quand tous se rassemblaient pour discuter.
Une maison agréable, avec une porte s'ouvrant vers l'est, deux
précieux réservoirs d'eau installés dans la pinède voisine, et un
« cañon » miniature, de couleur orangée, serpentant à travers la
vaste esplanade qui s'étend devant le bâtiment.

Ma « mère » Navajo orchestrait la vie quotidienne. Elle
cueillait une sorte de chiendent et d'autres fleurs sauvages, cardait
et teignait la laine, tissait des couvertures Navajos pour faire vivre
une famille de cinq personnes. Elle possédait aussi la terre
alentour. Les familles Navajos sont matrilinéaires ; c'est l'ascen-
dance maternelle qui est reconnue et les femmes sont propriétaires
d'une grande partie des biens. Les femmes assument aussi les
fonctions de médecins-devins qui jouent un rôle vital dans les rites
Navajos[5]. Elles examinent les malades, diagnostiquent les maux
physiques ou moraux dont ils souffrent, et prescrivent les cérémonies curatives appropriées. Si bien que les femmes jouissent d'un
grand prestige ; elles sont impliquées dans toutes les affaires de la
communauté — qui dans un cas sur trois sont des affaires de
divorce.

> « On ne devrait pas se marier pour le seul plaisir d'être
> malheureux jusqu'à la fin de ses jours, disent les Micmacs de l'Est
> canadien (un des peuples Algonquins d'Amérique du Nord). »

Opinion largement partagée. Les hommes et les femmes qui
veulent et peuvent se quitter le font généralement. Et généralement ils se remarient.

Les taux de divorce sont bien plus faibles quand les époux
dépendent l'un de l'autre pour joindre les deux bouts. On trouve la
corrélation la plus nette entre la dépendance économique et le
faible pourcentage de divorces dans les sociétés pré-industrielles

européennes comme dans toutes les sociétés qui utilisent la charrue dans l'agriculture — en Inde ou en Chine par exemple. Pour des raisons évidentes, certains attribuent le faible taux des divorces dans les anciennes sociétés de l'Europe chrétienne à des motifs religieux. Jésus avait interdit le divorce. Et comme je l'ai dit plus haut, au XIe siècle après J.-C., le mariage chrétien était devenu un sacrement ; le divorce n'existait pas pour les chrétiens.

Mais la nature ne perd jamais ses droits et la culture s'incline en partie. Les faibles taux des divorces des sociétés européennes pré-industrielles s'expliquent par une réalité écologique tyrannique : les membres d'un couple de cultivateurs avaient besoin l'un de l'autre pour survivre. Une femme vivant de la terre dépendait de son mari pour déplacer les blocs de pierre, abattre les arbres et labourer les champs. Son mari avait besoin d'elle pour les semailles, la cueillette, la préparation et conservation des produits de la culture du sol. Ensemble, l'homme et la femme travaillaient la terre. Et celui qui aurait choisi de rompre le mariage se serait retrouvé les mains vides. Aucun des deux époux désirant s'installer ailleurs n'aurait pu emporter avec lui la moitié des terres à blé. Les femmes et les hommes qui cultivaient le sol étaient liés à la glèbe, liés l'un à l'autre et à un réseau complexe mais immuable de liens familiaux. Cette niche écologique ne laissait pas grande place au divorce.

Guère surprenant que le divorce ait été rare dans toute l'Europe pré-industrielle, du grenier à blé du Caucase aux régions habitées par ces peuples cultivateurs qui s'égrenaient de l'Atlantique au Pacifique.

La révolution industrielle transforma les relations économiques entre l'homme et la femme, et contribua à l'apparition des formes modernes du divorce (voir chapitre 16).

Les États-Unis en sont un bon exemple. Lorsque les usines ont surgi à l'horizon des granges de l'Amérique paysanne, l'exode rural commença à toucher les femmes comme les hommes. Les individus déracinés ne rapportaient plus que de l'argent à la maison — un bien meuble et divisible. Durant pratiquement tout le XIXe siècle, la plupart des femmes continuèrent à s'affairer au foyer. Mais dès les premières décennies du XXe siècle, les femmes américaines des couches moyennes commencèrent à rallier, en nombre croissant, la classe laborieuse et à acquérir de ce fait leur indépendance économique.

Sans que les phénomènes se superposent totalement, le taux des divorces en Amérique, qui avait amorcé son ascension avec la révolution industrielle, continua à grimper, lentement mais sûrement. Car un mari malchanceux pouvait évidemment quitter la femme qui rapportait chaque mois un chèque à la maison plus facilement qu'il ne pouvait abandonner celle qui lui cultivait son jardin. Et la femme qui touchait son propre salaire supportait généralement moins patiemment les drames conjugaux que celle qui dépendait de son époux pour sa subsistance. Selon de nombreux observateurs, le travail de la femme à l'extérieur et dans l'indépendance financière qui l'accompagne sont les principales raisons de l'augmentation des divorces.

Dans l'histoire de l'Occident, ce n'était pas la première fois que l'autonomie économique féminine et le taux des divorces croissaient parallèlement. Quand les Romains eurent gagné plusieurs guerres de conquête, dans les siècles qui précédèrent J.-C., les monopoles commerciaux assurèrent à Rome une richesse sans précédent. Une classe urbaine supérieure fit son apparition. Les riches patriciens romains étaient moins taraudés par la crainte d'avoir à amasser une dot importante au profit d'un beau-fils. Si bien qu'au Ier siècle avant J.-C., une série de nouvelles réglementations concernant le mariage permit aux femmes des classes supérieures d'accéder au contrôle d'une grande partie de leur fortune — au sens propre de richesse, comme au sens figuré de destin. Et tandis qu'une caste de femmes de plus en plus indépendantes financièrement se développait, les divorces devenaient endémiques[6].

Pieds et poings liés

« *All you need is love* » (« Tu n'as besoin que d'amour »), chantaient les Beatles. Un peu vite dit. Bien des facteurs culturels, autres qu'économiques, contribuent à la fragilité ou à la solidité d'un mariage.

Aux États-Unis, c'est entre partenaires issus de milieux socio-économiques, ethniques et religieux différents que le taux des divorces a, de tout temps, été le plus élevé. Mais il y a du changement dans l'air. Selon une étude du sociologue Martin Whyte, portant sur quatre cent cinquante-neuf femmes de Detroit, ces facteurs ont bien peu d'influence sur le destin d'une relation. En revanche, des traits de caractère communs, des habitudes partagées, des centres d'intérêt convergents, des valeurs semblables, des loisirs similaires et un même cercle d'amis représentent de bien meilleurs augures, selon Whyte, en faveur de la stabilité d'un couple. Et il concluait ainsi :

> « Si vous vous mariez à un âge mûr, si vous êtes follement amoureux, si vous êtes blanc et issu d'une famille unie et aimante, vous avez toutes les chances de votre côté. »

Ceux qui n'ont pas ces attributs courent plus de danger !

Des psychologues rapportent que les personnalités rigides font les mariages instables. Des thérapeutes disent que lorsque les forces qui unissent un couple sont plus solides que les pressions qui le séparent, les partenaires ont tendance à rester ensemble. Entre époux, l'art et la manière de s'adapter l'un à l'autre, de faire des compromis, de s'affronter, de s'écouter et de chercher à se convaincre entrent évidemment en ligne de compte ; là où les arrangements sont impossibles ou difficiles, les mariages conduisent généralement à l'échec. Des démographes ont montré que dans les sociétés où les hommes sont en surnombre, les épouses deviennent une denrée rare et les couples ont moins tendance à se séparer. Les couples américains qui ont donné naissance à un garçon ont de meilleures chances, statistiquement, de rester mariés[7], de même que ceux qui ont des enfants en bas âge. Et les couples qui se marient très jeunes ont davantage tendance à divorcer.

Des anthropologues ont évidemment ajouté une dimension interculturelle à notre compréhension du divorce. Le divorce est pratique courante dans toutes les sociétés matrilinéaires, comme chez les Navajos, probablement parce que la femme a la maîtrise de ses ressources, que ses enfants sont membres de son clan et que son mari a davantage de responsabilités envers les enfants de ses sœurs qu'envers les siens propres ; en conséquence, les époux sont des compagnons et non des partenaires économiques dont l'union

121

serait vitale. Dans les cas où un mari doit payer un tribut à la famille de sa femme pour acquérir le privilège de l'épouser, les taux des divorces sont plus faibles, probablement parce que la séparation doit s'accompagner de la restitution des biens. L'endogamie, c'est-à-dire le fait de se marier dans sa propre tribu, a la réputation d'assurer des relations plus durables car les obligations, les parents et les amis communs tendent à lier les deux époux dans un même tissu social.

La polygamie a un curieux effet sur le divorce. Quand un homme a plusieurs femmes, celles-ci ont tendance à se disputer les attentions et les ressources de leur unique époux. Les scènes de jalousie conduisent à des épreuves de force et des ruptures. Et surtout, un homme qui a plusieurs femmes peut se passer des services de l'une d'entre elles, plus facilement évidemment que l'homme qui n'en a qu'une et qui, du coup, y regarde à deux fois avant de se séparer de celle qui lui prépare ses petits plats. En fait, le taux des divorces a baissé dans les sociétés musulmanes, au contact des mœurs occidentales ; la tradition monogamique contribue à stabiliser la vie familiale islamique.

« Il n'existe aucune société au monde dans laquelle des individus ne soient restés mariés sans une énorme pression de la communauté dans ce sens », déclara un jour Margaret Mead.

Elle avait raison. Le taux des divorces est tout aussi élevé dans bien des sociétés traditionnelles qu'aux États-Unis.

C'est pour le moins bizarre. Et on peut se demander pourquoi. Pourquoi, après tous les sourires et les regards ; après les accès d'adoration qui donnent le vertige, les secrets partagés et les plaisanteries d'alcôve ; après le bon temps passé au lit, les jours et les nuits en famille ou avec des amis ; après les enfants mis au monde et les biens mis de côté ; et malgré l'expérience chatoyante accumulée durant les heures, les mois et les années où les deux époux ont aimé, ri et lutté au coude à coude, pourquoi hommes et femmes laissent-ils tout tomber ?

Peut-être cette instabilité est-elle le résultat de tendances solidement ancrées dans notre psychisme humain, de pulsions reproductives profondes qui remontent à notre lointain et obscur passé et sont arrivées jusqu'à nous par la chaîne ininterrompue des accouplements.

La démangeaison des quatre ans

Dans l'espoir d'éclairer ma lanterne sur la nature du divorce, j'ai jeté un coup d'œil dans les annuaires démographiques des Nations unies. Ces volumes existent depuis que, en 1947, les spécialistes en recensement de pays aussi divers que la Finlande, la Russie, l'Égypte, l'Afrique du Sud, le Venezuela et les États-Unis se sont mis à poser à leurs compatriotes des questions sur le divorce. De ces données, rassemblées tous les dix ans par l'Office des statistiques de l'ONU et concernant une douzaine de pays, j'ai retenu les réponses à trois questions : au moment de votre divorce, depuis combien d'années étiez-vous mariés ? Quel âge aviez-vous ? Combien d'enfants aviez-vous ?

Trois modèles significatifs se dégagent.

Et tous en appellent aux forces de l'évolution.

Le plus notable est que les divorces arrivent généralement tôt, peu d'années après le mariage. La courbe des divorces connaît un pic aux alentours de la quatrième année de vie commune et elle descend ensuite progressivement, au fur et à mesure que les années de mariage passent (voir l'appendice A). Je fus vraiment déçue de cette découverte ; je m'étais attendue à trouver un paroxysme vers la septième année de mariage[8]. Pas du tout. La Finlande est un exemple type. En 1950, le nombre de divorces à la finnoise culminait dans la quatrième année de mariage, et déclinait graduellement ensuite. En 1966, c'est au cours de la troisième année de mariage que ces mêmes divorces étaient les plus nombreux. En 1974, 1981 et 1987, on trouve à nouveau un record de divorces dans la quatrième année de mariage (voir l'appendice, figure 1, A-E).

Quand j'ai cumulé sur un même graphique (appendice, figure 2) ces pics (ou « modes » selon le vocabulaire des statisticiens) de divorces en Finlande et dans soixante et une autres cultures, pour toutes les années disponibles, il est apparu que le nombre des divorces a bel et bien tendance à culminer aux environs de la quatrième année de mariage, pour l'ensemble de ces différents

123

peuples. Ce n'est pas vers la septième mais plutôt vers la quatrième année que l'envie de divorcer vous démange le plus.

Ce fait tolère évidemment quelques variations. En Égypte et dans les autres pays musulmans, par exemple, les divorces sont plutôt légion durant les tout premiers mois du mariage — et en aucun cas aux alentours de ces quatre ans fatidiques (appendice, figure 3).

Ces variations n'ont pourtant rien de surprenant. Dans ce type de sociétés, la coutume veut que si la nouvelle bru ne fait pas l'affaire dans sa nouvelle demeure, la famille d'accueil la réexpédie chez ses parents — ce que les beaux-parents, quand ils le décident, font sans traîner[9]. De plus, le Coran dispense le mari musulman de payer la moitié des droits de mariage s'il rompt l'union avant de l'avoir consommée. Ainsi, les pressions sociales et les incitations économiques poussent un Égyptien, ou autre musulman mécontent d'un mariage, à divorcer très tôt. Enfin, les « mariages révocables » — des jugements provisoires de divorce qui exigent peu de réparations financières — sont inclus dans ces statistiques. Cette procédure de « mariages révocables » permet des séparations « vite fait, bien fait », et raccourcit la durée du mariage.

Aux États-Unis, c'est un peu avant l'échéance moyenne des quatre ans que les divorces sont les plus nombreux. Ce détail n'est pas sans intérêt. Certaines années, en 1977 par exemple, les divorces ont culminé aux alentours des quatre ans de mariage. Mais en 1960, 1970, 1979, 1981, 1983 et 1986, le nombre maximal de divorces a atteint son sommet plus tôt — entre la deuxième et la troisième année de mariage (appendice, figure 4). Pourquoi ?

Je sais que ce pic des divorces n'a rien à voir avec le taux croissant des divorces en Amérique. Ce taux a doublé entre 1960 et 1980, et pourtant, tout au long de ces vingt ans, c'est pendant la seconde année de mariage, ou aux alentours de cette seconde année, qu'on a compté le plus grand nombre de divorces. Cela ne peut pas non plus s'expliquer par l'accroissement du nombre des couples vivant ensemble sans être mariés. Le nombre de ceux-ci a presque triplé dans les années 1970 — mais le « pic » des divorces américains ne s'est pas déplacé pour autant.

A titre de simple hypothèse, j'avancerai volontiers que l'attitude des Américains envers le mariage n'est pas étrangère à cette courbe des divorces maximale. Nous ne sommes pas incités au mariage pour des motifs économiques, politiques ou familiaux. Comme l'anthropologue Paul Bohannan l'a dit :

> « Les Américains se marient pour mettre en valeur leur " moi " intime et profondément secret. »

J'ai trouvé cette remarque étonnante — et parfaitement juste. Nous nous marions par amour *et pour accentuer, contrebalancer ou bien masquer une partie de notre propre personnalité.* C'est pourquoi il n'est pas rare de trouver un comptable timoré marié à une blonde explosive, ou un scientifique marié à une poétesse. Ce n'est probablement pas un hasard si le pic des divorces aux États-Unis surgit précisément au moment où l'amour-passion s'éteint — au bout de deux à trois ans. Si des partenaires ne sont pas comblés par le mariage, ils reprennent leur liberté dès qu'ils ne sont plus éperdument amoureux.

Cette démangeaison de la quatrième année connaît donc des exceptions.

Ces faits soulèvent d'autres problèmes.

Dans certaines sociétés, les partenaires se courtisent pendant des mois ; dans d'autres, ils se marient au plus vite. D'une culture à l'autre, les us et coutumes peuvent varier beaucoup et imposer ici une longue préparation au mariage, là de plus ou moins grandes facilités d'obtenir le divorce et un laps de temps plus ou moins long pour l'obtenir. En fait, les relations humaines n'attendent pas l'enregistrement légal pour naître et exister, ni la dissolution légale pour se distendre dans les faits.

Il n'y a pas d'instrument fiable pour mesurer ces divers facteurs qui faussent les statistiques des Nations unies. Mais nous touchons là au point central de cet ouvrage : étant donné l'infinie variété des facteurs culturels et des coefficients personnels qui déterminent les mœurs en matière de mariage et de divorce, on pourrait s'attendre à ce qu'aucun modèle général un tant soit peu significatif ne se dégage ; et pourtant, ce qui est remarquable, c'est qu'il existe des constantes. Jusqu'à présent, nonobstant les traditions variées concernant le mariage, la myriade d'opinions sur le divorce à travers le monde, et les multiples procédures de séparation, les hommes et les femmes se quittent selon à peu près le même schéma.

Qu'ils soient banquiers ou qu'ils cultivent leur jardin ; qu'ils élèvent du bétail, pêchent ou fassent du commerce pour vivre ; qu'ils aient une éducation supérieure ou ne sachent ni lire, ni écrire... les centaines de millions d'hommes et de femmes des soixante-deux cultures étudiées par l'ONU, qui parlent des langues différentes, exercent des métiers différents, s'habillent de façon différente, manipulent des monnaies, entonnent des prières, craignent des démons différents, nourrissent une infinie variété d'espoirs et de rêves... connaissent tous, néanmoins, un « pic » des divorces aux alentours de leur quatrième année de mariage.

Et ce paramètre, qui fait fi des différences culturelles, n'a aucune relation avec le taux des divorces. Il s'impose dans les sociétés où les divorces sont nombreux comme dans celles où ils sont rares. Il reste même constant, pour une société donnée, à travers le temps — malgré l'augmentation du nombre des divorces. C'est une curiosité de notre espèce. *Le mariage connaît un seuil critique qui dépasse les cultures.*

La mythologie occidentale lui fait une large place. Au cours du XIIe siècle, les ménestrels qui sillonnaient l'Europe invitaient seigneurs et grandes dames, chevaliers et plébéiens à ouïr l'histoire tragique de Tristan et Yseut — le premier roman moderne occidental.

> « Mes Seigneurs, commençait l'un des bardes, si vous désirez entendre une légende d'amour et de mort, oyez celle de Tristan et de la reine Yseut ; comment pour leur plus grande joie, et pour leur plus grand malheur, ils s'aimèrent et finalement moururent ensemble de cette passion, en un jour ; elle par lui, et lui par elle. »

Selon l'écrivain Denis de Rougemont, cet adultère mythique est « une sorte d'archétype de nos tourments les plus subtils ». Son observation est plus pertinente encore qu'il n'y paraît. Car l'histoire tragique commence précisément quand un jeune chevalier et une magnifique reine partagent un élixir qui rend amoureux *pour environ trois ans.*

Est-ce là le talon d'Achille du couple humain ? Peut-être.

Il y en a d'autres.

Le divorce, un penchant de jeunesse

Entre 1946 et 1964, quelque soixante-seize millions d'Américains ont vu le jour. Vive le « baby-boom » ! Vive la production de masse qui suivit la Seconde Guerre mondiale ! Aujourd'hui, ces anciens bébés ont la bonne trentaine ou la fraîche quarantaine. Et comme ils sont témoins de divorces dans leur milieu et leur tranche d'âge, ils imaginent que les mariages se défont surtout au milieu de la vie. Absolument pas. C'est parmi les jeunes qu'il y a le plus de divorces.

Aux États-Unis, c'est entre vingt et vingt-quatre ans que l'union est la plus fragile, aussi bien pour les femmes que pour les hommes, à un âge légèrement inférieur à ce qu'il est dans le reste du monde. Dans vingt-quatre des sociétés mentionnées dans les annuaires des Nations unies, c'est entre vingt-cinq et vingt-neuf ans pour les hommes, et vingt et vingt-quatre ou vingt-cinq et vingt-neuf ans pour les femmes, que les risques de divorce sont à leur maximum. Les divorces se raréfient ensuite, à mesure qu'on avance dans les tranches d'âges. Et à l'âge mûr, les divorces deviennent des exceptions. C'est avant l'âge de quarante-cinq ans qu'on compte respectivement 80 % de tous les divorces chez les femmes, 74 % de tous les divorces chez les hommes.

Pour le moins étrange. On pourrait penser que les partenaires vont commencer à se lasser et se morfondre avec l'âge et le temps qui passe, et qu'ils vont laisser tomber leur mariage une fois que leurs enfants auront quitté le foyer pour leurs études ou une activité professionnelle. Mais non. C'est au contraire quand ils ont la vingtaine — au plus fort de leur puissance reproductrice et de leurs responsabilités parentales — qu'hommes et femmes divorcent avec une fréquence tenace.

Et on se quitte, même quand on a des enfants.

La troisième caractéristique mise en évidence par les données des Nations unies concerne « le divorce avec enfants à charge ». Dans les trente ans qui se sont écoulés entre 1950 et 1989, et pour l'échantillon de centaines de millions de personnes retenu par les statisticiens (appartenant à quarante-cinq sociétés), 39 % des divorces concernaient des couples sans enfants ; 26 %, des couples avec un enfant ; 19 % des couples avec deux enfants ; 7 % des couples avec trois enfants et 3 % des couples avec quatre enfants ; les couples avec cinq enfants ou plus divorcent rarement. Il apparaît donc que plus les couples ont d'enfants, moins ils ont tendance à divorcer.

Les statistiques de l'ONU sont certes moins probantes sur ce chapitre que sur les deux précédents [10]. Mais l'hypothèse — que le nombre de divorces est inversement proportionnel au nombre d'enfants — est raisonnable et elle repose sur un fondement génétique. Dans une perspective darwinienne, les couples sans enfants ont quelque raison de se séparer ; chacun peut trouver un nouveau partenaire dont il ait des rejetons — pour assurer la survie de son patrimoine génétique. Et plus les couples croissent et multiplient, plus ils sont tributaires, pour des raisons économiques, de la nombreuse famille dont ils ont la charge, et moins ils peuvent l'abandonner. D'un point de vue génétique, il est logique qu'ils restent ensemble pour élever leur progéniture.

Mais nous ne pouvons le tenir pour certain. Un quart des divorces concernent des couples ayant un enfant à charge, et 20 % concernent des couples ayant deux enfants. Beaucoup de gens divorcent après avoir eu un enfant ou deux.

On me pose souvent la question :

« Lequel des deux sexes quitte le plus souvent l'autre ? »

Nous ne le saurons jamais. Ce sont parfois les lois et les coutumes qui imposent à l'un ou à l'autre des époux d'entamer la procédure de divorce. Mais rien ne permet de mesurer qui, de l'homme ou de la femme, prend véritablement l'initiative de la rupture sentimentale, physique, puis légale. Une fois les cris et les grincements de dents oubliés, les membres d'un couple ne savent plus eux-mêmes lequel a franchi le premier le Rubicon. Mais une chose est sûre : la plupart des individus se remarient.

C'est quatre ans environ après son divorce que la femme américaine type convole à nouveau en justes noces ; trois ans après pour l'homme américain. Le délai moyen entre le divorce et le remariage est de trois ans. Et le nombre médian d'années qui sépare le divorce du remariage se situe entre trois ans et quatre ans et demi, selon l'âge du couple. En outre, 80 % de tous les

Américains divorcés et 75 % de toutes les Américaines se remarient.

Aux États-Unis en 1979, c'est dans la tranche d'âge des trente à trente-quatre ans pour les hommes, et des vingt-cinq à vingt-neuf ans pour les femmes, que les remariages furent les plus nombreux. Les pourcentages d'hommes et de femmes qui se remarient ne figurent pas, pour les autres pays, dans les recensements publiés par les Nations unies. Mais parmi les quatre-vingt-dix-huit pays sur lesquels on a des statistiques pour la période 1971-1982, les remariages culminent entre trente et trente-quatre ans pour les hommes, entre vingt-cinq et vingt-neuf ans pour les femmes — la même chose qu'aux États-Unis.

Le couple, en voie de disparition ?

Peut-être. Le mariage présente de toute évidence de nombreux signes de fatigue. « Tout fout l' camp » en quelque sorte : le nombre des divorces atteint son maximum parmi les couples mariés depuis quelque quatre ans ; les risques de divorce les plus élevés se trouvent parmi les époux qui ont une vingtaine d'années — des individus au plus fort de leurs capacités reproductives. Une grande partie des divorces concerne des couples avec un ou deux enfants, et les personnes divorcées se remarient jeunes ; les vieux couples qui ont vieilli ensemble et ont eu beaucoup d'enfants, avec le temps, sont de moins en moins enclins à se quitter [11].

Cela ne veut pas dire que tout le monde soit taillé sur le même modèle. George Bush n'est pas coulé dans ce moule. Mais Shakespeare, oui. Pour poursuivre sa carrière à Londres, il a laissé sa femme Anne à Stratford, après trois ou quatre ans de mariage. Les cursus conjugaux de Shakespeare et de quelques autres semblent marqués du même sceau, des mêmes caractéristiques universelles. L'animal humain semble avoir été conçu pour faire la cour, tomber amoureux et épouser une seule personne à la fois ; puis, au sommet de sa force génitrice, alors qu'il a souvent déjà un enfant, il divorce ; et peu d'années plus tard, il se marie à nouveau.

Pourquoi ce scénario ? L'explication de ce type de comportement qui caractérise les amours humaines est au cœur des chapitres suivants.

Aux antipodes de la planète, dans les régions les plus reculées du monde, les hommes et les femmes se quittent : près des sources de l'Amazone comme sur les atolls coralliens du Pacifique, sur les banquises de l'Arctique comme dans l'arrière-pays australien. Peu de scientifiques ou d'agents recenseurs ont demandé à ces peuples de régions reculées combien de temps avait duré leur mariage, quel âge et combien d'enfants ils avaient au moment de leur divorce. Mais les rares données connues méritent d'être citées.

Chez les Yanomamis, tribu traditionnelle de la jungle du Venezuela, près de 100 % de tous les nourrissons vivent avec leur mère naturelle ; la plupart vivent également avec leur vrai père. Mais dès que les enfants atteignent l'âge de cinq ans, la cohabitation entre les parents biologiques décline sérieusement — pas seulement parce que l'un des deux parents meurt, mais parce que les époux divorcent. Chez les Ngonis de Fort Jameson, en Afrique du Sud, le nombre des divorces culmine aussi entre la quatrième et la cinquième année de mariage. Ces données concordent avec notre « démangeaison des quatre ans ».

Par ailleurs on observe une instabilité des mariages entre jeunes, elle aussi conforme aux statistiques des Nations unies. Chez les habitants des îles Truk, en Micronésie, et chez les peuples vivant de chasse et de jardinage de Nouvelle-Guinée, d'Afrique, d'Asie et d'Amazonie, les mariages des moins de vingt ans ou de ceux qui ont entre vingt et trente ans sont extrêmement fragiles.

Il est communément admis que les liens du mariage se renforcent lorsqu'un enfant paraît. C'est probablement la raison pour laquelle, dans les campagnes japonaises, un mariage n'est généralement pas noté dans les registres officiels du village avant la naissance du premier enfant. Les habitants des îles Andaman, en Inde, ne considèrent pas non plus un mariage comme entièrement consommé tant que les conjoints ne sont pas devenus père et mère. Et les Tiv du Nigeria parlent de « mariage à l'essai » tant qu'une union n'est pas cimentée par la naissance d'un enfant.

Mais nous ne pouvons pas affirmer qu'une naissance entraîne nécessairement un mariage *pour la vie* [12]. Les Aweikomas de l'est du Brésil illustrent on ne peut mieux, à mon sens, les tendances propres aux sociétés traditionnelles. Chez eux, c'est typique :

« Un couple qui a plusieurs enfants vit ensemble jusqu'à la mort... Mais les séparations, avant la naissance d'une nombreuse progéniture, sont légion. Exactement le même schéma que celui des statistiques des Nations unies. »

Il y a bien sûr des exceptions. Chez les musulmans Kanuris du Nigeria, le taux des divorces est à son paroxysme avant la fin de la première année de mariage. L'anthropologue Ronald Cohen pense que cette précocité des divorces s'explique par le fait que :

« Les jeunes filles cherchent à ne pas rester avec les premiers maris que leurs parents les ont obligées à épouser. »

A noter que les Bochimans Kungs divorcent également dans les premiers mois du mariage qui leur est imposé.

Bien qu'il s'agisse d'une exception plutôt que d'une règle, ces faits s'accordent avec les données de l'ONU. Nous avons déjà vu qu'en Égypte et dans les autres pays musulmans on observe aussi un maximum de divorces avant la fin de la première année de mariage. Et ce sont des pays où le nombre des mariages arrangés est important. Quoi de mieux qu'un mariage concocté par la famille pour inciter à reprendre au plus vite sa liberté et gratter là où ça démange avant les quatre ans ?

L'autonomie économique des femmes, l'urbanisation, la laïcité, les mariages arrangés, toutes sortes de faits de culture bouleversent et masquent, même si ce n'est qu'en partie, la nature des relations humaines. En dépit de ces influences, les unions humaines obéissent à certaines règles générales : les femmes et les hommes se marient, de la Sibérie occidentale au cap le plus austral de l'Amérique du Sud. Beaucoup se quittent. Beaucoup rompent aux alentours de quatre ans de mariage. Beaucoup se séparent quand ils sont jeunes. Beaucoup divorcent quand ils ont un enfant. Et beaucoup se remarient et remettent ça.

Pendant des années, des décennies, des siècles, nous avons rejoué ce scénario ancestral — parader, se parer, flirter, faire la cour, éblouir, séduire. Puis faire son nid. Faire des enfants. Courir à nouveau le guilledou. Larguer les amarres et tourner la page. Bientôt grisés de nouveaux espoirs, nous recommençons la romance. Optimiste à tous crins, l'animal humain s'agite infatiga-blement tout au long de ses années fécondes, puis il jette l'ancre quand il atteint la maturité.

Pourquoi ? C'est au plus profond de notre passé que gît la réponse, quand la nature au commencement fit l'homme, « quand, à l'état sauvage, le noble primitif allait par les forêts ».

6

« QUAND, A L'ÉTAT SAUVAGE, LE NOBLE PRIMITIF PARCOURAIT LES BOIS »
La vie parmi nos ancêtres arboricoles

> *Je suis libre, comme la nature au commencement fit l'homme, avant que la servitude n'impose son ignoble loi. Quand à l'état sauvage, le noble primitif parcourait les bois.*
>
> John Dryden, *La conquête de Grenade*

Des acajous, des arbres tropicaux à feuillage persistant, des lauriers, des poiriers sauvages, des litchis, des manguiers, des hévéas, des balsamiers, des ébéniers — des arbres, encore et toujours des arbres s'étendaient à perte de vue, depuis les plages de sable du littoral kenyan jusqu'à l'océan Atlantique[1]. Il y a vingt millions d'années, l'Afrique équatoriale formait un rideau d'arbres impénétrable. Les clairières, les étangs, les marécages et les fleuves, les bosquets plus clairsemés et les savanes herbeuses ménageaient quelques trouées dans cet océan végétal. Les graines, les noix, les noisettes et les fruits fossiles exhumés à Rusinga Island, au milieu du lac Victoria, et dans des sites archéologiques proches, indiquent apparemment que l'Afrique de l'Est était une région de forêts largement abritée des vents.

Des papillons dansaient dans la pâle lumière filtrée par le baldaquin feuillu. Des écureuils volants se balançaient silencieusement de branche en branche, des chauves-souris pendaient dans les recoins ténébreux. Les lointains parents de nos rhinocéros, éléphants, hippopotames, phacochères, okapis, cerfs munis de défenses et autres animaux broutaient et paissaient dans les fougères. Des taupes dorées, des musaraignes géantes, des hamsters, des hérissons, des souris, des gerbilles, et beaucoup d'autres petites créatures, ramassaient des larves d'insectes, vers de terre, herbes ou baies sur le sol humide de la forêt. La température était légèrement plus élevée qu'aujourd'hui ; la pluie tombait presque tous les après-midi sur une jungle saturée d'humidité, arrosant d'eau fraîche les lacs et les fleuves, criblant de gouttes le toit de l'épaisse voûte feuillue.

Les lointains ancêtres des hommes évoluaient dans ces arbres.

Ils possèdent une ribambelle de noms scientifiques, mais on a pris l'habitude de leur attribuer le nom générique d'hominoïdés — ancêtres communs des hommes et des grands singes. En Afrique de l'Est (comme sur le continent eurasiatique), on a trouvé des centaines de dents et d'os fossiles, vieux de vingt-trois à quatorze millions d'années. Chacun présentait des traits à la fois anthropoïdes et simiesques, même si certains tenaient vraiment du singe, tandis que d'autres révélaient des caractéristiques nettement anthropoïdes.

Les os fossiles découverts sur l'île de Rusinga laissent penser que certaines créatures de cette espèce avaient la taille d'un de nos chats domestiques, alors que d'autres atteignaient celle des actuels chimpanzés. Aucune n'offrait une apparence humaine. C'est de cette famille pourtant qu'allaient un jour émerger aussi bien nos ancêtres que les grands singes que nous connaissons aujourd'hui.

Difficile de dire à quoi les hominoïdés passaient leur temps. Certains, comme bien des singes, ont probablement évolué au sommet des frondaisons, bondissant d'une branche à l'autre et se livrant à mille acrobaties pour ouvrir de nouvelles voies au-dessus du sol. D'autres, à l'étage inférieur, se sont déplacés sous les branches par brachiation.

Cette distinction est de la plus haute importance pour l'évolution humaine. Car il y a façon et façon de se déplacer. Les grands traits de notre nature humaine se sont dégagés quand nos ancêtres et ceux des grands singes abandonnèrent la vie au sommet des plus grosses branches et évoluèrent sous des branchages plus petits. Première chose, nos lointains cousins y perdirent leur queue. Ils utilisaient jusque-là cet élégant appendice comme les acrobates se servent d'un balancier, la queue étant un accessoire particulièrement étudié pour aider à garder l'équilibre à l'extrémité des grosses branches. Mais quand les ancêtres communs aux grands singes et aux hommes commencèrent à se déplacer par brachiation, suspendus par les membres supérieurs, leur queue devint un bagage inutile dont la nature les débarrassa.

D'autres modifications furent introduites et favorisèrent une démarche chaloupée, en particulier au niveau de l'épaule, du bras et du torse. Prenez délicatement le chaton de la famille par les pattes de devant et observez alors comment sa tête tombe en arrière, complètement ballante ; le chat ne peut pas voir entre ses membres. Allez ensuite vous suspendre par les bras aux barres fixes ou aux échelles horizontales d'un terrain de jeu. Vous constaterez que vos épaules résistent et que la trajectoire de votre regard, quand vous êtes suspendu, peut passer entre vos coudes. Notre clavicule, la position de nos omoplates qui traversent et structurent le dos, notre large sternum, notre cage thoracique développée et le nombre réduit de nos vertèbres lombaires, tout a évolué pour permettre au corps de l'homme de se tenir debout.

Autre signe distinctif des hommes, comme de tous les singes supérieurs, la rotation possible du poignet à 180°. C'est ce qui nous permet, à vous et à moi, d'évoluer le long de barres fixes, paumes dans un sens puis dans l'autre. Ces traits anatomiques particuliers des bras et de la partie supérieure du corps ont permis à nos ancêtres de se suspendre aux branches, de se balancer même sous des rameaux fragiles et de collecter ainsi des fruits et des fleurs le long du chemin.

Depuis longtemps on discute à n'en plus finir, pour savoir quand ces transformations ont eu lieu. Certains suggèrent que ces créatures auraient déjà divergé des premiers singes, il y a trente million d'années, et se seraient déplacées par suspension, sans encore se différencier des singes et des anthropoïdes, du moins jusqu'à environ seize millions d'années. Et nous ne savons pas comment les hominoïdés ont fait irruption sur le devant de la scène, il y a vingt millions d'années.

A coup sûr, ils baignaient dans un univers de feuillages. Et les dizaines de mâchoires et de dents que ces créatures ont laissées derrière elles prouvent à l'évidence qu'elles passèrent le plus clair de leur temps à cueillir des fruits. Avec leurs faces saillantes, leurs crocs élagueurs et leurs dents proéminentes, ces hominoïdés étaient équipés pour arracher, dépouiller, décortiquer, écosser leur pitance. Ils ont probablement bu dans des corolles de broméliacées, ou d'autres plantes, et dans les fissures ayant retenu l'eau des pluies quotidiennes. Très vraisemblablement, ils jacassaient entre eux, ils se bousculaient pour obtenir la meilleure place et la meilleure part, et ils se calaient dans les fourches creuses d'arbres robustes pour dormir.

L'amour dans la jungle

Sans l'ombre d'un doute, les hominoïdés « faisaient l'amour » aussi. Ces très lointains parents éprouvaient peut-être de grands sentiments lorsqu'ils se reniflaient, se caressaient et se toilettaient avant l'accouplement. Mais ils ne faisaient certainement pas l'amour tous les jours. Et pour une raison bien simple. Toutes les femelles de primates, à l'exception des femelles de l'espèce humaine, entrent en chaleur, ou œstrus. Les singes femelles de certaines espèces ont un cycle œstral saisonnier ; d'autres, en particulier les femelles des grands singes, ont un cycle œstral mensuel, similaire à celui des femmes. Mais au milieu de chaque cycle, qui peut durer de vingt-huit à quarante-cinq jours, les femelles connaissent des périodes de réceptivité sexuelle d'un seul à vingt jours, selon les espèces et les individus.

Les mœurs sexuelles des babouins illustrent celles des primates et nous apportent de nombreux éléments sur la façon dont nos aïeux hominoïdés pratiquaient le coït, il y a vingt millions d'années.

Quand la femelle babouin entre en œstrus, elle change d'odeur ; la peau de sa région génitale se met à gonfler jusqu'à la pleine tumescence, bannière qui annonce la fécondité. La femelle adopte alors l'attitude de « présentation », à la façon de son espèce. Elle s'accroupit et s'approche à reculons du mâle qu'elle regarde par-dessus son épaule, et elle lui offre son arrière-train pour l'inviter à copuler. Une fois passée sa période de chaleurs, la femelle babouin refuse systématiquement la copulation — jusqu'au mois suivant. Normalement, les femelles ne copulent pas quand elles sont gravides. Après la naissance, l'œstrus et l'activité sexuelle ne reprennent pas avant le sevrage du petit — c'est-à-dire entre cinq et vingt et un mois environ. De telle sorte que les femelles babouins ne sont sexuellement réceptives que pendant le quart de leur vie adulte.

Nos ancêtres n'ont peut-être pas été plus actifs sexuellement.

La vie sexuelle de nombreux singes anthropoïdes est comparable. La femelle du chimpanzé « commun » a une période de chaleurs de dix à quatorze jours ; les femelles de gorilles, de un à quatre jours ; et les orangs-outangs, de cinq à six jours sur leur cycle mensuel. La grande majorité de ces parents, proches mais sauvages, ne s'accouplent que pendant le rut. Durant la gestation, le cycle œstral des grands singes femelles s'interrompt et elles n'ont plus d'activité sexuelle régulière. Les périodes d'œstrus ne reviennent pas tant que des soins sont prodigués aux jeunes. Autrement dit, après la parturition, les femelles connaissent une période de trois ou quatre ans chez les chimpanzés communs et les gorilles, plus longue encore chez les orangs-outangs, où l'activité sexuelle reste en veilleuse. Seuls les chimpanzés pygmées s'accouplent plus régulièrement. Mais avec leur sexualité hors du commun par rapport aux normes d'il y a vingt millions d'années, ces créatures ne représentent pas un modèle [2].

Nos ancêtres qui vivaient dans les arbres, ressemblaient probablement au commun des primates — chez qui l'activité sexuelle est périodique. Certaines femelles étaient plus « sexy » que d'autres, comme c'est encore le cas chez les singes et les hommes. Certaines avaient des périodes de réceptivité sexuelle plus longues ; d'autres étaient plus convoitées. Mais des couples ne se formaient guère en dehors des périodes de rut. Les jours paisibles ne le cédaient aux folles orgies que lorsque les femelles devenaient sexuellement réceptives et que les mâles, dans les branches, se battaient pour s'arroger le privilège du coït. Mais les femelles enceintes ou celles qui avaient encore la charge de petits — celles qui, en particulier, allaitaient — devaient interrompre leur activité sexuelle. Tout compte fait, elles n'avaient droit au sexe que par intermittence, quelques semaines par an, et quelques années de leur vie.

Toutefois, des primates ordinaires ont fait exception et cela m'autorise à hasarder quelques spéculations sur le sexe chez nos ancêtres poilus. Comme les bouleversements sociaux incitent les femelles de nombreuses espèces à copuler à d'autres moments qu'en plein œstrus, il est probable qu'avec l'irruption d'un nouveau leader, l'arrivée d'un nouveau membre dans le groupe ou la découverte d'un nouveau mets — comme de la viande par exemple

— elles aient recherché le coït alors qu'elles n'étaient pas en chaleur. Des femelles se sont probablement servies du sexe pour obtenir des douceurs et se faire des amis.

Tout à fait occasionnellement, des femelles enceintes ou allaitant encore n'en ont pas moins dérobé quelques instants de plaisir sexuel. Des macaques rhésus, aussi bien que des chimpanzés communs et des gorilles s'accouplent parfois pendant les quelques premiers mois de la grossesse ou avant que les petits ne soient sevrés. Il est donc tout à fait raisonnable de penser que nos ancêtres en ont fait autant. Ils ont pu également se masturber, comme le font les gorilles. Depuis que les pratiques homosexuelles chez les femelles de gorilles, de chimpanzés et d'autres espèces sont connues, force est de penser que nos ancêtres femelles ont dû, elles aussi, s'y adonner et se frotter les unes aux autres pour se stimuler. Enfin, dans la mesure où de grands singes mâles forcent parfois à copuler les femelles qui ne sont pourtant pas en chaleur, on peut penser que les femelles d'hominoïdés furent à l'occasion, violées[3].

Nous ne pouvons rien dire de plus sur la sexualité ou le système d'accouplement de ces premières créatures, si ce n'est que des changements climatiques importants allaient entraîner certaines d'entre elles, imperceptiblement, vers l'humanité, et vers ce penchant universel pour le flirt, l'amour fou, le mariage, l'infidélité, le divorce et de nouvelles amours.

Tout a commencé avec les remous et bouillonnements du magma en fusion, au centre de la terre.

Bruits et fureur dans l'océan

Il y a vingt millions d'années, l'Afrique et l'Arabie formaient un seul et même continent insulaire qui occupait une position légèrement plus méridionale qu'aujourd'hui. Au nord, il y avait une mer, que nous appelons aujourd'hui Téthys, s'étendant de l'Atlantique à l'ouest jusqu'au Pacifique à l'est et faisant communiquer les océans de la planète. A l'époque, ce canal était le radiateur de la terre. Les eaux chaudes des profondeurs de Théthys balayaient la surface entière de la planète, réchauffant les vents et les marées qui transmettaient à leur tour leur chaleur aux pluies arrosant les forêts et aux courants baignant les rivages.

Cette chaudière devait disparaître. Il y a quelque dix-sept millions d'années ou plus, la plaque continentale arabo-africaine de la croûte terrestre, soumise aux remous embrasés du magma, commença à dériver vers le nord et entra en collision avec la partie asiatique de la plaque, que nous appelons aujourd'hui le Moyen-Orient, pour donner naissance aux plissements montagneux du Zagros, du Taurus et du Caucase. Bientôt un immense pont continental fut jeté entre l'Afrique et l'Eurasie, reliant les vastes forêts de l'Ancien Monde.

La déformation tectonique du relief coupa la mer de Téthys en deux. Des eaux chaudes et salées continuèrent à se déverser de sa partie occidentale (qui allait devenir la mer Méditerranée) dans l'océan Atlantique. Mais la partie orientale et Téthys, qui donna naissance ensuite à l'océan Indien, ne fut plus alimentée en courants tropicaux. L'océan Atlantique et l'océan Indo-Pacifique furent séparés : les courants chauds ne sillonnèrent plus le globe, ne réchauffèrent plus les jungles de l'Ancien Monde. Déjà à l'aube du cénozoïque, quand les mammifères remplacèrent les dinosaures il y a plus de soixante-cinq millions d'année, les températures de la planète avaient imperceptiblement amorcé une chute. Le mouvement s'accéléra pour chuter brusquement, vingt millions d'années plus tard. Dans l'Antarctique, le sommet des montagnes se couvrit de calottes glaciaires. Le long de l'équateur, la sécheresse commença à s'installer.

La planète se refroidissait.

D'autres perturbations climatiques frappèrent l'Afrique de l'Est. Des bouleversements antérieurs de la croûte terrestre avaient laissé deux déchirures béantes, deux failles parallèles qui s'étendaient sur cinq mille kilomètres de long, de l'actuelle Éthiopie au nord, jusqu'au Malawi au sud. Mais quand le continent arabo-africain dériva vers le nord, ces failles s'élargirent encore. Le sol s'effondra entre les escarpements, créant ces fossés typiques du paysage est-africain que nous connaissons aujourd'hui — série d'entailles profondes creusées en plein cœur de régions montagneuses.

Les nuages en provenance d'Afrique équatoriale lâchaient désormais à cet endroit leur chaude humidité avant de s'élever au-dessus de l'épaulement ouest de la faille occidentale, tandis que des alizés de l'océan Indien déchargeaient leurs pluies avant de survoler

139

la faille orientale. La région de la vallée du Rift d'Afrique de l'Est bascula hors de la région des pluies. Là où le soleil matinal avait toujours été noyé dans la brume, l'atmosphère devint désormais pure et sèche.

Les saisons ponctuèrent bientôt la sarabande des naissances et des morts. Il y a dix-sept millions d'années, les moussons balayaient encore l'océan Indien entre octobre et avril mais, jusqu'au mois de mai, de nombreuses plantes tropicales restaient léthargiques. Figuiers, acacias, manguiers et poiriers sauvages ne portaient plus leurs fleurs et leurs fruits tout au long de l'année ; tendres boutons, nouvelles feuilles et pousses délicates ne bourgeonnaient plus qu'à la saison humide. Les pluies très chaudes, qui avaient inondé l'Afrique de l'Est chaque après-midi, appartenaient à un passé révolu.

Pis encore, des volcans commencèrent à cracher des roches en fusion. Il y a vingt millions d'années déjà, certains avaient commencé à entrer en éruption. Il y a seize millions d'années, le Tinderet, le Yelele, le Napak, le Moroto, le Kadam, l'Elgon et le Kisingeri déversèrent sur la faune et la flore, en contrebas, des fleuves de lave et des nuages de cendre.

Avec le refroidissement de la terre, l'absence de pluies et l'activité des volcans de la région, les forêts tropicales de l'Afrique de l'Est s'amenuisèrent — de même que les espaces boisés commençaient à régresser partout dans le monde.

A la place de ces forêts denses, deux nouvelles niches écologiques apparurent : les bois et les savanes[4]. Autour des lacs et sur les berges des rivières, des arbres se serraient toujours en bouquets compacts. Mais là où le sol était accidenté et où les fleuves se perdaient en petits cours d'eau, des étendues boisées plus clairsemées survinrent. Ici, des arbres dont les branches se touchaient rarement s'étendaient sur un seul étage. Et là où l'eau était plus rare encore, des herbes et des plantes, qui avaient durement lutté pour survivre sous des dômes de branchages, se mirent à foisonner à profusion, sur des kilomètres et des kilomètres de bois et de savanes. Il y a quatorze millions d'années, le monde luxuriant et protecteur des hominoïdés touchait à sa fin.

L'heure des ravages avait sonné.

Ainsi en avait décidé le sort.

Dans ces temps-là, de nombreux animaux de la forêt s'éteignirent définitivement. Les minuscules ancêtres du cheval et d'autres créatures, quittant les forêts décimées d'Eurasie, migrèrent en destination de l'Afrique. Et de nombreuses autres espèces sortirent des clairières pour s'agglutiner en groupes plus consistants et évoluer vers les nouvelles espèces animales du veld. Parmi ces immigrants vers les prairies nouvelles, se trouvaient les précurseurs du rhinocéros et de la girafe modernes, l'autruche, une myriade de variétés d'antilopes et autres herbivores paissant et broutant, qui pullulent aujourd'hui dans les plaines du Serengeti. A leur suite, et poursuite, arrivèrent aussi leurs prédateurs, lions, guépards et autres carnivores — tels les chacals et les hyènes — éboueurs de l'Ancien Monde.

Les bouleversements des océans, le pont continental jeté vers le nord, le rythme des saisons, les effilochures du manteau forestier, l'expansion des bois et des plaines herbeuses devaient grandement affecter les hominoïdés. Il y a quinze millions d'années, nos précurseurs se différencièrent selon une « radiation adaptative ». Par la nouvelle voie ouverte sur les autres continents, certains quittèrent l'Afrique, par petits groupes, vers la France, vers l'Espagne et la Hongrie, et plus loin ensuite vers l'Asie avant que la plupart d'entre eux ne disparaissent définitivement, il y a quelque onze millions d'années, comme l'attestent les fossiles. Plusieurs lignées s'épanouirent, puis se raréfièrent — et moururent.

Parmi ces explorateurs, les plus intéressants ont été collectivement regroupés, du fait de leur morphologie commune, sous la dénomination générique de *Ramapithecus* (dont le ramapithèque et le sivapithèque), dont certains furent longtemps salués comme les chaînons manquants. Ces « casse-noisettes » firent leur apparition dans l'Afrique de l'Est il y a environ quatorze millions d'années, puis essaimèrent jusqu'en Asie et en Chine, à travers le Moyen-Orient. L'émail épais de leurs molaires permet de penser que, mis à part quelques échappées en terrain découvert, ils vagabondaient surtout dans les bois, se mettant sous la dent des noix et des fruits à l'écorce résistante. Il semblerait qu'ils se soient définitivement éteints il y a quelque huit millions d'années.

Qui étaient ces *Ramapithecus* ou « ramamorphes » ? Certains anthropologues contemporains pensent que ces animaux étaient d'anciens parents des orangs-outangs, ces grands singes anthropoïdes aux longs poils roux et à la mine chiffonnée qui vivent encore dans les restes de jungle de l'Asie du Sud-Est. D'autres soutiennent que nos prédécesseurs d'apparence humaine (ainsi que les grands singes anthropoïdes d'aujourd'hui) appartenaient alors à un tronc commun. L'affaire n'est pas tranchée. Au cœur de la controverse, il y a cette énigme fondamentale du chaînon manquant : quels étaient donc ces rejetons d'hominoïdés descendus de leurs arbres africains en voie d'extinction, faisant leurs premiers pas vers l'humanité ? Nous ne le savons toujours pas.

Au plus tard il y a six millions d'années, les savanes dominaient toute l'Afrique de l'Est ; les conditions étaient mûres pour l'émergence de l'humanité. On a découvert quelques pièces et morceaux d'os fossiles d'apparence humaine, datant de cette période, mais même pas de quoi remplir une boîte à chaussures. Et pratiquement aucun fossile de singe anthropoïde primitif. Aussi les chercheurs n'ont-ils aucune preuve décisive de l'existence de cet ancêtre commun qui s'aventura à l'orée de la forêt pour affronter les dangers de la savane et faire ses premiers pas dans ce monde de relations sexuelles où nous nous débattons aujourd'hui.

Nous avons pourtant des indices concrets. Des similitudes biochimiques entre les protéines sanguines et d'autres molécules ont été constatées et ont conduit des scientifiques à établir que les ancêtres de l'orang-outang se sont détachés du tronc commun des ancêtres de l'homme et des grands singes il y a quelques dizaines de millions d'années. Nous sommes donc les parents les plus proches des grands singes d'Afrique, gorilles et chimpanzés. Et il y a probablement quatre ou cinq millions d'années « seulement » que nos aïeux, hominidés cette fois, se sont séparés de la branche hominoïdée [5].

« Le sort fait les parents, le choix fait les amis », dit-on.

Le lien génétique entre l'homme et les singes anthropoïdes d'Afrique n'est pas pour rien dans l'histoire des amours humaines ; la nature fait avec ce qu'elle trouve. Les pressions adaptatives qui s'exercent sur une créature permettent la sélection de nouveaux modèles. Bien que les grands singes africains d'aujourd'hui soient l'aboutissement d'une évolution couvrant des millénaires, leurs liens biologiques étroits avec l'espèce humaine peuvent nous renseigner sur notre propre évolution et nous autoriser à hasarder quelques reconstitutions de la vie telle qu'elle a pu être juste avant que nos ancêtres ne soient contraints d'abandonner la protection du manteau forestier, de l'Afrique orientale, devenu trop troué, et juste avant que n'évoluent les modèles humains de mariage, d'adultère et de divorce.

La stratégie du gorille

Les gorilles vivent en harem. Aujourd'hui, ces créatures timides et ensorcelantes déambulent sur les volcans éteints de la chaîne des Birunga, aux confins du Zaïre, de l'Ouganda et du Ruanda. Avant qu'elle ne fût assassinée dans la jungle, en 1985, l'anthropologue Diane Fossey avait étudié trente-cinq de ces groupes de gorilles, tenant le grand livre de leur vie quotidienne pendant dix-huit années.

Chaque harem de gorilles est conduit par un adulte mâle dominant, à dos argenté (ainsi appelé à cause de la crête sagittale de poils gris argenté qui se dresse sur son dos), et par au moins deux « compagnes ». Souvent, un mâle jeune à dos noir (sexuellement immature) ou un mâle plus jeune mais mature, escorté de femelles plus jeunes, occupe une position subalterne, à la périphérie du groupe. Ainsi, en plein cœur de l'Afrique, le chef à dos argenté ou « mâle Alpha », les mâles plus jeunes, leurs épouses et une petite troupe de jeunes divers et variés déambulent ensemble parmi les hagenias aux troncs couverts de mousse et fourragent alentour, dans la brume et les broussailles, en quête de chardons et de céleri sauvage.

Les gorilles femelles commencent à copuler entre neuf et onze ans. Au début de son œstrus, variant de un à quatre jours, la femelle se met à courtiser le mâle de plus haut rang à condition qu'il ne soit ni son père, ni un de ses frères. Elle lui présente son arrière-train, plonge son regard dans ses yeux marron, s'approche résolument de lui, frotte ses parties génitales de façon rythmée contre lui, ou s'assoit sur ses genoux pour copuler face à face. Ce faisant, elle émet des cris légers, aigus et nerveux.

Si aucun « bon parti » n'est disponible, la femelle peut quitter son groupe natal pour se joindre à un autre où elle trouve chaussure à son pied. Et si elle ne trouve pas de partenaire là non plus, elle se joint à un vieux garçon solitaire et part musarder avec lui en toute indépendance. Mais si dans les mois qui suivent, son compagnon n'est pas capable d'attirer une deuxième femelle pour grossir le groupe, la femelle abandonne son amoureux et se joint de nouveau à un harem. Les gorilles femelles ne supportent pas la monogamie ; elles recherchent la vie de sérail.

Les jeunes mâles, eux aussi, sont mobiles. Si un mâle à dos noir atteint la puberté dans un groupe qui comprend une ou plusieurs jeunes femelles adultes, il n'est pas rare qu'il reste dans son groupe natal pour procréer avec elles. Mais si le groupe ne comporte pas de femelle ayant atteint la puberté, hormis ses sœurs, il se déplacera pour trouver un autre groupe ou bien errera en célibataire, le temps du moins de séduire quelques femelles pour fonder son propre harem. Cette mobilité tend à réduire les effets de la consanguinité. En fait, Diane Fossey fut témoin d'une pratique incestueuse en une seule occasion : un mâle « Alpha » s'accoupla avec sa fille. Curieusement, des mois après qu'elle eut mis au monde un petit, celui-ci fut tué par des membres de la famille. Des esquilles d'os retrouvées dans leurs fèces fournirent en outre la preuve que le bébé avait été en partie dévoré.

Une fois qu'un harem est formé, le mari et ses coépouses s'installent dans une vie stable. Sauf exception, ils restent appariés pour la vie, se prélassent ensemble au soleil quand celui-ci réussit à percer et vagabondent de conserve, au rythme des travaux et des jeux. Occasionnellement, il arrive qu'une femelle quitte son époux pour rejoindre un autre partenaire — comme dans « Dallas ». Mais c'est rare. Ce qui ne veut pas dire que, dans leurs relations sexuelles, les partenaires soient nécessairement fidèles. Une femelle en œstrus ne s'accouple qu'avec son compagnon, qui met un terme à toute avance en direction d'autres mâles. Une fois enceinte pourtant, la femelle commence souvent à copuler avec des mâles de rang subalterne — directement sous le nez de son mari. A moins que ses ébats ne deviennent trop envahissants, son époux n'y mettra pas le holà. Les gorilles sont volages et admettent l'adultère.

Est-ce que nos ancêtres arboricoles, il y a six millions d'années, se déplaçaient en harem comme le font les gorilles ? Est-ce que les mâles et les femelles formaient des couples pour la vie, et copulaient ensuite au hasard des rencontres, avec d'autres membres du groupe ? Peut-être.

Il y a cependant des différences majeures entre les raffinements sexuels des humains et les stratégies reproductives des gorilles. Les gorilles copulent toujours en public, tandis que les accouplements humains se pratiquent en secret. Plus important encore, les gorilles mâles forment *toujours* des harems. Ce n'est pas le cas des hommes. Les mâles de l'espèce humaine sont connus, dans l'ensemble, pour n'avoir ou n'afficher qu'une femme à la fois. Et les femelles humaines sont plus différentes encore des femelles gorilles. Bien que certaines femmes vivent effectivement en harem, il n'est pas rare que les coépouses se chamaillent. Les femmes n'ont pas un tempérament à vivre en harem.

Cela dit, ce qui distingue le plus les êtres humains des gorilles est certainement la durée de leurs « relations ». Les gorilles s'apparient presque toujours pour la vie. Les hommes, en revanche, ont tendance à changer de partenaire — et plutôt deux fois qu'une. Les mariages durables leur coûtent quelque effort.

La horde primitive

Darwin, Freud, Engels et de nombreux autres penseurs ont posé comme postulat que nos ancêtres les plus reculés vivaient en « horde primitive » ; hommes et femmes copulaient avec qui ils voulaient, quand ils voulaient. Comme Lucrèce, le philosophe romain, l'écrivit au Ier siècle avant Jésus-Christ :

> « La race d'hommes qui vivait alors dans les campagnes était plus dure, c'étaient des gaillards aussi rudes que la terre qui les avait faits… Ils vivaient déjà depuis de nombreuses révolutions du Soleil, sillonnant de vastes et lointaines contrées, à la manière de bêtes sauvages. Et Vénus unissait les corps des amants dans la forêt ; car ils étaient portés l'un vers l'autre par un mutuel désir ou par la force frénétique et la lubricité violente de l'homme, quand ce n'était pas par quelque appât : glands, poires ou baies de fraisiers. »

Lucrèce voyait probablement juste. Nos parents les plus proches, les chimpanzés communs et pygmées, vivent en hordes, et les petits cadeaux en échange de faveurs sexuelles sont monnaie courante — principalement parmi les chimpanzés pygmées, les plus petits des deux espèces. D'ailleurs, il y a autant de similitudes génétiques entre nous et ces chimpanzés qu'il y en a entre le chien domestique et le loup. De telle sorte que l'examen de leur vie peut nous renseigner sur notre propre évolution.

Aujourd'hui, on peut trouver les chimpanzés pygmées *(Pan paniscus),* communément appelés bonobos, dans les quelques jungles marécageuses qui enserrent le fleuve Zaïre (Congo). C'est là qu'ils exhibent leurs talents acrobatiques, se balancent à bout de bras, bondissent, plongent, marchent sur un fil — comme des funambules — sur leurs deux pattes arrière, souvent à cent pieds au-dessus du sol. Ils passent toutefois le plus clair de leur temps à évoluer au sol, dans les forêts, déambulant sur leurs quatre pattes. Ils sont friands de fruits juteux, graines, jeunes pousses, feuilles, miel, vers, chenilles ; ils creusent la terre pour extirper des champignons, ou chapardent des cannes à sucre et des ananas dans les plantations.

Ils mangent aussi de la viande. A deux reprises, des anthropologues ont vu des mâles traquer des écureuils volants, sans succès. Dans deux autres occasions, des mâles attrapèrent et tuèrent en silence une petite antilope des bois, une des multiples variétés africaines du genre *cephalophus,* et se partagèrent sa chair. Selon les villageois de la région, les bonobos creusent la boue le long des cours d'eau pour attraper des poissons et dispersent les termitières pour dévorer leurs occupants en déroute. Nos ancêtres chassaient probablement des animaux et complétaient par cet apport protéinique leur régime à base de fruits et de noix.

Les anthropologues commencent tout juste à découvrir la vie sociale des bonobos. Selon leurs premières investigations, ces créatures se déplacent en groupes mixtes formés de mâles, de femelles et de petits. Certains de ces groupes sont de petite taille : deux à huit individus constituent une bande relativement stable. Une quinzaine ou une trentaine d'individus, parfois une centaine, peuvent se rassembler pour manger, se reposer et dormir côte à côte. Certains font des allées et venues d'un groupe à l'autre, au gré des réserves de nourriture, assurant le lien entre les membres d'une solide communauté de plusieurs douzaines d'animaux. On a bel et bien affaire à une horde primitive.

Le sexe est affaire quotidienne. Les guenons ont, chaque mois, une longue période de chaleurs qui s'étend sur quasiment les trois quarts de leur cycle menstruel. Mais leur activité sexuelle, on l'a évoqué plus haut, ne se limite pas aux jours de l'œstrus. Les femelles copulent durant la majeure partie de leur cycle menstruel et de ce point de vue, ce sont les femelles du règne animal les plus proches des femmes.

Les mâles succombent très régulièrement à leurs charmes. Une femelle, par exemple, s'approchera d'un mâle en train de manger de la canne à sucre, elle s'assoira à côté de lui, mendiera de la paume de la main, comme le font les êtres humains, et dirigera son regard d'un air implorant vers la friandise puis de nouveau vers l'animal. On résiste difficilement à un tel regard. Quand le mâle offre finalement le morceau convoité à la guenon, elle fait basculer devant lui son arrière-train et ils copulent; puis elle s'en va alors d'un pas tranquille, le cadeau à la main. Il n'est pas impossible non plus qu'une guenon sollicite une autre guenon, s'approche nonchalamment d'elle, lui saute dans les bras, la ceinture de ses jambes, et frotte ses parties génitales contre celles de sa partenaire, avant d'accepter un morceau de canne à sucre. L'homosexualité masculine existe aussi, de même que la fellation.

Les bonobos se livrent à des activités sexuelles pour calmer les tensions qui les divisent, assurer un meilleur partage pendant les repas, réduire le stress des voyages et confirmer les liens d'amitié dans des contextes anxiogènes. « Faites l'amour, pas la guerre » pourrait être leur slogan préféré des bonobos.

Nos ancêtres agissaient-ils de même ?

Les mœurs sexuelles des bonobos ne diffèrent pas tant de celles pratiquées aujourd'hui dans les rues, les bars et les restaurants, ou derrière les portes des appartements de New York, Paris, Moscou et Hong Kong. Avant le coït, les petits chimpanzés échangent de longs regards. Regards « copulateurs » qui, chez l'homme aussi, on l'a vu, sont un élément important du comportement de séduction. Et comme les êtres humains, les bonobos marchent bras dessus, bras dessous, se bécotent de la tête aux pieds et se donnent de longs et pénétrants *french kisses* *.

Darwin pensait qu'il était tout naturel que les êtres humains s'embrassent. Bien qu'il n'ignorât pas que cette pratique était étrangère à de nombreuses cultures, il considérait cependant comme inné le besoin de caresser l'être aimé.

Il avait raison. Il est établi que 90 % des individus échangent des baisers. Il est établi aussi qu'avant leur entrée en contact avec le monde occidental, les Somaliens, les Lepchas du Sikkim et les Sirionos d'Amérique du Sud ignoraient cette pratique, tandis que les Thongas d'Afrique du Sud et quelques autres peuples la considéraient comme répugnante. Mais même dans ces sociétés, les amants se caressaient, se frottaient, se tétaient, se pourléchaient, se mordillaient ou s'effleuraient mutuellement le visage de leur souffle avant le coït. Les plus grands virtuoses mondiaux du baiser sont les Hindous et les Occidentaux ; ils ont fait du baiser un art. Les bonobos — et de nombreux autres animaux — partagent eux aussi cette inclination.

Autre point commun : dans 70 % des cas, les bonobos du zoo de San Diego copulent dans la position dite du missionnaire (face à face, le mâle sur la femelle), ce que la surface plane et sèche dont ils disposent pourrait suffire à expliquer. Mais dans les forêts africaines, quarante copulations sur cent six observées sont des « face à face » ; les autres cas étant ceux où le mâle monte la femelle par-derrière. Mais les chimpanzés pygmées prisent la variété. Les bonobos peuvent copuler dans bien des positions : la femelle installée sur les genoux du mâle, les deux partenaires face à face mais l'un et l'autre alternativement dans la position dominante, la femelle accroupie tandis que son partenaire est debout, ou bien encore les deux debout ou pendus aux branches d'un arbre. Parfois, les deux partenaires se flattent de la main les organes génitaux pendant l'accouplement. Et pendant qu'ils « font l'amour », ils se regardent toujours au fond des yeux.

Nos derniers ancêtres arboricoles, eux aussi, s'embrassaient et

---

* Les « baisers à la française », ou baisers profonds, comme disent les Anglo-Saxons. (*N.d.T.*)

s'étreignaient probablement avant le coït ; peut-être faisaient-ils même l'amour *en face*, les yeux dans les yeux[6].

Comme les bonobos ont la réputation d'être les plus élégants des grands singes, qu'ils ont bien des traits en commun avec les humains et qu'ils copulent avec ingéniosité et ardeur, certains anthropologues en ont déduit qu'ils sont le quasi-prototype de ces hominoïdés africains, qui furent nos derniers ancêtres arboricoles communs. Peut-être les chimpanzés pygmées sont-ils des vestiges vivants de notre passé. Cependant, leur comportement sexuel diffère fondamentalement du nôtre. Ne serait-ce que parce que les bonobos n'établissent pas de rapports de couple prolongés comme le font les êtres humains. Ils n'élèvent pas non plus leurs petits comme maris et femmes. Les mâles prennent soin de leurs frères et sœurs nourrissons[7], mais ils prisent peu la monogamie. Ils affectionnent au contraire la promiscuité.

Et s'ils sont vraiment des vestiges de nos premiers ancêtres, c'est que l'adultère humain ne date pas d'hier !

Les journées d'un chimpanzé

Les chimpanzés communs, appelés encore *troglodytes de Pan* — du nom de Pan, esprit de la Mère Nature et dieu des Grecs anciens —, ont des mœurs tout aussi légères. Depuis 1960, Jane Goodall s'est consacrée à leur observation au Centre de recherches de Gombe (Gombe Stream Research Center) en Tanzanie, et elle a relevé des comportements significatifs qui aident à se faire une idée de la vie de nos ancêtres arboricoles, il y a six millions d'années.

Ces chimpanzés vivent en communautés de quinze à quatre-vingts individus, dans une région de cinq à douze kilomètres carrés, le long de la rive orientale du lac Tanganyika. Leurs pénates offrent un mélange de forêts épaisses, de bois plus clairsemés et de savanes herbeuses, pauvres en arbres. Comme les réserves alimentaires sont dispersées et capricieuses, les individus sont contraints de vagabonder par petites troupes éphémères.

Les mâles déambulent par bandes de quatre ou cinq environ. Parfois, deux mères ou plus, avec leurs nourrissons, se tiennent compagnie pour quelques heures de « crèche communautaire ». Il n'est pas rare que des individus partent de leur côté, ou accompagnés d'un ou plusieurs compagnons, par petits groupes des deux sexes. Ces équipes se font et se défont facilement ; les individus vont et viennent. Mais si les membres d'un groupe découvrent une réserve opulente de figues, de tendres bourgeons ou autres friandises, ils hurlent ou tambourinent sur les arbres, avec leurs poings, pour avertir toute la forêt. Tous alors s'assemblent pour le festin.

Les femelles de chimpanzés communs entrent en œstrus en milieu de cycle, pour une période de dix à seize jours, et j'ai été particulièrement frappée par leurs habitudes sexuelles qui représentent sans doute un modèle des plus approchants de la vie de nos ancêtres hominoïdés.

Quand une femelle est en chaleur, la peau de ses organes génitaux externes se gonfle et s'épanouit en une énorme fleur rose — véritable laissez-passer aux entreprises du mâle. La femelle rejoint alors un groupe formé exclusivement de mâles et entreprend de les séduire tous, excepté ses fils et frères. Jusqu'à huit mâles peuvent attendre leur tour, à la queue leu leu, pour pratiquer cet accouplement occasionnel. Les mâles se succèdent pour copuler toutes les deux minutes ; pénétration, poussées du pelvis et éjaculation ne prennent normalement que dix à quinze secondes.

Un soupirant mâle de rang élevé peut au contraire s'arroger le monopole d'une femelle en œstrus et obtenir ce qu'on appelle une « relation exclusive d'accouplement ». Un mâle contemplera intensément une femelle pour capter son attention. Il s'installera sur son postérieur, les jambes écartées pour mieux exhiber son pénis en érection, lui donner des pichenettes, le ballotter de part et d'autre. Il fera signe à la femelle en tendant les bras. Il fera le fanfaron devant elle, ou la suivra obstinément. Il est arrivé qu'un mâle dorme par terre, toute une nuit sous la pluie, en attendant qu'une femelle en œstrus daigne sortir de son nid. Quand un mâle réussit à attirer une femelle à son côté, il ne la quitte plus d'un poil et reste sur le qui-vive pour prévenir toute copulation avec d'autres mâles. Il arrive même parfois que des mâles chassent, chargent et attaquent d'autres prétendants. Mais les confrontations de cette sorte font perdre un temps précieux — des minutes dont les femelles savent tirer parti en copulant à la sauvette avec d'autres admirateurs. Jusqu'à trois le cas échéant.

Les guenons sont sexuellement agressives. A l'occasion, il est arrivé à Flo, la plus « sexy » des femelles chimpanzés de Gombe, de copuler plusieurs douzaines de fois en vingt-quatre heures. Les adolescentes sont, dans certains cas, insatiables, osant tirer d'un coup sec le pénis tristement flasque d'un compagnon insuffisamment motivé. Certaines femelles se masturbent. D'autres font parfois les difficiles. Elles ont un penchant pour les mâles qui leur prodiguent des soins de toilette et de la nourriture — ce ne sont pas forcément les mâles dominants dans la hiérarchie. Il y a des prétendants qu'elles refusent tout net. D'autres avec qui elles peuvent entretenir de longues amitiés et s'accoupler plus régulièrement. Les deux sexes évitent le coït avec des parents très proches, mère ou frères et sœurs.

Les femelles chimpanzés aiment les aventures sexuelles. Pour la durée d'un œstrus, les adolescentes de Gombe quittent souvent leur propre groupe natal et se joignent aux mâles d'une communauté voisine, habitude que beaucoup de femelles devenues adultes conservent. Des mâles étrangers fixent du regard les postérieurs roses et boursouflés des femelles en pleine tumescence et examinent leurs vulves de près. Plutôt que de se montrer agressifs envers l'étrangère, ils préfèrent s'accoupler avec elle. Comme bien des adolescentes de l'espèce humaine, les jeunes guenons fuguent régulièrement pour aller s'ébattre ailleurs. Certaines reviennent ; d'autres au contraire déménagent définitivement.

Nos aïeules hominoïdées étaient-elles sexuellement agressives ? S'acoquinaient-elles avec des bandes de mâles pendant leur période de chaleurs ? Acceptaient-elles les honneurs de galants célibataires ? Se liaient-elles d'amitié avec certains mâles ? Se masturbaient-elles à l'occasion ? Vraisemblablement.

Et elles aussi ont probablement entretenu des relations « conjugales » plus durables.

Prendre rendez-vous

Parfois, une femelle en œstrus et un mâle célibataire disparaissent pour copuler loin des yeux et des oreilles — ce qu'on appelle partir en safari et qui fait penser à notre lune de miel. C'est souvent le mâle qui prend l'initiative de ces escapades amoureuses. Le poil hérissé et le pénis en érection, il fait signe à la femelle, se balance d'un côté et de l'autre, secoue des branches et regarde intensément

151

son amante potentielle. Quand elle avance vers lui, il se retourne et continue son chemin, dans l'espoir qu'elle le suive. Cette séquence de gestes se reproduit avec toujours plus d'insistance, jusqu'à ce que la femelle cède à l'injonction. Il arrive qu'un mâle attaque une femelle récalcitrante.

A ce stade, on peut parler de traces de monogamie ; elle est totale quand il y a coït dans l'intimité. Ces équipées clandestines durent souvent plusieurs jours ou plusieurs semaines. Et elles sont payantes en matière de reproduction. La moitié au moins des quatorze grossesses enregistrées à Gombe furent manifestement le fruit de tels safaris. Peut-être nos aïeux arboricoles cherchaient-ils aussi ces accouplements à durée limitée, peut-être disparaissaient-ils dans les feuillages pour copuler face à face, peut-être connaissaient-ils les folles étreintes, les caresses, les baisers sur le visage, les mains et tout le corps. Peut-être reposaient-ils enlacés l'un contre l'autre, se donnaient-ils des morceaux de fruits à la becquée, et peut-être la naissance de petits concluait-elle ce genre d'« affaires ».

Mais encore une fois, les chimpanzés diffèrent des humains sur un point important. A partir du moment où la grossesse d'une guenon est visible à l'œil nu, la femelle s'en va de son côté ou se joint à un groupe de mères et d'enfants. Lorsqu'elle approche de l'accouchement, elle arrange un petit territoire dont elle fait son havre. Certaines femelles choisissent un endroit en plein centre de la communauté ; d'autres préfèrent des zones plus périphériques. Sur un coin d'herbe, elles mettent au monde leur progéniture et l'élèvent seules. Les chimpanzés ne forment pas de couples durables pour élever leurs enfants. Et les soins paternels leur sont totalement inconnus.

Les chimpanzés communs développent par ailleurs des habitudes sociales qui ont probablement germé chez nos ancêtres, puis fleuri avec l'humanité. Parmi elles, la guerre.

Les mâles de Gombe surveillent les frontières de leur pré carré. Des groupes de trois mâles adultes, ou plus, patrouillent ensemble. Ils poussent parfois des cris perçants pour effrayer et faire déguerpir les étrangers, mais c'est plus généralement en silence qu'ils partent en reconnaissance. Ils font des haltes, scrutent les alentours par-dessus les hautes herbes ou grimpent aux arbres pour fouiller du regard les territoires limitrophes. Certains inspectent les déchets alimentaires, examinent les nids bizarres ou prêtent l'oreille aux chimpanzés intrus qui maraudent. Quand ils rencontrent des voisins, ils urinent et défèquent par réaction nerveuse et ils éprouvent le besoin de se toucher les uns les autres pour retrouver leur assurance ; puis ils poussent des cris agressifs et organisent des simulacres d'attaque. Certains secouent les branches. D'autres frappent violemment le sol. D'autres encore roulent ou lancent des pierres. Les deux camps battent alors en retraite.

En 1974, une guerre entre chimpanzés éclata. L'affaire remontait au début des années 1970, quand un groupe dissident de sept mâles et trois femelles avait commencé à se déplacer vers la partie sud du domaine de la communauté Kasakela. Avant 1972, ces émigrants s'étaient établis en communauté séparée, que leurs observateurs baptisèrent Kahamas, du nom de la rivière qui creusait cette vallée, au sud. Par intermittence, les mâles Kasakelas entraient en contact avec les mâles Kahamas, le long de leur nouvelle frontière, ils criaient, tambourinaient sur les arbres et traînaient des branches dans des démonstrations hostiles, avant d'opérer chacun leur retraite.

En 1974 cependant, cinq mâles Kasakelas firent une profonde incursion dans le territoire du sud, surprirent un mâle Kahama et le tabassèrent. Selon le récit de l'incident par Jane Goodall, un mâle Kasakela maintint la victime au sol tandis que les autres la rossaient, la bourraient de coups de pied, la rouaient de coups de poing et lui sautaient dessus. Finalement, un mâle se dressa sur ses pattes arrière, poussa un cri perçant par-dessus la mêlée et lança une pierre sur l'ennemi. Il avait visé trop court. Après encore dix minutes de grabuge, les guerriers abandonnèrent le mâle Kahama à ses blessures sanglantes et à ses os brisés.

Dans les trois années suivantes, cinq autres Kahamas mâles et une femelle connurent le même sort. En 1977, les mâles Kasakelas avaient exterminé la plupart de leurs voisins ; le reste disparut. La communauté Kasakela étendit bientôt son territoire, au sud, jusqu'aux rives du lac Tanganyika.

Nos ancêtres arboricoles avaient-ils commencé à se faire la guerre il y a six millions d'années ? Cela semble très plausible.

Il est probable qu'ils aient surtout commencé à chasser pour se procurer de la viande. Chez les chimpanzés, les chasseurs sont toujours des adultes, et presque toujours des mâles. Leurs victimes sont souvent de jeunes babouins, de petits singes, des antilopes et des cochons sauvages. Parfois, un mâle s'empare tout simplement d'un petit singe voisin, qui se nourrit dans un arbre proche et ne se doute de rien. Gibier occasionnel ! Des expéditions de chasse fondées sur la coopération du groupe sont plus communément organisées. La chasse est toujours silencieuse. Ce qui annonce son ouverture, c'est le regard du chasseur, son poil hérissé, sa tête de guingois, sa démarche décidée et les signaux échangés. Alors les mâles du groupe se précipitent... comme un seul homme sur la victime.

Dès qu'un chimpanzé saisit la proie, une lutte acharnée commence. Chaque chasseur braille et se replie avec chacun son morceau, et quelques minutes plus tard, tous se rassemblent à l'appel pour former des « groupes de participation aux bénéfices », autour des possesseurs de dépouilles. Certains chimpanzés font la manche, la main tendue ; d'autres fixent des yeux le possesseur ou la viande ; d'autres encore, gagne-petit, récupèrent les morceaux tombés par terre dans les herbes. Et tout le monde s'assoit pour manger, ajoutant calmement à sa ration de protéines quelques belles feuilles — déjà le « steack-salade » ! Il arrive qu'une douzaine de chimpanzés passent leur journée à consommer une carcasse pesant une vingtaine de livres, événement qu'on peut rapprocher du dîner de Noël américain.

Les chimpanzés se battent littéralement pour de la viande. Il arrive que les tempéraments s'enflamment, mais il est notable que le rang hiérarchique ne garantit pas une plus grosse portion. Dans ce domaine particulier de la vie sociale, les chimpanzés dominants ne bénéficient d'aucun régime de faveur. C'est le vieil âge qui l'emporte, ou le sex-appeal. Et les femelles en œstrus reçoivent toujours des morceaux de choix.

Expéditions préparées, coopération, partage du butin, ces savoir-faire de chasseurs allaient être grandement perfectionnés par nos ancêtres, ne serait-ce que par l'apport d'un nouvel atout, quasiment absent du jeu des chimpanzés : l'utilisation d'armes. En une seule occasion, un chimpanzé de Gombe utilisa un instrument pour assommer le gibier. Un groupe de mâles avait entouré quatre cochons sauvages et les chasseurs essayaient de s'emparer du porcelet qui était au centre de la mêlée. Un mâle âgé lança une pierre grosse comme un melon, qui frappa un cochon adulte. Les autres s'enfuirent. Et les chimpanzés purent aussitôt capturer, déchirer et dévorer leur victime.

Les chimpanzés ont surtout recours aux armes dans les affrontements entre eux. Ils font tomber des branches sur ceux qui sont en dessous, fouettent leurs ennemis avec du bois vert, se dressent sur leurs membres arrière pour brandir des baguettes, précipitent des roches et des branches, traînent des rondins et roulent des pierres quand ils attaquent leurs adversaire. Lorsque nos ancêtres arboricoles n'étaient pas occupés à courtiser les femelles en œstrus, peut-être se faisaient-ils aussi la guerre, à coups de pierre et de bâton. Il est probable qu'ils consacraient déjà pas mal de temps à seulement tenter de maintenir la paix.

Les chimpanzés mâles utilisent régulièrement des armes, mais les guenons ont recours aux outils plus souvent encore. Et elles en fabriquent, surtout pour ramasser des insectes. Les femelles chimpanzés creusent pour trouver des fourmis, glissent leurs doigts dans les fourmilières souterraines et y introduisent de minces tiges. Quand les insectes grimpent en masse le long de la tige, la femelle chimpanzé saisit les créatures grouillantes et les enfourne dans sa bouche, comme si elle mangeait des cacahuètes — mastiquant frénétiquement pour dévorer les fourmis avant d'avoir la langue piquée par elles. Les chimpanzés utilisent aussi des cailloux pour ouvrir les noix et les fruits à la peau coriace. Ils pêchent les termites à l'aide de longs brins d'herbe qu'ils plongent dans les galeries des termitières. Ils se servent de bâtonnets pour se curer les dents, de feuilles pour se brosser le pelage ou pour chasser les mouches, des feuilles encore, chiffonnées, cette fois, pour éponger l'eau au creux des arbres. Ils utilisent enfin des bâtons et des pierres comme projectiles contre les félins, les serpents ou d'autres chimpanzés hostiles.

Nos ancêtres hominoïdés ont dû avoir recours régulièrement à des outils.

Ils comptaient déjà parmi eux des dentistes et des médecins. A Gombe, un « dentiste » en herbe, Belle, nettoyait à l'aide de brindilles les dents d'un jeune mâle qui maintenait sa bouche grande ouverte. Une fois, elle réussit même à arracher la dent infectée d'un patient, tranquillement allongé, la tête en arrière et la bouche béante. Au Centre de recherches sur les primates de l'université centrale de Washington, on vit un jeune mâle utiliser une brindille pour nettoyer le pied enflammé d'un de ses compagnons. Les chimpanzés s'arrachent aussi les croûtes quand ils se toilettent mutuellement.

Les chimpanzés n'abandonnent pas non plus leurs mourants. Après qu'une guenon, à Gombe, fut attaquée par un groupe de mâles, sa fille resta des heures à veiller son corps à moitié broyé, chassant les mouches, jusqu'à ce que sa mère décède. En revanche, la jouvencelle ne laissa ensuite ni une feuille, ni une branche, ni une pierre en guise de tombe. Seuls les éléphants « enterrent » leurs compagnons, en plaçant bon nombre de branches sur la tête et les épaules de leurs morts.

Et il y a six millions d'années, nos ancêtres arboricoles connaissaient très probablement les rigueurs de l'étiquette. Les chimpanzés actuels offrent des cadeaux de feuilles et de brindilles à leurs supérieurs. Ils s'inclinent avec déférence devant eux. Ils savent se « faire des amis » et voyagent avec eux. Ils se serrent la main, se caressent les uns les autres d'une manière rassurante et se donnent de grandes tapes sur les fesses comme le font les footballeurs. Ils serrent les dents et étirent leurs lèvres vers l'arrière, dans ce sourire nerveux de commande typiquement humain. Ils font la moue, boudent, piquent des colères ou les simulent. Et ils se toilettent régulièrement, s'enlevant les uns les autres les herbes et saletés de leurs poils, comme nous enlevons les peluches du sweater du voisin.

Nobles sauvages

Nos derniers parents arboricoles vivaient-ils en communautés comme les chimpanzés ? Se liguaient-ils entre eux, protégeaient-ils leurs frontières et livraient-ils combat aux voisins, avec cette passion guerrière qui dévore l'humanité ? Étaient-ils capables d'anticiper, d'aller à la pêche aux fourmis avec des brindilles, de coopérer pour chasser et de se partager les dépouilles de gibier ? Cela semble plausible.

Certains ont probablement été les premiers médecins ; d'autres, les premiers guerriers. Ils se jouaient probablement des tours et des farces, arrosaient d'eau ou de feuillages un compagnon distrait. Les chimpanzés aiment faire les bouffons. Certains de nos ancêtres ont très certainement été sérieux, inventifs, timides, courageux, doux, égocentriques, patients, sournois, mesquins — comme les êtres humains et les grands singes anthropoïdes peuvent l'être.

Très certainement, ils ont eu, eux aussi, le sens de la famille, comme les chimpanzés, les gorilles et les primates les plus évolués qui restent toujours très liés à leur mère et à leurs frères et sœurs. Nos parents arboricoles offraient vraisemblablement des cadeaux à leurs amis, étaient effrayés par les étrangers, avaient des prises de bec avec leurs compagnons, s'inclinaient devant leurs supérieurs, embrassaient leurs amants, marchaient en se tenant par le bras, se tenaient par la main ou par les pieds. Sans l'ombre d'un doute, ils se communiquaient leur tendresse, leur amusement, leur irritation et bien d'autres émotions, à l'aide d'expressions faciales, de glousse-ments, de halètements ou de hurlements. Et à coup sûr, ils passaient du temps, assis par terre dans la forêt, à se tapoter, se caresser, s'étreindre, se dépoussiérer et jouer avec leurs petits, leurs amis et leurs amoureux.

Eux aussi disparaissaient très probablement dans la forêt, avec un partenaire, pour se réserver quelques jours ou quelques semaines d'intimité sexuelle. Peut-être certains ont-ils connu l'amour fou pour un compagnon de passage, ou la tristesse à la fin d'un safari. Mais il est plus vraisemblable qu'ils aient eu une activité sexuelle quand l'occasion se présentait. Il y a six millions d'années, les enfants étaient élevés par leur mère et d'autres femelles. Le « père », le « mari », la « femme », les acteurs de l'ambivalente stratégie de reproduction humaine — avec ses deux volets, monogamie officielle et adultère clandestin — n'avaient pas encore fait leur apparition.

Mais le décor était campé, les acteurs dans les coulisses. Bientôt, nos ancêtres seraient chassés de l'Éden — et lâchés dans les bois et les prairies de l'Ancien Monde. C'est là que leur viendrait ce double besoin, impératif et contradictoire, d'attache-ment durable et de libertinage, qui harcèlerait leurs descendants jusqu'à nos jours.

7

CHASSÉS DE L'ÉDEN
De l'origine de la monogamie et de l'abandon de famille

> *Les bêtes, les oiseaux par cet amour poussés,*
> *A servir leurs petits se montrent empressés.*
> *La mère les nourrit, et plein de vigilance*
> *Le père prend sur lui le soin de leur détente.*
> *Sont-ils devenus grands, ces nourrissons si chers,*
> *Ils courent habiter les bois, les champs, les airs.*
> *L'instinct s'arrête alors, le père ni la mère*
> *Ne reconnaissent plus cette troupe étrangère ;*
> *Sitôt qu'à leurs petits leurs soins sont superflus,*
> *Les nœuds, qui les liaient, pour toujours sont rompus.*

Alexander Pope, *An Essay on Man*

C'était le commencement de la saison des pluies en Afrique orientale, il y a quelque trois millions six cent mille ans. Depuis des semaines, le volcan Sadiman crachait des nuages de cendres volcaniques grisâtres qui recouvraient chaque jour d'un immense drap de poussière les plaines en contrebas. L'après-midi, des averses mouillaient les cendres ; le soir, la température tombait et le froid durcissait la pellicule — y laissant gravés l'impact des gouttes de pluie, l'empreinte des feuilles d'acacia et les traces de pas d'une multitude d'animaux de passage : antilopes, girafes, rhinocéros, éléphants, cochons, pintades, babouins, lièvres, insectes, hyènes... sans oublier le smilodon* et quelques-uns de nos lointains aïeux.

Trois hominidés primitifs[1] — parmi les premiers spécimens de

---

* Félin à dents de sabre aujourd'hui disparu. (*N.d.T.*)

la lignée conduisant aux hommes modernes dont on ait trouvé la trace — choisirent d'emprunter ce chemin, de traverser cette gadoue volcanique et d'y laisser des empreintes, pour la postérité. Le plus grand marcha en plein dans les cendres, en s'y enfonçant d'environ cinq centimètres à chaque pas. A côté de la trace de ses pas, on a trouvé celle d'un hominidé plus petit, peut-être une femme de petite taille, pas beaucoup plus haute qu'un mètre vingt. Et une troisième paire de traces surimposée à celles de la plus grande créature laisse penser qu'un hominidé encore plus petit suivait les deux autres, et posait soigneusement les pieds dans les pas de celui qui ouvrait la marche *. Tous trois avançaient vers le nord, en direction d'une petite gorge. Pour établir leur campement dans les arbres près de la rivière ? Peut-être, car les traces conduisaient à vingt mètres au bord du cañon, et disparaissaient brusquement.

C'est en 1978 que Mary Leakey, la célèbre archéologue et femme de Louis Leakey, le grand homme aujourd'hui disparu de la paléoanthropologie africaine, découvrit avec son équipe ces empreintes exhumées par l'érosion d'une strate géologique ancienne. Depuis le milieu des années 1970, Mary Leakey avait entrepris la fouille du site de Laetoli, une zone située au nord de la Tanzanie baptisée ainsi par les hommes de la tribu locale Massaï, du nom de ce lis rouge qui tapisse la région. C'est durant quelques semaines de travail sur le terrain, en 1978, qu'elle découvrit ces témoignages de notre passé. A quelques détails près, les empreintes étaient comparables à celles d'hommes et de femmes modernes.

Ces traces ont été analysées et réanalysées. Mais on ne sait toujours pas si ces créatures déambulaient avec nonchalance ou précipitation, si elles avançaient à grandes enjambées ou à petits pas précautionneux ; on ne sait même pas si elles se déplaçaient ensemble ou chacune à son gré. Mais il n'y a pas l'ombre d'un doute qu'elles vécurent et moururent près des gorges. Lors d'une autre

---

* L'existence de cette troisième trace reste problématique. Selon le paléoanthropologue Donald Johanson, il pourrait ne s'agir que d'un artefact dû à la façon dont l'archéologue Mary Leakey aurait relevé les empreintes. Les techniques des relevés d'empreintes sont toujours très délicates. Voir *La fille de Lucy*, Donald Johanson et James Shreeve, Éditions Robert Laffont 1990, p. 204-208. (*N.d.T.*)

enquête sur le terrain, Mary Leakey déterra quantité d'autres fossiles d'hominidés — des fragments de crânes et de mâchoires, des dents isolées, appartenant à plus de vingt-deux de ces individus qui traversèrent les prairies situées en contrebas du mont Sadiman, il y a trois millions huit cent mille à trois millions cinq cent mille ans.

L'endroit était passant à l'époque. Mais c'est plus au nord, le long de ce qui est aujourd'hui la rivière Hadar, dans la région de l'Afar en Éthiopie, que vivait Lucy. Elle fut découverte en 1974 par l'anthropologue Donald Johanson et ses compagnons d'expédition. La chanson des Beatles *Lucy in the Sky with Diamonds,* qui s'élevait dans le ciel nocturne le soir de la découverte, valut à la créature — ou ce qu'il en restait — son nom de baptême. Lucy n'était pas plus haute que trois pommes (très exactement trois pieds et demi, soit un mètre cinq), elle n'était pas lourde non plus (trente kilos environ), et avait probablement l'habitude de prendre ses repas sur la rive d'un lac peu profond, dans un cadre boisé et vallonné, dans une région de l'actuelle Éthiopie. Elle souffrait d'arthrite et mourut à vingt ans et quelques, il y a de cela trois millions d'années.

L'équipe de Johanson récupéra près de 40 % du squelette de Lucy. Malgré ses orteils et ses doigts recourbés, un peu plus longs que les nôtres, ce qui permet de penser qu'elle passait du temps dans les arbres, les hanches, genoux, chevilles et pieds de Lucy, ou ce qu'il en reste, confirment qu'elle était bien bipède et non quadrupède. L'année suivante, Johanson exhuma les débris épars d'au moins treize autres créatures de la même espèce qui parcouraient les forêts d'Éthiopie il y a belle lurette et auraient pu être les compagnons de Lucy. Et à ce jour, environ quinze autres spécimens fossiles en miettes ont été déterrés.

Nous ne savons pas qui étaient ces hominidés de Laetoli et de Hadar. Les spécialistes des empreintes d'hominidés, ou ichnologues, partagent avec de nombreux anthropologues le sentiment qu'un pied comme celui de Lucy pourrait avoir laissé des traces à Laetoli. Et ils rangent ces individus dans la même espèce des *Australopithecus afarensis,* une branche d'hominidés dont l'existence remonte aux tout débuts de la lignée humaine.

Ces créatures devaient ressembler aux chimpanzés modernes, avec un cerveau légèrement plus volumineux (mais guère plus important que le tiers du nôtre), des arcades sourcilières proéminentes, une peau et des yeux foncés, des lèvres minces, un menton fuyant et une mâchoire saillante munie de crocs tranchants et de dents de devant qui dépassent. Ils tenaient du singe par de nombreux détails de leurs crânes, mâchoires et squelettes, mais leurs corps étaient remarquablement humains. Et ils marchaient debout. L'humanité avait pour la première fois marché sur la terre.

Mais d'où venaient-ils donc ? Comment leurs prédécesseurs avaient-ils bifurqué vers l'humanité ?

A rude épreuve

« Deux chemins s'offraient dans la forêt ; moi j'ai pris le moins passant — et c'est ce qui a fait toute la différence. »

Robert Frost a saisi cet instant précis qui, dans une vie, peut changer irrévocablement tout ce qui suit. C'est ainsi que l'évolution humaine a bifurqué lorsque nos premiers ancêtres quittèrent leurs parents arboricoles et s'engagèrent, voie sans retour, vers la vie sociale humaine moderne. Les fossiles sont muets sur cet instant. Le « chaînon manquant » s'est perdu dans le temps et la pierre. Mais à travers les siècles, des théologiens, des philosophes et des scientifiques ont pourtant cherché à renouer les fils de la connaissance pour reconstituer la trame de notre genèse.

Ce qui suit est une version de cette histoire. Elle résulte des apports de nombreuses disciplines scientifiques. Elle tient compte de nos connaissances sur la faune et la flore exubérantes de l'Afrique orientale d'il y a des millénaires, sur les modes de vie des singes, dont les grands singes anthropoïdes, sur les habitudes d'accouplement d'autres espèces monogames telles que les renards et les rouges-gorges, sur le style de vie des peuples chasseurs et collecteurs d'aujourd'hui, et sur les modèles humains d'engouement, d'attachement et d'abandon que j'ai présentés. Il s'agit maintenant de proposer une hypothèse sur l'origine du mariage, du divorce et du remariage.

Cela se passa probablement entre six et quatre millions d'années ; mettons quatre millions — quelque temps avant que les contemporains de Lucy aient laissé leurs empreintes, puis leurs vieux os, au pied du mont Sadiman. Le long des lacs bleu-vert peu profonds et des rivières paresseuses, les berges disparaissaient sous une profusion d'arbres et de plantes grimpantes. Mais plus loin, à une certaine distance de la rive, les acajous et les espèces à feuillage persistant s'éclaircissaient jusqu'à ne plus pousser que par touffes entre des bouquets d'arbres. Et au-delà des bois, c'était un océan herbeux, des prairies qui ondulaient à perte de vue sur les collines d'Afrique orientale.

Galopaient à grandes foulées par les plaines des ancêtres de nos éléphants, des autruches, des okapis, des gazelles, des zèbres, des gnous, des antilopes, des buffles, et même des chevaux primitifs, immigrants d'Asie. Leurs ennemis, les ancêtres de nos lions, les guépards et les chiens sauvages, les poursuivaient. De l'aube au crépuscule, jour et nuit, ces carnivores raflaient aux troupeaux leurs membres les plus faibles. Puis les hyènes, les chacals, les vautours et autres charognards nettoyaient les restes.

C'est dans ces vastes plaines et savanes, en terrain découvert, que nos premiers ancêtres furent expulsés par le recul des forêts. Le processus avait commencé des millénaires auparavant, quand leurs prédécesseurs arboricoles, d'allure encore simiesque, s'aventurèrent en éclaireurs par les premières trouées herbeuses, véritables boulevards zigzaguant dans les forêts. Comment cela ? Des mâles, par petits groupes, avaient vraisemblablement ratissé au peigne fin les espaces boisés, en quête de viande fraîche. Trois ou quatre femelles de la famille avaient probablement osé quelques incursions collectives à l'orée des bois, à la recherche de termitières et fourmilières. Et après avoir nettoyé tous les arbres de la forêt, des communautés entières regroupant jusqu'à trente individus, vieux et jeunes, téméraires et timorés, avaient dû se rassembler sous les branches pour tenir conciliabule.

Nous ne saurons jamais pendant combien de siècles nos prédécesseurs ont conservé leur habitat en espace boisé. Ils furent probablement poussés vers l'orée des forêts, au fur et à mesure qu'elles se clairsemaient. On peut les imaginer alors, assis là, intrigués par la nouvelle ouverture que leur offrait le paysage. Les forêts qu'ils laissaient derrière eux représentaient un terrain connu de zones sûres et familières. Les arbres dispersés des bosquets les avaient déjà fait hésiter, mais des retraites de secours étaient toujours accessibles. Sur les plaines herbeuses en revanche, il n'y avait aucune échappatoire possible, aucune cache. Mais les temps étaient difficiles, il y a quatre millions d'années. Nos ancêtres n'avaient guère le choix. Il fallait se mettre quelque chose sous la dent. On peut les imaginer, en effet, hasardant leurs premiers pas précautionneux sur cette savane ouverte et immense, prudemment collés les uns aux autres dans leur progression.

Quand les plus téméraires eurent atteint un bosquet d'anacardiers ou un champ de graminées, ils ont probablement hululé pour appeler les moins téméraires à les rejoindre, à travers les nouvelles étendues baignées de soleil. Et les plus couards finirent par arriver aussi, poussés à l'aventure par la dure nécessité. Au tout début, nos ancêtres ne se sont peut-être aventurés dans les prairies qu'à la saison sèche, quand les fruits et les baies devenaient trop rares dans les forêts et les bois. Il est bien connu que la faim fait sortir le loup du bois. Et il sortit ! Alors, comme les souris, comme les rhinocéros, comme bien d'autres espèces anciennes des forêts, nos ancêtres se mirent à fourrager dans l'univers encore inexploré des herbages. Dans ces savanes brûlées de soleil, ils dénichèrent puis dégustèrent des œufs d'autruche, des oisillons, des musaraignes, des bébés antilopes, et même des babouins imprudents — tout ce qui pouvait sembler comestible, même des animaux morts.

L'homme éboueur ! Ramasse-miettes ou charognard ! De nombreux anthropologues ont récemment lancé l'hypothèse que la « collecte opportuniste » (collecte au hasard) et le « nécrophagisme » (ou récupération des restes) précédèrent la chasse au gros gibier, et que nos ancêtres, quand ils débarquèrent dans les prairies de l'Ancien Monde, commencèrent bel et bien par chasser le menu gibier et ramasser de menus cadavres pour survivre.

Piraterie alimentaire

L'anthropologue Gary Tunnell explora récemment cette hypothèse ; pour vérifier par lui-même si nos ancêtres pouvaient avoir survécu, il y a des millénaires, exclusivement grâce à la chasse « opportuniste » et à la consommation de déchets organiques, il se livra à une expérience de survie dans la brousse. En 1984, il alla planter sa tente dans la plaine de Serengeti, en Afrique de l'Est. Il choisit une zone de six kilomètres carrés, située au sud-ouest du Kenya, une partie de l'écosystème de Serengeti. Il partageait son bout de gazon avec neuf lions. Toute l'astuce consistait à vivre des restes de leur festin plutôt que d'en constituer l'un des morceaux de choix.

La nuit, Tunnell dormait au pied de deux hautes falaises, dans un environnement d'arbres dont les branches servaient de dortoir à une troupe locale de babouins. Ces voisins l'alertaient par leur propre agitation quand le grand lion venait faire sa visite nocturne, flairer Tunnell et marquer les limites du territoire de sa troupe, au ras de la tente. Toute la nuit, et jusqu'à l'aurore, Tunnell tendait sérieusement l'oreille. Il put ainsi établir à quels endroits les lions commettaient leurs meurtres nocturnes. Puis, à 9 heures du matin, une fois les lions endormis, Tunnell se mettait en marche, selon un certain itinéraire, en quête de nourriture.

Tunnel trouva toujours des protéines comestibles — un imprudent phacochère, un topi boiteux, trois chauves-souris endormies, plusieurs vautours repus, dix poissons-chats dans une mare asséchée, un lézard à trois pieds dans un minuscule cañon, ou la carcasse d'un buffle, d'un gnou ou d'une gazelle de Grant, tués par des lions ou des guépards quelques heures auparavant. Tunnell ne consomma véritablement aucune de ces trouvailles. Mais il en tira la conclusion qu'avec seulement un caillou aiguisé et une tige pointue, ni plus ni moins, un être humain collecteur de restes accompagné d'un acolyte pour l'aider à achever les bestiaux et à les découper pouvaient aisément nourrir un groupe de dix personnes — à condition cependant d'éviter les territoires des hyènes, redoutables concurrentes de l'homme.

Les Hadzas de Tanzanie vivent ainsi de récupération à la saison sèche, à la façon de Tunnell. Ils prêtent l'oreille aux appels nocturnes des lions et observent le vol des vautours. Le lendemain matin, ils détectent l'emplacement des cadavres, se mettent tous en branle vers les lieux, en chassent les carnivores et récupèrent la viande avec de simples outils.

Il est peu probable que nos ancêtres, après avoir mis pied à terre il y a des millénaires, aient utilisé des outils comme les Hadzas d'aujourd'hui ; nous n'en avons aucune preuve, en tout cas. Il est vraisemblable, du coup, qu'ils n'aient pas eu le savoir-faire nécessaire pour déchirer les peaux, sectionner les articulations ou nettoyer les déchets les plus importants. Mais d'autres primates se sont pourtant nourris sur la bête — même sans outils[2].

Fort heureusement, lions et guépards ont toujours eu l'habitude de laisser des restes. Les léopards abandonnent même les cadavres de leurs victimes suspendus sans surveillance aux branches où ils ont commencé à les déguster. Nos ancêtres ont probablement eu la bonne idée d'attendre que le dernier félin des parages se soit écroulé de sommeil pour se faufiler vers la carcasse entamée et briser le crâne, récupérer la cervelle, enlever la peau et les tendons et récolter ce qui restait de lambeaux de chair. Plus téméraires, ils ont pu à l'occasion jeter des pierres sur les carnivores pour troubler leur festin, et s'en faire suffisamment craindre pour avoir le temps, avant de fuir, d'arracher précipitamment quelques lambeaux de chair à la carcasse.

Sans l'ombre d'un doute, nos premiers ancêtres vivaient aussi de fruits et de végétaux, de graines et de racines, de rhizomes. Rappelez-vous les femmes des chasseurs-cueilleurs Kungs d'Afrique du Sud capables de ramasser plus de quatre-vingt-dix variétés de fruits et légumes, contribuant pour plus de 65 % à l'apport calorique quotidien de la tribu. Et les femmes Kungs ne consacraient ordinairement à la cueillette que deux ou trois jours par semaine, se réservant du bon temps pour se livrer à de multiples jeux, préparer les cérémonies rituelles, et papoter. Les corvées domestiques prenaient environ quatre heures par jour[3]. En prenant en considération la manne offerte par l'ouverture sur les grands espaces, l'anthropologue Marshall Sahlins a pu dire de nos ancêtres chasseurs-cueilleurs qu'ils avaient connu « la société primitive d'abondance ».

Avec une pierre et un bâton, rien d'autre, nos ascendants ont su également déloger et dénicher une riche variété de fruits, de noix et de baies.

Ils ont connu pourtant des repas troublés, des digestions difficiles. En terrain découvert, il est impossible de passer inaperçu. Sans compter que manger prend du temps, et que nos ancêtres primates étaient à portée de regard des grands félins, leurs ennemis déclarés. C'en était fini de l'écran protecteur des arbres. C'est pourquoi — à l'instar de l'anthropologue Tunnell — nos premiers ancêtres hominidés élurent domicile, très probablement, dans les

165

herbes courtes, à distance raisonnable d'arbres et de falaises ; c'est pourquoi ils évitèrent les hautes herbes, les fourrés et la lisière des forêts où les lions aiment à sommeiller. Très probablement gardèrent-ils également un œil sur la troupe de babouins locaux. Quand les singes devenaient nerveux, nos ancêtres redoublaient de vigilance. Et quand un lion passait par là de son air majestueux, nos ancêtres se formaient en peloton serré, le dos collé les uns aux autres, puis ils se dressaient sur leurs membres arrière, agitaient leurs bras, remuaient des branches, lançaient des pierres et poussaient des cris perçants.

Un dernier perfectionnement intervint, une adaptation qui allait irrévocablement changer le cours de l'histoire humaine et finalement la vie sur terre. A un certain moment, nos ancêtres se payèrent le luxe de choisir la nourriture collectée, et de la transporter à bout de bras vers un bouquet d'arbres, une falaise ou une langue de terre sablonneuse le long d'un lac, bref un endroit où ils pourraient manger sans être dérangés par de quelconques prédateurs. Tunnell est convaincu que nos ancêtres ne lambinaient pas sur les lieux du crime, ni ne transportaient le butin là où ils dormaient. Non. Ils ramassaient la viande et l'emportaient, puis « dînaient en ville ».

Mais pour transporter la nourriture et « sortir dîner », il faut pratiquer la station debout.

« L'homme est la seule créature qui soit devenue bipède », écrivit Darwin en 1871.

Il supposait que nos ancêtres étaient passés de quatre pattes à deux pour mieux lancer des projectiles à leurs ennemis — pierres ou branches — et attaquer leurs proies. L'homme, chasseur ; l'homme, protecteur de la gent féminine.

Depuis Darwin, des générations de scientifiques ont repris à leur compte cette hypothèse. Dans les années 1960, nous vivions tous sur cette image d'Épinal : notre ancêtre mâle s'était dressé sur ses membres inférieurs, primo pour porter des armes nécessaires à la chasse au gros gibier — comme les girafes ou les zèbres — et deuxio pour assurer à grandes enjambées, et toujours en portant ses armes, la protection de sa ou ses partenaires. Prenant le contre-pied de cette vision machiste, des femmes anthropologues des années 1970-1980 prétendirent que nos ancêtres femelles auraient accédé à la station debout pour assurer la cueillette et le transport des fruits et légumes. Les femmes — fourmis laborieuses et collecteuses ! Depuis, l'opinion des spécialistes a encore changé. De nombreux anthropologues avancent que les premiers hominidés devinrent bipèdes pour ramasser et nettoyer les restes de cadavres et de carcasses, pour gagner leur bifteck, en quelque sorte.

Il est probable que toutes ces théories contiennent une parcelle de vérité. Munis d'un simple petit bâton, les premiers hommes et femmes ont pu fouiller le sol pour y trouver des racines et des tubercules. Armés de pierres, ils ont pu assommer un phacochère, un bébé antilope ou un babouin. Armés de branches, ils ont pu flanquer la frousse à un chacal ou à un vautour et leur faire lâcher leur repas. Lestés de gibecières rudimentaires, faites de feuilles et de cordes, ils ont pu transporter de la viande et des végétaux jusqu'à des caches, dans les arbres ou en haut des falaises. Grâce à la station bipède, nos ancêtres ont pu adopter une démarche favorable à leur métabolisme ; ce n'étaient pas des marcheurs rapides, mais ils pouvaient parcourir de longues distances. La tête bien relevée, cette position devint idéale pour détecter la nourriture et les prédateurs. Enfin, en utilisant leurs bras pour porter, ils pouvaient se servir de leur bouche pour brailler contre un ennemi, pour prévenir un ami et se communiquer un plan.

Quelle rude transformation ! Dans un premier temps, on peut imaginer qu'ils se sont péniblement dressés sur leurs membres de derrière, se sont tenus debout, ont chancelé et titubé sur quelques mètres — comme le font les chimpanzés qui s'essaient à la station droite avant de retomber sur leurs quatre pattes. Avec le temps cependant, leurs gros orteils se sont alignés parallèlement aux autres par rotation. Une première cambrure du pied s'est développée, du talon aux orteils, puis une seconde, au niveau du coup de pied, qui toutes deux ont contribué à faire du pied une espèce de tremplin, ou de ressort propulsant à chaque pas le corps en avant. Dotés désormais d'un jeu de muscles fessiers vigoureux, d'un pelvis plat et large, de genoux dans l'alignement des hanches et d'astragales robustes, plus question de se dandiner en marchant. Le plus élégamment qui soit, au contraire, nos ancêtres se rattrapaient quasiment sans effort quand ils basculaient en avant. Ainsi naquit la foulée humaine.

foulée humaine
étapes

Avec la pratique de la marche, de la collecte et du transport, l'arrière-arrière-arrière-arrière-... grand-mère de Lucy avait enfin fait son trou dans la savane.

Mais j'avancerai aussi que la station debout a inauguré une révolution sexuelle.

A l'époque où nos ancêtres vivaient encore dans les arbres et où les femelles se déplaçaient à quatre pattes, le nouveau-né s'agrippait à l'abdomen de sa mère, l'enfant plus âgé chevauchait son dos. Mais dans les savanes herbeuses, plus question de cela. Les femmes se tenaient et se déplaçaient debout ; elles portaient désormais leur enfant sur les bras.

Comment une femelle pouvait-elle donc ramasser des branches et des cailloux, bondir pour attraper un lièvre, se précipiter sur un lézard, ou lancer des pierres à des lions menaçants tout en portant un enfant ? Comment une femelle pouvait-elle, si vulnérable dans les herbages à découvert, s'accroupir et creuser à la recherche de tubercules, ramasser des légumes, ou chercher des fourmis tout en protégeant son enfant ? Dans la forêt du temps jadis, les enfants jouaient dans les arbres en toute sécurité. Dans les plaines des temps modernes, il fallait, au contraire, porter et surveiller sans cesse la marmaille, si on ne voulait pas la voir engloutie dans la gueule d'un lion.

Pourriez-vous survivre, vous, dans la brousse australienne, en portant pendant des jours, des mois et des années un lourd et bruyant ballon de basket ? Dans ces nouvelles conditions imposées par la station bipède, les femmes et les enfants n'auraient pas pu survivre sans protection ni nourriture supplémentaire. Les temps étaient mûrs pour l'apparition du mari et du père [4].

La paternité

La relation du couple est rare dans la nature. Certes, le crocodile du Nil, le crapaud américain, le poisson demoiselle, la crevette mangeuse d'étoiles de mer, le cancrelat des bois, le bousier, le scarabée à cornes et certains poux arboricoles du désert sont tous monogames. Et 90 % de l'ensemble des oiseaux forment des couples. Mais 3 % seulement de tous les mammifères cultivent des relations au long cours avec un conjoint unique. Parmi ceux-ci, *couple*

certains rats musqués, certaines chauves-souris, les loutres asiatiques dépourvues de griffes, les castors, les daims-souris, les mangoustes naines, diverses variétés de petites antilopes madoquas, les chevreuils des marais, les gibbons et siamangs, les phoques, quelques rares singes d'Amérique du Sud et tous les chiens sauvages ; les renards, les coyotes, les chacals, les loups ordinaires, les loups à crinière de l'Amérique du Sud et... le raton laveur du Japon. Ils forment tous des couples et jouent le rôle de « mari » et « femme » auprès de leur progéniture.

Malgré tout, la monogamie est rare chez les mammifères. Quel avantage génétique, pour un mâle, de rester avec une seule femelle, alors qu'il pourrait s'accoupler avec plusieurs partenaires et transmettre davantage de ses précieux gènes à la postérité ? C'est ce qui explique la tactique du gorille, ou des mâles de diverses espèces qui essaient d'acquérir progressivement un harem.

Ils procèdent de plusieurs manières. Si un mâle sait mettre en valeur son capital, par exemple un excellent placement foncier, pour se nourrir et se reproduire, plusieurs femelles se rassembleront immanquablement sur ses terres ; à titre d'exemple, les mâles impalas rivalisent pour conquérir de riches pâturages où des hordes de femelles errantes s'attardent. Si les ressources sont égalitairement réparties dans la région, au point qu'elles ne peuvent représenter un enjeu ou un attrait, un mâle peut essayer de s'accrocher à un groupe de femelles de passage et leur servir de chevalier servant, de bouclier protecteur contre l'intrusion éventuelle d'autres mâles — c'est ce que font les lions. Et si un mâle ne peut s'arroger tout un harem, il peut tenter d'établir sa propre zone d'influence, plus ou moins diffuse, sur un vaste domaine et sur les femelles qui l'habitent. Il copulera à l'occasion avec bon nombre d'entre elles — à la façon du laitier qui fait la tournée des maisons du quartier. Le mâle orang-outang agit ainsi.

Il faut vraiment des circonstances très particulières pour qu'un mâle fasse un bon bout de chemin avec une compagne unique et l'aide à défendre sa progéniture.

Du point de vue féminin et sur un plan adaptatif, la relation de couple n'offre pas que des avantages ; être flanquée d'un homme peut causer des désagréments et le jeu n'en pas valoir la chandelle. Les femelles de nombreuses espèces préfèrent vivre avec des compagnes femelles et ne s'accoupler qu'avec des visiteurs ; c'est le cas chez les éléphants. La femelle ayant besoin de la protection d'un mâle peut adopter la tactique banale de la femelle chimpanzé, qui vadrouille au sein d'un groupe mixte et s'accouple avec plusieurs mâles. Un grand nombre de conditions écologiques et biologiques doivent être pesées et soupesées, savamment étudiées, pour dresser le bilan de la monogamie, avoir la certitude que ses gains l'emportent sur son coût et qu'elle est le meilleur choix — voire le seul — aussi bien pour les mâles que pour les femelles d'une même espèce.

La vie monogamique du renard roux et du rouge-gorge oriental résulte apparemment d'un savant dosage de ces facteurs. L'étude des mœurs sexuelles de ces créatures m'a apporté des lumières sur l'évolution de la monogamie et du divorce chez l'homme [5].

La femelle du renard roux donne le jour à des bébés extrêmement faibles et immatures, une caractéristique connue sous le nom d'*altriciality* *[6]. Les petits naissent aveugles et sourds. Non seulement la progéniture de la renarde est totalement dépendante, mais elle est par-dessus le marché nombreuse, cinq renardeaux et plus. Pour ne rien arranger, à l'inverse des souris qui possèdent un lait riche et peuvent laisser leurs nouveau-nés « prématurés » dans le nid pendant qu'elles s'absentent pour aller faire leurs provisions, la renarde a un lait extrêmement pauvre en graisses et en protéines et doit nourrir ses renardeaux en permanence, pendant plusieurs semaines. Sans pouvoir les abandonner un instant.

Énigme écologique. La femelle du renard mourra de faim si elle n'a pas un compagnon pour lui fournir des vivres pendant qu'elle dispense des soins aux petits totalement dépendants.

Cela dit, la monogamie convient aussi au renard mâle. Ces animaux vivent sur des territoires où les ressources sont dispersées. Un mâle n'a pas, ordinairement, les moyens d'acquérir un morceau de territoire assez riche en lieux d'approvisionnement et d'accouplement pour que deux femelles soient disposées à y résider et à s'y partager un conjoint. La polygynie est rarement une solution. Mais un mâle peut voyager avec une femelle et la protéger des autres

---

* Ou prématurité de second degré selon l'usage français. (*N.d.T.*)

mâles au plus fort de sa période de chaleurs (et s'assurer, ce faisant, qu'il sera bien le père), puis l'aider à élever leurs enfants prématurés sur une aire d'habitation bien délimitée.

La monogamie est une bonne solution, dans ce cas, pour les deux sexes, et les renards roux vivent en couple le temps d'élever les jeunes. Mais il faut noter au passage — et nous sommes dans le vif du sujet — que les renards ne se jurent pas fidélité pour la vie.

En février, la renarde commence sa danse nuptiale. De façon typique, plusieurs prétendants sont à ses trousses. A l'apogée de l'œstrus, l'un d'eux devient son compagnon. Ils se bécotent et se lèchent le museau, déambulent côte à côte, marquent leur territoire et, à la fin de l'hiver, construisent plusieurs tanières. Ensuite, après avoir mis bas au printemps, la renarde soigne ses renardeaux pendant presque trois semaines tandis que son mari vient chaque nuit la nourrir d'une souris, d'un poisson ou autres mets fins. Dans la chaleur torride des jours et des nuits d'été, les deux parents gardent la tanière, dressent les petits et chassent pour satisfaire une progéniture vorace. Mais lorsque l'été touche à sa fin, les visites paternelles à la tanière familiale s'espacent. L'instinct maternel de la renarde s'émousse. Dès août, elle conduit les jeunes hors de la tanière, les abandonne et part elle-même de son côté.

Chez les renards, la relation de couple ne survit pas à la saison des amours.

La monogamie circonscrite dans le temps à un cycle reproductif est fréquente aussi chez les oiseaux, pour les mêmes raisons que chez les renards. Les territoires de subsistance et d'amour ne sont pas assez nombreux et variés, en quantité comme en qualité, pour que les mâles rouges-gorges orientaux, par exemple, mènent la vie de château en invitant plusieurs femelles. Leurs faibles moyens leur permettent juste de défendre un modeste territoire et d'aider une unique compagne. Autre fait notable, la femelle du rouge-gorge oriental donne le jour à plusieurs oisillons « altriciaux » — qui requièrent un grand soin pendant la couvaison, et après la naissance. Quelqu'un doit rester en permanence avec les nouveau-nés. Et, dans la mesure où les bébés rouges-gorges orientaux ne tètent pas au sein, les mâles sont tout autant qualifiés que les femelles pour jouer les mères poules.

Il résulte de ce fait, et de quelques autres, que les rouges-gorges orientaux et 90 % environ des quelque neuf mille espèces d'oiseaux nouent des relations de couple pour élever leurs oisillons.

Mais nous retrouvons là aussi notre fil d'Ariane : pas plus que les renards roux, les rouges-gorges orientaux ne se lient pour la vie. Ils se mettent en couple au printemps et se consacrent, durant la torpeur des mois d'été, à l'élevage d'une ou plusieurs couvées. Une fois le dernier oisillon envolé en août, les conjoints se séparent pour rejoindre un groupe. L'ornithologue Eugene Morton estime que les mâles et les femelles de 50 % au moins de toutes les espèces monogames d'oiseaux s'unissent uniquement pour la reproduction, le temps de mener les jeunes à l'âge adulte. L'année suivante, un couple peut, certes, retourner au même endroit et s'apparier à nouveau, mais il arrive fréquemment que l'un ou l'autre meure ou disparaisse, et les individus changent de partenaires sexuels.

Une théorie sur la monogamie et l'abandon de foyer

Nos premiers ancêtres hominidés avaient quelques points communs avec le renard roux et le rouge-gorge oriental. Aux premiers âges de l'humanité, ils survécurent en furetant, en collectant et en nettoyant les charognes, puis en migrant, car noix, baies, fruits et viande étaient disséminés sur les immensités herbeuses. Pas question pour le mâle nomade de moissonner et d'engranger suffisamment de provisions pour entretenir un harem. Pas question non plus de monopoliser un bon endroit pour faire l'amour et en couver le fruit, puisque nos ancêtres copulaient là où ils ne faisaient que passer. Même si un mâle avait pu attirer un groupe de femelles, il aurait fallu ensuite qu'il pût les protéger. Comment ? Quand ce n'étaient pas les lions qui filaient le train à sa horde d'« épouses », les célibataires qui musardaient derrière les lui chipaient quand l'occasion se présentait. Sauf exception, la polygynie n'était pas de circonstance[7].

Mais un mâle pouvait rester aux côtés d'une seule femelle, chercher à la protéger des autres mâles pendant l'œstrus, et l'aider à élever sa progéniture — la monogamie circonstancielle existait.

La situation des femelles était quant à elle bien plus contraignante. Il est peu probable que nos premières aïeules aient porté des bébés aussi « altriciaux » que les femmes d'aujourd'hui, ou qu'elles aient mis au monde plus d'un enfant à la fois. Aucune guenon n'a accouché d'une portée de bébés singes, car ils seraient tombés des arbres. Mais encore une fois, quand nos ancêtres quadrupèdes se sont dressés sur deux jambes, ce sont les femelles, et elles seules, qui se sont trouvées avec les enfants à charge. Au sens propre et figuré.

Et la monogamie, *solution* parmi d'autres, pour les mâles, est apparue quand la relation de couple est devenue *la seule et unique* solution pour les femelles.

Mais pourquoi ce besoin primitif d'une alliance durable ? Peut-être nos ancêtres voulaient-ils prendre le temps d'élever ensemble un marmot et lui permettre de sortir sans encombre de la petite enfance, comme les rouges-gorges et les renards ?

Ce qui m'en convainc, c'est la corrélation remarquable entre la durée de l'enfance humaine au sein des sociétés traditionnelles — environ quatre ans —, et la durée de nombreux mariages — à peu près quatre ans aussi. Chez les Kungs traditionnels, les mères tiennent leurs enfants tout contre elles, les allaitent sans arrêt, de nuit comme de jour, les caressent, les soignent à la demande, et mettent à leur totale disposition leur poitrine lénifiante. La permanence du contact physique comme la stimulation des seins, le fréquent exercice comme le régime alimentaire appauvri en graisses, tout concourt à supprimer l'ovulation et à reporter l'échéance d'une nouvelle grossesse à trois ans environ. Ce qui explique que les naissances chez les Kungs sont espacées de quatre ans. Quatre ans, c'est aussi le laps de temps qui sépare les naissances successives chez les aborigènes d'Australie, dont les femelles allaitent continuellement, et chez les Gainj de Nouvelle-Guinée. Les nourrissons des Yanomamis d'Amazonie, des esqui-maux Netsiliks, des Lepchas du Sikkim et des Danis de Nouvelle-Guinée sont, eux aussi, sevrés aux alentours de leur quatrième année.

Certes, l'intervalle entre les naissances est variable chez les populations de chasseurs-cueilleurs, en fonction tout particulière-ment de l'âge de la mère et du nombre des enfants déjà nés ; mais les données précédentes ont néanmoins conduit l'anthropologue Jane Lancaster et d'autres à dégager de notre long passé évolutif un intervalle dominant de quatre ans entre deux naissances — sous l'action conjuguée de l'exercice et de l'allaitement [8].

On trouve une correspondance entre les quatre ans qui séparent deux naissances successives et les quatre ans qui s'écoulent fréquemment entre le mariage et le divorce — avec le pic universel des divorces à ce terme.

Aussi ma théorie est-elle la suivante. Comme chez les renards, les rouges-gorges, et bon nombre d'autres espèces où des couples se forment pour la seule période de la reproduction, la vie à deux est également apparue chez les êtres humains pour une durée limitée et moyenne de quatre ans, correspondant pareillement au temps nécessaire pour mener un seul et même enfant au seuil de la vie adulte, du moins tant qu'un second enfant n'est pas conçu.

Il y eut certes moult variations sur ce thème : des couples qui n'avaient toujours pas conçu d'enfants des mois voire des années après s'être liés ; des bébés morts dans leur toute petite enfance, provoquant un retour au départ du cycle de reproduction, et un délai de grâce pour la relation à deux ; des couples stériles qui sont malgré tout restés unis parce qu'ils s'aimaient ou parce qu'aucun autre conjoint n'était disponible. Un grand nombre de facteurs modula la longévité des couples primitifs. Mais par-delà les saisons, par-delà les décennies puis les siècles, ces premiers ancêtres hominidés, qui restèrent ensemble *jusqu'au sevrage d'un enfant,* survécurent en nombre majoritaire de telle sorte que la pression évolutive s'exerça en faveur de cette monogamie à partenaires successifs.

La démangeaison des sept ans, revue et corrigée en cycle humain de reproduction de quatre ans, a toutes les apparences d'un phénomène biologique.

Des relations privilégiées

En ce qui concerne l'apparition de la monogamie qu'on pourrait dire intermittente, pratiquée avec des partenaires successifs, on en est réduit à faire œuvre d'imagination. Nos plus anciens ancêtres vivaient dans des communautés probablement très semblables à celles des chimpanzés actuels. Chacun s'accouplait probablement avec chacune, sauf entre parents et enfants, ou frères et sœurs. Ainsi, la monogamie à partenaires successifs fit-elle progressivement son apparition. Le mode de vie des babouins olive présente un scénario fascinant de la façon dont ont pu surgir la relation de couple, la cellule familiale et le divorce au sein de la horde originelle.

Les babouins olive sillonnent les prairies de l'Afrique orientale par groupes d'environ soixante individus. Chaque groupe est composé de plusieurs familles matriarcales, et chaque famille est dirigée par une *mater familias* entourée de ses enfants et souvent de ses sœurs et de leur progéniture. Les fils quittent le foyer à la puberté pour rejoindre des groupes voisins. Comme dans les familles respectables des villes de province, une lignée domine la vie sociale locale ; une autre famille occupe le second rang et ainsi de suite. Et chacun sait qui est qui, au sein de cette respectable hiérarchie matriarcale babouine.

Un babouin mâle s'immisce dans cet enchevêtrement de relations sociales par les relations privilégiées qu'il noue avec certaines femelles. Relations qui lui permettent tout d'abord d'entrer dans le groupe. Ray, par exemple, était un beau mâle resplendissant de santé qui fit des apparitions à la périphérie d'une bande de babouins, le « Pumphouse Gang » (la troupe de la station-service), peu après que l'anthropologue Shirley Strum se fut elle aussi installée aux alentours. Ray bouda les activités du groupe durant plusieurs mois. Un vrai ours ! Mais, peu à peu, il se lia d'amitié avec Naomi, une femelle de rang subalterne. Chaque jour, Ray faisait quelques pas supplémentaires vers Naomi, jusqu'à ce que tous deux mangent côte à côte chaque jour et dorment côte à côte chaque nuit. Par les amies de son amie, Ray se fit d'autres relations parmi les femelles et, en fin de compte, il fut adopté par le groupe.

Ces relations privilégiées comportent d'autres avantages. A l'apogée de son œstrus mensuel, la femelle babouin s'associe à un partenaire unique — souvent un « ami de prédilection ». Les autres mâles suivent le couple, le harcèlent, essaient de détourner l'attention du mâle pour chiper les faveurs de la « fiancée ». Mais ces partenaires de prédilection sont aussi de véritables amis ; la femelle tend à rester au plus près de son « amoureux », rendant difficile aux autres mâles la possibilité de casser le couple. Si son « préféré » attrape un bébé gazelle, caché dans les herbages, la femelle est la première à en avoir une bouchée. La vigilance du mâle crée une « zone tampon » — espace protégé où la femelle peut se détendre, jouer avec ses enfants et manger sans être dérangée.

Un mâle impliqué dans une relation privilégiée en retire aussi quelque avantage. Souvent ce compagnon devient père d'adoption de la progéniture de la femelle. Il transporte les petits, les toilette, les porte dans ses bras et les protège. Mais les enfants peuvent aussi lui être utiles. S'il est menacé par un autre mâle il s'en sert comme bouclier, ce qui met instantanément un terme à l'attaque. Chez les babouins, les « amis de prédilection » sont des coéquipiers qui échangent leurs faveurs : un prêté pour un rendu.

Nos ancêtres connurent ces relations privilégiées probablement bien avant qu'ils ne descendent des arbres — rappelez-vous les chimpanzés qui partaient parfois badiner « en safari » avec une consœur. Mais lorsque la station debout obligea les femelles à porter leurs enfants à travers les vastes et dangereux pâturages, et à rechercher du coup la protection d'un mâle, ces relations amicales pourraient bien être devenues des relations plus profondes et durables — les tout débuts, en fait, du mariage humain.

Il est assez facile d'expliquer comment nos aïeux hominidés prenaient « épouse ». Quatre à cinq femelles, leurs « amis de prédilection » et leurs enfants, des groupes assez importants pour se protéger eux-mêmes et suffisamment restreints cependant pour se déplacer rapidement, voyageaient sans aucun doute de conserve. Il est très vraisemblable que les territoires de ces groupes empiétaient les uns sur les autres. De telle sorte qu'un repas qui avait échappé à la vigilance de l'un pouvait être dégusté par celui qui passait derrière.

Chez de nombreux primates, aussi bien le mâle que la femelle quittent leur groupe natal à la puberté ; aussi est-il vraisemblable que, lorsque ces groupes se croisaient, des adolescents changeaient à l'occasion de domicile ou de caravane. Sur les plaines brûlantes de l'Afrique, il y a quatre millions d'années, les individus grandissaient à l'intérieur d'un large réseau formé d'un conglomérat diffus de groupes distincts. Parmi ces individus, les jeunes se faisaient des « amis de prédilection » et développaient alors des relations de couple — les mariages primitifs des hominidés.

Les femelles étaient probablement attirées par les mâles

sympathiques, attentionnés et disposés à partager avec elles leur nourriture, alors que les mâles ont pu être séduits par des femelles aguichantes appartenant à des familles « huppées ». Pendant l'œstrus d'une femelle, son compagnon tentait sans aucun doute de la protéger des avances d'autres mâles aux aguets. Pas toujours efficacement. Rappelons-nous quelle vivacité mettaient mâles et femelles à se glisser furtivement, à la première occasion, dans les fourrés avec des amoureux illégitimes. Mais des couples n'en déambulaient pas moins ensemble à travers les prairies. Des couples n'en pratiquaient pas moins ensemble la collecte et le partage de la nourriture. Ensemble, ils protégeaient et élevaient leur enfant. Puis, un matin, elle aussi bien que lui pouvaient quitter le groupe pour lier leur sort à un nouvel « ami de prédilection », au sein d'un groupe différent.

Avertissements

Je ne pense pas que les liens entre nos premiers ancêtres se nouaient et se dénouaient à la légère. Le « divorce » a dû engendrer la confusion des sentiments, comme c'est le cas aujourd'hui. Dans le monde entier, les séparations s'accompagnent de querelles et de scènes redoutables. Certaines vont jusqu'à l'homicide ou au suicide. Les enfants sont perturbés, angoissés et se sentent exclus. Les membres de la famille s'affrontent durement. Parfois, des communautés entières en viennent aux prises. Même chez d'autres primates, les changements de relations au sein des communautés conduisent à des conflits sordides.

Je ne pense pas non plus que les enfants primitifs aient été capables de mener une vie indépendante dès l'âge de quatre ans, ni sur le plan matériel, ni sur le plan affectif. Mais c'est vers cet âge que les enfants de ces nouvelles tribus de chasseurs-cueilleurs ont commencé à se mêler aux plus vieux dans leurs jeux. Et les frères et sœurs aînés, les membres de la famille, les amis et quasiment tous les membres de la communauté ont alors assumé leur responsabilité à l'égard de l'enfant, une véritable prise en charge. Chez d'autres espèces, ces frères et sœurs plus âgés sont appelés « assistants au nid », tandis que les parents et amis adultes de la mère, qui aident à assumer les soins envers l'enfant, sont connus sous le nom

177

d'« alloparents » (les autres parents ou parents de rechange). Indubitablement, il y avait déjà des « nounous » ou secondes mamans dans ces temps préhistoriques, comme il en existe de multiples variétés dans les cultures humaines et chez un grand nombre d'espèces animales.

Ainsi, quand il n'était plus indispensable pour la mère de garder son rejeton à ses côtés, ni d'allaiter son bébé jour et nuit, sa dépendance vis-à-vis d'un mâle protecteur-pourvoyeur perdit sa nécessité et son urgence. La présence constante d'un « mari » n'avait plus de raison d'être. Pour sauvegarder son capital génétique, le mâle avait protégé sa descendance le temps nécessaire, mais d'autres ensuite pouvaient prendre le relais et l'aider dans cette tâche. Et maintenant que le tout-petit sortait progressivement de l'enfance, le mâle pouvait céder de nouveau à l'impératif biologique et engendrer davantage d'enfants. La progéniture une fois sortie de la petite enfance, les anciens amoureux n'avaient probablement plus besoin de rester liés, à moins que la charge d'un second bébé ne les y incite.

Enfin, je ne pense pas que tous les mâles et femelles des temps reculés de notre préhistoire se quittaient dès que leur progéniture commençait à voler de ses propres ailes. De fait, les données concernant le divorce moderne montrent que la monogamie à vie existe bel et bien dans certaines circonstances particulières — les mêmes qui y conduisirent certains de nos ancêtres.

L'avancée en âge est une de ces circonstances. Rappelez-vous le divorce qui, dans le monde entier, diminue de façon spectaculaire après trente ans. Il y a quatre millions d'années, des couples vieillissants sont restés ensemble pour s'entraider, et des grands-parents pour élever ensemble les petits — la pression sélective assurant leur postérité.

En second lieu, si l'on en juge selon l'échantillon des Nations unies, la monogamie à vie semble aujourd'hui particulièrement répandue parmi les couples qui ont trois enfants à charge et plus — cas fréquent dans les sociétés traditionnelles[9]. On peut donc en déduire que plus les conjoints ont d'enfants, plus ils ont de chance (ou de risque) de rester ensemble. Cette tendance peut remonter aux premiers jours de l'humanité à cette époque où les parents étaient enchaînés au foyer par une nombreuse progéniture. Pourquoi auraient-ils déserté ? Si les parents s'entendaient bien ensemble — et si le climat entre eux se révélait propice à l'élevage d'une kyrielle de marmots — les deux partenaires trouvaient un avantage génétique à s'unir pour la vie.

En troisième lieu, la monogamie à vie tient aussi à des raisons écologiques. Vous vous rappelez peut-être que le divorce est plus rare dans les sociétés où hommes et femmes sont économiquement dépendants l'un de l'autre — en particulier les sociétés qui utilisent la charrue en agriculture. Le divorce est également rare dans les sociétés pastorales et autres sociétés où les hommes exercent le plus gros du labeur et contrôlent les importantes ressources dont les femmes dépendent pour survivre. Dans ces tout premiers temps de l'humanité où chaque sexe était totalement dépendant des ressources de l'autre, la monogamie à vie aurait fort bien pu être la norme.

Je doute pourtant que tel ait été le cas général. Avant l'agriculture, avant l'arc et les flèches, avant l'âge de la pierre taillée, nos premiers ancêtres vaquaient à leurs activités de nomades en petits groupes formés de quatre à cinq couples, de leur progéniture et de divers parents et amis isolés. La viande était un luxe précautionneusement partagé. Les femmes étaient particulièrement douées pour la collecte. Et comme vous le verrez dans les chapitres suivants, les sexes jouissaient d'une relative indépendance économique. De telle sorte que lorsque des partenaires se trouvaient embarqués dans un mariage quelque peu « houleux », aussi bien la femme que l'homme pouvait prendre ses cliques et ses claques et s'en aller ; la monogamie intermittente, pratiquée successivement avec des partenaires variés, constituait probablement la norme.

Ainsi, le mode de vie monogamique de certains oiseaux et mammifères, le comportement des primates autres que l'homme, la vie quotidienne des sociétés de chasseurs-collecteurs tels les Kungs traditionnels, et les modèles modernes de mariage et de divorce dans le monde entier, tout m'incite à penser que Lucy et ses amis (qui laissèrent l'empreinte de leur passage dans la gadoue en contrebas du mont Sadiman il y a quelque trois millions et demi d'années) avaient déjà adopté dans ses grandes lignes notre subtile stratégie de reproduction.

Stratégie reproductive à plusieurs facettes, déjà à l'époque.

Chez les couples jeunes et sans enfants, tendance à s'unir, puis à se quitter pour nouer d'autres liens. Chez les couples avec un ou deux enfants, tendance à demeurer ensemble, au moins le temps d'élever un rejeton jusqu'à ce qu'il sorte de la petite enfance, puis « divorce » et choix de nouveaux compagnons. Chez les familles nombreuses de trois enfants ou plus, tendance à s'unir pour la vie. Chez les couples vieillissants enfin, tendance à demeurer fidèles. Bien sûr, la longue chaîne humaine des hommes et femmes adultères court tout au long de l'Histoire. Personne, évidemment, n'a suivi à la lettre ce scénario reproductif ; aujourd'hui encore, beaucoup sortent des sentiers battus. Mais comme ces modèles dominent encore aux quatre coins de la planète, on peut supposer qu'ils apparurent il y a bien longtemps.

Et qu'ils eurent aussi une fonction adaptative.

La nature, toutes griffes dehors

Lorsqu'on lui demandait pourquoi tous ses mariages avaient échoué, Margaret Mead répondait :

> « Je me suis mariée trois fois, et pas un seul de ces mariages ne fut un échec. »

Margaret Mead était une forte personnalité. La majorité des Américains, et ils ne sont pas les seuls, considèrent le mariage pour la vie comme un idéal, et le divorce comme un échec. Ce qui n'enlève rien au fait que dans une perspective darwinienne, il y a des millénaires, la monogamie intermittente, c'est-à-dire les mariages à répétition, ait eu ses avantages.

Avant tout celui de la variété. Le fait que les descendants aient des talents et aptitudes variés a permis à certains d'entre eux d'échapper à l'acharnement de la nature à éliminer les plus faibles. Il était également important que certains de nos ancêtres mâles pussent choisir des femelles plus jeunes et plus aptes à donner naissance à des bébés vigoureux [10]. Important aussi que les femelles pussent choisir parmi les mâles les compagnons les plus aptes à leur fournir le vivre et le couvert, ainsi que la protection [11]. Nous connaissons encore les mêmes impératifs aujourd'hui. Hommes et femmes ont souvent un enfant d'un premier mariage, puis un ou plusieurs autres d'un second. Encore aujourd'hui, les hommes se remarient avec des femmes plus jeunes, et les femmes avec des hommes dont elles attendent davantage d'aide et de protection. Avoir des enfants avec plus d'un partenaire est on ne peut plus sensé sur le plan génétique et darwinien, bien que les « recyclages » conduisent généralement à de douloureux imbroglios.

Mais est-ce bien un avantage génétique, pour un mâle, d'abandonner sa descendance biologique pour se « remarier » et assumer le cas échéant la prise en charge d'enfants d'adoption ? Dans le même esprit, fut-ce bien favorable à leur descendance que nos ancêtres femelles soumettent leurs enfants aux caprices d'un « beau-père » ? La sagesse darwinienne considère qu'il n'est pas spécialement favorable au processus adaptatif d'abandonner son propre ADN et de le confier aux bons soins d'un autre proto-plasme.

Les réponses à ces questions me semblent relativement simples. Les mésaventures liées à l'irruption d'un beau-père ou d'une belle-mère ont plutôt augmenté avec les temps modernes. Dans le monde occidental d'aujourd'hui, les parents élèvent seuls les enfants, et supportent le coût élevé de l'éducation et des loisirs. Les enfants pleurent pour avoir des vélos, des chaînes stéréo, des ordinateurs et aller étudier à l'université. C'est pourquoi la prise en charge par un beau-père ou une belle-mère peut poser des problèmes économiques. Mais dans notre passé préhistorique, c'est peu de temps après avoir été sevré que l'enfant rejoignait un groupe de jeunes d'âges divers et toute la communauté. Les frères et sœurs, les grands-parents et bien d'autres aidaient à subvenir aux besoins de la marmaille. La cellule familiale nucléaire *isolée* n'existait pas. Les soins quotidiens étaient gratuits. Et l'éducation et les loisirs étaient d'un coût abordable. De telle sorte que dans notre lointain passé, le fait d'être beau-père ou belle-mère (une fois la progéniture sortie de la petite enfance) posait moins de problèmes épineux qu'aujourd'hui. De fait, même dans les sociétés traditionnelles de notre époque, et probablement pour les mêmes raisons, la prise en charge par des beaux-parents est extrêmement répandue.

Les enfants de nos ancêtres ne souffraient pas non plus outre mesure de la séparation de leurs parents, du moins si le beau-père

181

faisait son entrée après que l'enfant fut intégré à des groupes de jeux et à la communauté tout entière. Dans le cas où le beau-père arrivait au moment où l'enfant était encore allaité par sa mère, les conséquences pour l'enfant pouvaient être désastreuses — et la nature cruelle, si l'on en juge par l'exemple des lions.

Quand des lions mâles imposent leur domination sur un groupe et en chassent les maîtres précédents, ils tuent tous les nouveau-nés. Dans une perspective darwinienne, il n'est pas à leur avantage d'élever une descendance qu'ils n'ont pas engendrée. Une fois les lionceaux éliminés, les femelles peuvent à nouveau entrer en chaleur, les mâles trouver auprès d'elles des partenaires sexuelles, et avoir puis élever des lionceaux porteurs de leur propre ADN.

Ces modèles d'infanticide ont laissé d'épouvantables traces chez les peuples modernes. Aujourd'hui même, aux États-Unis et au Canada, les beaux-pères sont davantage bourreaux d'enfants que les vrais parents ; le taux d'infanticide a cependant tendance à régresser au fur et à mesure que les enfants vieillissent, en particulier quand ils passent l'âge de quatre ans. Ce fait explique qu'une femelle se sente plus libre de changer de partenaire une fois que son enfant a appris à marcher, à parler et qu'il est associé aux activités de l'ensemble de la communauté.

Le « divorce » et le « mariage » primitifs peuvent avoir aussi quelques avantages culturels. Edward Tylor, un des pères fondateurs de l'anthropologie, fit en 1889 l'observation suivante :

> « Parmi les tribus de culture peu développée, il n'y a qu'un moyen éprouvé de tisser et préserver des alliances, et ce moyen est le mariage croisé. »

De nombreux peuples horticulteurs de Nouvelle-Guinée, d'Afrique, d'Amazonie et de bien d'autres contrées marient de nos jours leurs enfants dans le but d'entretenir de bonnes relations. Mais ces premiers mariages sont rarement durables, de même que les divorces qui les suivent sont rarement des drames. L'offre de mariage a été honorée. L'alliance entre adultes a été renforcée. Les mariés réintègrent sans encombre le giron familial. Aucun petit enfant n'a vu le jour, et les parents sont ravis de voir leurs jeunes rentrer au bercail.

Si telles étaient les coutumes dominantes il y a des millénaires, pourquoi ne pas se marier plus d'une fois ? Chaque nouvelle relation de couple apportait un nouvel élargissement des liens sociaux à un groupe voisin. Les coutumes, les idées et l'information circulaient de la sorte.

Bien évidemment, ce n'est pas par intérêt pour les destinées de leur ADN que nos premiers ancêtres divorçaient ; la plupart des individus sont à cent lieues de s'interroger sur les conséquences génétiques de leur vie sexuelle et reproductive. Mais ces ancêtres mâles et femelles qui se quittèrent il y a quatre millions d'années ont connu une survie génétique dépassant toute mesure — et confortant ces formes primitives du mariage, du divorce et du remariage qui se sont perpétuées ensuite à travers les siècles, jusqu'à vous et moi.

Dans le film *African Queen,* Katharine Hepburn fait à Humphrey Bogart la réflexion suivante :

> « La nature, monsieur Alnutt, c'est ce qui nous a été donné sur terre, pour ensuite nous en détacher. »

Pouvons-nous véritablement échapper à cette gangue naturelle ?

Oui, évidemment. Nos modèles contemporains de mariage expriment on ne peut mieux le triomphe de la culture et de la personnalité sur les pulsions humaines naturelles. La moitié des mariages américains — ou presque — tiennent pour la vie ; la moitié de tous les conjoints — ou presque — restent fidèles à leurs conjointes, et vice versa. Le monde est plein d'individus qui, en se mariant un jour, ont définitivement renoncé à l'adultère. Certains hommes ont des harems ; certaines femmes en ont aussi. Pas une stratégie reproductive connue — hormis les amours livrées au hasard — qui ne soit pratiquée quelque part par quelqu'un. Certains choisissent même de rester célibataires ou de ne pas avoir d'enfant — autrement dit la mort génétique. L'homme est un animal des plus malléables.

Mais quelque chose cependant nous murmure à l'oreille : pendant nos longues années de fécondité nous sommes conçus pour séduire et nous reproduire, encore et à nouveau.

Quel monde cet impératif sexuel devait-il engendrer ?

8

ÉROS
L'émergence des émotions sexuelles

> *Nous ne sommes jamais tant démunis contre la
> souffrance que lorsque nous aimons.*
>
> Sigmund Freud

La regarder sourire, l'écouter parler, contempler sa démarche, garder le souvenir d'un moment charmant ou d'une repartie malicieuse... Le bonheur vous monte à la tête au moindre souvenir de l'être aimé. « Cette tornade, ce délire d'Éros », écrivait le poète Robert Lowell, l'un des millions, voire des milliards d'êtres humains ayant fait l'expérience du tourbillon dévorant de la passion. Quel puissant souffle égalitaire possède l'amour, qui emporte dans la même galère poètes et présidents, universitaires et techniciens, les réduit aux mêmes bégaiements d'espoir, aux mêmes frissons d'angoisse, à la même béatitude ou aux mêmes tourments face à l'avenir incertain ?

Puis arrive le moment, quand l'amour-passion se dissipe, où un nouvel état envahit l'esprit — l'attachement affectif. Ce sentiment de plénitude, de partage, d'unisson avec un autre être humain est parmi les plus raffinés que l'homme connaisse. Lorsque les anciens amants vont main dans la main, lorsqu'ils s'assoient l'un près de l'autre pour lire le soir, lorsqu'ils rient aux mêmes scènes d'un film ou goûtent les mêmes promenades, dans un parc ou sur la plage, leurs âmes ne font qu'une. Le monde entier est leur Éden.

Hélas, même l'affection parfois s'émousse et fait place à une indifférence pesante, ou à une insoutenable irritabilité qui ronge peu à peu l'amour et conduit à l'adultère, à la séparation ou au divorce. Puis, quand la relation appartient définitivement au passé, quand les partenaires sont tous deux délivrés des sentiments qui les avaient agités comme des marionnettes au bout d'un fil, le vieux piment d'espoir et d'intense excitation réapparaît chez certains, qui s'amourachent derechef.

L'ardent désir d'aventures amoureuses, l'irrésistible tendance à l'engouement sexuel, l'inquiétude permanente de voir même les relations au long cours se casser, l'éternel optimisme devant chaque nouvelle toquade — ces états passionnels agitent l'homme comme un cerf-volant, l'envoient au septième ciel ou le précipitent vers l'abîme, au gré d'un coup de torchon ou d'un coup de cœur. Ces émotions amoureuses doivent venir de très loin. J'ai dans l'idée qu'elles ont été l'aiguillon originel qui a incité nos ancêtres à nouer et rompre des relations, il y a presque quatre millions d'années.

L'amour est primitif

Pas de doute possible, la passion et l'attachement sont des sentiments qui remontent loin. Rappelez-vous la thèse du psychiatre Michael Liebowitz, selon laquelle l'euphorie et l'énergie amoureuses sont provoquées par ce sauna d'amphétamines naturelles où baignent les centres émotionnels du cerveau. Voilà pourquoi les amoureux peuvent passer des nuits entières à discuter, font preuve de tant d'optimisme, de sociabilité et de vitalité.

Néanmoins, à la longue, le cerveau ne tolère plus l'« emballement » perpétuel. Les terminaisons nerveuses s'immunisent, ou bien s'épuisent, et l'ivresse décroît. Certaines personnes ne supportent cet état passionnel que quelques semaines ou quelques mois. D'autres, en revanche, dont les sentiments amoureux sont contrariés, par exemple par le mariage de l'être aimé avec un ou une autre, parviennent à conserver durant des années l'exaltation des premiers jours. Mais la plupart des partenaires qui se fréquentent régulièrement ne restent euphoriques que deux à trois ans, guère plus.

Au fur et à mesure que l'excitation et l'attrait de la nouveauté diminuent, le cerveau est stimulé par de nouvelles substances chimiques naturelles — proches de la morphine —, les endomorphines, qui calment l'esprit. Ces endomorphines qui inondent les voies primitives du cerveau, affirme Liebowitz, annoncent la seconde étape de l'amour — celle de l'attachement affectif —, dominée par des sensations de sécurité et de paix.

Non seulement les « émotions sexuelles » prennent leurs quartiers au plus profond du cerveau humain — preuve que l'amour-passion et l'attachement sentimental sont fort anciens — mais elles n'épargnent personne au monde. Nisa, la femme Kung du désert du Kalahari déjà évoquée, décrivait à sa façon les deux moments successifs de toute histoire d'amour :

> Dans les premiers temps où deux personnes sont ensemble, leurs cœurs sont embrasés et leur passion immense. Dans un second temps, la flamme baisse et les sentiments couvent à petit feu. Les amoureux continuent de s'aimer, mais d'une autre façon — chaleureuse et confiante.

Nisa fait preuve d'une rare perspicacité dans l'observation des étapes de l'amour romantique. Mais le plus grand nombre s'accorde à reconnaître l'existence de l'amour fou. En fait, une étude récente portant sur cent soixante-huit sociétés prouve que 87 % de ces personnes, de cultures pourtant très différentes, n'ignorent rien de la folie amoureuse.

Ainsi, l'amour et l'attachement ont-ils un substrat physiologique universel. De plus, Liebowitz a avancé l'hypothèse que ce double processus chimique cérébral a fait son apparition chez les humains pour une raison bien simple :

> « Chez l'homme primitif, deux aspects des relations entre les sexes se sont révélés de première importance pour la survie de l'espèce : tout d'abord, l'attirance entre mâles et femelles, sur une durée assez longue pour leur permettre de s'accoupler et se reproduire ; ensuite, l'attachement des mâles aux femelles, suffisamment durable aussi pour qu'ils restent près d'elles pendant l'élevage de la progéniture, et qu'ils contribuent à fournir aux enfants le gîte, le couvert, la protection contre les maraudeurs, et l'enseignement de certaines techniques. »

J'irai même plus loin : il est possible que l'abandon de foyer prenne ses racines dans quelque phénomène physiologique apparu il y a quatre millions d'années, quand nos premiers ancêtres hominidés commencèrent à vivre à deux, puis à se quitter, en fonction des rejetons successifs qu'ils élevaient.

C'est le travail d'un éthologue, Norbert Bischof, qui stimula mes réflexions. Tentant d'expliquer pourquoi les oiseaux abandonnent leurs nids à la fin de la saison des amours pour rejoindre un vol, et pourquoi des créatures quittent la chaleur du havre natal après la petite enfance, Bischof invoque un « excès de sécurité » dont l'animal prendrait le contre-pied en marquant ses distances à l'égard de l'objet de son affection. Bischof qualifie ces comportements fugueurs de « réactions de rassasié[1] ». Je soupçonne le genre humain d'être sujet au même phénomène. Arrive un moment, quand les relations durent un tant soit peu, où les sites récepteurs du cerveau stimulés par les endomorphines arrivent vraisemblablement à saturation ou perdent toute sensibilité. L'affection alors s'estompe — prédisposant le corps et l'esprit à la séparation et au divorce.

Le vieillissement des terminaisons nerveuses fut-il programmé, au temps jadis, pour favoriser notre pratique de la monogamie intermittente ? Peut-être.

Les Occidentaux pratiquent le culte de l'amour. Ils en font un symbole, l'étudient, le portent au pinacle, l'embellissent, l'applaudissent, le craignent, le jalousent, vivent et meurent aussi pour lui. L'amour représente bien des choses pour bien des gens. Mais si l'amour est commun à tous les peuples, quels qu'ils soient, et s'il tient à quelques petites molécules sévissant aux terminaisons nerveuses de centres émotionnels cérébraux, alors l'amour est vraiment primitif.

Je suppose que les réactions chimiques qui sont à l'origine de l'amour-passion, de l'attachement affectif (voire à l'inverse du détachement, jusques et y compris la séparation), sont apparues dès l'époque où Lucy et ses compagnons ont foulé le sol des prairies de l'Afrique de l'Est, il y a quelque trois millions et demi d'années. Ceux qui connurent les morsures de la passion nouèrent aussi des relations plus solides. Ceux qui firent l'expérience de la force des liens affectifs, ne serait-ce que le temps nécessaire pour mener un enfant à l'âge adulte, furent en situation de nourrir leur propre ADN. Les mâles qui faisaient des escapades occasionnelles avec des amoureuses « illégitimes » assuraient une meilleure promotion de leurs gènes, tandis que les femelles volages engrangeaient des ressources supplémentaires pour leur progéniture. Et celles qui abandonnaient un partenaire pour un autre en étaient en quelque sorte gratifiées par une plus grande variété de bébés. Les enfants de ces individus, fruits de la passion, connurent une survie sans commune mesure, et ont transmis à travers les âges et les relations humaines, jusqu'à vous et moi, les formules des réactions chimiques cérébrales qui déclenchent l'amour, l'attachement affectif et cette angoisse humaine fondamentale.

Et quelles conséquences allait avoir cette chimie cérébrale ! Il en est sorti le « mari », le « père », l' « épouse » et la « famille nucléaire », nos myriades de pratiques séductrices, nos cérémonies de mariage, nos procédures de divorce, nos châtiments retors contre l'adultère, nos comportements sexuels variés à l'infini selon les thèmes et les nuances culturels, les violences multiformes quand la famille s'en va à vau-l'eau — des kyrielles de coutumes et d'institutions qui ont fleuri depuis des millénaires, à partir des premières pulsions qui incitèrent nos aïeux à s'unir puis à rompre.

Le handicap de cet héritage, ce sont les perturbations émotives que les décharges passionnelles déclenchent. La maladie d'amour fait de nous des êtres inachevés, des immatures affectifs. Les amoureux vraiment « mordus » peuvent souffrir d'une séparation aussi anodine qu'un voyage d'affaires ou quelques jours de vacances scolaires. Liebowitz pense que, séparés, les partenaires ne reçoivent plus, ni l'un ni l'autre, leur dose quotidienne de narcotiques naturels. Les taux d'endorphines chutent. L'état de manque s'installe et ceux qui s'aiment ressentent ce profond besoin, voire ce désir violent l'un de l'autre.

Ces décharges passionnelles sont probablement en partie responsables des mauvais traitements psychologiques et physiques que certains êtres humains tolèrent de la part de l'autre. Par peur de « le » ou « la » perdre, les amoureux bafoués acceptent des compromis tordus, voire des sévices ignobles. Liebowitz pense que ces « drogués de l'amour », en état de dépendance affective, souffrent d'un taux trop faible de ces narcotiques naturels, de telle sorte qu'ils s'accrochent désespérément à un partenaire plutôt que de risquer un état de manque plus grave encore. Comme les « accros » à l'héroïne, ils sont chimiquement mariés à leur partenaire[2]. Étonnant aussi : certains amants vilipendés sont quasiment conditionnés à associer leur peine à leur plaisir[3]. Dès qu'ils subissent quelque mauvais traitement, leur taux d'endomorphines peut vraiment augmenter — les incitant à chercher dans une douleur accrue l'état euphorique qu'elle entraîne.

Le mal d'amour, selon les psychiatres, trouverait aussi son substrat physiologique dans le système cérébral émotionnel. Certains individus deviennent apathiques lorsqu'ils sont sous le coup du décès d'un conjoint. D'autres en perdent le goût du travail, le boire et le manger — et le sommeil. Comme l'affirme le psychiatre John Bowlby :

> « La perte d'un être cher est une des expériences les plus douloureuses de l'être humain. »

La solitude que ressentent durement les personnes sans attaches trouve aussi ses racines dans la physiologie moléculaire cérébrale.

L'amour homosexuel

Ces sentiments d'affection sont si forts, si profondément ancrés dans la nature humaine, qu'ils se manifestent chez chacun d'entre nous — que l' « objet aimé » soit un membre du sexe opposé ou qu'il soit du même sexe.

Les scientifiques savent bien peu de chose sur les causes de l'homosexualité, mâle ou femelle. Certains chercheurs rapportent que les hommes homosexuels sont généralement issus de foyers où le père était froid et distant, quand il n'était pas absent, et où la mère assumait la totalité de la relation affective, mais sur un mode intime et étouffant. D'autres soutiennent que la vie de famille des homosexuels ne présente aucune différence fondamentale avec celle des hétérosexuels.

A ce jour, quelques scientifiques pensent cependant que l'homosexualité est partiellement liée à des modifications au sein du cerveau fœtal. Quelques semaines après la conception, les hormones du fœtus commencent à « sculpter » les organes génitaux mâles et femelles. On va jusqu'à penser que ces hormones peuvent

189

contribuer à modeler les topographies cérébrales des fœtus des deux sexes. Et le moindre cafouillis dans le dosage hormonal pourrait bien changer l'orientation sexuelle d'une vie.

On a consacré des tonnes de pages à l'homosexualité, mais on n'est guère avancé, à ce jour, sur le sujet. Pour ma part, je peux juste ajouter que l'homosexualité est extrêmement répandue dans la nature*. Les chattes qui vivent privées de mâles présentent tous les modèles de conduite homosexuelle en éveil. Les goélands femelles s' « accouplent » parfois comme des lesbiennes. Les gorilles mâles s'assemblent et manifestent des signes d'homosexualité. Les chimpanzés pygmées femelles vivent fréquemment des relations homosexuelles. Même l'épinoche mâle adopte à l'occasion des comportements féminins, comme le canard col-vert et d'autres oiseaux. En fait, l'homosexualité animale est si courante — et elle saute aux yeux dans une telle variété d'espèces et de circonstances — qu'en comparaison l'homosexualité humaine étonne plus par sa rareté que par sa fréquence.

Je soupçonne à la fois les hormones et l'environnement d'avoir des effets sensibles sur les préférences sexuelles, chez l'homme comme chez d'autres animaux. Mais un point surtout est important pour ce qui nous intéresse ici : les hommes et les femmes homosexuels tombent amoureux, créent généralement des liens de couple avec des partenaires, se séparent puis nouent d'autres liens, à nouveau. Les homosexuels des deux sexes vivent les mêmes expériences amoureuses que les couples hétérosexuels — sur lesquelles la société est intarissable — et leur cerveau subit les mêmes décharges d'amour-passion. Il est évident que ces émotions sont apparues il y a bien longtemps.

La jalousie

« Le monstre aux yeux verts qui nargue la viande dont il se nourrit. » L'image de Shakespeare montre dans la jalousie, cette affliction humaine profonde et calamiteuse, un ragoût de possessivité et de suspicion.

La jalousie peut s'éveiller à tout moment d'une relation. Quand deux êtres en sont aux premiers pas de la séduction. Quand ils sont follement épris l'un de l'autre. Quand l'amour s'installe confortablement. Quand ils se cocufient l'un l'autre allégrement. Ou même après qu'ils se sont quittés ou séparés. A tout moment, le monstre aux yeux verts peut venir leur frapper sur l'épaule.

Des tests psychologiques réalisés sur des femmes et des hommes américains montrent qu'aucun des deux sexes n'est davantage sujet à la jalousie que l'autre — bien que les sexes mènent leur barque différemment. Les femmes afficheront généralement une feinte indifférence et se montreront prêtes à raccommoder une union effilochée. Les hommes, en revanche, quitteront plutôt la femme qui les rend jaloux ; ils sont surtout préoccupés de panser leur orgueil et de sauver la face. Ceux et celles qui sont peu sûrs d'eux-mêmes, vulnérables ou excessivement dépendants de leurs partenaires, tendent en revanche à être encore plus jaloux.

La jalousie masculine est une cause majeure d'homicide conjugal, aujourd'hui aux États-Unis. Et le phénomène n'est pas propre aux Occidentaux. Dans bien d'autres cultures, la jalousie est aussi répandue que le rhume des foins. Lorsque les marivaudages du conjoint parviennent sur la place publique, nombreux sont ceux que la jalousie assaille, même dans les sociétés qui ferment ordinairement les yeux sur l'adultère. Un aborigène mâle de la terre d'Arnhem, en Australie, résuma ainsi la situation :

> « Nous autres, Yolngu, sommes un peuple jaloux et il en a toujours été ainsi depuis que nous vivons en clans dans la brousse. Nous sommes jaloux de notre femme ou de notre mari, jaloux qu'il ou elle porte son regard sur un autre. Si un mari possède plusieurs femmes, il est de tous le plus jaloux et les femmes sont jalouses les unes des autres... Détrompez-vous, la Jalousie, avec un grand " J ", fait partie de notre nature. »

Nous ne saurons jamais si les créatures autres qu'humaines ressentent la jalousie. Mais les mâles et les femelles de nombreuses espèces animales ont des comportements possessifs à l'égard de leurs partenaires. Les mâles gibbons, par exemple, écartent les autres mâles du territoire familial, et les femelles en chassent les autres femelles. Passion est une femelle chimpanzé de la réserve naturelle de Gombe Stream en Tanzanie ; elle chercha un jour à racoler un jeune mâle. Celui-ci ignora ses avances érotiques et se mit à copuler avec Pom, la sœur. Sous le coup d'une terrible fureur, Passion se précipita sur lui et le gifla violemment.

Les oiseaux nous fournissent de meilleurs exemples encore. L'anthropologue David Barash conçut un test de « tolérance au cocufiage ». Il interrompit le rituel annuel d'accouplement de deux merles à poitrine rouge des montagnes qui avaient tout juste commencé de bâtir leur nid. Pendant que le mâle était absent, en quête de brindilles, Barash plaça un rouge-gorge mâle empaillé à environ un mètre de l'abri. Dès son retour, le mâle résident commença à pousser des cris, à tourner en rond au-dessus du leurre et à claquer du bec à son encontre. Mais il attaqua aussi sa « femme », lui arracha quelques rémiges. Ce sur quoi elle disparut. Deux jours plus tard, une nouvelle « épouse » emménagea. Chez les rouges-gorges jaloux, y aurait-il donc des femmes battues ?

Ce caractère possessif répond à une logique génétique. Les comportements de mâles jaloux de toutes les espèces pèseront dans le sens d'une plus grande assiduité de leurs partenaires ; ces mâles-là auront donc davantage de chances d'engendrer une descendance et de transmettre leurs gènes. Les femelles jalouses et un tantinet garces à l'égard des autres femelles obtiendront de leur côté davantage de protection et de gratification ; leur jalousie leur permettra d'engranger des ressources supplémentaires — et leur progéniture n'en aura que plus de chances de survie. C'est ainsi que les créatures possessives ont une descendance sans commune mesure avec celle des autres femelles à travers les âges ; elles sont sélectionnées à cause de ce comportement que nous désignons comme jaloux — ainsi que ses infinies variations modernes : les maris américains ont tendance à être surtout sensibles aux infidélités sexuelles de leur partenaire, les femmes à être surtout jalouses des infidélités affectives [5].

La jalousie prit sans doute le visage humain qu'on lui connaît à l'époque où Lucy et ses amies commencèrent à courir les garçons et à former des couples. Quand un « mari » s'en revenait d'une équipée nécrophage et soupçonnait l'adultère, il pouvait se mettre en rage et s'en prendre à son rival à coups de pierres et de bâton, avec force cris et menaces. Quand Lucy surprenait son mari avec une autre femelle, elle les assaillait peut-être tous deux d'insultes, puis manigançait ensuite le bannissement de sa rivale hors du groupe. La jalousie aura aidé à juguler l'infidélité chez les femelles, et la désertion du domicile chez les mâles en sélectionnant un je-ne-sais-quoi dans les processus cérébraux qui donne pleine force à la rage jalouse.

Il est difficile de rompre

Que de turbulences l'évolution n'a-t-elle pas engendrées ! Recherche frénétique d'un partenaire, dépendance émotionnelle à son égard, résignation devant la cruauté physique et mentale, langueur, affliction, jalousie — ces réactions émotives violentes se manifestent quand le corps humain est menacé au plus profond de son système d'attachement physiologique. Rien de comparable pourtant avec le « cyclone émotionnel » qui emporte ceux qui sont définitivement délaissés.

Le sociologue Robert Weiss, un homme lui-même divorcé, entama l'étude de la séparation conjugale chez les membres de l'association « Parents sans conjoints ». Après discussion avec cent cinquante personnes ayant participé à ses « Séminaires pour séparés », il commença à voir plus clair dans les mécanismes de la séparation. Première confirmation : un sentiment d'attachement persiste bel et bien chez le partenaire abandonné. En dépit des déceptions amères, des promesses bafouées, des disputes acharnées et des humiliations, le foyer familial reste hanté par la pensée du conjoint déserteur. On se sent exilé partout ailleurs. Deuxième confirmation : le lien se défait selon un processus, une configuration spécifiques qui remontent probablement à des millénaires.

Dans les situations de rupture brutale, le partenaire rejeté ressent d'abord un choc. Abasourdi, il ou elle réagit dans un premier temps par un refus de la réalité, qui peut durer plusieurs jours, voire deux semaines. Mais l'évidence finit par s'imposer. « Elle » ou « il » est parti.

Alors débute la phase de « transition ». Le temps est lourd et pesant. Comme suspendu. Bon nombre d'habitudes de la vie quotidienne n'ont plus lieu d'être, mais on ne sait pas comment remplir les vides. Colère, panique, regret, perte de confiance en soi, tristesse désespérée envahissent et rongent l'individu rejeté. Weiss dit que certaines personnes abandonnées connaissent des périodes d'euphorie et l'ivresse de la liberté. Mais cette joie ne dure pas. Les humeurs fluctuent implacablement, la décision prise un jour s'évanouit le lendemain. Certains cherchent à noyer leur chagrin dans l'alcool, la drogue, le sport ou l'amitié ; d'autres ont recours à des psychiatres, des conseillers conjugaux ou des livres, des manuels de conseils pour s'en tirer par soi-même ; nombreux sont ceux qui restent au lit et pleurent toutes les larmes de leur corps.

Alors qu'ils continuent à se morfondre, les délaissés commencent à dresser le bilan de leur relation — de manière obsessionnelle. Heure après heure, ils ressassent les vieux souvenirs, se remémorent les soirées douillettes et les moments émouvants, les disputes et les silences, les plaisanteries et les remarques sarcastiques, en quête désespérée d'indices. Pourquoi est-« elle » ou est-« il » parti ? « Qu'est-ce qui a mal tourné ? » « Aurait-il pu en être autrement ? » Tandis que l'individu tourmenté se rappelle l'enchaînement des événements jusqu'à la séparation, il en dresse un véritable procès-verbal : qui ? quoi ? où ? comment ?

L'individu, dans un premier temps, fait une fixation sur les pires humiliations, et les thèmes et incidents dramatiques dominent les souvenirs. Mais, avec le temps, il ou elle dresse un tableau moins perturbé, parvient à un récit plus cohérent, avec un début, un développement et une fin. Un récit qui présente cependant quelque analogie avec la description d'un accident de voiture ; c'est-à-dire que les perceptions en restent altérées. Mais ce processus est important. Une fois remise en perspective, l'histoire peut être sereinement abordée, revue et corrigée, et en fin de compte évacuée.

Cette phase de transition dure parfois une année. Toute rechute, comme une réconciliation avortée ou des déboires avec un nouvel amoureux, peut relancer l'angoisse douloureuse. Mais dès qu'il ou elle instaure un mode de vie équilibré, la phase de « guérison » commence. Peu à peu, l'individu délaissé acquiert une nouvelle identité, retrouve l'estime de soi, de nouveaux amis, des intérêts neufs, et l'énergie et le ressort pour se ressaisir. Le passé commence à relâcher son étreinte. Désormais, il ou elle peut recommencer à vivre.

Deux données de l'étude de Weiss attirent tout particulièrement l'attention, car elles suggèrent que nos émotions ont une composante physiologique et que la chimie de l'attachement et de

194

l'abandon est apparue il y a longtemps, dans un contexte évolutif spécifique. Weiss remarqua qu'aucun des cent cinquante hommes et femmes « séparés » qui participèrent à ses séminaires n'avait été marié moins d'un an ; quelques-uns s'étaient séparés moins de deux ans après la cérémonie de mariage. Pour expliquer ce phénomène, il conjectura qu' « il faut deux ans pour que les individus intègrent pleinement leur mariage à leur vie sentimentale et sociale ».

Je soupçonne la chimie du cerveau de jouer aussi son rôle. Comme vous vous le rappelez, il faut en général deux ans avant que l'amour-passion ne s'apaise et que les drogues de l'attachement affectif ne fassent effet, liant solidement les partenaires l'un à l'autre. Cela explique peut-être que Weiss eut dans ses séminaires si peu de couples ayant divorcé avant deux ans de mariage. Dans la mesure où ils n'avaient pas atteint le stade de l'attachement affectif, ils n'avaient pas besoin de la même aide pour surmonter la séparation.

Fait plus intéressant encore, Weiss releva que le processus complet de la séparation prend de deux à quatre ans, « avec une moyenne plus proche de quatre ans que de deux ». Revoilà le chiffre quatre ! Non seulement nous tendons à vivre en couple durant quatre ans environ, mais il nous faut ensuite quatre ans pour dissiper les sentiments passés.

L'animal humain semble emporté par des flots de sentiments qui vont et viennent selon un battement intérieur. Un rythme qui est apparu chez nos ancêtres quand ils sont descendus de ces arbres d'Afrique en voie de raréfaction, voire de disparition, a imposé à leurs relations un tempo de quatre ans, en totale synchronie avec leur cycle naturel de reproduction.

De nouveaux visages

> « Les chaînes du mariage sont lourdes et il faut être deux pour les supporter — parfois trois », a dit un jour Oscar Wilde.

Il mettait le doigt sur cette autre émotion qui a probablement une composante physiologique et est apparue au cours de l'évolution humaine : l'aspiration ardente à la variété sexuelle. Psychologues, psychiatres, sexologues et conseillers familiaux connaissent

195

tous des patients aux prises avec les démons de vieilles aventures ou, plus nombreux encore, des hommes et des femmes qui cherchent auprès de nouveaux partenaires une libération sexuelle. Pourquoi courons-nous ainsi ?

Pour d'innombrables raisons. Certains supportent mal la solitude de leurs voyages d'affaires dans des villes étrangères. D'autres, amoureux de la différence, cultivent les relations sexuelles exotiques, avec les membres de tel groupe ethnique, de telle classe sociale ou de telle génération. D'autres encore tentent de résoudre un problème sexuel, de trouver l'intimité, l'excitation ou la vengeance. Dans le chapitre 4, qui traite de l'infidélité, j'ai dressé l'inventaire des raisons psychologiques qui poussent hommes et femmes aux brèves rencontres. Mais il paraît vraisemblable que l'infidélité a aussi des racines biologiques, qui apparurent avec le temps et l'accumulation d'innombrables rendez-vous galants.

C'est en attirant l'attention sur les différences d'attitudes face à la nouveauté que le psychologue Marvin Zuckerman et ses collègues fournirent une preuve de la nature physiologique de l'adultère. Beaucoup d'individus cherchent à l'éviter. Mais il y a des amateurs d'émotions fortes. On peut les classer en quatre catégories. Ceux qui se précipitent vers les sports et activités de plein air offrant vitesse et danger. Ceux qui cherchent la nouveauté à l'intérieur d'eux-mêmes, par le truchement des drogues, des voyages, de l'art ou du non-conformisme. Ceux qui — fêtards ou flambeurs — aiment les soirées scabreuses, la variété sexuelle, le jeu, le tout arrosé d'alcool. Ceux, enfin, qui ne peuvent supporter ni les êtres prévisibles ni aucune forme de routine.

Dans les tests, ces hommes et femmes montrent une vulnérabilité particulière à l'ennui, mais une certaine résistance, en revanche, à l'anxiété et au manque de nourriture. Aussi Zuckerman pense-t-il que les cerveaux de ces amateurs d'émotions fortes sont spécialement câblés pour capter les sensations, les expérimentations, les drames et les aventures — la variété sous toutes ses formes.

La monoamine oxydase, ou MAO, est peut-être l'agent biologique complice. Les adultes présentant de faibles taux de cette enzyme cérébrale ont tendance à être sociables, à boire beaucoup, à se droguer, à conduire à tombeau ouvert, à s' « éclater » —

comme on dit aujourd'hui — dans des concerts de rock, des bars et autres lieux publics de divertissement. ~~Ces adultes à faible taux de MAO mènent aussi une vie sexuelle active et variée.~~ Ils semblent être physiologiquement programmés pour attirer le drame et la fureur. Cela peut commencer dès l'enfance : les nouveau-nés à faible taux de MAO sont plus émotifs et plus capricieux.

Les êtres humains ne sont pas les seules créatures à réagir différemment face à la nouveauté et à la variabilité. Des chats, des chiens, des singes, des loups, des cochons, des vaches et même des poissons sont plus que d'autres à l'affût de la nouveauté ; certains vont au-devant d'elle, tandis que les autres la fuient systématiquement. La timidité est un trait inné.

On peut évidemment se demander pourquoi celui qui vit une relation sentimentale heureuse risque sa famille et ses amis, sa carrière, sa santé et sa tranquillité d'esprit pour une amourette de passage. Les Américains désapprouvent l'infidélité — et entretiennent pourtant des relations extraconjugales régulières. Quelque chose à l'intérieur du cerveau doit bien nourrir cette extravagance. La composante génétique de l'infidélité commença probablement à agir au niveau du substrat physiologique cérébral peu de temps après que nos premiers ancêtres, sur leur longue route, eurent bifurqué vers l'humanité.

Les hommes seraient-ils vraiment les seuls êtres poussés à séduire, à aimer et à se quitter ? Ne sont-ils pas cousins de cet étalon qui gratte le sol de ses sabots, emplit ses naseaux des effluves d'une jument en chaleur et la monte dans l'ivresse de la passion ? Cousins de ce renard qui, peut-être, déborde d'affection amoureuse lorsqu'il pousse vers sa tendre renarde, dans la tanière conjugale, le cadavre exquis d'une souris ? Cousins de ces crocodiles du Nil, qui élèvent leur progéniture ensemble dans la tendresse réciproque ? Allez savoir ! Les merles bleus des montagnes, quand ils quittent leur nid à l'automne, sont peut-être contents de déserter le domicile conjugal. Et des milliards d'animaux, durant des millions d'années, ont peut-être également connu l'extase de l'amour-passion, la sérénité de l'attachement, l'anxiété de l'infidélité, le supplice de l'abandon.

De nombreux éléments laissent penser qu'un large éventail de créatures est capable de ressentir les émotions de l'amour. Au plus profond de leur cerveau, tous les oiseaux et les mammifères possèdent un hypothalamus. Cette petite glande, quelquefois appelée centre des émotions, pilote aussi le comportement sexuel. Étant donné que ce nodule n'a que très peu évolué ces derniers soixante-dix millions d'années et qu'il reste très semblable d'une espèce à l'autre, on peut y lire la continuité entre l'homme et la bête.

Le système limbique, qui gouverne le désir, la colère, la peur et l'extase, est rudimentaire chez les reptiles mais il est bien développé chez les oiseaux et les mammifères, ce qui laisse penser que bien des espèces peuvent ressentir d'intenses émotions. Enfin, il est généralement admis que les sensations fondamentales de peur, de joie, de tristesse et de surprise sont liées à des expressions spécifiques du visage. Et, dans la mesure où les humains partagent avec d'autres animaux de nombreuses mimiques faciales, en particulier celle qui accompagne le grognement, il est possible qu'ils partagent aussi quelques émotions communes.

Les oiseaux et les mammifères sont peut-être les esclaves de quelques substances chimiques qui pénètrent l'ensemble de leur système nerveux, et déclenchent les flux et reflux de l'attraction amoureuse, les hauts et les bas de l'attachement, afin que leurs pulsions s'accordent avec leurs cycles de reproduction.

Si les animaux aiment, Lucy a aimé.

Elle flirtait probablement avec les garçons qu'elle rencontrait lorsque des bandes de jeunes se formaient au début de la saison sèche et peut-être tomba-t-elle amoureuse d'un garçon qui lui avait donné de la viande. Elle a pu se coucher auprès de lui dans les buissons, l'embrasser et l'étreindre, puis rester éveillée toute la nuit, sous l'effet d'une exaltation euphorique. Dans ses vagabondages à travers les plaines avec son petit ami, en quête de melons, de baies ou d'une fraîche antilope, elle a pu connaître l'ivresse de vivre. Ainsi que la chaleur cosmique de l'attachement, quand tous deux se laissaient aller à leurs rêveries, blottis dans les bras l'un de l'autre. Peut-être, avec le temps qui passe et qui lasse, Lucy n'a-t-elle pas non plus échappé à l'ennui. Ni aux premiers frissons quand elle s'est glissée furtivement dans les bois pour copuler avec un autre. Et, au petit matin, peut-être ressentit-elle la douleur d'avoir à se séparer de son partenaire, membre d'un groupe différent, et comprit-elle ce que voulait dire l'amour. Lucy était à nouveau amoureuse.

Je ne suis pas surprise que nous éprouvions des sentiments si intenses. Après tout, la reproduction est le but premier de tout organisme. La nature aurait bâclé son travail si elle n'avait conçu les puissants mécanismes qui nous font nous reproduire, et nous reproduire encore.

Quelle incroyable conspiration ! L'amour-passion qui paralyse, puis la profonde intimité de l'attachement, puis l'envie brûlante d'aventures clandestines, puis les tourments de l'abandon, puis l'espoir de filer un nouvel amour — les arrière-arrière-arrière-arrière-petits-enfants de Lucy allaient ainsi passer le relais, transmettre les subtilités de la psyché humaine à travers le temps, les hasards et les circonstances. Jusqu'à vous et moi. Parallèlement, l'éternelle lutte de l'esprit humain — aux prises avec le mariage, le cocufiage, le divorce et le remariage — allait être la rançon de cette évolution.

Rien d'étonnant si l'amour nous est si cher. Rien d'étonnant non plus si tant d'individus ont eu le cœur brisé. Si l'amour correspond à un processus cyclique du cerveau humain visant à la variété au sein de notre espèce, il n'est pas étonnant que la passion romantique se montre aussi fugitive que tyrannique.

Notre tempérament indocile et bouillonnant allait créer bien davantage que des émotions sexuelles. Il allait guider aussi l'évolution de notre anatomie sexuelle humaine — et la doter d'attributs physiques destinés à attirer le partenaire dans les filets de la sirène.

9

LE CHANT DES SIRÈNES
Évolution de l'anatomie sexuelle humaine

Pourquoi portons-nous les stigmates du sexe ?
Pourquoi sommes-nous inachevés,
Incapables de nous suffire à nous-mêmes,
Comme nous l'étions au commencement,
Comme il l'était sûrement au commencement,
Si parfaitement seul ?

D.H. Lawrence, *Le cri de la tortue*

Nez vermillon, poitrails cramoisis, fesses boursouflées, zébrures, tachetures et mouchetures, aigrettes, couronnes, cornes, crinières ou plaques de peau nue, la nature n'a pas lésiné sur les ornements ; les êtres sexués sont décorés comme des sapins de Noël, affublés d'un arsenal d'accoutrements pour forcer le destin, assurer leur prospérité et leur postérité par la copulation et la reproduction. Nous les humains, avec notre fantastique attirail, nous ne sommes pas les derniers. Au magasin de nos accessoires, nous comptons les grands pénis, la barbe, les pectoraux avantageux, les lèvres toujours plus rouges, une réceptivité sexuelle qui ne fait jamais relâche, et quelques autres attributs enjôleurs, masculins ou féminins. Autant de pièges sexuels que l'histoire millénaire de la séduction n'a cessé de raffiner, et qui ensorcellent comme le chant des sirènes.

Comment en sommes-nous arrivés à être parés de la sorte ?

200

La sélection sexuelle

Il y a plus d'un siècle, Darwin chercha la solution aux nombreuses énigmes de la sexualité. Pourquoi les cerfs ont-ils des andouillers et les lions des crinières ? Pourquoi les paons mâles déploient-ils des plumages si fastueux ? Pourquoi les éléphants de mer mâles sont-ils deux fois plus gros que les femelles ? Comme ces traits spécifiques étaient encombrants et de peu d'utilité dans la vie courante, voire tout à fait inadaptés, Darwin ne pouvait pas les mettre sur le dos de la seule sélection naturelle du plus apte dans la lutte pour l'existence. Si bien que dans *La descendance de l'homme et la sélection sexuelle (The Descent of Man and Selection in Relation to Sex,* 1871*)*, il affina sa théorie par un corollaire à la sélection naturelle : la sélection sexuelle.

Selon lui, ces particularités étaient le fruit d'une forme légèrement différente de sélection naturelle, mais qui lui était étroitement liée — la sélection reproductive ou jeu de l'accouplement[1].

Le raisonnement de Darwin était ingénieux. Si une belle crinière rendait un lion plus redoutable pour les autres mâles, ou plus excitant pour les femelles, il est probable que les mâles dotés d'abondantes crinières allaient s'accoupler plus souvent et engendrer davantage de descendants qui allaient à leur tour transmettre de génération en génération ce caractère anatomique par ailleurs totalement inutile. De la même façon, les éléphants de mer mâles les plus imposants, qui évinçaient les plus petits et les plus faibles et attiraient à eux tout un harem durant la courte saison des accouplements, allaient procréer plus fréquemment. Si bien qu'à travers ces batailles sans fin et ces rituels de cour le cerf a vu surgir ses andouillers, le paon son éventail caudal, et l'éléphant de mer sa taille encombrante et son poids excessif.

Darwin était parfaitement conscient que la sélection sexuelle ne pouvait pas rendre compte de toutes les différenciations entre les sexes. Mais l'éternelle lutte pour déterminer qui s'accouplerait et qui procréerait avec qui — le jeu de l'amour — est la seule explication à l'apparition d'attributs ou ornements sexuels parmi les plus étranges de la nature. A commencer par le phallus humain.

L'homme a un gros pénis, supérieur en taille à celui du gorille, un primate qui a pourtant trois fois sa corpulence. Si les gorilles ont un petit phallus, c'est selon toute vraisemblance parce que leurs parties génitales ne représentent pas pour eux un instrument de compétition. Ces créatures disposent de harems stables. Les mâles font deux fois la taille des femelles, et c'est avec leur stature qu'ils impressionnent leurs rivaux ; de gros organes génitaux ne font pas partie de leur matériel de parade. Il en résulte qu'un pénis de gorille en érection ne mesure que cinq centimètres.

Nous ne savons pas pourquoi les parties génitales des hommes sont si voyantes. Mais le mâle chimpanzé, en tout cas, sollicite la femelle grâce à cette partie de son anatomie : il écarte les jambes, exhibe son pénis en érection et l'agite avec son doigt tout en mangeant des yeux sa partenaire potentielle. Un pénis qui s'étale et s'affiche contribue de toute évidence à la promotion du chimpanzé mâle et de sa vigueur sexuelle auprès de ses amies guenons. Chez de nombreuses espèces d'insectes et de primates, les pénis masculins sont des instruments extrêmement élaborés dont des scientifiques pensent qu'ils ont évolué parce que les femelles *choisissaient* tout particulièrement ces mâles équipés d'organes génitaux à la fois perfectionnés et excitants sexuellement. On peut ainsi imaginer que lorsque les ancêtres de Lucy devinrent bipèdes, il y a quatre millions d'années environ, les mâles commencèrent à faire étalage de leurs parties génitales, ces « joujoux extra » qui leur permettaient de s'attirer les grâces de femelles convoitées — et le jeu de la sélection a favorisé les mâles pourvus des organes les plus respectables.

Deux caractéristiques confèrent à un pénis son intérêt : grosseur et longueur ; et chacune peut s'être dégagée par une voie de sélection sexuelle originale.

Les pénis humains sont relativement gros. Ils peuvent l'être devenus au cours de l'évolution humaine, simplement parce que Lucy et ses sœurs les préféraient gros. Un phallus volumineux distend les muscles du tiers extérieur du canal vaginal et pèse sur la crête clitoridienne, d'où un frottement excitant qui facilite le déclenchement de l'orgasme. C'est un fait que si les femelles primitives *ont choisi* des mâles avec de gros phallus, comme il semble bien que ce fut le cas, lesdits mâles bien pourvus nouèrent au cours de leur vie davantage de relations privilégiées, et, qui plus est, davantage de liaisons occasionnelles. Ces mâles-là engendrèrent aussi plus d'enfants. C'est ainsi que les gros pénis ont en quelque sorte envahi le marché. Comme l'a écrit Darwin :

> « ... L'aptitude à charmer les femelles a parfois pesé plus lourd dans la balance que les victoires " militaires " remportées sur d'autres mâles. »

Il est probable que la grosseur du pénis en est un résultat.

La guerre du sperme

Si l'évolution a favorisé les longs pénis, une autre forme de sélection sexuelle en est responsable, connue sous le terme de « compétition du sperme ». Cette théorie fut d'abord développée pour rendre compte des tactiques d'accouplement de certains insectes. La plupart des insectes femelles ont une sexualité tous azimuts ; elles copulent avec plusieurs partenaires, à la suite de quoi elles éjectent le sperme ou le conservent pendant des jours, des mois, voire des années. Les mâles rivalisent ainsi, par sperme interposé, à l'intérieur même de l'appareil reproductif de la femelle.

La libellule mâle, par exemple, utilise son pénis pour évacuer le sperme du galant qui l'a précédé, avant d'éjaculer elle-même. D'autres insectes mâles essaient aussi de diluer le sperme de concurrents ou de l'expulser. Certains mâles, après la copulation, obturent l'orifice génital de la femelle avec un véritable « bouchon » ; tandis que d'autres surveillent de près la femelle jusqu'à ce qu'elle ait déposé ses œufs. Peut-être le long phallus humain a-t-il représenté une forme d'adaptation à cette compétition.

La taille moyenne des testicules masculins est probablement elle aussi le résultat de joutes serrées au sein du canal vaginal. Des données portant sur les chimpanzés permettent d'avancer cette hypothèse. Les mâles chimpanzés ont de gros testicules et de longs pénis proportionnellement à leur taille probablement parce qu'ils ont des mœurs faciles. Les mâles d'une horde de chimpanzés ont des habitudes tout à fait libérales et tolérantes les uns à l'égard des autres ; ils font même sagement la queue pour copuler ! On peut

explication évolutive
gros testicules

alors imaginer que, dans le passé, les chimpanzés dotés de gros testicules et d'une semence abondante déposaient une quantité plus copieuse de sperme vivace dans l'appareil reproductif des femelles. Ces chimpanzés engendraient davantage de descendants — phénomène qui à son tour sélectionnait les gros testicules sous la pression évolutive. Les gorilles, en revanche, ont de très petits testicules. Comme on peut s'y attendre, ils ne copulent pas fréquemment et les mâles entrent peu en compétition entre eux.

Ces faits ont conduit le scientifique Robert Smith à émettre l'hypothèse que les testicules de taille moyenne des hommes et leur copieuse éjaculation se sont imposés pour la même raison que chez les chimpanzés : les ancêtres humains qui possédaient de vigoureux sacs de semence et davantage de sperme ont procréé plus que les autres. Ce qui a conduit à la sélection d'hommes aux testicules de taille appréciable et à la semence abondante et de bon rendement. Même la pollution nocturne et la masturbation masculine, d'après Smith, peuvent être considérées comme les retombées avantageuses de la compétition pour le sperme entre mâles et, soit dit en passant, un moyen plutôt agréable de vidanger le sperme ancien contre du neuf.

Compétition entre mâles. Choix des femelles. Certains scientifiques soulignent généralement ce double volet de la sélection sexuelle parce que dans la nature, selon eux, les femelles devraient être regardantes en ce qui concerne leurs partenaires, tandis que les mâles devraient se disputer d'arrache-pied le privilège de procréer.

Ce raisonnement découle d'une logique génétique à laquelle il n'y a rien à redire : pour les femelles de toutes les espèces, le coût de la reproduction est élevé. Les femelles conçoivent l'embryon, portent le fœtus des jours ou des mois, puis élèvent souvent leur progéniture par leurs propres moyens. Et comme il leur faut du temps pour mettre au monde et élever chaque enfant, couvé ou porté, les femelles ne peuvent engendrer qu'un nombre limité de descendants. C'est donc l'intérêt de la femelle de choisir ses partenaires avec le plus grand soin ; elle n'a pas tant d'occasions que cela de se reproduire.

Pour les mâles de la plupart des espèces, en revanche, le coût de la reproduction est plus bas. Il leur suffit de produire du sperme. Plus important encore, les mâles peuvent concevoir des descendants bien plus fréquemment que les femelles — et aussi long-temps qu'ils réussissent à éliminer les concurrents, à attirer les femelles et à résister à l'épuisement sexuel. C'est donc plutôt l'intérêt du mâle, sur le plan de sa reproduction, de copuler sans grand discernement.

Du fait que l' « investissement parental » n'est pas le même pour l'un et l'autre sexe, ce sont généralement les mâles d'une espèce qui *entrent en compétition* pour les femelles, et régulière-ment les femelles qui *font leur choix* entre les mâles. Mais on trouve l'inverse dans la nature, des formes de sélection sexuelle où ce sont les mâles qui choisissent et les femelles qui se disputent entre elles le privilège d'être ensemencées. Les humains ne font pas exception. Allez seulement jeter un œil dans un bar, une boîte de nuit ou une réception quelconque, et vous verrez les femmes rivaliser entre elles sous l'œil des hommes qui font leur choix. Comme l'a résumé H. L. Mencken à sa manière défiante :

> « Les baisers que les femmes échangent entre elles font penser aux poignées de main entre boxeurs professionnels. »

En réalité, certains attributs féminins importants doivent beaucoup à la compétition que les femmes se sont livrée entre elles, et aux choix que les hommes ont fait dans le passé en faveur des unes plutôt que des autres. Parmi les attributs les plus voyants : les seins de plus en plus développés des femelles.

Pourquoi les seins ont-ils pris tant de relief ?

En 1967, l'éthologue Desmond Morris avança l'hypothèse que, lorsque nos ancêtres devinrent bipèdes, les signes distinctifs sexuels qui initialement ornaient leur croupe migrèrent ailleurs, décorant désormais la poitrine et la tête. C'est ainsi que les lèvres des femmes auraient viré à un rouge plus agressif, à l'image des lèvres de la région génitale, et que les seins seraient devenus plus généreux et ballottants, à l'image de la croupe charnue et chalou-pante. Nos ancêtres mâles étant davantage attirés par les femmes affichant de la sorte leur disponibilité sexuelle, et les femmes généreusement pourvues mettant au monde davantage d'enfants

— cette caractéristique anatomique aurait connu une faveur croissante par-delà les siècles.

De nombreux scientifiques y sont allés de leurs spéculations sur la question. Peut-être les seins se sont-ils ainsi développés comme des signes extérieurs de « richesse ovulaire » ? Pourquoi pas ! Du fait que les seins des femmes qui sont dans la plénitude de leur période reproductrice sont plus voluptueux que ceux des jeunes adolescentes ou des femmes ménopausées, nos ancêtres ont pu associer ces rondeurs à la fécondité. Autre hypothèse, partie de la constatation que la poitrine des primates gonfle durant les périodes d'allaitement : l'évolution l'a peut-être portée sur le devant de la scène comme une bannière publicitaire, vantant l'aptitude d'une femme à engendrer et nourrir des petits — le logo de la « mère par excellence ». A moins que les seins ne se soient développés comme des leurres, des panneaux dans lesquels seraient tombés les mâles qui croyaient que les femmes avantageusement pourvues détenaient véritablement un atout sur le plan reproductif. Une dernière théorie intéressante avance que les seins étaient primitivement des réserves de graisses, garde-manger précieux qui pouvaient être vidés durant les périodes de grossesse et d'allaitement, lorsque la nourriture se faisait rare.

D'un point de vue génétique, ces hypothèses offrent une certaine cohérence.

Mais il y a pourtant un défaut de conception. Ces protubérances qui entourent les glandes mammaires semblent bien mal placées. Elles ballottent douloureusement lorsque la femme court. Elles s'affaissent et lui bouchent la vue lorsqu'elle se courbe en avant pour ramasser de la nourriture. Elles peuvent étouffer un marmot qui tète. De plus, les seins (quelle que soit leur taille) sont sensibles au toucher. Allez savoir pourquoi ! Les pointes des seins se durcissent au moindre effleurement. Et leur caresse a la propriété d'exciter le désir sexuel chez un grand nombre d'individus.

Je ne voudrais surtout pas passer sous silence la thèse originale de Morris sur la finalité sexuelle de la poitrine féminine : pour une raison adaptive ou pour une autre (et elles sont de toute évidence nombreuses), les mâles des temps reculés auraient nourri un faible pour les femelles pourvues de ces appendices doux et sensibles ; ils auraient copulé plus fréquemment avec les femmes à la poitrine avantageuse — contribuant ainsi à la sélection de cet attribut décoratif.

Tandis que femelles et mâles jetaient leur dévolu sur leurs partenaires et se bousculaient pour trouver chaussure à leur pied, d'autres aspects fondamentaux de la sexualité humaine durent apparaître.

Les hommes portent des barbes ; les femmes, des formes arrondies ; les hommes ont des voix qui muent vers les graves à la puberté tandis que celles des femmes conservent des tonalités mélodieuses. A quoi cela tient-il ? A propos de la pilosité faciale, Darwin a écrit :

« Nos géniteurs qui tenaient du singe anthropoïde affichèrent leur barbe comme un ornement destiné à charmer et exciter le sexe opposé... »

Les femmes prenaient peut-être les barbes pour des signaux de force et de maturité. Darwin comparait par ailleurs les voix féminines, à haut timbre, à des instruments de musique et il en tirait la conclusion :

« Nous pouvons en déduire qu'elles acquirent ces dons musicaux dans le but d'attirer le sexe opposé. »

Ces voix étaient douces et ingénues, rassurantes pour l'oreille des hommes.

A l'époque reculée de Lucy, quelles qu'en aient été les raisons, certains hommes et femmes eurent plus d'enfants que d'autres, et la pression évolutive sélectionna les ornements anatomiques spécifiques de ces individus — les gros et grands pénis, les seins toujours plus avantageux, les barbes des hommes et les tonalités suaves des femmes.

Nous sommes vraiment des singes nus, et la perte de notre pelage pourrait bien avoir été, en partie du moins, un autre résultat de la sélection sexuelle. A vrai dire, nous n'avons pas perdu nos poils ; nous sommes aussi riches en follicules pileux que les singes anthropoïdes, mais nos poils sont restés à l'état de minuscules duvets.

Les tentatives d'explication de cette caractéristique humaine, la nudité ou le poil rare, ont déjà fait noircir beaucoup de papier. Explication classique : la régression de notre système pileux est allée de pair avec la modification du système de régulation thermique de notre organisme. Nous descendons d'un coureur en sueur ! Pour permettre à nos ancêtres chasseurs et charognards de parcourir de longues distances à la recherche de gibier et de carcasses, la fourrure isolante a fait place à une association de graisses et de glandes sudoripares. La couche de graisse sous-cutanée permet de résister au froid ; les glandes sudoripares, de rafraîchir, au contraire, le corps quand sa température devient trop élevée, en produisant une abondante pellicule de liquide s'évapo-rant sur les membres et la poitrine. Autre argument avancé par certains : nos ancêtres auraient perdu leurs poils pour ne plus être continuellement infestés de parasites. D'autres encore pensent que la nudité de l'être humain est indissociablement liée à l'état immature dans lequel il vient au monde (voir chapitre 12).

Mais Morris a avancé que le système pileux de l'homme présentait aussi quelques vertus séductrices et érotiques. Avec la perte du pelage, certaines parties tendres de notre individu, aux alentours de la poitrine et de l'aine, sont plus visibles, plus exposées, plus sensibles au toucher. Et ce n'est probablement pas une coïncidence si, avec l'évolution, la pilosité féminine s'est encore réduite autour des lèvres et des seins — lieux sensibles dont la stimulation peut exciter le désir sexuel et engager tout droit à l'accouplement. Paradoxalement, nos ancêtres semblent avoir été autant excités sexuellement par les touffes de poils plantées en certains endroits, que par la nudité totale en d'autres ! Les bouquets de poils sous les aisselles, par exemple, ou entre les jambes, conservent les effluves de sueur et de sexe — extrêmement érotiques pour beaucoup.

Barbes et voix graves, mentons imberbes et voix aiguës, les multiples facettes de la pilosité moderne apparaissent à la puberté — qui est aussi le printemps du sexe. De multiples raisons rendent compte de l'apparition de ces attributs pileux, et tout particulière-ment la volonté de nos ancêtres de mieux aguicher leurs partenaires réguliers ou occasionnels, à cette époque où les forêts d'Afrique régressèrent, et où les hominidés en émergèrent pour s'accoupler et élever leurs enfants comme « maris » et « femmes ».

Les plus surprenantes et agréables de nos habitudes sexuelles, aussi bien pour les hommes que pour les femmes, sont au nombre de trois et nous viennent de la gent féminine : l'aptitude au coït face à face, l'orgasme intense mais labile et l'extraordinaire capacité de pratiquer le coït « around the clock », c'est-à-dire de faire l'amour à tout moment, à toute heure du jour et tous les jours du mois. Depuis des siècles, si ce n'est des millénaires, les hommes ont chanté sur tous les tons et tous les modes ces redoutables charmes féminins.

Est-ce que Lucy faisait l'amour « en face » ? Je pense que oui. Les femmes des temps modernes ont toutes un vagin orienté vers le bas, et non vers l'arrière comme les autres primates. Grâce à cette vulve inclinée, la copulation face à face est plus confortable. Dans cette position, la partie pelvienne de l'os iliaque masculin frotte contre le clitoris féminin, rendant la pénétration sexuelle extrêmement excitante.

Rien de surprenant si le coït face à face, dans la fameuse position dite du missionnaire, est le plus volontiers pratiqué dans la plupart des cultures, ce qui n'interdit évidemment pas les variantes. Les Kuikurus d'Amazonie dorment dans des hamacs d' « une-personne » accrochés tout près du foyer familial ; indépendamment du fait que les amants ne jouissent que d'une intimité limitée, au premier faux mouvement, ils peuvent atterrir dans les flammes ou les braises. Pour pallier ces inconvénients, les époux ou amants font l'amour dans les bois, sur un sol inégal et souvent humide. Là, une femme ne peut pas rester sur le dos pour le coït. Alors elle s'accroupit, se penche vers l'arrière, et maintient ses fesses et son dos au-dessus du sol en prenant appui sur ses bras et ses jambes fléchis ; elle réussit ainsi à faire l'amour en regardant son partenaire. L'humanité connaît ainsi des douzaines de façons de faire l'amour. Mais le coït face à face est universellement répandu et représente probablement un des signes distinctifs de l'animal humain.

Il est d'ailleurs bien possible que le canal vaginal humain, orienté vers le bas, soit le fruit de la sélection sexuelle [2]. Avec un tel vagin, Lucy a dû encourager ses partenaires au coït face à face, les inciter à lui faire l'amour en regardant son visage, en chuchotant, en l'observant pour saisir ses expressions dans toutes leurs nuances. La copulation face à face favorise l'intimité, la communication et la compréhension. Ainsi, tout comme nos aïeules aux poitrines avantageuses et ballottantes, nos ancêtres aux vagins inclinés ont probablement noué des liens plus serrés avec leurs amis de prédilection, et donné naissance à davantage d'enfants — qui se sont chargés à leur tour de nous passer le relais.

L'orgasme multiple

Autre charme féminin éblouissant : l' « orgasme multiple ». Les organes génitaux de la femme, à la différence de ceux de son partenaire, n'expulsent aucun liquide durant l'orgasme, et, si la femme sait comment, elle peut réatteindre l'acmé de la jouissance sexuelle encore et encore. Pourquoi les femmes ont-elles cette capacité d'orgasmes multiples, et non les hommes ?

La question est intéressante. Chez le mâle, dans la mesure où ce sont des pulsations qui éjectent le sperme dans le vagin, et que l'orgasme se produit pendant l'éjaculation, cet orgasme est indispensable à l'insémination. L'ovule de la femme, en revanche, descend naturellement des ovaires une fois par mois, et fait son bonhomme de chemin indépendamment de toute stimulation sexuelle. Ce qui conduit l'anthropologue Donald Symons à affirmer que, puisque l'orgasme de la femme est dissocié de la conception, il serait un phénomène anatomique et physiologique contingent, accidentel en quelque sorte, qui se serait conservé au cours de l'évolution chez la femme simplement parce qu'il aurait de l'importance pour l'homme. Donald Symons compare la crête clitoridienne de la femme (et son orgasme) aux tétons de la poitrine de l'homme — des appendices sans utilité particulière, arborés, à titre décoratif, par un sexe, simplement parce qu'ils sont d'un usage vital pour l'autre. Symons en conclut que l'orgasme féminin n'est pas une adaptation du tout.

Minute ! Le clitoris n'est pas un bout de tissu quasiment inerte comme le sont les mamelons masculins, mais un nœud de nerfs remarquablement sensible et érogène qui provoque l'orgasme — une sensation physique violente et explosive, un choc émotionnel tumultueux. En outre l'orgasme exprime quelque chose : la satisfaction. Les hommes aiment que les femmes atteignent l'orgasme parce que cela les rassure, cela leur prouve que leur partenaire est au paroxysme de la satisfaction, gratifiée et — peuvent-ils espérer — moins encline à aller chercher son plaisir sexuel ailleurs. L'orgasme féminin flatte l'ego masculin. Pour quelle autre raison les femmes simuleraient-elles donc l'orgasme ?

Pour une femme, l'orgasme est comme un voyage, un état altéré de conscience, un autre univers qui explose. Après la tempête vient le calme, un sentiment de sérénité, de tendresse et d'attachement — qui contribue à cimenter la relation avec le partenaire[3]. L'orgasme engendre aussi chez la femme une sensation de satiété, qui l'incite à rester allongée ; ce qui laisse peu d'occasion au sperme de s'échapper du canal vaginal. Enfin, l'orgasme féminin ne peut qu'inciter la femme à chercher à faire l'amour, et à promouvoir le succès reproductif.

Je ne peux pas approuver Symons. Je pense que l'orgasme féminin existe parce qu'il a sa propre fonction adaptative : encourager les femmes à rechercher le plaisir sexuel, nouer des rapports intimes avec un partenaire fertile ou un amant clandestin, manifester sa jouissance à son partenaire et donner toutes ses chances à la fécondation.

Cette évolution se fit probablement bien avant que nos ancêtres ne descendent des arbres. Tous les primates et grands mammifères femelles ont un clitoris. Le clitoris de la femelle chimpanzé est plus grand que celui de la femme, à la fois relativement à la taille et en dimension absolue. Dès qu'une femelle est excitée sexuellement, elle commence à copuler à un rythme fiévreux — et on a lieu de penser que la guenon atteint plusieurs fois l'orgasme. Pendant la copulation, les femelles de nombreuses espèces connaissent un changement de pression sanguine, de rythme respiratoire et cardiaque, de tension musculaire, de niveau de sécrétion hormonale et de timbre de voix tout à fait assimilable à la réaction des femmes pendant l'orgasme. Bien d'autres créatures, probablement, connaissent donc l'orgasme.

L'orgasme multiple a dû avoir aussi une fonction adaptative pour les femelles de nos ancêtres arboricoles dont les conditions d'existence dépendaient de leur capacité à développer de bonnes relations avec plusieurs mâles. Ainsi Lucy a-t-elle très certainement

211

hérité l'aptitude à éprouver des orgasmes répétés et nous l'a transmise.

Les femmes ne connaissent pourtant pas l'acmé de la jouissance tout le temps. Même cette caractéristique peut résulter d'une pression évolutive, remontant à des millénaires. Les femmes connaissent l'orgasme quand elles sont détendues, en compagnie d'hommes sexuellement attentifs, de partenaires de longue date envers lesquels elles sont engagées, et réciproquement. Les femmes atteignent l'orgasme bien plus fréquemment avec leurs maris, par exemple, qu'avec leurs amants de fortune. Et les prostituées qui font le trottoir et s'accouplent avec des étrangers connaissent plus rarement l'orgasme que les « call-girls » dont les clients sont meilleurs payeurs et plus prévenants. Peut-être les femmes ont-elles inconsciemment développé ces caprices orgastiques pour faire, selon leur gré, deux poids deux mesures, gratifier le « gentil » et punir le « méchant », offrir la jouissance à l'homme patient et attentionné, et la refuser à l'homme indélicat et pressé [4].

Entre ces hypothèses, à vous de choisir. L'orgasme féminin n'est peut-être qu'un épiphénomène superflu, sans aucune fonction : le vestige d'un développement fœtal si important pour la sexualité masculine qu'il en est resté un petit quelque chose, y compris chez la femme ; ou bien il présente au contraire un caractère hautement adaptatif et compte au nombre des atouts qui favorisent une femme, dans le jeu stratégique complexe de l'amour.

Tu veux ou tu veux pas ?

Au cours d'un long passé, les femmes ont accumulé bien des atouts de séduction. Mais le plus fascinant de ses sortilèges aux yeux des scientifiques, et le plus agréable pour les individus des deux sexes, est probablement cette aptitude merveilleuse à faire l'amour vingt-quatre heures sur vingt-quatre et tous les jours de l'année. Comme elles le veulent. Vous vous en souvenez, les mâles et femelles d'aucune autre espèce ne peuvent avoir de relations sexuelles à volonté. Pourquoi ? Parce que la vie sexuelle femelle des espèces à reproduction sexuée est ponctuée par les périodes d'œstrus en dehors desquelles les femelles refusent généralement les rapports sexuels avec un mâle.

Il y a évidemment des exceptions[5]. Mais sur un continuum de comportements, les femmes occupent une position extrême : elles peuvent s'accoupler en permanence, tout au long de leur cycle menstruel, et elles le font ; elles peuvent faire l'amour pendant pratiquement toute leur grossesse ; elles peuvent se livrer à nouveau au coït dès qu'elles sont remises d'un accouchement — des mois ou des années avant que leur bébé soit sevré — et elles ne s'en privent pas.

Certains détracteurs de la disponibilité permanente à l'amour chez la femme affirment qu'elle n'existerait que dans les hantises des vieux messieurs ou dans les divagations des jeunes puceaux. Là n'est pas la question. Si la femme *le veut*, elle *peut* copuler à son gré. En moyenne, les épouses américaines font l'amour de une à trois fois par semaine, selon leur âge. On a rapporté que, dans bien des cultures, les femmes font l'amour chaque jour — ou chaque nuit — à moins que des rituels guerriers, religieux ou des coutumes locales ne l'interdisent. Les relations sexuelles ne s'arrêtent pas avec la ménopause ou l'avancée en âge[6]. Cela ne veut pas dire que la libido féminine soit toujours au plus fort. Mais la femelle humaine est débarrassée des périodes de « chaleurs ».

Plusieurs théories ont été avancées pour rendre compte de ce fait. Explication classique : la disparition des périodes d'œstrus chez nos ancêtres femelles aurait permis de cimenter les relations privilégiées avec un mâle. Avec sa faculté de faire l'amour à la demande, la femelle humaine a les moyens de s'assurer le service permanent d'un ami favori. L'idée est intéressante. Mais bien des oiseaux et quelques mammifères sont monogames, sans que leurs femelles ne disposent de cette disponibilité sexuelle permanente. On peut probablement trouver meilleure explication à ce remarquable phénomène.

Peut-être est-ce l'adultère qui a sélectionné la perte de l'œstrus. Si les fornications clandestines ont bel et bien apporté à Lucy et ses sœurs des protections et soutiens supplémentaires, c'était alors indéniablement un avantage que de pouvoir coucher à droite et à gauche dès que l'opportunité se présentait. L'infidélité doit pouvoir saisir l'instant au vol. Si le partenaire privilégié est au loin, en quête de nourriture à glaner et à dépecer, et si son frère passe par là pour cueillir des fruits à écales, la belle est handicapée

213

si elle doit attendre sa période de chaleurs : elle doit pouvoir faire l'amour sur-le-champ.

La réceptivité sexuelle permanente permet aux femelles de mener de front *leurs deux* stratégies reproductives fondamentales : conserver des relations privilégiées de couple avec un partenaire, et s'offrir des extras avec des amants supplétifs.

Il ne fait pas de doute que des facteurs économico-écologiques ont aussi contribué à la disparition de l'œstrus. Pouvoir mettre au monde des enfants tout au long de l'année a de toute évidence présenté un avantage adaptatif pour nos aïeules alors libérées de l'astreinte d'enfanter toutes en même temps ; les tribus furent ainsi déchargées d'un fardeau très lourd et les lions privés de festins royaux. La disparition de l'œstrus a facilité l'étalement des naissances. On ne peut pas exclure non plus que l'œstrus ait représenté un trop lourd bagage sur le plan biologique et hormonal, et que les femelles aient dû se débarrasser de ce système rigide pour être disponibles à d'autres adaptations physiologiques. Mais n'oublions pas l'hypothèse de l'œstrus « chèque-repas » : lorsqu'un mâle chimpanzé tue du gibier et que des congénères se rassemblent pour en quémander des morceaux, les femelles en chaleur ont toujours la meilleure part. Les premières femmes ont probablement eu besoin aussi de pareilles faveurs.

Supposons que la période de réceptivité sexuelle de Lucy se soit allongée par rapport à celle de ses rivales, et soit passée, disons, de dix à vingt jours, elle a pu alors cultiver de plus longues relations, tant avec son partenaire privilégié qu'avec ses amoureux clandestins, s'assurant ainsi une plus grande protection et une part plus copieuse de bifteck qu'ils rapportaient. Du coup, elle a mieux résisté. Et ses petits avec elle. La propension à une réceptivité sexuelle sans limites temporelle a alors fait son apparition. De même, celles des femelles qui faisaient l'amour tout au long de leur période de grossesse et aussitôt après l'accouchement en furent récompensées par des cadeaux supplémentaires qui contribuèrent à leur meilleure survie ; ce qui leur a permis de transmettre aux femmes des temps modernes ce don d'une réceptivité sexuelle permanente.

214

Dans le silence de l'ovulation

La disponibilité permanente à l'amour est une spécificité si admirable et étrange qu'elle ne peut pas ne pas avoir été l'aboutissement ultime de nombreuses pressions du système reproducteur et de l'environnement. Mais les femmes ont-elles perdu leur œstrus ou l'ont-elles prolongé ?

Les femmes ont perdu leurs périodes de chaleurs. Elles ne présentent pratiquement aucune manifestation extérieure d'ovulation à mi-cycle ovarien. Peu de temps avant que l'ovaire lâche l'ovule, la muqueuse poisseuse de l'utérus devient glissante, extensible. Certaines femmes ressentent des crampes, ou connaissent quelques légers saignements. D'autres ont les cheveux anormalement gras, les seins plus sensibles, ou elles ont plus d'énergie que d'habitude. La température corporelle de la femme augmente alors d'un bon degré au moment de l'ovulation, et revient à la normale ou reste un tantinet au-dessus jusqu'à la prochaine menstruation. Tandis que son corps a tendance à être survolté, la femme devient elle-même plus chargée d'électricité. A ces exceptions près, l'ovulation passe inaperçue.

Les femmes ne deviennent pas non plus excitées en milieu de cycle [7]. Pendant l'œstrus, les primates n'affichent pas tous ces parties génitales en tumescence qui attirent le regard. Mais pour tous, sans exception, l'ovulation se manifeste par l'émission de senteurs aromatiques excitantes et par des mimiques séductrices appuyées. Le mot œstrus d'ailleurs vient du mot grec qui signifie « frénétique ». La plupart des femmes, au contraire, ne sont absolument pas conscientes de leurs périodes de fécondité. En fait, il suffit qu'une femme fasse l'amour régulièrement pour se retrouver enceinte, mais elle doit prendre des précautions si elle veut ne pas avoir d'enfant. Car l'ovulation de la femme se fait sans tambour ni trompette.

Cette « ovulation silencieuse » cause bien des désagréments ! On lui doit des millions, voire peut-être des milliards de grossesses non désirées. Mais les avantages qu'elle a présentés à l'époque de Lucy sautent également aux yeux.

Si le partenaire de Lucy ne savait pas quand elle était féconde, et s'il voulait des enfants, il était obligé de copuler avec elle tout le temps. L'ovulation silencieuse contraignait le partenaire privilégié ou le « régulier » de Lucy à demeurer constamment près d'elle, lui assurant en permanence protection et nourriture. Ses amants de passage ne connaissaient pas non plus ses périodes de fécondité. Elle pouvait donc compter aussi sur leurs égards permanents. Comme chez les primates, les mâles qui convolent avec une femelle montrent généralement une grande sollicitude pour ses petits ; les amants auxiliaires peuvent raffoler de ses enfants. L'ovulation silencieuse offrait à la femelle davantage encore de cette denrée convoitée : des mâles.

Les mâles y trouvaient leur compte en sexe. Avec la disparition de l'œstrus, la partenaire femelle devint, sexuellement, perpétuellement disponible. Ses amants l'étaient aussi. Avec l'ovulation silencieuse, un « mari » n'eut d'ailleurs plus à éliminer les autres prétendants car sa « femme » et ses amants réels et potentiels ne donnaient plus aucun signe extérieur de fécondité. De ce point de vue, on peut dire que l'ovulation silencieuse fit beaucoup pour la paix des ménages.

De tous les bénéfices tirés de cette admirable caractéristique physiologique féminine, le plus marquant fut bel et bien la liberté de choix. Dégagée des obligations du cycle ovarien — et des caprices de pulsions sexuelles qui allaient et venaient —, Lucy put enfin commencer à *choisir* ses amants avec quelque soin.

Bien que les femelles chimpanzés aient généralement des partenaires privilégiés, et sachent à l'occasion se dérober aux rapports sexuels avec ceux qui ne sont pas de leur goût par un habile mouvement au bon moment ou par un refus de se mettre en position d'accouplement, il leur est impossible de dissimuler leur réceptivité sexuelle, de feindre la fatigue ou de se débarrasser de prétendants par la nonchalance ou l'insulte. Les femelles chimpanzés sont esclaves de réactions chimiques. Mais nos ancêtres femelles en revanche, libérées du flux hormonal mensuel, acquièrent un plus grand contrôle *cortical* de leur sexualité. Elles purent s'accoupler pour une myriade de raisons nouvelles : l'aspiration au pouvoir, le dépit, le désir, l'amitié et l'amour. Se demander si « elle veut ou ne veut pas » est devenu de rigueur.

Gros pénis et seins ballottants, copulation face à face et

réceptivité sexuelle permanente : notre corps a été modelé par les aléas et les péripéties des histoires d'amour, les jalousies forcenées et les changements de partenaires. Pendant ces millénaires où nos ancêtres, hommes et femmes, se sont accouplés et ont travaillé ensemble, la pression sélective continua son œuvre et se chargea en particulier de forger les cerveaux masculin et féminin.

C'est alors que la psyché humaine prit son essor.

10

POURQUOI LES HOMMES
NE RESSEMBLENT-ILS PAS PLUS AUX FEMMES ?
Le développement du cerveau sexuel de l'homme

> *L'homme est double, ici-bas ;*
> *Être de nature et d'artifice.*
>
> Robert Herrick, *Sur l'homme*

« L'homme manifeste plus de courage, de combativité et d'énergie que la femme, et son intelligence est plus créatrice... La femme se distingue de l'homme par sa sollicitude et un moindre égoïsme. »

Ainsi s'exprimait Darwin en 1871. L'homme belliqueux, la femme éducatrice : il mettait ces différences de tempérament sur le compte d'un lointain atavisme de l'humanité.

Darwin attribuait aux hommes une plus grande intelligence naturelle. Leur supériorité intellectuelle, pensait-il, remontait à la nécessité de se battre pour conquérir une compagne. Défendre sa famille, chasser pour la nourrir, mener la guerre, fabriquer des armes exigèrent de nos ancêtres les plus hautes facultés mentales, c'est-à-dire « le sens de l'observation, la capacité de raisonnement, d'invention et d'imagination ». L'intelligence masculine aurait ainsi évolué en même temps que la compétition ancestrale et la survie des plus aptes.

Un Adam agressif et éveillé, une Ève douce et simplette ; Darwin pensait voir des preuves de cette inégalité des sexes tout autour de lui. Les poètes, hommes d'affaires, politiciens, scientifiques, artistes et philosophes de l'Angleterre victorienne étaient presque tous des hommes. Qui plus est, l'éminent neurologue français du xixᵉ siècle, Paul Broca, expert en étude des races, avait apporté tout le poids de son autorité scientifique à la croyance en l'infériorité féminine. Il avait calculé le poids du cerveau d'une centaine de cadavres des deux sexes autopsiés dans les hôpitaux de Paris, et en avait conclu en 1861 : « Les femmes, en moyenne, sont un peu moins intelligentes que les hommes. Il ne faut pas exagérer cette différence, mais elle est réelle. »

Broca n'avait omis qu'une chose : corriger ses calculs en tenant compte de la taille moyenne plus petite des squelettes féminins. Quand il s'était agi de comparer les Français et les Allemands, il avait pris soin d'utiliser une « formule corrective » lui permettant d'en déduire un niveau équivalent ! Les crânes féminins n'eurent pas droit aux mêmes ajustements mathématiques. Et alors ? N'était-il pas évident pour tous que les femmes étaient intellectuellement inférieures ? La science suivait l'esprit du temps.

Le credo sexiste connut un cinglant revers au lendemain de la Première Guerre mondiale. Margaret Mead fut de ces prestigieux intellectuels des années 1920 qui soulignèrent la prépondérance de l'éducation sur la nature. C'est le milieu qui façonne la personnalité, disait-elle.

> Comme elle l'écrivit en 1935, « la plupart des traits de personnalité que nous disons masculins ou féminins, sinon tous, n'ont pas plus de liens intrinsèques avec le sexe que les vêtements, les manières ou les coiffures imposés par la société d'une époque donnée ».

Le message de Mead redonnait espoir aux femmes, mais aussi aux minorités ethniques, aux immigrants, à tous les pauvres. Il introduisait dans la théorie scientifique le concept de « déterminisme culturel », selon lequel les êtres humains étaient d'essence identique[1]. Dépouillez l'homme et la femme de leurs quelques ornements culturels, et vous retrouvez le même animal de base. Ce sont la société et l'éducation qui incitent la femme à se comporter comme une femme, et l'homme à agir en homme. Récusée, la biologie !

Les années 1930 et les décennies suivantes furent celles de l'émergence des théories postulant l'identité fondamentale de

219

l'homme et de la femme. Le courant s'est aujourd'hui de nouveau inversé. A la lumière des connaissances nouvelles, de nombreux scientifiques pensent désormais que la différence de comportement entre les sexes est une réalité biologique qui façonne le cerveau humain dès le développement intra-utérin.

Au moment de la conception, quand l'ovule rencontre le spermatozoïde, l'embryon n'a pas encore d'organes génitaux, ni mâles ni femelles. Mais à la sixième semaine de la vie du fœtus survient une chiquenaude génétique au sein des chromosomes qui conduit les précurseurs des gonades à se développer en testicules ou en ovaires. Les dés sont alors jetés. Les gonades qui deviendront testicules commencent à produire la testostérone fœtale. Cette puissante hormone mâle apparaît dans les tissus de l'embryon dès le troisième mois de grossesse et forme les organes génitaux mâles. Mais elle imprime aussi sa marque sur le cerveau mâle. En revanche, si l'embryon doit donner une fille, il se développe sans la stimulation des hormones mâles, laissant apparaître les organes génitaux féminins en même temps qu'un cerveau spécifiquement féminin.

De sorte que les hormones « sexualisent » le cerveau du fœtus. Un certain nombre de scientifiques pensent que cette architecture primitive du cerveau joue un rôle dans l'apparition des différences de comportement entre les sexes à un stade ultérieur de la vie. J'ajouterai que ces particularités sexuelles ont traversé les siècles et remontent au lointain passé qui vit nos ancêtres mâles et femelles commencer à vivre en couples et à élever leur progéniture en tant que « maris » et « femmes ».

Avoir la langue bien pendue

Des tests d'évaluation du langage oral ont clairement montré qu'en moyenne les petites filles parlent plus tôt que les petits garçons. Elles parlent avec plus d'aisance, une plus grande précision grammaticale et utilisent plus de mots. A dix ans, les filles excellent dans le raisonnement oral, la prose écrite, les exercices de mémoire, la prononciation et l'orthographe. Elles sont meilleures en langues étrangères. Elles bégaient moins. Elles souffrent quatre fois moins de dyslexie que les garçons et sont bien moins nombreuses à devoir suivre une rééducation en lecture.

Cela ne veut pas dire que tous les garçons articulent mal, ni qu'ils ont *tous* une moindre faculté d'élocution que *toutes* les filles. Les performances masculines sont variables, celles des femmes aussi. En fait, il y a plus de différences entre individus du même sexe qu'il n'y en a globalement entre les deux. En témoigne notre histoire occidentale. Notre culture a empêché les femmes pendant les quatre derniers millénaires de devenir orateurs, écrivains, poètes ou dramaturges, tout en encourageant l'épanouissement des génies masculins. Il n'est pas surprenant dans ces conditions que la plupart des orateurs de talent et les géants de la littérature aient été des hommes. Dans le même temps, les scientifiques commencent à devoir reconnaître qu'en moyenne les femmes ont plus de facilité verbale que les hommes.

On pourrait se dire que cette particularité est entièrement acquise. Selon certains, la plus grande maturation des petites filles à la naissance favoriserait chez elles une certaine précocité verbale, mais cet atout serait ensuite systématiquement cultivé et encouragé par les parents et le système scolaire. Les thèses mettant la volubilité féminine sur le compte d'une certaine stimulation sociale ne manquent pas. Mais les recherches les plus récentes laissent aussi soupçonner une origine biologique à cette différence.

Les femmes s'expriment avec plus d'aisance non seulement aux États-Unis, mais dans des pays aussi différents que l'Angleterre, la Tchécoslovaquie ou le Népal. Une étude de l'Association internationale pour l'évaluation des performances scolaires, à partir de quarante-trois mille copies d'étudiants de quatorze pays et cinq continents, montre que les filles expriment leurs pensées par écrit plus clairement que les garçons. L'argument le plus indiscutable en faveur de la supériorité verbale des femmes reste néanmoins la corrélation entre le taux d'œstrogènes, l'hormone femelle, et leurs performances de langage.

Dans une étude récente portant sur deux cents femmes en âge d'avoir des enfants, des psychologues ont montré que celles-ci manifestent une plus grande facilité d'expression au milieu du cycle menstruel, quand le taux de sécrétion d'œstrogènes atteint son maximum. Quand on leur demandait, par exemple, de répéter cinq fois de suite et aussi vite que possible l'expression difficilement prononçable : « a box of mixed biscuits in a biscuit mixer » (un assortiment de biscuits dans un mixeur à biscuits), c'est à mi-cycle qu'elles s'en sortaient le plus brillamment. Mieux, juste après les règles, quand le niveau d'œstrogènes a beaucoup chuté, leur vitesse d'élocution surclasse encore celle des hommes dans toutes les épreuves verbales.

L'écart en mathématiques

Les hommes excellent, en moyenne, dans des problèmes de mathématiques plus ardus (pas en arithmétique). Ils lisent aussi plus facilement les cartes, résolvent mieux les problèmes de labyrinthes, et font de meilleurs scores aux différents tests de capacité visuelle, spatiale et quantitative.

Certaines de ces dispositions se remarquent dès l'enfance. Les petits garçons n'hésitent pas à démonter leurs jouets et explorent plus volontiers l'espace autour d'eux. Ils savent mieux suivre les objets dans l'espace et perçoivent les motifs et relations abstraites avec plus de précision. A dix ans, les garçons sont plus nombreux à pouvoir se représenter mentalement la rotation d'objets à trois dimensions, à percevoir avec précision des volumes à partir de leur seule image plane sur papier ; ils obtiennent de meilleurs résultats que les filles dans des activités de mécanique et d'espace.

Sur 50 000 élèves de niveau 7* ayant subi le test d'aptitude scolaire classique, 260 garçons et 20 filles ont obtenu autour de 700 points sur 800 aux problèmes de mathématiques : un rapport de 13 pour 1. Aux États-Unis, 3 doctorats universitaires de mathématiques sur 4 sont décernés à des hommes. Ces différences dans la précision spatiale et l'intérêt pour les mathématiques se retrouvent dans d'autres cultures.

Évidemment, ces dispositions masculines particulières, comme les facilités d'élocution chez les femmes, ont une importante composante culturelle. Mais, là aussi, on observe une corrélation entre, d'une part, le taux d'hormone mâle — la testostérone — et la présence d'un chromosome Y, et, d'autre part, de meilleures performances en mathématiques, à certains tests visuels, spatiaux et quantitatifs. Les filles qui ont reçu avant la naissance, pendant la

---

* L'équivalent de l'entrée en sixième en France. (*N.d.T.*)

gestation, des doses anormalement élevées d'hormones mâles (dues à un dysfonctionnement fœtal ou à la prise de médicaments par la mère durant la grossesse) ont un comportement de « garçon manqué » dès l'enfance, et obtiennent de meilleurs résultats aux examens de mathématiques à l'adolescence. A l'inverse, les garçons souffrant d'un bas taux de testostérone ont de mauvais résultats aux tests de représentation spatiale à l'âge de la puberté. En outre, les hommes ayant un chromosome Y supplémentaire (un caryotype XYY) ont de meilleurs résultats aux tests de représentation spatiale, alors que ceux qui sont dotés d'un chromosome femelle supplémentaire (caryotype XXY, ou syndrome de Klinefelter) ont des capacités de représentation dans l'espace plus médiocres.

Je ne veux pas dire que les femmes n'ont pas développé des capacités spatiales supérieures. Bien au contraire. Les chercheurs Irwin Silverman et Marion Beals ont récemment découvert une étrange faculté féminine de reconnaissance spatiale. Ils ont éparpillé dans une pièce différents objets, les ont dessinés sur une feuille de papier, et ont demandé à des hommes et des femmes de les mémoriser. Puis ils leur ont demandé d'énumérer ceux dont ils se souvenaient. Résultat : les femmes avaient mémorisé beaucoup plus de ces objets statiques et leur emplacement que les hommes. Chaque sexe cultive son mode particulier de reconnaissance spatiale.

Faut-il accuser la société de faire échouer les femmes en maths et les hommes en lettres ?

Les explications culturelles à ce type de différences entre les sexes abondent. De nombreux facteurs peuvent en effet contribuer à infléchir les résultats aux tests et en relativiser la valeur objective : les idées préconçues des enseignants, la façon dont ils traitent leurs élèves ; l'attitude des parents, leurs méthodes d'éducation ; le dogme de la masculinité des mathématiques ; les sports pratiqués par les garçons ou les filles, leurs aspirations et leurs ambitions respectives, les multiples pressions sociales qui s'exercent sur les adolescents... jusqu'à la manière dont les tests sont conçus et interprétés. Les résultats du test d'aptitude scolaire, par exemple, varient autant en fonction de la classe sociale et du milieu ethnique que du sexe. L'écart entre les performances des hommes et des femmes sur des tests standardisés de mathématiques a baissé depuis les années 1970.

Peut-on parler, dans ces conditions, de fatalité biologique ?

Bien sûr que non. Personne ne nie que la culture joue un rôle énorme en modelant l'activité humaine. Mais la rigueur scientifique exige aussi qu'on prenne en compte d'autres facteurs également significatifs : l'ensemble des données sur les différences entre sexes chez les très jeunes enfants ; la persistance de différences mâle/femelle dans des tests autres que le test d'aptitude scolaire ; le fait que les adolescentes ne prennent pas de retard dans certaines tâches qui échappent à toute pression sociale, fait corroboré dans d'autres pays ; la corrélation observée entre le taux de testostérone et les facultés spatiales d'une part, entre celui des œstrogènes et l'aptitude au langage d'autre part. Tout cela milite en faveur d'une origine au moins partiellement biologique des différences d'aptitudes spatiales et verbales entre hommes et femmes.

J'ajouterai seulement, en tant qu'anthropologue, que ces différences entre sexes ont une signification évolutionniste. Il y a bien des milliers d'années, nos ancêtres masculins commençaient à pister, poursuivre et encercler des animaux. Ceux d'entre eux qui possédaient un meilleur sens de l'orientation et un œil topographique infaillible pourraient bien avoir survécu et prospéré en plus grand nombre. Nos ancêtres féminines, quant à elles, devaient plutôt savoir discerner les plantes comestibles au sein d'une végétation foisonnante, de sorte qu'elles développèrent une meilleure aptitude à localiser les objets statiques. Ainsi sans doute se différencièrent nos talents spécifiques de reconnaissance spatiale. Devoir élever les enfants peut avoir été tout aussi déterminant dans la sélection d'une plus grande virtuosité verbale.

Je crois pouvoir ainsi soutenir que de subtiles différences d'aptitude entre les sexes ont commencé à émerger en même temps que la vie en couple et les pratiques de l'homme chasseur-cueilleur-collecteur. Les différences que je viens d'évoquer ne sont sans doute pas les seules à avoir un fondement biologique, même si notre long passé de nomades est pour quelque chose dans leur évolution.

L'intuition féminine

« On admet généralement, écrivait Darwin, que le pouvoir d'intuition... est plus marqué chez la femme que chez l'homme. »

La science contemporaine commence à redonner raison à Darwin. Certains tests montrent qu'en moyenne les femmes comprennent mieux les émotions, le non-dit, le contexte et toutes sortes d'informations périphériques que les hommes. Un léger mouvement de tête, une moue, un haussement d'épaules, une attitude, un ton de voix... le moindre de ces gestes subtils peut suffire à ce qu'une femme devine le malaise, l'inquiétude, la déception ou l'irritation de son invité. Cette faculté pourrait-elle provenir de l'anatomie du cerveau ? Pourquoi pas ?

Le paquet de fibres nerveuses qui connecte les deux hémisphères cérébraux, qu'on appelle le *corps calleux*, s'épaissit et gonfle vers l'arrière chez la femme, mais reste uniformément cylindrique chez l'homme. De sorte que les deux côtés d'un cerveau de femme sont mieux connectés. Les parties constitutives des deux hémisphères pourraient l'être tout autant. Pour en avoir le cœur net, on a soumis à des tests expérimentaux des centaines de personnes victimes d'un choc, de tumeurs ou de blessures au cerveau, ainsi que des sujets en bonne santé. On a constaté que les aptitudes féminines sont plus largement distribuées dans tout le cortex, alors que les aptitudes masculines sont plus localisées et plus compartimentées, les hémisphères opérant de manière légèrement plus indépendante.

Le mode de câblage du cerveau suggère une explication à l'intuition féminine. Les femmes pourraient percevoir simultanément un plus large éventail de stimulations sensorielles : visuelles, orales, tactiles, olfactives. Leur capacité à intégrer les différents éléments d'informations annexes les aurait dotées de cette perspicacité que Darwin leur enviait.

A supposer que l'intuition féminine ait une composante biologique, il n'est pas absurde d'imaginer qu'il y a des milliers d'années les femmes capables de deviner et d'anticiper les besoins de leurs petits aient bénéficié d'un avantage sélectif[2].

Les aptitudes verbales féminines, le penchant masculin pour les mathématiques et certains problèmes spatiaux, l'intuition féminine ne sont pas les seules spécificités sexuelles qui semblent avoir une origine biologique, par-delà leur évolution tout au long de notre longue préhistoire.

Les femmes de tous âges manifestent une meilleure coordination motrice « fine » ; elles manipulent avec plus de virtuosité les petits objets que les hommes. Pas étonnant qu'elles soient meilleures en couture ! Elles auraient tout aussi bien fait merveille avec un scalpel de chirurgien. On a même constaté que cette dextérité féminine augmente encore au milieu du cycle menstruel, quand le taux d'œstrogènes est au plus haut. Cela permet de penser que ces prouesses manuelles, tout en finesse, pourraient bien avoir un fondement physiologique, au moins partiellement. Les garçons et les hommes quant à eux, sont en moyenne plus experts aux manipulations lourdes nécessitant force et vitesse : ils excellent à courir, sauter, lancer des bâtons, des pierres et des ballons.

Encore une fois, ces différences entre sexes ont un sens évolutif. Nos ancêtres féminines cueillaient des graines et des baies, triaient les herbes, la terre et les brindilles pour leurs enfants. Celles qui avaient la meilleure dextérité motrice ont eu plus de descendants, tant et si bien que cette aptitude a été sélectionnée et a perduré chez la femme moderne. Par ailleurs, il est vraisemblable que l'aptitude masculine à la coordination motrice lourde ait évolué avec le progrès dans la manipulation des armes contre les prédateurs et le gibier rapide.

Les garçons resteront des garçons

Un dernier trait de comportement distingue hommes et femmes : comme disait Darwin, les hommes sont en moyenne plus agressifs, les femmes plus éducatrices.

Dans une étude sur l'agressivité dans des villages au Japon, aux Philippines, au Mexique, au Kenya et en Inde, de même qu'à Orchad Town, une cité de la Nouvelle-Angleterre, les anthropologues Béatrice et John Whiting ont observé davantage de bellicisme chez les garçons, quel que soit le type de culture. Des psychologues ont fait la même constatation chez les Américains. Tout petits, les garçons s'empoignent entre eux et se griffent. Dès la crèche, ils pratiquent la course-poursuite et la lutte. Les adolescents aiment les sports de contact. La bagarre est le jeu favori des petits garçons comme chez les autres primates. Beaucoup d'hommes sont attirés par la violence guerrière. La plupart des homicides, partout dans le monde, sont commis par des hommes, souvent de jeunes hommes dont le taux de testostérone est élevé.

Je ne dis pas que les femmes ne font pas preuve d'agressivité. Nous savons tous à quel point les femmes peuvent se montrer moralement dures, et parfois physiquement violentes — surtout quand elles sont très protectrices à l'égard de leurs enfants. Soyez seulement menaçant à l'égard d'un bébé, vous constaterez à vos dépens la brutalité de la réaction maternelle. Certains chercheurs pensent que, chez les femmes, ce serait plutôt l'environnement qui déclenche l'agressivité, alors que chez les hommes, celle-ci est davantage gouvernée par les hormones.

Leur tempérament batailleur n'était sans doute pas superflu quand il leur fallait attaquer les prédateurs et les groupes rivaux dans la savane africaine, il y a quelques millions d'années.

La sollicitude maternelle est souvent considérée comme la contrepartie féminine de l'agressivité masculine. Les femmes de tout groupe ethnique et de toute culture de par le monde (comme les femelles de toutes les autres espèces de primates) montrent plus d'intérêt que les hommes pour les petits enfants et plus de tolérance pour leurs besoins. En outre, dans chacune des sociétés étudiées, on observe que ce sont les femmes qui se consacrent aux soins quotidiens des petits.

Certains voudraient réduire le maternage féminin à un comportement appris. Mais l'observation montre que cette disposition peut elle aussi avoir un fondement biologique. Les bébés filles roucoulent, gazouillent et sourient aux visages des autres, quand les bébés garçons se contentent de babiller à la vue d'objets ou de lumières scintillantes. Les très jeunes fillettes sont plus sensibles au contact, aux sons aigus, au bruit, aux inflexions de voix, aux goûts, aux odeurs. Elles ont une capacité d'attention plus grande et consacrent plus de temps à moins d'occupations ; les garçons sont plus distraits, plus actifs, plus explorateurs. Ce sont les personnes nouvelles qui attirent les filles, mais les jouets nouveaux qui séduisent les garçons. Les filles sont expertes à discerner votre humeur au seul ton de votre voix. La connaissance de ces traits de comportement aide à l'éducation des enfants.

Dans son ouvrage de 1982, *Une voix différente (In a Different Voice),* la psychologue Carol Gilligan explique que les femmes sont remarquablement sensibles aux relations entre personnes. Ses collègues et elle ont pu constater, au travers des interviews d'une centaine d'individus des deux sexes et de tous âges, que les femmes se donnent un rôle, comme si elles jouaient sur scène, au sein de tout un réseau d'affections, d'affiliations, d'obligations et de responsabilités. Puis elles prennent soin d'entretenir ces liens — ce qui se révèle bien utile quand il s'agit d'élever les bébés dans un groupe.

Le maternage féminin semble avoir une composante biologique, de la même façon que l'agressivité masculine dépend en partie de la sécrétion de testostérone. Les individus qui naissent avec un seul chromosome, le chromosome X (il s'agit du syndrome de Turner), sont « très féminins ». Ils montrent moins d'intérêt pour les sports et les bagarres de l'enfance que les filles normales, et affectionnent encore plus qu'elles les atours et colifichets personnels. Ces enfants-là ont de très mauvais résultats aux tests mathématiques et sont peu portés aux activités spatiales. Ces filles, donc, manifestent un très fort intérêt pour le mariage et adorent les enfants.

Il est probable que le penchant féminin pour les relations personnelles, le besoin de se lier, l'intérêt naturel pour les visages, la sensibilité auditive, olfactive, tactile, auditive, la capacité d'attention soient des traits de la psychologie féminine qui se sont développés en même temps que nos ancêtres femelles nourrissaient leurs petits il y a des millénaires.

> « S'il est vrai que nous descendons du singe, ce doit être de deux espèces différentes. Reconnais-le : il n'y a aucune ressemblance entre toi et moi ! »

Voilà ce que disait un homme à une femme dans la pièce d'August Strindberg écrite en 1887, *Le père.* La misogynie du dramaturge suédois le portait à exagérer, bien entendu. Mais il reste que les hommes et les femmes, en moyenne, semblent être dotés d'aptitudes verbales, spatiales et intuitives différentes ; leur mode de coordination sensorimotrice (œil-main) et leur comportement social ne sont pas les mêmes. Autant de dissemblances qui semblent avoir une composante biologique. La logique veut qu'elles aient évolué avec les mœurs de l'homme chasseur-cueilleur.

Néanmoins, aucun sexe n'est plus intelligent que l'autre.

Sur ce point, Darwin avait tort. L'intelligence consiste en un amalgame de milliers d'aptitudes distinctes, pas en une disposition unique. Certains individus savent merveilleusement lire les cartes... ou les visages. D'autres peuvent se représenter mentalement des objets en rotation, réparer une voiture ou écrire des poèmes. Certains savent brillamment raisonner sur des questions scientifiques épineuses, pendant que d'autres raisonnent tout aussi brillamment sur des situations sociales complexes. Il y a ceux qui apprennent la musique comme par enchantement, et ceux qui assimilent une langue étrangère en quelques semaines ; ceux qui ont un faible pour les théories économiques, et ceux qui ne retiennent que les idées philosophiques. D'autres ont une mémoire colossale mais sont incapables d'exprimer ou d'appliquer correctement ce qu'ils savent ; d'autres encore en savent beaucoup moins mais font preuve d'esprit créatif, savent généraliser et utiliser leurs connaissances et leurs idées. D'où la magnifique variété des talents humains.

Cela dit, chaque sexe n'est pas lui-même une entité monolithique. On trouve de brillants mathématiciens, compositeurs ou joueurs d'échecs chez les femmes ; les meilleurs orateurs, dramaturges ou interprètes du monde chez les hommes. Mais un grand nombre de données laissent penser qu'en moyenne chaque sexe a son leitmotiv, sa mélodie, son thème privilégié.

Pourquoi les hommes ne ressemblent-ils pas plus aux femmes ?

Pourquoi les femmes ne ressemblent-elles pas plus aux hommes ?

La différenciation de nos tempéraments respectifs remonte peut-être très loin, avant même que nos ancêtres mâles et femelles soient apparus dans la savane de l'Ancien Monde pour se mettre à fourrager, chasser et cueillir des baies pour survivre.

> *L'homme darwinien, même très civilisé,*
> *N'est jamais qu'un singe bien rasé,*

dit la chanson écrite par le librettiste anglais W.S. Gilbert. Évidemment, les chercheurs contemporains ne sont pas les premiers à penser qu'il y a une continuité entre la bête et l'homme. Mais, histoire d'en apporter une preuve supplémentaire, l'anthropologue William McGrew a retrouvé des rudiments de comportements de chasseurs-cueilleurs chez les chimpanzés modernes.

Vous vous en souvenez, les chimpanzés mâles du bord du lac Tanganyika, en Afrique de l'Est, sont des chasseurs. Ils traquent, poursuivent et tuent des animaux. Ce sont des activités nécessitant reconnaissance spatiale, discrétion et agressivité. Ce sont aussi les mâles qui patrouillent le long des frontières et gardent le territoire de la communauté — occupation elle aussi spatiale, silencieuse et agressive s'il en est. Les chimpanzés mâles lancent aussi volontiers des branchages et des pierres — type même de l'activité motrice lourde.

Les chimpanzés femelles, elles, se chargent de l'approvisionnement. Elles se livrent à la chasse aux termites et aux fourmis, en creusant trois fois plus souvent que les mâles. Ces tâches requièrent une dextérité manuelle minutieuse. Davantage que le mâle, la femelle du chimpanzé commun pratique le rite social du toilettage, qui l'amène à utiliser sa motricité fine pour attraper d'infimes poussières chez l'autre pendant des heures d'affilée. Et pendant qu'elles s'épouillent et se nettoient l'une l'autre, les femelles entrent en relation avec leurs petits, par le toucher et la voix. Cela stimule leurs capacités verbales. Pour faire bonne figure face aux primates plus imposants, les chimpanzés mâles ont tendance à aboyer, gronder et rugir, et à émettre des sons stridents et agressifs. Les femelles, quant à elles, émettent plus de cris de reconnaissance, de véritables signaux d'appel clairement identifiables.

Ces observations laissent penser que certaines des différences actuelles entre les sexes sont apparues *avant* notre apparition sur la savane africaine. Puis nos ancêtres se sont mis à attraper le petit gibier, à chasser, cueillir et fourrager pour trouver graines et baies dans les grandes plaines. Dès lors, les rôles respectifs des deux sexes ont dû devenir déterminants pour la survie, contribuant à sélectionner la différenciation sexuelle des comportements.

« La gorge »

Nous n'avons, bien sûr, aucune preuve physique des activités de chasse ou de cueillette chez Lucy ou ses proches, quand ils parcouraient les plaines d'Afrique il y a quelque quatre millions d'années. Nous n'avons que des traces de pas et quelques vieux os. En revanche, les restes fossiles d'il y a environ deux millions d'années sont beaucoup plus abondants. Quelques restes archéologiques bien particuliers laissent à penser que le partage des rôles entre les sexes — et les différences correspondantes dans le cerveau — avait commencé à apparaître.

Ces données viennent de la gorge d'Olduvai, en Tanzanie, une terre aux cañons arides, du moins aujourd'hui. Ces deux cent mille dernières années, un fleuve a découpé une veine profonde dans les rochers, dénudant une couche du gâteau des anciennes strates géologiques. Depuis les années 1930, Mary et Louis Leakey ont creusé dans cette crevasse, à la recherche des traces des hommes primitifs. En 1959, Mary finit par découvrir un site tout au fond de la gorge, dans la « couche 1 », révélant la vie telle qu'elle avait été il y a un million sept cent mille à un million neuf cent mille ans.

Le site avait été le fond d'une vallée en U occupé par un lac couleur d'émeraude, entouré de marais, de buissons et d'arbres. Les pélicans, les cigognes, les hérons et les hippopotames avaient pataugé dans les mares tranquilles. Les crocodiles avaient flotté dans l'eau saumâtre. Les canards et les oies avaient niché dans les papyrus au bord de l'eau. Remontant la pente hors du lac, le blaireau avait rejoint un vaste et haut plateau parsemé d'acacias. Des forêts d'acajous et de résineux s'étendaient à l'horizon sur les pentes des montagnes jusqu'au sommet des pics volcaniques.

Sur le bord est de ce lac disparu, où des marais furent autrefois alimentés par des ruisseaux d'eau douce, Mary Leakey déterra près de deux mille cinq cents outils primitifs et fragments de bois travaillé. Celui qui avait fabriqué ces outils devait avoir eu l'œil aiguisé. Il s'agissait de gros morceaux de lave, de quartzite ou d'autres pierres dont les bords avaient été cassés de façon à obtenir un tranchant, et de fragments extraits de plus grosses pierres. Le produit du débitage, de petits éclats de pierre aiguisés, des coups-de-poing, des morceaux de pierre non façonnés, était dispersé le long du rivage. Certains de ces outils provenaient de la roche locale ; d'autres avaient été fabriqués à partir d'autres matériaux provenant d'affleurements, de rivières ou de coulées de lave à des kilomètres de là. Quelques-uns avaient été fabriqués ailleurs puis déposés, intacts, à côté du lac. D'autres encore avaient été taillés et travaillés près du marais, puis transportés ailleurs, ne laissant que leurs débris derrière eux. On se trouvait sur le site de ce qui avait dû être une manufacture d'outils et un entrepôt.

Connus sous le nom des « outils d'Olduvai », ces hachoirs et grattoirs primitifs ne sont pas les plus anciens qu'on ait trouvés. On a trouvé des outils datant de deux millions et demi d'années en Éthiopie. Mais les outils de la « couche 1 » d'Olduvai ont quelque chose de spécial.

Six mille morceaux d'os d'animaux étaient répandus autour d'eux lors de leur découverte. Parmi les espèces les mieux représentées : des éléphants, des hippopotames, des rhinocéros, des cochons, des buffles, des chevaux, des girafes, des algazelles, des élans, des gnous, des kongonis, des topis, des antilopes d'eau ou kobs, des antilopes de brousse ou guibs, des antilopes des roseaux, des gazelles de Grant, des gazelles de Thompson et des impalas. Gisaient là aussi des restes de tortues, de macroscélidés, de lièvres et de canards, et des os de centaines d'autres animaux plus petits, sans parler des oiseaux. Dans les années 1960-1970, les Leakey découvrirent cinq autres sites le long de l'ancien lac. Un éléphant avait été abattu sur l'un d'eux.

Ces assemblages d'Olduvai évoquaient des palimpsestes à moitié effacés. Mais la discipline toute neuve de la taphonomie commençait à donner une idée de ce qui était arrivé sur les bords du lac, à cette lointaine époque.

Un puzzle d'ossements

La taphonomie est une science ingénieuse qui étudie les ossements fossiles en faisant un travail d'investigation en amont. Les taphonomistes établissent dans quelles conditions et comment les ossements primitifs sont arrivés là où ils sont, en observant par ailleurs comment un boucher moderne coupe la viande, comment des carnivores tels les lions ou les hyènes mâchent les os, comment l'eau et le vent dispersent les os dans le paysage. Ces chercheurs ont ainsi remarqué qu'en découpant les carcasses et en enlevant la chair, les chasseurs laissaient des marques de coupe au centre des os longs ; mais qu'en récupérant peau et tendons, c'était plutôt sur l'extrémité des os qu'ils imprimaient des marques. Les hyènes, tout au contraire, mâchonnent les extrémités des os et laissent des traces tout à fait différentes sur les restes d'ossements.

En s'aidant des différents indices établis par la taphonomie, les anthropologues ont essayé de reconstituer les événements qui s'étaient déroulés à Olduvai il y a près de deux millions d'années. Le travail de Henry et Ellen Kroll est l'un des plus convaincants.

Après avoir étudié l'ensemble de ce gisement d'ossements, les deux chercheurs ont émis l'hypothèse que nos ancêtres capturaient les tortues, musaraignes, hérons et autres petites créatures à la main ou à l'aide de pièges de corde. Les lions n'auraient pas laissé ce type de restes sur place, et auraient enlevé les carcasses en entier. On pouvait supposer que les chasseurs humains primitifs se rabattaient sur des animaux de taille moyenne comme les gazelles. Les os plus grands ne portant aucune marque de dents étaient probablement ceux d'animaux qui s'étaient effondrés d'épuisement à la fin de la saison sèche et que les hominidés avaient ramassés. Les os portant des marques de dents de carnivores devaient être ceux qu'ils avaient récupérés sur des carcasses à moitié dévorées.

Peut-être éloignaient-ils les fauves de leur proie juste le temps d'en voler quelques membres ; la stratégie de la « diversion de la brute ». Peut-être se contentaient-ils d'attendre que leurs redoutables concurrents aient quitté les lieux pour faire un somme, avant de récupérer les restes. Ils pouvaient très bien voler des carcasses que des léopards avaient hissées dans les arbres.

Nos ancêtres ne pouvaient se contenter d'aller à la cueillette, de chasser les animaux, ou d'en récupérer les restes. Encore fallait-il abattre et dépecer les bêtes. Certains des outils ont des rayures microscopiques qui proviennent de la coupe de la viande ; d'autre part on voit des marques parallèles incrustées au milieu de certains os, là où quelqu'un a dû découper des morceaux de viande. On observe aussi sur d'autres ossements fossiles des marques d'outils aux articulations, là où l'on a dû détacher les membres. Les os longs auront été ensuite transportés jusqu'à la berge.

Par ailleurs, la très forte proportion d'ossements provenant de bêtes sauvages de taille moyenne laisse penser que nos lointains ascendants disposaient d'assez de viande pour un groupe pratiquant la coopération et le partage. Les « hommes » ont commencé à se livrer à l'abattage, à l'équarrissage, au transport et au partage des proies il y a environ deux millions d'années.

Mais pourquoi les os et les pierres sont-ils disposés en tas séparés ? Après une longue analyse des os, des outils et des sites, des simulations par ordinateur combinant ces données à d'autres facteurs comme la dépense d'énergie, le temps de trajet et autres variables, l'anthropologue Richard Potts a émis l'hypothèse que les tas d'os et de pierres d'Olduvai étaient des « caches de pierres », des lieux où nos ancêtres dissimulaient leurs outils et leurs matières premières. C'est là qu'ils fabriquaient les outils, les entreposaient, et acheminaient les quartiers de gibier à traiter rapidement. Ensuite, après avoir débité la viande, extrait la moelle et récolté peau et tendons, ils abandonnaient la « boucherie » avant que les hyènes n'arrivent. Quand ils revenaient dans les parages chargés de viande, il leur suffisait de se servir à l'une de ces caches de pierres.

D'année en décennie, de décennie en siècle, os, pierres taillées et matériaux s'accumulèrent. Puis Mary Leakey trouva ces monceaux de déchets.

Ces dépôts de détritus nous disent quelque chose d'important sur les femmes, les hommes et l'évolution de leurs talents respectifs. Si nos prédécesseurs d'il y a deux millions d'années disposaient de caches de pierres soigneusement disséminées sur le site, avec une série complète d'outils et de matériaux pour le dépeçage de la viande, cela signifie clairement que ces premiers peuples savaient coordonner leurs activités, s'engager dans la dangereuse recherche du gibier de moyenne et grande taille, retarder le moment de le consommer, transporter les membres d'animaux dans des locaux spécialisés au bord du lac, pratiquer le débitage de la viande et en traiter suffisamment pour la partager entre parents et amis. Il y a peu de chances pour que nos ancêtres féminines, le plus souvent chargées de petits enfants, aient été nombreuses à se livrer à l'activité dangereuse de la chasse ou de la récupération sur les restes de proies, même de taille moyenne.

Des dizaines d'années après que Darwin eut lancé le concept de l' « homme chasseur », les universitaires ignoraient encore le rôle des premières femmes. Mais, au début des années 1980, des anthropologues révisionnistes ont commencé à remettre en ordre le passé. Aujourd'hui, la plupart pensent que les femmes ancestrales se consacraient essentiellement à une activité bien plus sûre et productive comme la cueillette et le ramassage de noix, de baies, de légumes, ou de friandises comme les œufs et les fruits.

Malheureusement, les outils de cueillette et de ramassage — le bâton à fouir et le sac — ne se fossilisent généralement pas. Mais des chercheurs ont récemment trouvé dans la grotte de Swartkrans, en Afrique du Sud, de longs os cassés d'antilopes, aux bouts polis. Les marques microscopiques près des extrémités indiquent que quelqu'un avait utilisé ces instruments notamment pour extraire du sol des légumineuses. L'examen d'une dent fossile de la même époque laisse penser que nos ancêtres mangeaient également beaucoup de fruits. En fait, Potts en a déduit que la viande devait représenter moins de 20 % du régime alimentaire.

En somme, si les hommes passaient leur temps à la chasse et à la récupération de restes animaux, c'étaient les femmes qui, il y a deux millions d'années, se consacraient à la collecte des végétaux et se chargeaient ainsi du travail principal.

Avec le temps, la division du travail entre les deux sexes dut sélectionner chez les hommes le sens de l'orientation et de la reconnaissance spatiale, l'agressivité et l'adresse qui demandent de la force physique. Mais les jours devenant des siècles, la mémorisation spatiale des objets statiques, la précision dans l'expression, le talent éducatif, l'agilité motrice fine et cette mystérieuse intuition devinrent chez les femmes une seconde nature.

La nature de l'intimité

Les particularités propres à chaque sexe peuvent expliquer, du moins partiellement, leur incompréhension mutuelle. Nous luttons, vous comme moi, pour la conquête de l'intimité. Dans les sondages, les livres, les articles, les femmes se plaignent de ce que leurs partenaires ne parlent pas de leurs problèmes, n'expriment pas leurs émotions, n'écoutent pas, ne partagent rien verbalement. Pour les femmes, pas d'intimité sans dialogue. Elles doivent cette disposition d'esprit, pas de doute, à leur longue histoire d'éducatrices.

Selon le sociologue Harry Brod, les hommes recherchent souvent l'intimité différemment. « De nombreuses études, écrit-il, montrent que les hommes recherchent souvent l'intimité émotionnelle en travaillant côte à côte, quand les femmes préfèrent une discussion face à face. » Pour les hommes, l'intimité c'est jouer ou regarder ensemble un spectacle de sport. Cela ne me surprend pas. Qu'est-ce que le football, sinon un jeu d'orientation, de labyrinthe, de puzzle, de reconnaissance spatiale, une compétition agressive — toutes choses adaptées à la configuration du cerveau masculin ? Regarder un match de football à la télévision, cela revient, à peu de choses près, à être assis derrière un buisson, dans la brousse africaine, en cherchant à deviner quelle route vont prendre les girafes. La plupart des femmes comprennent mal le plaisir que prennent les hommes à regarder des spectacles sportifs ; ces passe-temps ne font vibrer aucune corde de leur psychologie. Leur évolution n'est pas passée par là.

Des psychologues se sont mis à exploiter cette différenciation sexuelle pour en finir avec la guerre des sexes. L'un d'entre eux, dans l'Iowa, fait de la publicité dans les pages jaunes de l'annuaire téléphonique pour une « thérapie, réservée aux hommes ». Il propose aux hommes des activités sportives, de la danse et du théâtre. Parler, affirme-t-il, c'est une démarche féminine qui ne convient pas aux hommes. Il n'a pas tort. Nous ferions bien, tous et toutes autant que nous sommes, de prêter attention à cette distinction hommes/femmes. Les femmes trouveraient avantage à partager avec leur mari au moins une activité non verbale qu'il affectionne ; et les hommes amélioreraient nettement le climat qui règne à la maison s'ils prenaient le temps de s'asseoir face à leur compagne pour engager la conversation et sacrifier un tant soit peu à l' « écoute active » *.

Il existe une autre différence dans la façon de concevoir l'intimité qui a probablement elle aussi une origine ancestrale. Les psychologues sont formels : les femmes recherchent plus souvent l'intégration, l'étroitesse des liens, la dépendance, quand les hommes apprécient l'espace, la solitude et l'autonomie. Du coup,

---

* *Cf.* Deborah Tannen, *Décidément tu ne me comprends pas,* Coll. « Réponses », Robert Laffont, 1993.

les femmes reprochent à leur mari de les *abandonner*, et les hommes à leur femme de les *envahir*. Pourquoi ne pourrait-on pas interpréter le comportement féminin comme le vestige d'une époque où la sélection naturelle favorisait les éducatrices qui appréciaient la vie en groupe ? Et l'esprit d'indépendance masculin comme la sélection ancestrale des éclaireurs et des traqueurs solitaires ?

Nos goûts sexuels, eux aussi, remontent sans doute à notre lointain passé. Certains hommes sont voyeurs et aiment regarder des images pornographiques. D'autres ne se lassent pas de contempler des sous-vêtements érotiques, chemises de nuit et autres gadgets sexuels. En fait, ce sont souvent les stimulations visuelles qui déclenchent les fantasmes sexuels masculins. La structure de leur cerveau, plus spatiale, y est peut-être pour quelque chose. Les femmes, elles, préfèrent les romans d'amour et les feuilletons télévisés — la pornographie verbale tiède. Leur sensibilité au langage n'y est peut-être pas étrangère.

Cela ne veut pas dire que *tous* les hommes sont voyeurs, que tous ressentent leurs femmes envahissantes, ou que *tous* ne conçoivent l'intimité que par le truchement du sport sans communication verbale. Pas plus que *toutes* les femmes ne lisent des romans d'amour, fuient le football à la télévision ou recherchent le dialogue intime face à face. A chacun son tempérament, et chaque personnalité humaine pioche à sa manière dans une vaste palette d'aptitudes. La diversité individuelle m'émerveille toujours. Il reste que certaines différences de comportement entre sexes ne peuvent pas être ignorées.

La question est vieille comme le monde : « Que veulent les femmes ? » disent les hommes. Et les femmes de constater :

« Décidément, ils ne nous comprennent pas ! »

Je soupçonne nos deux sexes d'avoir commencé à se mystifier l'un l'autre il y a deux millions d'années, quand hommes et femmes prospectaient les environs du lac émeraude à Olduvai, et quand les aptitudes et les comportements liés au sexe se mettaient en place.

Qui étaient-ils, ces « gens » d'Olduvai ? Les ossements de deux espèces distinctes d'hominidés ont été retrouvés dans la

« couche 1 ». Des individus aux énormes molaires et aux arcades sourcillières proéminentes, connus sous le nom d'*Australopithecus boisei,* vécurent au bord du lac pendant un million d'années puis disparurent. Bien que ces créatures aient vu leur capacité crânienne augmenter de quatre cent trente à cinq cent cinquante centimètres cubes et que certains spécimens aient été dotés de mains capables de fabriquer des outils permettant d'abattre et de découper les proies, leurs imposantes mâchoires, la structure de leurs dents et leur dessin laissent penser qu'ils s'asseyaient plutôt dans l'herbe pour broyer d'énormes quantités de dures fibres végétales, de noix et de graines. Ils n'étaient probablement pas chasseurs.

L' « homme habile », ou *Homo habilis,* vivait au même endroit. Ces gens-là avaient des crânes plus graciles et des mâchoires plus petites. Les quatre premiers spécimens retrouvés furent baptisés Twiggy (un crâne écrasé avec sept dents), George (dents et fragments de crâne), Cindy et l'Enfant de Johnny (des morceaux de mâchoire plus nombreux et des dents). Tous ont trouvé la mort près de rivières où l'on pouvait boire de l'eau fraîche qui dégringolait dans les marais saumâtres situés sur la rive est du lac, il y a environ un million neuf cent mille ans. Un squelette partiel de femme a été récemment retrouvé. Sa taille ne dépasse pas le mètre.

La famille de Twiggy vivait au nord de Koobi Fora, sur un bout de terre aujourd'hui desséché et désolé qui s'étend jusqu'à l'actuel lac Turkana, au nord du Kenya. C'est là que Richard Leakey, le fils de Mary et Louis Leakey, a découvert environ trois cents fossiles humains depuis 1968. Il avait prospecté le filon découvert par sa mère. Le spécimen le plus célèbre est un crâne qui reçut le nom de « 1470 », son numéro de catalogue. En quoi « 1470 » est-il si remarquable ?

Cet individu devait avoir une capacité cérébrale de six cents à huit cents centimètres cubes. « 1470 », comme Twiggy et les autres fossiles d'*Homo habilis,* bénéficiait d'un volume crânien nettement plus important que celui de ses contemporain(e)s, les australopithèques, et d'une capacité crânienne à mi-chemin de l'homme moderne.

Notre petite troupe devenait plus intelligente. L'anthropologue Ralph Holloway a révélé les contours de leur cerveau en fabriquant des moules crâniens intérieurs en latex. Il put ainsi constater que les zones frontale et pariétale du cortex — la partie du cerveau permettant de discerner, classer, réfléchir et raisonner — avaient commencé à acquérir une configuration moderne. Twiggy et sa famille pourraient bien avoir inauguré l'aptitude à prévoir et à planifier.

Peut-être discutaient-ils entre eux de leurs projets. Les moulages internes d'Holloway montrent un léger renflement dans l'aire de Broca, du nom du neurologue du XIXᵉ siècle que j'ai mentionné au début du chapitre. L'aire de Broca est la partie du cortex située au-dessus de l'oreille gauche qui commande les mouvements de la bouche, de la langue, de la gorge et des cordes vocales, pour produire les sons du langage parlé. Or, l'on constate que la zone cérébrale spécifique du langage commençait à grossir dans le cerveau de « 1470 » et dans celui des autres spécimens d'*Homo habilis*.

Le langage est la marque distinctive de l'humanité. Il y a bien eu dix mille travaux de recherche sur l'origine du langage, mais aucun n'a jamais été capable d'expliquer quand et comment nos ancêtres ont pu pour la première fois assigner arbitrairement des mots aux objets. Comment *dog* (chien) pouvait désigner la créature à quatre pattes remuant la queue avec laquelle nous jouons dans la cour ; comment les hommes se sont mis à découper des mots en sons séparés (comme *d-o-g*) ou recombiner ces sons élémentaires pour fabriquer de nouveaux mots aux nouvelles significations (comme *G-o-d,* Dieu). Mais ce sont ces petits sifflements, cliquetis et bruits sans signification, cousus ensemble pour façonner des mots, reliés à leur tour en phrases selon des règles grammaticales, qui allaient finalement permettre à l'humanité de dominer le monde.

Twiggy avait peut-être franchi ce seuil de l'humanité.

Appelait-elle son amoureux d'un mot tendre, quand elle revenait de la cueillette des noix ? Lui décrivait-elle avec des mots les traces d'animaux qu'elle avait remarquées dans la plaine ? Lui chuchotait-elle qu'elle l'aimait, quand elle se pelotonnait pour dormir ? George et « 1470 » réprimandaient-ils leurs bambins ? Leur racontaient-ils des histoires drôles ? Des contes ? Mentaient-ils ? Faisaient-ils des compliments ? Discutaient-ils d'hier et de demain avec des mots ? Peut-être. Sans doute. Mais certainement pas de la même manière que nous. Les postures, les gestes, les expressions du visage et les intonations étaient sans doute encore essentiels à la compréhension du message. Mais à partir du moment où l'aire de Broca se mit à croître dans le cerveau, des créatures comme Twiggy se mirent probablement à utiliser une sorte de langage primitif, préhumain.

L'homme éclaireur, traqueur, explorateur, investigateur, chasseur et protecteur. La femme collecteuse, nourricière, médiatrice et éducatrice. Nous ne saurons peut-être jamais quels furent les premiers groupes humains pratiquant la division des tâches. Mais ce que nous savons, c'est que quelqu'un a bel et bien transporté des morceaux de viande dans les roseaux pour en nettoyer les os, il y a deux millions d'années[3]. Et je ne crois pas que c'étaient les femmes portant les petits enfants qui firent alors fonction de chasseurs ou de bouchers.

Cela dit, il n'y a aucune raison de penser que chaque sexe se soit cantonné exclusivement dans un seul rôle. Il est possible que les femmes sans enfant aient pu rejoindre, voire diriger la chasse ou la recherche des restes d'animaux. Les hommes devaient eux-mêmes souvent se livrer à la cueillette et au ramassage des plantes, des noix et des baies. Certains couples devaient prospecter la prairie ensemble à la recherche de petits animaux. Il n'en reste pas moins que nos ancêtres s'étaient mis à récupérer la viande, puis à la dépecer et à la partager systématiquement. Les deux sexes commençaient à organiser leur vie en se divisant le travail, en faisant équipe.

Freud avait de bonnes raisons de voir en la psychologie féminine un « continent obscur ». Pendant des décennies, voire des siècles, les savants voulant comprendre la nature humaine ont pris le comportement masculin comme modèle, et mesuré les performances féminines à cette aune exclusive. De sorte que nous n'avons presque rien appris sur les fondements biologiques du comportement féminin. Les temps ont changé. Nous en connaissons un peu plus sur la psychologie féminine. Il nous paraît désormais presque évident que les deux sexes, au cours des millénaires, étaient destinés à mettre en commun leurs talents respectifs.

Le style de vie des chasseurs-cueilleurs devait engendrer un subtil équilibre entre les femmes, les hommes, et le pouvoir.

11

FEMMES, HOMMES ET POUVOIR
Histoire naturelle des rapports de forces entre les sexes

L'Histoire énonce toujours des vérités nouvelles.

Nietzsche, *La volonté de puissance*

Un matin de 1929, dans tout le sud-est du Nigeria, des milliers et des milliers de femmes vêtues de pagnes et de couronnes de fougères déferlèrent de leurs villages vers les centres locaux de l' « administration indigène ». Cap sur les résidences des officiers coloniaux anglais de district. Une foule féminine compacte et menaçante se massa à leurs portes, brandissant des gourdins, dansant, ridiculisant les autorités coloniales par des chansons salées. La foule exigea les insignes des hommes de la tribu Ibo qui collaboraient avec l'ennemi. Ici, les femmes forcèrent les portes de la prison locale pour en libérer les occupants ; là, elles mirent à sac et incendièrent les bâtiments des tribunaux indigènes. Mais elles ne firent pas de blessés.

Devant deux centres de district, les Anglais ouvrirent le feu sur les protestataires, en représailles, et massacrèrent soixante femmes. Ce fut la fin de l'insurrection. Les Anglais avaient « gagné ».

L'Histoire retient généralement la version des vainqueurs et cette « guerre des femmes » comme l'appelèrent les Ibos, passa à la postérité sous son appellation anglaise d' « émeutes d'Aba ». La plupart des officiers anglais étaient convaincus que les mâles de la tribu des Ibos étaient les instigateurs de la manifestation et que c'étaient eux qui avaient poussé leurs femmes à la révolte. Ou bien

241

ils pensaient que si les femmes étaient montées en première ligne, c'est parce qu'elles étaient à cent lieues d'imaginer que les autorités oseraient ouvrir le feu sur elles. C'est un fait que la portée exacte de cette guerre, une guerre de femmes contre la violation de leurs droits, a toujours dépassé l'entendement des Anglais.

Un abîme culturel sépare les Anglais des Ibos — un gouffre qui est à l'origine de cette guerre des femmes et qui donne la mesure de l'incapacité des Européens à saisir la nature des relations entre femmes, hommes et pouvoir à travers le monde.

Pendant des siècles, ces femmes Ibos, comme celles de nombreuses autres sociétés d'Afrique de l'Ouest, avaient été autonomes et puissantes, économiquement et politiquement. Elles vivaient dans des villages patrilinéaires où le pouvoir était cependant diffus ; tous et toutes pouvaient participer aux assemblées de village. Les hommes participaient certes davantage aux discussions et, en cas de conflit, avaient généralement le dernier mot. Les hommes avaient davantage de ressources, donc de moyens financiers, pour organiser des festivités et autres banquets qui leur apportaient notoriété et prestige. Et ce sont les hommes qui contrôlaient la terre. Mais, au moment du mariage, l'époux était tenu de donner à sa femme un lopin à cultiver.

Ce bout de terrain faisait office de placement bancaire pour les femmes. Elles cultivaient une multitude de produits et les portaient sur les marchés locaux, tenus entièrement par elles. Elles en revenaient alors avec des produits de luxe et de l'argent dont elles disposaient. De sorte que les femmes Ibos avaient leur propre magot — et jouissaient du coup d'une certaine liberté financière et d'un évident pouvoir économique. Si un homme laissait ses vaches brouter dans les champs d'une femme, s'il maltraitait son épouse, s'il violait les lois du marché ou commettait quelque autre délit pendable, les femmes lui réservaient le même sort qu'aux administrateurs anglais : elles assiégeaient la maison de l'offenseur, scandaient des insultes et pouvaient aller jusqu'à mettre à sac les locaux. En conséquence de quoi les hommes Ibos avaient coutume de respecter les femmes, leur travail, leurs droits et leurs lois.

Arrivèrent les Anglais. En 1900, l'Angleterre mit le sud du Nigeria sous protectorat de la Couronne britannique et instaura un système de zones territoriales sous juridiction de tribunaux indigènes ; un officier anglais gouvernait chaque district par le truchement de ces tribunaux indigènes qui en étaient le siège. Officiers et tribunaux coloniaux étaient plus qu'impopulaires. Puis les Anglais appointèrent un représentant de chaque village pour collaborer aux activités du tribunal indigène de district. Ces tâches supplétives au pouvoir colonial, dûment mandatés, étaient rarement remplies par les « anciens » du village ou des personnalités respectées, mais bien plus souvent par de jeunes Ibos qui s'étaient mis dans les petits papiers des colons ; et tous étaient des mâles. Pénétrés de la croyance victorienne que les femmes n'étaient que les appendices de leurs maris, les Anglais ne pouvaient pas les imaginer exerçant un quelconque pouvoir. De sorte qu'ils les en exclurent, sans exception. Les femmes Ibos perdirent voix au chapitre.

Puis, en 1929, les Anglais décidèrent de dresser l'inventaire des biens des femmes. Craignant l'imminence d'une imposition qui les écraserait économiquement, les femmes Ibos tinrent conciliabule sur leurs marchés. Elles étaient prêtes à la révolte. Après une série d'échauffourées entre certaines d'entre elles et des agents recenseurs, en novembre, elles revêtirent leurs habits traditionnels de combat et partirent en guerre. Le soulèvement embrasa près de dix mille kilomètres carrés. Des milliers et des milliers de femmes y participèrent.

Après que les Anglais eurent écrasé la révolution, les femmes Ibos demandèrent la possibilité d'assumer, elles aussi, la représentation de leur village auprès des tribunaux indigènes. Sans résultat. Tant que les Anglais restaient les maîtres, la place de la femme était à la maison.

« C'est un monde d'hommes »

Tout se passe comme si l'Occident était porteur d'un gène défectueux, responsable du préjugé que la domination de l'homme sur la femme est universelle et transmissible de génération en génération[1]. Ce préjugé a-t-il quelque fondement ? Et en a-t-il toujours été ainsi ? Avant d'aborder l'histoire de la longue évolution des relations entre les femmes, les hommes et le pouvoir, je voudrais commencer par faire le point sur ce que nous savons des rapports entre les sexes, aujourd'hui, dans le monde.

Avant le mouvement féministe des années 1970, les anthropologues américains et européens admettaient comme allant de soi la supériorité des hommes sur les femmes dans l'exercice du pouvoir, et leurs recherches reflétaient leur a priori. Les rapports sur les aborigènes d'Australie en fournissent l'exemple frappant.

Le système de mariage de ces populations, selon lequel les petites filles étaient promises à des hommes de trente ans leurs aînés et généralement polygames, a été présenté par de nombreux universitaires — de sexe masculin pour la plupart — comme le symbole et le couronnement du pouvoir masculin. Le reste était à l'avenant : on montrait les femmes aborigènes comme des pions, des denrées utiles, une monnaie d'échange dans les mariages arrangés par les hommes. Les universitaires en question voyaient dans l'organisation de cérémonies religieuses distinctes selon les sexes une preuve supplémentaire de la subordination des femmes aux hommes. Et en ce qui concerne le travail féminin, Ashley Montagu le réduisait en 1937 à celui de « bêtes de somme domestiques ». Rien d'autre.

Aujourd'hui, nous savons que cette vision de la vie aborigène est faussée. Des femmes ethnographes ont pénétré au fin fond des campagnes australiennes et ont cherché le contact avec les femmes. Les conversations pendant les expéditions de cueillette, les parties de natation ou les rencontres autour du feu ont montré que les femmes aborigènes d'Australie mènent rondement leur politique, abattent judicieusement leurs cartes au poker des fiançailles, et que ce sont elles, arrivées à un certain âge, qui choisissent leurs nouveaux maris. Les femmes prennent fréquemment des amants. Certaines tribus ont un *jilimi,* ou un campement réservé aux femmes seules, où les veuves, les femmes brouillées avec leurs époux ou les visiteuses de passage vivent ensemble, en permanence ou momentanément, en dehors de toute présence masculine. Il arrive que l'épouse, loin d'être une femme battue, mène un mari paresseux à la « baguette de combat ». Les femmes se livrent à certains rituels interdits aux hommes. Et l'apport économique des femmes est vital pour la vie quotidienne. Bref, bien qu'une ségrégation existe entre les activités des deux sexes, les femmes aborigènes d'Australie détiennent tout autant de pouvoir que les hommes.

Aucun sexe ne dominait — les universitaires occidentaux eurent du mal à se rendre à cette évidence. Leur obsession de la

244

hiérarchie, mêlée à des préjugés solidement enracinés, donne à leurs travaux scientifiques sur d'autres peuples un arrière-goût déplaisant.

Les choses changèrent avec le mouvement de libération des femmes, quand des anthropologues féministes commencèrent à contester le dogme de la subordination universelle de leur sexe. Selon elles, de nombreux rapports anthropologiques étaient partiaux : c'étaient des hommes qui avaient assumé l'essentiel du travail sur le terrain, ils avaient enquêté auprès d'informateurs essentiellement masculins et avaient étudié d'abord les activités des hommes. La voix des femmes — clamaient-elles — n'avait pas été entendue.

En outre, certaines accusèrent les anthropologues masculins d'interpréter de travers ce qu'ils avaient vu, de réduire l'activité productive des femmes à un simple « travail à la maison », de ravaler leur conversation au rang de futiles « commérages », leur activité artistique à celui de « bricolage artisanal », et leur participation aux cérémonies religieuses à un divertissement de « profanes » ; pendant qu'à l'inverse, évidemment, les anthropologues mâles portaient les activités de leur sexe au pinacle, vantaient la chasse, les dons artistiques masculins, les rituels religieux masculins, la rhétorique masculine et bien d'autres activités du « sexe fort ». Cet aveuglement sélectif, cet « androcentrisme » ou partialité machiste — appelez ça comme vous voudrez — fit passer le travail et la vie des femmes à la trappe, et les rapports anthropologiques en furent viciés.

Ces accusations ne sont pas entièrement fondées. Le sociologue Martin Whyte s'est penché récemment sur les rôles comparés des femmes et des hommes dans quatre-vingt-treize sociétés traditionnelles et a pu constater que si certaines études sur le sujet négligeaient ou minimisaient la place des femmes, d'autres à l'opposé passaient sous silence certains aspects du pouvoir masculin. Ces omissions semblaient davantage imputables au hasard qu'à des a priori systématiques à l'encontre des femmes. De plus, la proportion d'oublis et d'erreurs ne semblait pas liée au sexe de l'auteur. L' « androcentrisme » n'a pas pris les proportions que certaines féministes ont signalées.

Néanmoins, même un lecteur non assidu de littérature ethnographique peut citer quelques ouvrages classiques qui présentent les femmes comme des zombies laborieux et anonymes. Et la profusion d'articles sur « l'homme et la chasse » n'a trouvé que récemment son pendant dans une littérature sur « la femme et la cueillette ». De sorte que le courant féministe a inversé la vapeur et enrichi les investigations scientifiques en leur apportant une autre façon de voir les peuples, les hommes aussi bien que les femmes.

Cet intérêt tout neuf pour les conditions de vie des femmes a révélé une réalité d'extrême importance : à l'instar des femmes Ibos du Nigeria, certaines femmes de sociétés traditionnelles jouissaient d'un grand pouvoir — avant l'arrivée des Européens[2]. Les prérogatives de certaines d'entre elles ont survécu, intactes, à l'influence occidentale, mais beaucoup d'autres — comme chez les Ibos — ont sombré sous le poids des mœurs européennes.

L'anthropologue Eleanor Leacock est arrivée à cette conclusion en étudiant les Indiens Montagnais-Naskapis de l'Est canadien. Particulièrement instructif à ses yeux, le carnet de bord du jésuite Paul Le Jeune. Le Jeune prit son poste de supérieur de la mission française à Québec en 1632. C'est là qu'il passa l'hiver, parmi les Montagnais-Naskapis. A sa grande horreur, il découvrit des parents indulgents, des femmes très libres, des époux divorcés, des hommes bigames, une culture aristotélicienne, tolérante, égalitaire, dans laquelle les femmes jouissaient d'une haute situation économique et sociale. Et la société n'avait pas de dirigeant en titre.

C'est à cet état de choses que Le Jeune décida de remédier. Il était persuadé que la voie du salut passe par la discipline imposée aux enfants, la monogamie à vie et, par-dessus tout, la soumission féminine à l'autorité masculine. Il fit la morale aux Indiens :

« En France, les femmes ne gouvernent pas leur mari. »

Il fallut des mois à Le Jeune pour convertir une poignée de ces « barbares païens ». Dix ans plus tard, certains avaient commencé à battre leur femme !

Combien de femmes le colonialisme et le christianisme ont-ils enchaînées ? Impossible à dire. Mais la guerre des femmes Ibos n'a pas été un fâcheux accident de l'Histoire. Comme un chercheur le résumait :

« La pénétration du colonialisme occidental et avec lui des us et coutumes occidentales à l'égard des femmes a profondément influencé les rôles féminins dans les sociétés aborigènes, au point qu'il a fait régresser la condition féminine presque partout dans le monde. »

Jeux autour du pouvoir

Nous savons donc que dans de nombreuses sociétés traditionnelles, certaines femmes ont eu de grands pouvoirs. Mais que pouvons-nous en déduire sur la vie en Afrique durant notre long passé préhistorique de nomades — des millénaires avant que les armes et les évangiles européens ne pervertissent les relations entre hommes et femmes ? Nous avons deux moyens d'en savoir plus : examiner la vie quotidienne des peuples traditionnels d'aujourd'hui et disséquer les relations de pouvoir chez nos plus proches parents, les grands singes. Commençons par les jeux de pouvoir auxquels se livrent les humains[3].

Les anthropologues s'entendent généralement sur le fait que le contrôle des richesses et des services, ou la prérogative de distribuer et de dispenser ces biens hors du foyer, confère du pouvoir à ceux qui l'exercent (au sens de capacité d'influencer ou de persuader, non d'autorité ou de commandement formellement institutionnalisé).

En premier lieu vient le don. Si vous possédez la terre, la louez, ou distribuez ses produits ou possédez, par exemple, le droit de pêche ou l'usage de plans d'eau, vous avez du pouvoir. Si vous êtes capable de rendre certains services, par exemple exercer la médecine, ou entrer en relations avec des puissances surnaturelles et intercéder auprès d'elles pour d'autres, vous avez du pouvoir. Si vous tuez une girafe et en partagez la viande, ou si vous confectionnez des paniers, des colliers, des couvertures ou autres produits destinés au négoce, vous pouvez aussi vous faire des amis — car ces contacts enrichissent les liens économiques et augmentent du coup le prestige et le pouvoir. Ainsi, dans les jeux de rapports de force entre les sexes, celui qui ramasse et engrange, possède, donne, loue, vend ou échange quelque chose, possède de gros atouts.

La société traditionnelle des Inuit (ou Esquimaux) du nord de l'Alaska offre un bon exemple de la corrélation étroite entre les ressources économiques et la domination sociale. Dans cette toundra du Grand Nord, où seules des mousses et des herbes percent la carapace du sol, gelé la plus grande partie de l'année, il n'y a rien à glaner. Résultat, les femmes n'ont jamais quitté la maison pour s'adonner à la cueillette et n'ont jamais rapporté de produits de valeur destinés à l'échange. Les hommes, et eux seuls, se livraient à la chasse. Ils quittaient la maison pour traquer les phoques ou les baleines durant les longs mois de l'hiver arctique, pour pêcher ou chasser le caribou durant les longues journées estivales. Les hommes rapportaient à la maison du blanc de baleine pour la chandelle à huile, des peaux pour les parkas, les pantalons, les chemises et les chaussures ; des tendons pour les cordes ; de l'os pour les ornements et les outils ; et ils rapportaient aussi tout ce qu'on pouvait se mettre sous la dent. Les femmes dépendaient de ces provisions. Les Esquimaux, eux, dépendaient de leurs femmes pour le tannage des peaux, le fumage de la viande et la confection des lourds vêtements. De sorte que chaque sexe avait besoin de l'autre pour survivre.

Mais ce sont les hommes qui occupaient la position stratégique, à la source des moyens de subsistance. Et les Esquimaudes savaient très tôt dans la vie que le secret de la réussite consistait à dénicher un « bon parti ». Les jeunes femmes n'avaient pas d'autre accès à un quelconque pouvoir.

Les femmes de la société traditionnelle des Bochimans Kungs du désert du Kalahari étaient en revanche beaucoup plus influentes économiquement. Elles ne se mariaient pas pour faire carrière. Comme vous le savez, les anthropologues qui réalisèrent les premières interviews sur leurs vies, dans les années 1960, découvrirent qu'elles faisaient tous les jours de la route pour aller travailler et revenir à la maison avec l'essentiel du repas du soir. Les femmes Kungs n'étaient pas sans pouvoir économique ; ce qui leur donnait voix au chapitre. Mais contrairement à leurs maris, elles ne distribuaient pas la nourriture collectée à un large groupe social.

Cette distinction est importante. Quand les hommes revenaient d'une chasse couronnée de succès, ils procédaient au partage de la précieuse viande, selon les règles, comme il se devait, mais aussi à grands sons de trompe. Au propriétaire de la flèche qui avait tué l'animal revenait la prestigieuse tâche de faire la distribution. L'homme qui avait découvert la bête avait droit à certains morceaux de choix, ceux qui l'avaient traquée en recevaient d'autres, et ainsi de suite. Puis, chaque chasseur à tour de rôle offrait des steaks, des côtes et des abats à ses parents proches et plus lointains. Il s'agissait d' « investissements » en fait, et non de cadeaux. Les chasseurs Kungs escomptaient bien un paiement en retour. Quand le chasseur distribuait à ses voisins de beaux morceaux de viande, qui lui valaient en échange honneurs et reconnaissance, son pouvoir en était accru. Et, bien que les femmes « aient joui d'une grande autonomie », les deux sexes s'accordaient à penser que les hommes étaient sensiblement plus influents que leurs épouses.

« Un bienfait n'est jamais perdu », dit l'adage. Les Kungs et de nombreux autres peuples y souscriraient. Ceux ou celles qui tiennent les « cordons de la bourse » — périphrase qui suggère on ne peut mieux, soit dit en passant, le poids social qu'avaient nos aïeules — ont un pouvoir substantiel dans la société.

Mais le pouvoir, bien sûr, ne plonge pas ses racines dans la seule économie. Impossible d'affirmer, par exemple, que l'homme ou la femme qui jouit d'une avantageuse situation économique réussisse pour autant en amour. Que non.

Les femmes Inuit cherchent, certes, à faire un bon mariage et le considèrent comme un tremplin, mais il n'est pas dit qu'elles se sentent subordonnées à leur mari. Et qui sait si le cultivateur, qui règne en maître à la table familiale au dîner, garde aussi fière allure dans les conversations privées avec sa femme. En fait, dans les sociétés paysannes d'aujourd'hui où les hommes monopolisent les postes d'autorité et les places les plus élevées dans la hiérarchie sociale, et où les femmes affichent publiquement une certaine déférence à leur égard, les apparences sont trompeuses et feraient vite oublier l'influence *informelle* qu'exercent les femmes. Dans ces cultures, bien que les hommes, d'après l'anthropologue Susan Rogers, se pavanent et prennent des airs importants en public, personne ne pense vraiment que l'homme gouverne la femme. Elle en conclut que les deux sexes tiennent la balance égale entre eux, qu'il existe un certain équilibre du pouvoir et que la domination masculine est un mythe.

Il y a des millénaires, l'économie a indubitablement joué un rôle important dans les rapports de force entre les hommes et les femmes. Mais le duel·dans lequel ils sont vraiment engagés est loin de se résumer à cela.

Dans un effort pour comprendre la subtile dynamique du pouvoir entre hommes et femmes, Martin Whyte a exploité le Human Relations Area File (fichier du Département des relations humaines), une banque de données moderne qui rassemble des informations sur huit cents types de sociétés[4]. A partir de ce fichier et d'autres rapports ethnographiques, il a compilé des données portant sur quatre-vingt-treize peuples préindustriels : un tiers étaient des chasseurs-cueilleurs nomades ; un tiers, des paysans fermiers ; le troisième tiers, des pasteurs ou cultivateurs de petites parcelles. Il s'est ainsi penché sur différentes civilisations, des Babyloniens qui vivaient en 1750 avant J.-C. aux sociétés primitives d'aujourd'hui, sur lesquelles des études anthropologiques avaient été faites depuis 1800.

Whyte sélectionna les réponses des différentes cultures à un certain nombre de questions. Les dieux avaient-ils un sexe ? Les cérémonies d'inhumation étaient-elles plus élaborées pour l'un que pour l'autre sexe ? Quels étaient les leaders politiques locaux ? Qui rapportait de quoi dîner, le soir, au foyer ? Qui avait le dernier mot pour inculquer la discipline aux enfants ? Qui arrangeait les mariages ? Qui héritait des biens d'une certaine valeur ? Quel sexe avait les plus fortes pulsions sexuelles ? Pensait-on que les femmes étaient inférieures aux hommes ? Whyte confronta ces variables avec d'autres pour tenter d'en dégager le statut de la femme dans la société, à l'échelle mondiale.

Les découvertes de Whyte confirment tout à fait ce qu'on pensait.

Dans *aucune* société les femmes n'ont dominé dans tous les domaines, ou presque, de la vie sociale. Les femmes amazones, les matriarcats à poigne n'ont jamais été que des mythes, des fictions. Dans 67 % de toutes les cultures étudiées (pour la plupart agricoles), ce sont les hommes qui apparemment contrôlaient les femmes dans la *plupart* des secteurs. Dans un nombre non négligeable de ces sociétés, en fait 30 % des cas, hommes et femmes semblaient jouir d'une relative égalité — en particulier chez les chasseurs-cueilleurs ou les peuples de jardiniers-maraîchers s'adonnant à la petite culture. Et dans 50 % des cas, les femmes avaient bien plus d'influence informelle que les lois et règlements de la société ne leur en accordaient.

Whyte découvrit un fait encore plus marquant : *La* condition féminine n'existait pas, du moins n'existait-il rien qui ressemblât à une seule et même constellation de facteurs interculturels, présents en tout temps et en tout lieu. Chaque société offrait un dosage propre d'éléments favorables ou défavorables aux femmes. Dans certaines cultures, les prérogatives économiques des femmes étaient énormes, mais elles avaient beaucoup moins de pouvoir dans leur vie conjugale et sexuelle. Dans d'autres, elles pouvaient aisément divorcer mais n'avaient pas leur mot à dire sur les questions religieuses, ou n'avaient aucun pouvoir politique « officiel ». Même là où les femmes détenaient des terres et des biens de valeur, et bénéficiaient d'un pouvoir économique considérable, elles n'avaient pas pour autant d'emprise religieuse ni de droits politiques étendus. En résumé, le pouvoir des femmes dans un domaine de la société n'entraînait pas leur pouvoir dans un autre.

Nulle part ce fait ne saute davantage aux yeux qu'aux États-Unis. En 1920, les femmes y ont gagné le droit de vote ; leur influence politique s'en est accrue. Mais, dans la vie professionnelle, elles sont restées des citoyennes de seconde zone. Aujourd'hui, le pouvoir des femmes tend à gagner du terrain dans le monde du travail ; il faut dire que de nombreuses femmes ont un niveau d'études élevé. A la maison, pourtant, les femmes mariées qui travaillent continuent à cuisiner, laver, nettoyer. Le fait que les femmes qui travaillent continuent à assumer l'essentiel des tâches ménagères échappe à vrai dire à l'entendement, dans cette Amérique qui considère par ailleurs « le » statut social comme un tout. Mais c'est un fait : le statut personnel dans un domaine de la société n'affecte pas nécessairement le statut dans un autre.

C'est sur ces données que Whyte fonde sa conviction qu'on ne peut pas opposer « la condition féminine » à « la condition masculine ». La compétition entre les sexes pour le pouvoir présente autant de facettes qu'une boule de cristal ; tournez légèrement la sphère et elle projette une lumière nouvelle et

251

insolite. D'où il ressort que nos aïeules peuvent avoir eu un grand poids économique et une grande influence informelle, sans avoir été nécessairement les leaders en titre du groupe.

Que peut nous apprendre encore l'étude des peuples traditionnels sur les rapports entre les femmes, les hommes et le pouvoir dans le passé? Ceci : la classe, la race, l'âge, le « sex-appeal », les talents et les liens de parenté peuvent aussi contribuer à la configuration de ce kaléidoscope d'influences que nous appelons le pouvoir.

Il arrive que le plus médiocre des membres de la classe supérieure ou du groupe ethnique dominant soit en situation d'en imposer à une personne plus intelligente et plus dynamique mais dont le statut social est inférieur. Bien que nous soyons enclins aux jugements à l'emporte-pièce sur la désastreuse condition faite aux femmes en Asie, force est de reconnaître que la femme chinoise ou japonaise d'un certain âge peut exercer une dictature plus redoutable que n'importe quel homme. Dans bien des sociétés, l'âge donne du pouvoir. De même que le sex-appeal, l'intelligence et le charme. Par ses attraits sexuels, la serveuse peut prendre de l'ascendant sur l'homme d'affaires ; par sa plume et un peu d'encre, l'humoriste peut épingler le politicien ; par son charme juvénile, l'étudiante peut tourner la tête d'un professeur largement plus cultivé qu'elle.

Lequel mène l'autre par le bout du nez? Les relations de parenté interviennent aussi en ce domaine. Dans les sociétés à filiation paternelle, où les hommes sont généralement propriétaires de la terre, les femmes ont tendance à n'avoir que très peu de pouvoir formel, quel que soit le domaine. Dans les sociétés à filiation maternelle, en revanche, où les femmes possèdent davantage de terres et de biens, leur emprise sur la communauté dans son ensemble est plus importante.

Enfin, les sexes tirent aussi leur pouvoir de l'univers symbolique de chaque société. Chaque culture émerge en développant un « modèle sexuel » — ou un scénario — socialement admis fixant le comportement réciproque des sexes et les conceptions sur la place respective de chacun. Ces scénarios sont en quelque sorte intériorisés. C'est leur capacité de donner naissance aux enfants qui vaut aux femmes la quasi-intégralité de leur pouvoir aux yeux des Pygmées Mbutis du Zaïre. C'est le sang menstruel qui subjugue les

Mehinakus d'Amazonie et de nombreux autres peuples ; osez y toucher et vous tomberez malade. La fable d'Adam, Ève, le serpent et la pomme immortalise le pouvoir de séduction que les Occidentaux reconnaissent aux femmes. Le pouvoir symbolique octroyé par la société prend au bout du compte une valeur réelle.

Le pouvoir devient alors cet amalgame de forces diverses qui rend un homme ou une femme plus influent que le voisin.

Que dire maintenant de Twiggy, de George, de « 1470 » et des autres hominidés que nous avons suivis au chapitre précédent jusqu'aux rives de ce lac bleu-vert d'Olduvai où ils ont laissé leurs os, il y a deux millions d'années ? Hommes et femmes étaient-ils égaux dans cette société ?

Sans doute ce « peuple » primitif ne connaissait-il pas de distinction de classe ou d'ethnie. Il est très vraisemblable aussi que sa vie culturelle n'ait pas été très riche en représentations symboliques du pouvoir. Mais c'est avec quelque certitude que nous pouvons affirmer un certain nombre de choses, cependant, sur Twiggy et ses compagnons. Ils ne vivaient pas comme les Inuit, dont les hommes partaient en quête de nourriture tandis que les femmes restaient clouées à la maison. Twiggy, en fait, n'avait pas de maison. Elle n'était pas fille de paysan non plus. Elle était nomade. Personne ne restait au camp. Et les femmes travaillaient.

Très important : Twiggy et ses amis mangeaient de la viande. Et, comme je l'ai affirmé, la chasse et la recherche de restes d'animaux ne sont pas l'occupation qui convient le mieux à la femme enceinte ou à la mère d'enfants en bas âge. De sorte que Twiggy laissait probablement à son amoureux le soin de récupérer la chair, les tendons et la moelle des bêtes dangereuses, pendant qu'elle cueillait des fruits, des légumes, des graines et du petit gibier avec ses amies. C'est la façon dont Twiggy apportait sa contribution, non négligeable, au repas du soir. S'il en fut bien ainsi, Twiggy eut probablement autant de pouvoir économique que les femmes de la société traditionnelle Kung en eurent et en ont toujours. A l'époque de Twiggy, il est même vraisemblable que les femmes les plus actives sexuellement et les plus rayonnantes eurent davantage d'influence encore sur la société.

Mais comment vécut Twiggy ? Qui était le patron ?

Les cultures traditionnelles ne sont pas les seules à nous

fournir des indices sur la question. Les espèces animales en fournissent aussi. En particulier les chimpanzés du zoo d'Arnhem, en Hollande, dont la fascinante colonie nous aide à glaner des connaissances sur les jeux du pouvoir. Chez ces chimpanzés, les intrigues pour les postes et les places sont tout à la fois le pain quotidien et le sel de la vie.

La politique chez les chimpanzés

En 1971, plus d'une douzaine de chimpanzés furent introduits dans leur nouvelle résidence, au zoo. La nuit, ils dormaient à l'intérieur, dans des cages séparées ; après le petit déjeuner, ils avaient librement accès à une cour extérieure d'une superficie d'environ un hectare. Elle était entourée d'une douve et d'un mur élevé à l'arrière. Une cinquantaine de chênes et de hêtres, tous protégés par une clôture électrique, formaient un décor inaccessible, au-dessus de leurs têtes. Des rochers, des troncs d'arbres et quelques chênes morts qu'ils pouvaient escalader s'étendaient dans l'enclos. Là, les chimpanzés se livraient à tous les jeux du pouvoir politique — même à celui de la grande évasion.

Dès l'ouverture matinale, les chimpanzés inspectaient leur territoire en plein air, centimètre par centimètre. Un après-midi, après que les derniers anthropologues, gardiens et soigneurs furent partis, ils préparèrent la belle. Certains d'entre eux calèrent une grosse branche de cinq mètres contre le mur de derrière, et plusieurs chimpanzés escaladèrent tranquillement la forteresse. A ce qu'on dit, quelques-uns vinrent même à la rescousse de ceux qui avaient le pied mal assuré. Puis ils descendirent tous de l'autre côté par les arbres les plus proches et profitèrent des installations du parc. Big Mama, la femelle la plus vieille, fonça tout droit sur la cafétéria du zoo. Là, elle se servit une bouteille de lait chocolaté et s'installa parmi la clientèle.

Ces chimpanzés, une fois ramenés par la ruse dans leurs cages, n'ont cessé de lutter et d'intriguer entre eux — des manigances qui apportent quelques lumières sur ce qu'a pu être la vie de Twiggy dans les temps anciens et, plus généralement, sur la nature des jeux auxquels se livre l'homme moderne.

Les chimpanzés mâles sont en bisbille perpétuelle pour des questions de préséance. Les « manœuvres d'intimidation » du mâle suivent toujours le même scénario : il dresse le poil, hulule et se balance d'un côté ou de l'autre, ou trépigne, tout en brandissant généralement une pierre ou un bâton. Puis il se rue sur son rival, tape le sol et braille. Ce rituel est normalement suffisant pour persuader l'adversaire de reculer. Cette retraite déférente est une attitude bien caractéristique ; le subordonné émet une courte séquence de grognements haletants, s'incline très bas en saluant son supérieur ou se recroqueville, le poil aplati sur le corps pour se faire tout petit.

Les agresseurs ont aussi pour coutume d'enrôler des forces supplétives. Au moment de ces préparatifs menaçants, l'attaquant essaie souvent de trouver un compagnon pour le soutenir, en tendant le bras, la paume de la main vers le ciel, comme pour implorer l'ami potentiel — et l'inviter à se ranger à ses côtés. S'il réussit à recruter un allié, il peut charger l'ennemi, le bombarder de pierres, hurler, lui assener des coups de poing et le mordre aux bras, aux pattes ou à la tête. Mais il n'omet jamais de garder un œil sur son allié. Si la solidarité de son suppléant semble flancher, l'agresseur renouvelle ses sollicitations.

« Rien de tel qu'une invitation à déjeuner », dit-on, et c'est vrai pour les politiciens chimpanzés comme pour les singeries politiciennes humaines. Quand un chimpanzé apporte son soutien à un autre, il s'attend à ce qu'on lui renvoie l'ascenseur. En fait, pour prendre parti dans une dispute, et a fortiori se mêler à une rixe, tout se passe comme si les chimpanzés s'excitaient mutuellement à l'action, surtout quand ils sortent tout juste d'un sommeil paisible. Les alliances ne sont pas superflues. Une fois, à Arnhem, le mâle commandant en second se mit à épouiller fébrilement toutes les femelles, à caresser chacune et à jouer avec leurs rejetons. Une fois la tournée faite, il s'en prit directement au mâle n° 1. En cajolant les guenons l'une après l'autre, avait-il cherché à en faire des supporters de sa cause ? C'est probable. Comme les politiciens qui font la tournée des popotes familiales, embrassent les chères têtes blondes et disent vouloir défendre la ménagère, la veuve et l'orphelin, les chimpanzés mâles cultivent de bonnes relations avec leurs sœurs femelles.

Certaines coalitions entre mâles peuvent durer des années ;

bien plus nombreuses sont celles qui ne durent que quelques minutes. La soif de pouvoir des chimpanzés mâles n'encourage pas les relations durables. Mais quand un individu se lance dans la bagarre, il sait manigancer, « tirer les ficelles », se débrouiller, braillant jusqu'à ce que ses alliés se décident à l'encourager et, mieux, à se joindre à la bagarre. Parfois, quatre ou cinq mâles participent à l'affrontement, dans une énorme mêlée de grands singes hurlant, se bagarrant à s'arracher les yeux.

Pendant la sieste de Twiggy et de ses compagnons hominidés, il a pu arriver qu'un mâle se mette à faire étalage de son statut élevé, grognant, faisant du tumulte et se balançant de manière menaçante jusqu'à ce qu'un subordonné s'incline devant lui. Les combats n'ont probablement pas manqué non plus. Et des mâles ont très certainement cherché à s'attirer les bonnes grâces de Twiggy pour pouvoir compter sur son soutien et celui de ses amies.

Nouer des relations

Curieusement, les chimpanzés mâles et femelles du zoo d'Arnhem s'organisent eux-mêmes dans des structures de pouvoir tout à fait différentes selon les sexes, et cette dissymétrie, que l'on retrouve apparemment chez les humains, pourrait remonter à l'époque de Twiggy.

Les chimpanzés mâles sont pris dans un réseau d'amitiés et d'inimitiés complexe qui se déploie sur fond de hiérarchie fluctuante autour d'un mâle dominant. A tout moment, la démarcation entre les échelons hiérarchiques est nette. Mais dès qu'un mâle gagne des alliés — ce qui lui vaut généralement des accrochages, et vice versa —, l'échelle hiérarchique subit des modifications. De fil en aiguille, des confrontations en série ou un seul et brutal combat bouleversent l'équilibre et un nouveau chef s'impose au sommet de la hiérarchie mâle.

Ce chef assume une tâche importante — celle de shérif. On attend de lui qu'il se mêle, si besoin est, aux querelles et entre dans la bagarre pour séparer les adversaires. On attend aussi de lui qu'il soit un arbitre impartial. Quand ce mâle Alpha (ou mâle n° 1) contribue à ce que les pugilats soient réduits au minimum, ses sous-fifres le respectent, le soutiennent, et lui rendent même hommage.

Ils s'inclinent devant lui, baissent la tête et le torse rapidement et de manière répétée. Ils baisent ses mains, ses pattes, son cou et sa poitrine. Ils font mille courbettes pour lui montrer qu'ils ne veulent pas lui faire ombrage. Et ils le suivent, formant en quelque sorte sa cour. Mais si le leader échoue à maintenir l'harmonie, ses inférieurs lui retirent leur allégeance et la hiérarchie change lentement de centre de gravité jusqu'à un nouveau point d'équilibre. Ce sont les subordonnés qui créent le chef.

Il n'y a pas entre les femelles chimpanzés pareille structure hiérarchique. Elles forment plutôt des cliques — des sous-groupes d'individus d'un même rang qui assurent à tour de rôle la garde des enfants en bas âge, se protègent et subviennent mutuellement à leurs besoins en période de déchirements sociaux. Les femelles sont moins agressives, moins avides de pouvoir et le tissu de leurs relations, plutôt égalitaires, résiste au temps. De plus, la femelle dominante acquiert sa position par la droiture de sa personnalité, par un certain charisme, à la rigueur par l'âge, mais rarement par des manœuvres d'intimidation.

Les femelles chimpanzés se querellent cependant et, comme les mâles, elles comptent sur des alliés pour marquer des points. Une fois, une femelle menacée en appela à un mâle pour qu'il vienne à la rescousse. Au milieu d'aboiements aigus et « indignés », on la vit pointer la main (plutôt qu'un seul doigt) vers l'assaillant, embrassant et caressant en même temps son allié mâle. Quand ses appels devinrent plus pressants, son ami contre-attaqua, pendant que la femelle restait là, à côté, le regard approbateur.

Est-ce que les mâles de l'espèce humaine auraient cette même tendance naturelle à définir des échelons hiérarchiques et à rivaliser pour les grimper, tandis que les femmes formeraient des cliques stables et plus égalitaires ? Difficile à prouver. Mais si certains caractères des femelles chimpanzés apparaissaient déjà chez nos aïeules, alors Twiggy eut sans aucun doute un réseau d'amies dévouées. Comme elle a probablement nourri, à l'opposé, des inimitiés venimeuses, ou conservé, des années durant, des rancunes tenaces.

Twiggy peut aussi avoir accompli la mission délicate d'être l'arbitre du groupe. A Arnhem, Big Mama jouait ce rôle. Elle interrompait les disputes entre jeunes en demeurant simplement à leurs côtés, en aboyant et en agitant les bras. C'était toujours Big

Mama qui cajolait et câlinait le vaincu sur l'arbre mort, au centre de l'enclos. Après chaque bataille, le perdant venait immanquablement se réfugier en pleurnichant dans son giron. Avec le temps, Big Mama devint tout à la fois périmètre de sécurité, police, juge et jury.

D'autres femelles d'Arnhem jouaient également ce rôle de médiateur. Une fois, tandis qu'un mâle faisait le mariolle, une femelle se précipita sur lui, lui arracha une pierre des mains et s'en alla avec. Quand le mâle s'empara d'une autre pierre, elle la lui prit des mains à nouveau ; cette procédure de confiscation se répéta à six reprises. D'autres médiatrices agissaient différemment. Certaines frottaient simplement de la main les côtes du vainqueur, pour l'inciter à s'asseoir auprès de son ennemi et que tous puissent se livrer en chœur au toilettage.

Ce rite du toilettage-épouillage obéit à un cérémonial et il symbolise probablement la pratique ancienne la plus importante dans les relations de pouvoir : faire la paix, qui représente le fondement de la vie quotidienne. Quelques minutes, quelques heures ou même des jours après une bagarre, des chimpanzés ennemis avançaient l'un vers l'autre, grognaient doucement, se serraient la main, s'étreignaient, s'embrassaient sur les lèvres et se regardaient profondément au fond des yeux. Puis ils s'asseyaient, se léchaient mutuellement les plaies et se toilettaient. Les chimpanzés rivaux dépensaient une quantité d'énergie extraordinaire à faire taire leur animosité, en s'épouillant parfois furieusement quand la tension était au plus fort.

Les chimpanzés et tous les autres primates œuvrent avec ténacité à apaiser leurs compagnons. La violence est l'exception ; se calmer est la règle — il en allait probablement ainsi chez nos ancêtres, à l'époque de Twiggy.

L'observation des luttes perpétuelles entre chimpanzés au zoo d'Arnhem conduisit le spécialiste des primates, Franz De Waal, à émettre quelques principes sur le pouvoir, qui s'appliquent à ces grands singes mais aussi à nos ancêtres des savanes africaines, il y a des millénaires, et qui ont probablement traversé les siècles jusqu'à l'humanité moderne.

Tout d'abord, le pouvoir va et vient. Les statuts sont formalisés mais les animaux appartiennent à un réseau fluctuant de relations. Deuxièmement, la capacité de diriger ne dépend pas de la force, de la taille, de la rapidité, de l'agilité ni de l'agressivité ; elle dépend de l'intelligence, des connaissances, de la manière de s'acquitter de ses dettes sociales. Enfin, le pouvoir peut être officiel ou, à l'inverse, informel. A l'instar des supporters et des arbitres, les femmes comptent autant que les joueurs dans les dures parties pour le pouvoir ; si les circonstances le veulent, même une femme peut régner.

En fait, quand des visiteurs demandèrent à De Waal qui, des chimpanzés mâles ou femelles, détenait le plus de pouvoir, il haussa les épaules et expliqua ce qui suit : tout dépend des critères ! Ce sont les femelles qui saluent les mâles dans 100 % des cas. Ce sont les mâles qui l'emportent dans les relations agressives dans 80 % des cas. Mais si vous observez qui s'adjuge la nourriture au détriment des autres, ou qui s'installe aux meilleurs emplacements, ce sont les femelles dans 80 % des cas. Et pour souligner la complexité des rapports de force, De Waal aimait à ajouter :

> « Nikkie (un mâle) est l'animal de plus haut rang mais il est complètement dépendant de Yeroen (un mâle). Luit (un mâle) est le plus puissant, pris individuellement. Mais si vous voulez savoir qui est capable d'écarter les autres de son chemin, alors c'est Mama (une femelle) la championne toutes catégories. »

De Waal confirmait les deux éléments relevés par les anthropologues dans de nombreuses sociétés humaines : la position des sexes n'est pas acquise une fois pour toutes, faite d'une seule étoffe, d'un seul bloc et mesurable à un seul étalon ; et si l'on entend par domination masculine un pouvoir qu'auraient les hommes sur les femmes dans toutes les sphères de la vie, alors il s'agit d'un mythe.

Un dernier facteur peut avoir contribué au pouvoir de Twiggy : sa situation de famille. Chez plusieurs espèces de primates, comme les babouins, des groupes de femelles parentes restent habituellement collées ensemble, alors que les mâles vadrouillent généralement d'une troupe à l'autre. A l'intérieur de chaque troupe, une « lignée matriarcale » tend à en dominer une autre et ainsi de suite, ce qui cristallise une hiérarchie de dynasties, dirigées par un réseau de « vieilles filles ». Ainsi, une jouvencelle de haute lignée peut dominer une femme mûre de moins prestigieuse famille.

Les enfants héritent généralement du rang maternel. Parmi les chimpanzés de Gombe, où les femelles ne sont pas organisées en lignées matriarcales mais forment plutôt des cliques, l'enfant d'une femelle souveraine, Flo, devint influente, avec l'âge, au sein de la communauté, tandis que les enfants d'un couple de rang inférieur, une fois adultes, devinrent ses serviteurs.

Relations entre les deux sexes dans l'ancien Olduvai

Les relations de pouvoir dans les sociétés humaines traditionnelles et chez nos plus proches parents vivants, les chimpanzés, donnent certainement une idée de la manière dont nos ancêtres ont vécu et intrigué pour gagner leur statut, dans la gorge d'Olduvai, il y a près de deux millions d'années.

Le premier souvenir de Twiggy a pu être cet océan d'herbe ondulante qu'elle avait sous les yeux quand sa mère la portait sur sa hanche. Quand elle eut trois ou quatre ans, elle apprit où poussaient les anacardiers (et leurs noix de cajou) et comment creuser pour trouver des racines. Elle jouait probablement dans les trous d'eau pendant que sa mère ramassait des crabes, et elle se prélassait sous les figuiers pendant que les grandes personnes cueillaient des fleurs ou des fruits sucrés. Si sa mère était une forte femme, comme Big Mama, Twiggy s'est probablement reposée dans des endroits ombragés. Si l'amant de sa mère était un bon collecteur de restes de bêtes sauvages, elle a probablement eu des morceaux délicats pour son dîner : en particulier de la langue. Et quand tous attendaient leur tour, en file indienne, pour lécher à grand bruit l'eau suintant du rocher, peut-être Twiggy a-t-elle eu le privilège de passer la première.

Nous ne saurons jamais si ses ancêtres voyageaient en groupes, les parents mâles d'un côté, les parents femelles de l'autre. Mais chaque matin, quelque dix à cinquante membres de la troupe de Twiggy ont dû se réveiller, bavarder, boire, faire leurs besoins et abandonner leurs couches nocturnes pour vagabonder le long du lac ou dans l'herbe. Parfois quelques mâles s'en allaient en éclaireur, partaient chercher des restes d'animaux et revenaient plus tard dans la journée. Alors, ils s'installaient tous, tôt dans la soirée, pour partager leur nourriture et s'assoupir sous un massif de figuiers, sur une falaise herbeuse ou à même le sol, dans le lit asséché d'une rivière. Avant de se remettre en route le lendemain matin.

Avec le temps, Twiggy s'habitua probablement à voir les autres mâles et femelles s'incliner bas devant sa mère et la caresser respectueusement quand ils passaient près d'elle. A mesure qu'elle grandissait, elle commença à suivre sa sœur plus âgée, à former une bande avec d'autres filles, et à passer une partie de son temps à les toiletter, à jouer à chat et aux chatouilles, et évidemment à chercher les garçons. Sans aucun doute, Twiggy savait quelle place lui revenait dans le réseau social et, devant ses supérieurs, elle s'inclinait et leur baisait les mains et les pieds avec un large sourire. Quand Twiggy participait à des bagarres avec d'autres enfants, sa mère (ou son père) la défendait et elle gagnait. Par son esprit et son charme, Twiggy se lia d'amitié avec des garçons, puis leur prodigua des câlineries pour qu'ils partagent avec elle des morceaux de viande.

A la puberté, Twiggy trouva un petit ami pour former un couple. Peut-être était-il d'un autre groupe et l'avait-elle rencontré lors du pèlerinage annuel de sa troupe, à la saison sèche, sur les rives du lac bleu-vert ? Ensemble, Twiggy et son amoureux traversèrent les vastes plaines ; ils partagèrent leur nourriture et donnèrent naissance à un enfant. Leur relation tourna-t-elle un jour au vinaigre ? Si oui, elle attendit probablement de n'avoir plus besoin d'allaiter pour rejoindre une bande voisine, munie de son bâton à creuser le sol, et de son fourre-tout à provisions pour la cueillette. Twiggy jouissait d'une autonomie économique qui lui permettait de quitter son homme à partir du moment où son gamin marchait.

Elle peut aussi avoir eu de l'influence dans d'autres domaines de la vie quotidienne. Peut-être pouvait-elle se rappeler à tous les coups où trouver du miel et des légumes de qualité, et cela lui valut-il l'admiration. Peut-être savait-elle aussi arbitrer, et arracher pierres et bâtons des mains de son mari quand il se balançait de façon menaçante et hurlait après un rival. Elle avait sans aucun doute deux ou trois bonnes amies qui, quoi qu'il arrive, la défendaient dans les disputes. Et pour peu que Twiggy ait eu un charme particulier, ait été brillante, respectée et habile à garder ses amis, elle aurait bien pu devenir le leader du groupe. Parmi les primates, il n'y a pas de loi de la jungle, c'est l'intelligence qui a force de loi.

Ces cerveaux surent bientôt exploiter le feu et inventèrent de nouveaux outils et armes. Puis, à la vitesse d'une fusée, nos ancêtres pénétrèrent dans la vie sociale « presque humaine ».

12

PRESQUE HUMAIN

La genèse des liens de parenté
et l'apparition de l'adolescence

Il est toujours enviable d'être bien né,
mais la gloire en revient à nos ancêtres.

Plutarque, *Maximes*

Le feu.

Dès lors qu'ils furent descendus des arbres, nos ancêtres durent fuir vers les lacs et les rivières quand les volcans se mettaient à régurgiter leurs roches en fusion, quand les éclairs illuminaient la prairie et que l'herbe prenait feu. Mais la plaine sentait encore la fumée, qu'ils revenaient sans doute parmi les braises récupérer lièvres, lézards, nids d'abeilles tombés des arbres et toutes sortes de graines. Ils se régalaient ensuite de tous ces mets naturellement grillés.

A l'entrée des grottes, la braise couvait sans doute pendant des jours et des semaines sous la couche d'excréments de hiboux, de chauves-souris, de tigres à dents de sabre et autres animaux cavernicoles. Les anciens durent apprendre à dormir près des charbons ardents et à alimenter de branches sèches la flamme avide, jusqu'à ce qu'un gibier de passage, ou la perspective d'une récolte de fruits sur des arbres aperçus en pleine floraison dans le lointain, ou tout simplement le manque d'eau incitât la petite bande à abandonner le rougeoiement chaud et protecteur.

Le feu accompagnait le genre humain — en ennemi quand il se déchaînait, en ami quand il s'apaisait. Les hommes primitifs apprirent à contrôler la flamme, à transporter les braises dans des crânes de babouin ou des feuilles épaisses, et firent du feu leur principal atout. Ils rendirent leurs lances plus meurtrières en en durcissant le bois par le feu. Ils débusquèrent les rongeurs de leurs terriers ou attirèrent les lièvres vers des pièges, en brûlant de la mousse. Les foyers éloignèrent les prédateurs nocturnes des carcasses à moitié consommées. Ils brûlèrent des branches pour déloger les hyènes des cavernes, et s'y installèrent à leur tour en dormant près du halo protecteur de la flamme. Le nouveau refuge permettait aux blessés, aux personnes âgées, aux femmes enceintes et aux petits enfants de rester au camp. Il y avait un camp. Nos ancêtres n'étaient plus dépendants de la lumière du soleil. Ils entretenaient les braises et pouvaient s'attarder là le matin, y réparer les outils au crépuscule et se remémorer les événements de la journée jusqu'à tard dans la nuit.

Ce fut l'une des innovations qui, au cours de ce million d'années, introduisirent des changements considérables dans la sexualité humaine.

Nous ne saurons peut-être jamais quand l'humanité a réussi à maîtriser le feu pour la première fois. Il n'y a pas unanimité des anthropologues à ce sujet[1]. Mais la preuve la plus ancienne de l'existence de feux de camp pourrait bien provenir de la grotte de Swartkrans, en Afrique du Sud, où les anthropologues C.K. Brain et Andrew Sillen ont récemment récupéré les fossiles de deux cent soixante-dix fragments d'ossements d'animaux carbonisés.

Selon eux, la température de combustion des fossiles variait entre deux cents et huit cents degrés centigrades. C'est approximativement la fourchette de température que l'on constate aujourd'hui dans un feu de branches de l'« arbre-qui-pue ». Quelqu'un a pu, il y a un million et demi d'années, ramasser des branches mortes de cette variété d'arbres blancs qui couvrit la contrée pendant longtemps, et prendre plaisir à les faire brûler une à une. Une fois découvert l'art de faire des feux de camp, nos lointains ascendants ne s'en seraient plus passés et les auraient multipliés un peu partout. Plus de vingt couches distinctes de débris carbonisés témoignent de notre ancestral amour des brasiers.

Quels étaient ces « gens » qui se chauffaient les mains dans la grotte de Swartkrans et y brûlèrent ces ossements ?

On trouve parmi ces débris des morceaux de squelettes d'*Australopithecus robustus,* une espèce disparue il y a près d'un million d'années. Mais on sait par ailleurs que des *Homo erectus* vécurent aussi en cet endroit. Et Brain pense que ce sont ces derniers hominidés, plus évolués, qui entretinrent ces foyers primitifs. Pourquoi ? Parce que l'*Homo erectus* était beaucoup plus intelligent que les hominidés contemporains, et déjà engagé sur la voie de l'humanité.

On a retrouvé des spécimens de ce « peuple » dans les restes fossiles datant d'environ un million huit cent mille ans de la gorge d'Olduvai en Tanzanie et à Koobi Fora au Kenya, ainsi que dans la vallée de l'Omo au sud de l'Éthiopie. Mais le site qui nous en dit le plus long sur les premiers *Homo erectus* est celui de Nariokotome III.

On a retrouvé là, dans les sédiments arides de la rive ouest du lac Turkana, au Kenya, un être jeune qui mourut dans les marais, il y a près de un million six cent mille ans. La robustesse du visage et des hanches indique qu'il s'agissait sans doute d'un garçon[2]. Il devait avoir une douzaine d'années le jour de sa mort, et ne pas dépasser le mètre soixante-huit. Il aurait sans doute atteint un mètre quatre-vingts, s'il avait survécu jusqu'à l'âge adulte. Il avait des mains, des bras, des hanches et des jambes qui ressemblaient beaucoup aux nôtres. Son thorax était plus arrondi que celui de nos contemporains, et possédait une vertèbre lombaire de plus. Le jeune homme aurait porté un masque et déambulé tout habillé dans nos rues à Halloween*, personne n'y aurait prêté attention.

Qu'il ait ôté son déguisement, et vous auriez pris la fuite. La lourde mâchoire saillante et les dents énormes, l'arcade sourcilière proéminente et le front fuyant, le crâne épais et les impressionnants muscles du cou auraient effaré jusqu'à l'agent de police du coin. Il n'empêche. L'enfant était passablement intelligent. Le volume de son cerveau atteignait les neuf cents centimètres cubes, beaucoup plus que celui de Twiggy et de ses congénères australopithèques, et juste en dessous de la fourchette de mille à deux mille centimètres cubes des hommes et femmes modernes. Les crânes fossiles des *Homo erectus* les plus récents révèlent des volumes pouvant atteindre treize cents centimètres cubes.

---

* Veille des fêtes de la Toussaint, célébrée aux États-Unis par les enfants qui vont, costumés, de porte en porte, pour se faire offrir des friandises. (*N.d.T.*)

Détail intéressant, les chimpanzés aiment fumer la cigarette et savent très bien frotter une allumette puis en éteindre la flamme en soufflant dessus. Il y a donc toutes les raisons de penser qu'*Homo erectus*, doté d'un cerveau bien plus volumineux que celui des chimpanzés, savait s'occuper du feu et en attiser les flammes dans la grotte de Swartkrans il y a un million d'années. Leurs facultés intellectuelles aidant, ces créatures inventives étaient sans doute sur le point d'adopter une forme moderne de comportement social et sexuel.

Tout d'abord, *Homo erectus* fabriquait des outils élaborés.

Alors que les premiers habitants de la grotte de Swartkrans s'étaient contentés de simples *galets aménagés,* dits d'Oldowan — des cailloux polis par l'eau aux bords ébréchés —, les ingénieux *Homo erectus* en étaient déjà à débiter de fines lamelles sur des grandes pierres. Elles leur servaient sans doute à couper, trancher, gratter ou creuser. Plus impressionnants encore, leurs percuteurs de pierre de quinze à dix-sept centimètres de long, dits bifaces *acheuléens* parce qu'ils ont été découverts pour la première fois en France, à Saint-Acheul*. Munis d'un bout arrondi et de deux tranchants soigneusement taillés en une pointe effilée, ces outils ressemblaient à de grandes amandes, à des poires ou à des larmes de pierre.

Pareils à des balles de golf échouées dans l'eau, ces outils de poing ont été retrouvés le long d'anciens ruisseaux et rivières, aux verrous des chenaux, au bord des lacs de l'est et du sud de l'Afrique, tout comme au long des cours d'eau d'Europe, d'Inde et d'Indonésie. Si l'on peut supposer que certains d'entre eux aient servi à déterrer les légumes qui poussaient près des rives, on a longtemps pensé que les premiers *Homo erectus* utilisaient ces grosses pierres soigneusement taillées avant tout pour dépecer et désarticuler les carcasses au bord du rivage, séparer les os de la viande, sectionner les tendons, et broyer les os afin d'en extraire la moelle.

Cela peut bien avoir été le destin du bébé hippopotame dont les restes ont été trouvés près du lac Turkana dans ce qui avait été,

---

* Dans la Somme. (*N.d.T.*)

il y a près de un million et demi d'années, une mare peu profonde et boueuse. Des outils acheuléens étaient éparpillés à deux pas. Puis, tout près, dans la boue fossilisée, des empreintes de pas d'un *Homo erectus*. Celui à qui elles appartenaient devait mesurer près d'un mètre soixante-huit et peser quelque cinquante-cinq kilos. Il avait probablement marché silencieusement dans l'eau avant de tuer la bête qui s'y prélassait.

Le feu, l'invention des outils, la chasse aux grands animaux... Les anthropologues pensent également que ces hommes primitifs disposaient de camps de base, c'est-à-dire d'un foyer où ils séjournaient des jours ou des semaines. En un mot, les hommes et femmes *Homo erectus* commençaient à élaborer le mode de vie des chasseurs-cueilleurs. Dès lors se fit jour un certain style de vie, de relations sexuelles et d'amour, fondamentalement humain. Toujours est-il que notre cerveau en plein développement créa une nouvelle complication qui devait accélérer notre voyage dans cette direction.

Naissance prématurée

Au début des années 1960, des anthropologues ont émis l'hypothèse qu'à un moment de l'évolution des hominidés leur cerveau est devenu trop grand au regard du canal pelvien du bassin de la mère, et que les accouchements d'enfants à gros cerveaux devinrent difficiles. Bref, la grosse tête de l'enfant l'empêchait de sortir ! Cette difficulté de passage fait toute la difficulté de l'obstétrique humaine. La nature a apporté sa propre solution : donner naissance à l'enfant à une étape plus précoce du développement (quand il est plus petit), et poursuivre le développement fœtal du cerveau dans la vie postnatale. Ashley Montagu résuma ainsi la situation :

> « S'il n'était pas né avant l'heure, il ne serait pas né du tout. »

C'est bien cela. Nous naissons trop tôt. Le nouveau-né humain n'est encore qu'un embryon. Tous les primates donnent naissance à des jeunes immatures (sortis trop tôt de la matrice). Mais le degré de prématurité augmente, des petits singes aux grands singes et aux êtres humains. Les bébés humains naissent encore plus immatures que ceux de leurs plus proches cousins primates, une caractéristique connue sous le nom de prématurité de deuxième degré[3]. Il ne faut pas moins de six ou huit mois au bébé humain pour acquérir les métabolismes chimiques du foie, des reins, du système immunitaire, digestif, ainsi que les réflexes moteurs et un développement du cerveau que les autres primates acquièrent presque immédiatement après la naissance.

Les chercheurs estiment que nos ancêtres se mirent à donner naissance à des petits excessivement immatures et désarmés, à partir du moment où le crâne des adultes atteignit une capacité de sept cents centimètres cubes. C'était il y a près d'un million d'années, chez les *Homo erectus*.

Cette solution adaptative a probablement eu un impact sur les relations sexuelles, amoureuses et conjugales. Tout d'abord, l'extrême vulnérabilité des petits a dû augmenter sensiblement le fardeau reproducteur des femmes *Homo erectus,* jusqu'à donner un avantage sélectif aux comportements de tendresse et d'attachement comme à la monogamie. La stabilité du couple devenait un facteur déterminant de survie de l'enfant sans défense.

L'anthropologue Wenda Trevathan pense que les difficultés de l'accouchement stimulèrent une première activité spécifiquement féminine, celle de sage-femme. Dans son livre *La naissance de l'homme : une perspective évolutionniste,* W. Trevathan étudie la parturition humaine à la lumière du comportement animal. Elle émet l'hypothèse, par exemple, que le geste de la mère humaine caressant son nouveau-né ne provient pas du seul besoin psychologique de contact, mais de l'habitude des mammifères de lécher leurs petits pour stimuler la respiration et les autres fonctions corporelles. Les petits d'humains étant recouverts à la naissance d'un enduit laiteux, les accouchées qui prenaient l'habitude de caresser l'enfant en frottant ce gel gras lubrifiant, ce qui protégeait la peau contre les virus et les bactéries, auraient pu bénéficier d'un avantage sélectif. W. Trevathan note également que les mères, qu'elles soient gauchères ou droitières, portent leur bébé du bras gauche, tout près du cœur, dont les battements contribuent sans doute à calmer l'enfant.

Plus important pour notre histoire, W. Trevathan pense qu'à

l'époque d'*Homo erectus* les naissances étaient devenues si difficiles que les femmes avaient besoin d'une aide pour « attraper » leur bébé. S'ensuivit la tradition des sages-femmes. Ces assistantes se seraient attachées au nouveau-né, élargissant d'autant le cercle d'adultes se sentant responsables de l'enfant.

Nos ancêtres *Homo erectus* ont engendré un autre « handicap » de taille : l'adolescence. En se fondant sur la configuration des dents fossiles, les anthropologues ont essayé d'estimer le temps de croissance des hommes primitifs. Il semble que le processus de maturation humaine se soit ralenti à un certain moment, entre un million et deux cent mille ans avant notre ère. Non seulement les femmes en sont venues à donner naissance à des bébés totalement dépendants, mais la durée de l'enfance s'est considérablement allongée. On peut considérer l'apparition de l'adolescence comme une autre marque distinctive de l'animal humain par rapport à nos ascendants, les grands singes. Le chimpanzé vit une enfance en tous points semblable à celle des chasseurs-cueilleurs, pendant environ quatre ans. Mais la première molaire apparaît chez les chimpanzés aux alentours de trois ans, et ils sont pubères à dix ans. La première molaire des humains n'apparaît pas avant six ans. Les filles des sociétés de chasseurs-cueilleurs ne sont pubères qu'à seize ou dix-sept ans ; les garçons connaissent eux aussi une adolescence prolongée. En fait, les êtres humains ne cessent de grandir qu'à l'âge de vingt et un ans.

Plus remarquable encore, les parents humains continuent de fournir vivres et couvert à leurs adolescents. Une fois que la mère chimpanzé a sevré son bébé, le jeune se nourrit par lui-même et construit son propre nid chaque soir. Le bébé chimpanzé reste près de sa mère la plupart du temps. Mais dès qu'il ne tète plus, la mère cesse de pourvoir à sa nourriture et ne l'abrite plus. Il n'en est pas de même chez les humains. Un enfant de cinq ans peut difficilement arracher une racine ; même l'enfant le plus doué d'une société de chasseurs-cueilleurs est incapable d'assurer sa survie de façon autonome jusqu'à un stade avancé de l'adolescence. Les humains continuent à élever leur progéniture dix à douze ans après son sevrage.

C'est ainsi que l'enfance humaine est devenue deux fois plus longue que celle des chimpanzés et des autres primates.

Pourquoi le processus de maturation humaine s'est-il tellement allongé ? Pour gagner du temps, je suppose — le temps pour le petit d'homme de se familiariser avec un univers de plus en plus complexe. Les garçons devaient savoir quand et où les femelles portaient leurs petits, quels animaux menaient le troupeau, quelle direction prenait le vent et quelle était la saison, quelle proie traquer, comment traquer, entourer et abattre les proies, quand arrêter la chasse et partager le butin.

Les filles avaient encore plus à apprendre : comment transporter la flamme, où localiser les petits buissons de baies sauvages, quels marécages éviter, où dénicher les œufs d'oiseaux. Elles devaient enregistrer les différents cycles de croissance de centaines de plantes, savoir où se terraient les petits animaux, où les reptiles se chauffaient au soleil, quelles étaient les herbes indiquées pour les refroidissements, les maux de gorge ou les fièvres... Tout cela demandait du temps, des tâtonnements et de l'intelligence. Il est possible que les jeunes aient eu à mémoriser de longues histoires, des contes édifiants leur apprenant l'essentiel sur le climat et les habitudes des plantes et des animaux qui les entouraient.

Tout aussi essentiel : ils devaient s'initier aux subtilités du jeu sexuel. Avec l'apparition de l'adolescence et sa prolongation vinrent toutes ces années supplémentaires propices aux expériences galantes, sexuelles et amoureuses — instants clés d'une vie sociale où le partage de la nourriture et l'éducation des petits nécessitaient la formation de couples.

L'amour fraternel

La croissance cérébrale, l'allongement de l'enfance et de l'adolescence ont dû stimuler l'émergence d'une nouvelle marque distinctive de l'humanité : la parenté. La plupart des mammifères, dont tous les primates évolués, reconnaissent la parenté biologique et ont tendance à favoriser tantes, neveux et parents de degrés plus éloignés. L'origine de la parenté humaine remonte à notre passé de mammifères. Mais, à partir du moment où il fallut près de vingt ans à l'enfant hominidé pour atteindre l'âge adulte, apparut l'une des plus grandes inventions sociales de l'humanité : un système institutionnalisé de parenté. La société traditionnelle trouva sa cohésion dans l'attribution des différents rôles de ce système.

On pourrait croire que l'enfance prolongée des petits incitait les couples à ne pas se séparer, du moins jusqu'à la fin de l'adolescence de leurs rejetons. Ce n'est pas le cas. Comme je l'ai fait remarquer au chapitre 5, les divorces semblent survenir vers la quatrième année de mariage, c'est-à-dire, en gros, au bout de la période de la petite enfance de la progéniture humaine. La règle n'est pas de rester ensemble pour élever les enfants jusqu'à leur adolescence, pour ensuite se séparer. Nulle part au monde.

Cela ne faisait pas partie de la stratégie reproductrice de nos ancêtres. La nature a inventé un autre biais : ce furent les relations de parenté qui évoluèrent. Quoi de plus ingénieux, en effet, que cette trame d'individus liés par un réseau officiel de dépendances et d'obligations en une alliance perpétuelle et infrangible, pour le plus grand bien de la progéniture commune, autrement dit pour la postérité de l'ADN partagé ? Comment cela est-il arrivé ? Et quel rapport avec l'évolution du mariage, de l'adultère et du divorce ?

Le fonctionnement social des premiers groupes humains et l'origine de leurs systèmes de parenté ont fait l'objet des plus anciennes polémiques de l'anthropologie. Que trouve-t-on à l'origine : le matriarcat ou le patriarcat ? Telle était la substance du débat. La filiation de nos ancêtres se faisait-elle par lignée maternelle ou paternelle ? Je reviendrai sur cette controverse au chapitre 15. Pour l'heure, je ne désire soulever qu'un seul aspect de la question.

Chez les chimpanzés ordinaires, les mâles apparentés ont tendance à rester ensemble pour défendre la communauté, alors que les femelles quittent le groupe à leur maturité sexuelle et recherchent ailleurs leurs compagnons ; les frères vivent leur âge adulte ensemble, quand les sœurs préfèrent se disperser. On voit là une source possible de lignée paternelle, fondée sur les liens entre mâles. Chez les babouins de la savane, on observe l'inverse : les femelles apparentées déambulent ensemble quand les mâles rejoignent d'autres groupes à l'âge adulte — prémices d'une lignée maternelle. La situation étant variable chez les primates, il est à mon avis impossible d'en déduire une quelconque hypothèse sur le mode de parenté adopté par les premières bandes d'hominidés.

271

A une nuance près. Comme je l'ai déjà dit, je crois que les mâles et les femelles hominidés se déplaçaient en groupes dans la plaine après être descendus des arbres, il y a quatre millions d'années. Je crois pouvoir ajouter que des couples se formaient au sein de ces groupes plus larges et que leurs membres étaient liés par des relations de parenté déjà formalisées.

Comment la notion vague et intuitive de parenté passa-t-elle à la règle institutionnalisée ? Cela reste du domaine de la spéculation. On peut supposer, par exemple, que la fillette primitive attendait de l'ami favori de sa mère qu'il partage sa viande avec elle, la protège et la console. Elle aurait entretenu avec lui un lien particulier évoluant progressivement en relation « fille-père ». Tenue de s'occuper de son jeune demi-frère, une relation sœur-frère se serait instaurée. Elle aurait pu aussi, dans le même temps, considérer les femelles de l'entourage de sa mère comme des « tantes ».

Le développement de la chasse au gros gibier, l'intensification de la division du travail entre les sexes, la difficulté d'élever les enfants jusqu'à l'adolescence auront entraîné les peuples primitifs à distinguer progressivement en leur sein des *catégories* d'individus chargés de tâches et de devoirs particuliers, selon différents rôles sociaux implicites. Le système évolua et nos ancêtres furent amenés à définir qui pouvait s'accoupler avec qui. Les règles de la sexualité émergèrent, comme on le verra au prochain chapitre.

Hors l'Afrique

Nos ancêtres Homo erectus commencèrent aussi à se disperser sur le reste du globe. Certains anthropologues pensent que les premiers hominidés gagnèrent l'Europe il y a deux millions d'années. On a retrouvé des outils vieux d'environ un million d'années sur quelques sites au nord de la Méditerranée. Il est certain qu'à la même époque nos prédécesseurs s'étaient déplacés vers l'est et avaient gagné Java. Ils atteignirent le nord de la Chine il y a près de cinq cent mille ans. On a trouvé des crânes, des os et des outils fossiles datant d'environ un demi-million d'années, en différents sites de l'Eurasie.

Pourquoi ont-ils quitté l'Afrique ? Nous n'en savons rien. Pour la simple raison, peut-être, que cela était possible. Il y a un million d'années, la température de la Terre fit un nouveau plongeon spectaculaire. La neige s'accumulait au nord, en Europe et en Asie, pendant des hivers plus longs et plus froids, et fondait plus lentement pendant les jours et les nuits fraîches de l'été. Les glaciers finirent par atteindre plus d'un kilomètre et demi d'épaisseur au cours des siècles. La gravité faisait glisser des sommets ces forteresses de glace qui découpaient au passage des vallées, déplaçaient les rochers, arrachaient les arbres. Le temps rigoureux gagnait le Sud. Chacune de ces glaciations durait plusieurs milliers d'années.

A chaque retour du mauvais temps, la banquise océanique s'agrandissait. Le niveau de la mer s'abaissait imperceptiblement jusqu'à moins douze cents mètres, faisant émerger tout aussi progressivement de vastes territoires et une route vers le nord.

La voie était libre, certes. Mais nos ancêtres avaient-ils le choix ? Il leur fallait chercher plus loin leurs proies et leurs talents de chasseurs s'aiguisaient[4]. Les torches grâce auxquelles ils chassaient et se protégeaient, les outils conçus pour les travaux de boucherie leur permettaient de se procurer plus de viande et de pourvoir à la survie d'enfants plus nombreux. Mais quand une bande minuscule se présentait aux abords de la grotte de Swartkrans, elle pouvait y trouver une autre déjà installée, ou découvrir que les bois de figuiers et les étangs jusque-là peuplés de crustacés avaient été dévalisés. Des accrochages avec les voisins ou des querelles intestines ont pu conduire de petits groupes ou des communautés entières à s'exiler de leurs terres natales.

Quelles que fussent les raisons de la migration, nos ancêtres investirent de nouvelles vallées et de nouvelles pistes qui les amenèrent hors d'Afrique. A supposer qu'ils n'aient pas franchi plus de quinze kilomètres par génération, ils auraient réussi à atteindre Pékin en moins de vingt mille ans.

Et c'est exactement ce qu'ils firent.

On en trouve les meilleures preuves sur la colline de l'Os-du-Dragon, un site à environ quarante kilomètres de Pékin, bien connu des anthropologues sous le nom de Zhoukoudian. Cela fait des siècles que les chasseurs de fossiles chinois ont rassemblé ici des os préhistoriques, des trésors qu'ils ont vendus à des apothicaires locaux qui les réduisaient en une poudre âcre pour la vendre ensuite comme élixir médicinal. Ayant eu vent d'expéditions sur ce site, l'anatomiste canadien Davidson Black y organisa son propre pèlerinage en 1927.

Depuis, plus d'une douzaine de crânes, quelque cent cinquante dents et des fragments de plus de quarante individus *Homo erectus* ont été déterrés sur la colline de l'Os-du-Dragon, en même temps que des ossements de cochons sauvages, d'éléphants, de rhinocéros et de chevaux, sans oublier des centaines d'outils de pierre. Bizarrement, on a retrouvé certains de ces crânes d'hominidés écrasés à la base, comme si leur cerveau en avait été extrait.

Des cannibales ?

C'est l'explication classique. Les hommes et femmes *Homo erectus* auront dressé leur camp en cet endroit, en automne peut-être, quand mammouths et mastodontes, rhinocéros, cerfs et chevaux archaïques transhumaient vers le sud à la recherche d'un climat plus chaud et plus humide. C'est là qu'il y a cinq cent mille ans des *Homo erectus* en mangèrent d'autres, selon un rituel visant à rendre hommage à leurs amis morts ou à profaner la mémoire de leurs ennemis.

Pendant que certains de ces peuples primitifs suivaient le renne, le rat musqué, le bison, l'élan géant et autres grands animaux jusqu'au nord de la Chine, d'autres prenaient la direction du sud jusqu'à Java où l'on a retrouvé, au long de la rivière Solo, des restes fossilisés datant d'environ cinq cent mille ans. D'autres, avant eux, prenaient leurs repas près du lac de Tibériade, en Galilée, il y a près de sept cent mille ans. Puis, plus tard, à différentes reprises entre quatre cent mille et deux cent mille ans avant notre ère, d'autres encore séjournèrent en Hongrie, en France, en Angleterre, au pays de Galles et en Espagne, laissant à chaque fois des vestiges derrière eux[5].

Comment vivaient-ils, ces hommes et ces femmes qui chassèrent l'hippopotame près du lac Turkana, mangèrent et dormirent au Zhoukoudian, et tous ces autres qui laissèrent leur dépouille, leurs outils ou leurs détritus dans les dunes de sable d'Algérie, la steppe d'Espagne, la plaine de Hongrie, la toundra de Sibérie, la forêt de Grande-Bretagne ou la jungle de Java, il y a entre un million deux cent mille et deux cent mille ans? Comment s'aimaient-ils et codifiaient-ils leurs relations sexuelles?

Les hommes respectaient probablement les femmes en tant que mères et pourvoyeuses de nourriture. Celles-ci savaient sans doute localiser chaque pied de mille-feuille, chaque arbre à miel, les plus petits buissons de baies sauvages, les moindres recoins de rocaille où l'eau tombait goutte à goutte, tous les arbrisseaux, les grottes ou les pistes... à plus de cent cinquante kilomètres à la ronde. Elles devaient discerner tout un univers complexe jusque dans ces plaines qui nous paraissent aussi monotones que l'océan Pacifique. Elles quittaient sans doute le camp le matin en portant leur bambin sur le dos dans un sac de peau. Non contentes de rentrer le soir chargées de noix, de baies, de bois à brûler, elles rapportaient des informations fraîches sur les lieux de pâturage des troupeaux, les points d'eau, les ennemis ou les alliés. L'homme comptait sur la femme pour survivre.

La femme admirait sans doute chez l'homme la bravoure du chasseur, et appréciait ses présents de grillades, côtelettes et autres steaks, comme la protection qu'il lui procurait contre l'ennemi. Il lui fallait la peau des animaux abattus pour en faire des châles, des couvertures, et récupérer les crânes en guise de récipients, les os pour fabriquer des outils, les nerfs pour confectionner la corde et la ficelle.

Nul doute qu'hommes et femmes se retrouvaient le soir autour des braises en se racontant les événements de la journée au milieu des rires et des plaisanteries. On devait se conter fleurette tout en suçant des os et en grignotant des baies dans l'atmosphère enfumée; on se rapprochait l'un de l'autre à mesure que le feu du camp faiblissait, puis on s'embrassait et s'étreignait jusque tard dans la nuit. Mais les rêves, les amours, les pensées qui précédaient le sommeil se sont éteints avec la lumière du foyer. Nous ne les connaîtrons jamais.

Ces gens-là n'étaient pas la préfiguration archaïque des peuples d'aujourd'hui. Ils ne peignaient pas des ours ou des bisons sur les parois des cavernes. Ils n'ont pas laissé des aiguilles d'os laissant penser qu'ils savaient confectionner des vêtements ajustés. Pas d'amulettes témoignant d'un culte pour le soleil, les étoiles ou une divinité quelconque. Ils n'ont pas laissé de tombes. Ils n'étaient pas encore humains. Mais ils l'étaient *presque*. Ils étaient dotés de grands cerveaux. Ils savaient entretenir le feu. Ils prenaient soin d'enfants aussi vulnérables que ceux d'aujourd'hui. Les adolescents ne s'éloignaient pas de l'un ou des deux parents, ni des autres membres de la petite bande. Vieux et jeunes étaient étroitement liés au sein d'un réseau compliqué de parenté. Les abords du feu étaient devenus le « foyer ».

Puis, il y a trois cent mille ans environ, certains de ces hominidés transmutèrent en une forme archaïque de l'homme et de la femme modernes. Notre univers sexuel allait prendre sa véritable forme humaine.

13

LA PREMIÈRE SOCIÉTÉ D'ABONDANCE
La conscience prend son essor

Deux choses me fascinent et m'emplissent toujours
plus de doute et d'effroi : la voûte étoilée au-dessus
de ma tête et la loi morale au fond de mon cœur.

Emmanuel Kant, *Critique de la raison pure*

Les villes tranquilles du sud-ouest de la France, des Pyrénées et du nord de l'Espagne se sont construites au-dessus d'un labyrinthe de grottes creusées et sculptées par de tumultueux torrents aujourd'hui disparus. Stalagmites et stalagtites montent la garde dans ces profondeurs protégées du vent, comme autant de soldats d'ivoire fantomatiques. Les gouttes d'eau s'écrasent avec un bruit métallique dans le silence impressionnant. Les cris des chauves-souris traversent cavités et anfractuosités. Le grondement des rivières encore existantes envahit gouffres, cheminées et « trous de chat », pour s'évanouir comme par enchantement au détour d'un autre dédale.

Il y a dix à vingt mille ans, nos ancêtres vinrent décorer ce que la nature avait édifié, laissant derrière eux des milliers de peintures rupestres en témoignage de l'avènement de l'humanité.

Quelqu'un a peint des douzaines de troupeaux d'animaux en débandade sur les parois des salles souterraines géantes de la grotte de Lascaux. Un autre artiste a gravé au fond d'un cul-de-sac de la grotte des Trois-Frères, dans les Pyrénées, le dessin d'un animal magique pourvu d'une tête d'homme et de bois de cerf et dont le corps et la queue étaient ceux d'un cheval. Dans la grotte de La Juyo, en Espagne, des hommes sculptèrent une gigantesque et monstrueuse tête de pierre, moitié homme, moitié chat. On a retrouvé dans une trentaine de grottes les dessins rouges et noirs de bisons géants, de rennes, de mammouths, de bouquetins, d'ours et d'autres animaux, dont la fourrure et les muscles étaient astucieusement indiqués en tirant partie des fissures et des saillies du rocher.

Là où les silhouettes réalistes font place aux représentations magiques, on voit danser sur les murs et les plafonds des chevaux sans tête, des personnages humains à buste de canard, des ours à tête de loup, des mains détachées aux doigts manquants, des bras et des jambes qui semblent flotter, des symboles de serpents, des points et des tirets... Certaines de ces fresques ont été découvertes dans de grandes galeries ; d'autres étaient nichées au fond de cryptes et de culs-de-sac si reculés que des spéléologues professionnels défaillirent de claustrophobie en essayant d'y accéder.

Il y a très longtemps, il s'est déroulé quelque chose de la plus haute importance au cœur de ces galeries sans soleil, dans le fracas des eaux, la froidure et l'air stagnant. Personne ne vivait là. Nos ancêtres venaient seulement y peindre et s'assembler. Cherchaient-ils par ces cérémonies à s'assurer une bonne saison de chasse, guérir les malades, fêter la naissance d'un fils ou d'une fille ? Célébraient-ils un mythe, ou s'agissait-il de tout autre chose ? Dans son livre *L'explosion créatrice,* John Pfeiffer suggère que des rites complexes d'initiation ont pu aussi s'y dérouler. D'après lui, il est possible que de jeunes initiés aient été abandonnés dans ces sinistres catacombes comme dans une tombe, jusqu'à ce que la peur, l'isolement et l'ennui leur fissent perdre l'esprit et tomber en transe dans un état de totale réceptivité. Les aînés conduisaient alors ces jeunes hallucinés, avec toute la mise en scène nécessaire, au travers des circonvolutions de la grotte, tout en leur transmettant solennellement les traditions du clan, son histoire, ses légendes, et toute la sagesse accumulée de la tribu.

Histoire de mettre l'accent sur un événement particulier de l'épopée clanique, ces sorciers auront pu éclairer l'une des fresques. Afin d'animer chaque épisode du récit, la torche vacillante aura dévoilé une main, un oiseau ou un poisson, puis soudain un élan en train de bramer ou de danser, ou encore un cerf en train de nager... Ensuite, au bout de chacun des tortueux parcours, les prêtres auraient rassemblé leurs élèves désorientés dans ~~de~~ vastes théâtres souterrains où, après le premier lavage de cerveau, les jeunes auraient subi de nouvelles épreuves incantatoires jusqu'à ce que le dogme fût gravé dans leur esprit.

Que racontaient donc les aînés ? A quoi devait-on ce premier épanouissement artistique ? Que nous révèle-t-il sur la sexualité humaine d'il y a vingt mille ans ?

Selon Pfeiffer, ces gens vivaient une « explosion médiatique » engendrée par des bouleversements technologiques et l'essor des relations sociales. Les nombreuses empreintes de pas d'enfants dans ces grottes l'ont amené à supposer que l'on conduisait ces jeunes dans ce dédale fantastique en guise d'initiation rituelle aux nouveautés de l'époque.

Après tout, c'est une démarche courante, encore aujourd'hui. Partout dans le monde, les êtres humains assimilent les faits et les concepts sous leur forme artistique. La croix gammée évoque Hitler et les nazis, alors qu'une croix ordinaire exerce un énorme pouvoir symbolique sur les chrétiens. Les aborigènes australiens font de leurs mythes et de leur art, entre autres, des instruments mnémotechniques. L'inventivité de ce peuple a aidé Pfeiffer à formuler sa théorie sur l'art pariétal.

Les aborigènes australiens vivent dans le désert le plus désolé du monde. Il leur faut se souvenir de chaque monticule, chaque dépression, chaque arbre, chaque roc et chaque trou, dans une zone de plusieurs centaines de kilomètres, pour se procurer de l'eau régulièrement. Ainsi, chaque élément du paysage est intégré dans des contes, élaboré à partir d'êtres mythiques ancestraux. Les points, les gribouillis et les silhouettes qu'ils peignent sur leurs outils, sur les murs et sur eux-mêmes figurent souvent de façon symbolique des trous d'eau ou des formations rocheuses où se manifestent les apparitions. Mythes, art et chansons sont en fait les cartes du paysage australien. On retient les moindres détails du désert en même temps qu'on mémorise les escapades des dieux.

Les aborigènes d'Australie soumettent leurs enfants à des épreuves atroces afin de leur enseigner tout ce savoir. Les Aruntas de l'Australie centrale, par exemple, emmenaient leurs enfants mâles dans le désert, loin de la maison et de la famille, les privaient de nourriture et de vêtements, et les initiaient en chantant et en mettant en scène des histoires de survie. La dernière nuit de la cérémonie initiatique, on cachait les jeunes sous des couvertures devant un feu d'enfer. Quand les incantations, l'obscurité et l'isolement les avaient bien terrorisés, on leur incisait le pénis de haut en bas. Horrible expérience ! Mais les garçons n'oublieraient jamais le scénario qu'ils venaient d'apprendre et qui les guiderait à jamais d'un trou d'eau au suivant.

Selon Pfeiffer, les fresques des premiers peuples européens avaient exactement la même fonction : une illustration des anciens contes épiques faisant office de « cours de survie » dans une période de changement social dangereux.

Nous ne saurons jamais exactement ce qui se passait dans les entrailles de la terre il y a si longtemps. Mais une chose est claire : l'humanité s'était métamorphosée. Elle était passée du stade de la chasse, du débroussaillage et de la cueillette grâce à la maîtrise du feu et à quelques outils élémentaires, à celui de l'art pictural sur les parois de cavernes consciemment explorées à cet effet. L'homme était devenu un primate doté d'une riche culture abstraite et symbolique.

Les anthropologues utilisent les termes de *pensée symbolique* pour désigner la faculté d'appliquer un concept abstrait au monde concret. L'exemple classique en est l'eau bénite. Le chimpanzé ne voit dans l'eau de la vasque de marbre d'une cathédrale rien d'autre que de l'eau. Pour un catholique, c'est tout différent. Il y voit de l'eau bénite. De la même façon, la couleur noire n'est jamais que du noir pour le premier chimpanzé venu, alors que vous y voyez une connotation funèbre. L'esprit humain moderne est né à partir du moment où nos ancêtres ont acquis la faculté de créer des symboles, des idées et des concepts pour s'exprimer.

On s'interroge aujourd'hui sur les précurseurs immédiats des peintres des cavernes, les néandertaliens. Ces derniers étaient-ils engagés dans la pensée symbolique, ou celle-ci n'a-t-elle émergé que chez les artisans évolués des grottes préhistoriques ? La question est importante pour comprendre l'évolution de la sexualité humaine. Seule la pensée symbolique, la formulation d'idées abstraites telles que « bon/mauvais », « juste/faux » ou encore « permis/interdit » pouvait faire accéder l'humanité aux concepts fondamentaux de moralité, conscience, et à toute la panoplie de croyances culturellement codées, aux rituels, aux tabous et à la réglementation des relations sexuelles et amoureuses.

Pour en attendre beaucoup, les vestiges fossiles ne nous donnent que des indices hétéroclites et contradictoires en réponse au mystère de l'origine de la pensée symbolique humaine.

Le néandertalien dénigré

Un million d'années avant les premières peintures rupestres en France et en Espagne, des périodes de grand froid saisirent dans les glaces les pays du Nord et frappèrent de sécheresse les tropiques. Chaque âge glaciaire s'est étalé sur plusieurs milliers d'années, suivi par une phase au climat plus doux. Pendant les glaciations et les périodes interglaciaires plus chaudes, nos ancêtres remontèrent vers le nord par petites bandes. Il y a environ cent mille ans, l'*Homo sapiens neandertalensis* — une variante archaïque de l'homme moderne — vivait en Europe, au Proche-Orient et en Asie centrale.

Les néandertaliens présentaient un curieux mélange de traits physiques. Leur lourde arcade sourcilière, leurs dents et leurs mâchoires volumineuses, leurs muscles impressionnants et leur squelette épais vous intimideraient si vous en rencontriez un dans les rues aujourd'hui. Néanmoins, ces gens aux sourcils proéminents étaient dotés d'une capacité crânienne plus grande que la nôtre, et leur cerveau était exactement semblable au vôtre ou au mien. Nous le savons grâce à l'empreinte intérieure de leurs crânes fossiles que l'on relève facilement par moulage interne.

La technique est ingénieuse : vous prenez du latex, vous le versez dans le crâne d'un homme de Neandertal, vous laissez prendre, puis vous retirez le latex moulé. On observe alors à sa surface les fines empreintes que la masse molle du cerveau a laissées au temps où elle était étroitement imbriquée à l'intérieur de son casque osseux. Le dessin des nervures, des rainures et des sillons à la surface du caoutchouc révèle la structure des lobes cérébraux. Les moulages montrent que le cerveau néandertalien était construit comme le nôtre.

Ces gens-là pensaient.

Et ils parlaient. La découverte remarquable d'un os hyoïde,

cet os minuscule en forme de U situé dans la gorge et facilitant l'émission de sons articulés, laisse penser que les néandertaliens avaient une morphologie leur permettant de parler un langage humain moderne. Mais c'est là que la controverse commence. Selon certains chercheurs, la configuration de la base du crâne néandertalien n'est pas vraiment courbée (comme c'est le cas pour le crâne humain moderne), signe que le larynx (la boîte de résonance de la voix) n'était pas encore complètement descendu au fond de la gorge. Les néandertaliens auraient ainsi été incapables de prononcer des voyelles comme *i* et *u*. Les sons qu'ils émettaient auraient aussi été plus nasillards que ceux émis par les hommes d'aujourd'hui.

Mais ces faits d'observation n'emportent pas la conviction d'autres chercheurs. La forme de la base du crâne, disent ces derniers, n'est pas forcément un indicateur fiable de la forme des cavités vocales. Par ailleurs, nul besoin de disposer d'un éventail exhaustif de sons articulés pour s'exprimer selon une tonalité humaine et pour accéder aux constructions grammaticales. Les langues hawaïennes comportent beaucoup moins de sons que l'anglais. Mais le navajo bien plus. Les uns et les autres parlent un langage humain moderne.

J'imagine qu'à l'époque où les néandertaliens rôtissaient des langues de mammouths et dormaient ensemble dans des grottes bloquées par la neige, en ancienne France, il y a cent mille ans, ils se parlaient approximativement comme vous et moi.

Mais « croyaient-ils » en quoi que ce fût ? Avaient-ils créé le concept de l'âme ou celui d'une vie après la mort ? Disposaient-ils d'un monde symbolique ?

Les archéologues ont découvert à l'intérieur de différentes grottes d'Europe ce qui ressemble fort à des tombes creusées, où les morts semblent avoir été placés en position de sommeil. Certains des squelettes retrouvés sont entourés d'outils de pierre, d'os et de cornes d'animaux, soigneusement disposés, le tout faisant penser à des offrandes. Sur un site au demeurant très controversé, une grotte nichée dans les collines du nord de l'Irak, tout se passe comme si des amis ou des amants, il y a soixante mille ans, avaient déposé des bouquets de fleurs sur les corps défunts. On a retrouvé éparpillés autour des ossements des grains de pollen fossilisés provenant de roses trémières, de jacinthes, de boutons-d'or, de séneçon et d'autres fleurs sauvages de la région.

Si les néandertaliens croyaient en une vie après la mort, s'ils pensaient que les êtres humains avaient une âme, cela signifie qu'ils étaient capables d'une pensée abstraite et symbolique, donc qu'ils pouvaient élaborer des croyances et des règles sur des questions aussi fondamentales que le sexe et le mariage.

Les sceptiques n'y croient pas. Selon eux, des malades auraient pu se réfugier dans certaines de ces grottes pour y mourir, à moins qu'on ait enterré là des cadavres pour s'en débarrasser, ou encore que des fauves les aient traînés jusque-là pour les manger. Des artefacts seraient apparus accidentellement autour des squelettes à des dates ultérieures. Ces enterrements n'auraient donc pas été intentionnels. Quant au pollen des fleurs, il aurait pu être apporté dans les grottes par le vent, les pattes des rongeurs ou les ailes des insectes. Ces contradicteurs ne croient ni aux cérémonies funèbres, ni aux offrandes, ni aux bouquets. Les néandertaliens, selon eux, n'ont pas développé les capacités cérébrales nécessaires à la pensée symbolique.

Les mêmes diront sans doute que l'ocre rouge, retrouvée sur plusieurs sites de néandertaliens, n'est pas plus une preuve de l'existence d'une pensée symbolique. Bien des peuples de par le monde se colorent le visage, les mains, le corps et leurs atours d'ocre rouge avant les cérémonies. Mais cette roche réduite en poudre sert aussi à tanner les peaux et à éloigner la vermine. Les néandertaliens ne l'utilisaient peut-être que dans un but fonctionnel, ne disposant pas d'un sens esthétique les incitant à se parer.

A quoi sert l'art ?

Personne ne sait si les néandertaliens enjolivaient les sépultures des êtres chers et y plaçaient des offrandes, ni s'ils se paraient ou décoraient leurs objets personnels. L'éthologue Ellen Dissanayake pense qu'ils le faisaient. Elle propose une hypothèse intéressante sur l'origine évolutive de la création et de la jouissance artistique.

Dans son livre *A quoi sert l'art ?*, Ellen Dissanayake ramène toutes les formes d'art à un besoin manifeste chez l'homme de façonner, embellir, enjoliver et ajouter un je-ne-sais-quoi d'original aux choses comme aux façons d'être. Ceux qui ont magnifié un événement au moyen d'une musique rituelle, ou un outil en le décorant s'en souviennent et y attachent de l'importance. La fabrication d'outils et l'exécution de cérémonies comptant beaucoup pour la survie, les artistes et les amateurs d'art avaient un avantage sélectif. C'est ainsi que les hommes primitifs ont développé un penchant biologique propice à la réalisation de fresques, de sculptures et toutes autres sortes d'œuvres d'art.

Ellen Dissanayake note que, il y a deux cent cinquante mille ans, deux créatures, vivant dans ce qu'on appelle aujourd'hui l'Angleterre, ont chacune taillé dans du silex un biface comprenant un coquillage fossile en son centre. Toutes deux avaient trouvé un coquillage fossile et façonné l'outil autour. Les hommes commençaient à savoir discerner l'originalité de certaines choses et à la rechercher dans la confection de certains outils.

A peu près à la même époque, quelqu'un abandonna des boules d'ocre rouge, jaune, brune et pourpre dans une grotte située sur une falaise du bord de mer, en France. Qui sait si ces gens-là ne s'étaient pas mis à leur tour à mettre une touche d'originalité sur eux-mêmes ou sur leurs biens ?

Les néandertaliens ne nous ont cependant pas laissé grand-chose de leur art, s'ils en ont jamais eu. On a retrouvé des rainures sur des dents d'ours, des points sur une dent de renard, des perforations sur un os de renne... et quelques autres signes incertains d'essais artistiques. L'inventaire de l'expression artistique de cette période de la préhistoire n'est guère impressionnant. Mais il faut un début à tout. C'est pourquoi Ellen Dissanayake est convaincue que les néandertaliens embellissaient vraiment leurs lieux de sépulture, utilisaient l'ocre à des fins esthétiques, et qu'une prédisposition artistique inscrite dans notre ADN existait dès cette époque.

Les néandertaliens demeurent un mystère. Avaient-ils accès à la pensée abstraite et symbolique ? Avaient-ils créé des lois pour le sexe et l'amour ? Difficile à dire. Ce que nous pouvons affirmer de façon certaine, c'est qu'ils vivaient en petites bandes nomades, pratiquaient la chasse, confectionnaient de grands outils de pierre et pratiquaient le troc sur de grandes distances à travers l'Europe, chassaient du gros gibier et consommaient beaucoup de viande. Des milliers d'ossements de mammouths, de rhinocéros laineux, de rennes et de bisons ont été déterrés sous les parois des rochers escarpés du haut desquels les chasseurs précipitaient les bêtes. Cette « chasse au précipice » marque une innovation : elle était organisée, et systématiquement planifiée.

Comment ces gens-là aimaient-ils, qui et dans quels endroits ? Autant de questions sans réponse. Les passions et les souffrances, les jalousies et les intrigues, les anicroches et les conversations intimes se sont évanouies à jamais. Seul du pollen fossile sur une ancienne tombe indique qu'une personne a pu en pleurer une autre il y a très, très longtemps. Puis les néandertaliens ont disparu mystérieusement il y a près de trente-six mille ans, supplantés en Europe occidentale par l'*Homo sapiens sapiens*. Vinrent alors ces hommes et ces femmes semblables à vous et moi, une humanité moderne qui a commencé à peindre sur les parois des grottes de France et d'Espagne et à orchestrer des cérémonies dans un univers souterrain, humide et silencieux.

Ces nouvelles créatures ont laissé toutes sortes d'artefacts, de témoignages évidents de leur accès à la pensée abstraite et symbolique comme à la conscience. Elles élaborèrent un système complexe de croyances et de jugements sur le bien et le mal, de règles et de tabous sur le sexe et l'amour.

Les raisons pour lesquelles l'humanité moderne a supplanté l'homme de Neandertal ont mobilisé pendant plus d'un siècle l'imagination des archéologues, des romanciers et des amateurs. Les premiers chercheurs pensèrent que l'*Homo sapiens* avait simplement évolué à partir des populations néandertaliennes d'Europe ; la plupart pensent aujourd'hui que l'humanité moderne a pris son essor en Afrique il y a au moins quatre-vingt-dix mille ans, pour gagner ensuite l'Europe à partir du Proche-Orient, tout en exterminant les néandertaliens au passage [1]. Quelles qu'aient été les relations véritables entre les deux espèces, les infortunés néandertaliens ont cessé d'exister pour laisser la place, il y a trente-cinq mille ans en Europe, aux hommes modernes dits de Cro-Magnon, du nom de la localité française où les ossements de ces derniers ont été trouvés pour la première fois.

Dès lors, l'art et la vie culturelle connurent un essor impétueux.

Selon certains, cette explosion créatrice a commencé avec la pression démographique[2]. A cette époque, le climat peu clément de la toute récente ère glaciaire régnait sur le Nord : le territoire où se trouve Londres aujourd'hui était recouvert d'une épaisseur de glace de seize cents mètres. En revanche, sur les rives de ce qu'on appelle aujourd'hui la Méditerranée, s'étendaient de vastes prairies, très semblables à celles de l'actuel parc national du Serengeti*. Les mammouths et rhinocéros laineux, les rennes, les bouquetins, les bisons, les premiers chevaux et des centaines d'autres animaux y paissaient en troupeaux. Repoussés par les glaciers au nord et les déserts au sud, les hommes préhistoriques affluèrent sur ces savanes qui recouvraient la France et l'Espagne actuelles.

Et comme les gens devenaient plus dépendants les uns des autres, ils furent contraints de créer de nouveaux réseaux sociaux et toutes sortes de nouvelles traditions pour survivre.

L'art des cavernes ne fut qu'une innovation parmi d'autres. Il y a vingt mille ans, en Ukraine, une douzaine de personnes ont dû travailler pendant une bonne semaine à empiler les squelettes de mâchoires de quatre-vingt-quinze mammouths, disposés en chevron les uns au-dessus des autres, pour former les côtés d'une hutte ovale. D'autres personnes, dans le même village préhistorique, utilisèrent les os longs de mammouths pour leurs huttes, avec manifestement plus de difficulté, et moins de bonheur. A la suite de quoi, ces architectes primitifs jetèrent des peaux sur ces structures d'ossements, pour les recouvrir de boue et d'herbes afin de se protéger du vent d'hiver. Ils creusèrent aussi des cavités pour stocker des aliments à côté des maisons, ce qui prouve que nos ascendants avaient commencé à se sédentariser.

Les hommes de Cro-Magnon ont également construit des maisons de peau et de bois, qui au bord d'une rivière où de grands troupeaux venaient se désaltérer, qui au sommet d'une colline dominant le paysage, qui sur une plaine ensoleillée sur le passage des animaux migrateurs. Ces maisons étaient habituellement exposées au sud pour profiter de la chaleur du soleil. A l'époque où l'art pariétal a atteint son apogée, il y a quinze mille ans, certains

---

* En Tanzanie. (*N.d.T.*)

vivaient de toute évidence au sein de grandes communautés saisonnières.

Dès qu'un conflit surgissait, il n'était plus question de ramasser ses affaires et d'aller s'installer ailleurs. Il fallut coopérer. Les groupes établirent des hiérarchies sociales et politiques, et instituèrent des règlements.

La population augmentant et les ressources se faisant rares, les hommes de Cro-Magnon inventèrent de nouveaux outils et des armes. Les hommes de Neandertal semblent s'être contentés de grands outils de pierre. Mais ces nouvelles créatures humaines, plus évoluées, se mirent à façonner des ustensiles en ivoire, en os et en bois de cerf. Le harpon léger et pointu, l'hameçon, la lance et la pointe de flèche miniature — éléments, peut-être, des premiers arcs et premières flèches — constituèrent une nouvelle panoplie d'armes mortelles. La chasse au renne et au gros gibier s'intensifia.

Des empreintes de corde tressée sur un morceau d'argile de la grotte de Lascaux laissent penser que ces hommes confectionnaient cordages, ficelles, filets et lignes de pêche. On a retrouvé de l'ambre de la Baltique dans des maisons des plaines de Russie ; des coquillages de l'Atlantique à environ quinze cents kilomètres de leur lieu d'origine, aux Eyzies, en France. C'est clair : ces gens-là ont dû établir des réseaux d'échange et pratiquer fréquemment le commerce lointain des pierres précieuses et des matières premières lithiques.

La vie devenait gaie. Les hommes de Cro-Magnon ont inventé la flûte, le sifflet et le tambour. Ils arboraient des colliers de dents d'ours et de lion, des bracelets et des pendentifs en os et des centaines de perles d'ivoire, d'écaille ou de pierre polie. Des aiguilles d'os, aussi fines et pointues que celles des assortiments de couture standard d'aujourd'hui, permettaient d'assembler des parkas à capuchon et de confectionner des chemises munies de cols et de poignets, des tuniques, des jambières, des bottes et autres vêtements coupés. Des statuettes portables de la taille d'une main, dotée de seins et de fesses généreuses (des *vénus,* disons-nous), ainsi que des animaux d'ivoire, d'os ou de céramique ont été retrouvés en différents sites entre les Pyrénées et l'Oural. Il s'agissait peut-être de symboles de fertilité, de fétiches divinatoires ou de porte-bonheur[3].

287

A moins qu'ils aient permis le développement des stratifications sociales. Près de l'actuelle Moscou, nos ancêtres de Cro-Magnon recouvrirent les corps de deux enfants de bagues, d'anneaux de cheville, de lances, de fléchettes, de poignards et de quelque dix mille perles. Ces jeunes n'avaient pu gagner le renom de puissants chasseurs ni de leaders d'aucune sorte. Appartenaient-ils à une classe aristocratique ?

Pas étonnant que Pfeiffer pense que ces gens aient pu entraîner leurs enfants dans les entrailles de la Terre, leur inspirant une crainte mortelle afin de les entraîner à la vie adulte. La vie était devenue nettement plus complexe. Ces gens vivaient les uns sur les autres au sein des premiers villages saisonniers du monde. Ils avaient leurs mythes, leur magie, leurs rituels et leurs dieux. Ils appréciaient la musique, la danse et les chants. Ils enterraient leurs morts avec des offrandes. Ils portaient des manteaux en peau de renard, tressaient leurs cheveux, s'offraient des bijoux et taillaient leurs vêtements. Ils utilisaient des lampes à huile sur support de pierre afin de pouvoir peindre dans les grottes et s'éclairer la nuit. Ils s'asseyaient autour de bûchers bien conçus, y faisaient rôtir de grosses pièces de bœuf et parlaient un langage humain. Ils nous ressemblaient fort. Ils pensaient comme nous. Ils avaient tout un réseau de traditions qu'ils intégraient à leur art. Ils avaient inventé la première société d'abondance.

Ils devaient avoir des coutumes réglementant la sexualité et le mariage, l'adultère et le divorce. Quel était donc ce code de l'amour ?

Le fruit défendu

Toutes les sociétés, d'une façon ou d'une autre, ont connu le tabou de l'inceste. A certaines époques de leur histoire, les Égyptiens, les Iraniens, les Romains et d'autres ont autorisé l'inceste entre frères et sœurs de groupes particuliers, comme les familles royales. A part ces quelques curieuses exceptions, les relations sexuelles entre mère et fils, père et fille, et frère et sœur ont toujours été interdites. Le tabou de l'inceste est universel chez les humains. En outre, cette règle stricte est la première restriction sexuelle connue des enfants. Sa violation est parfois sévèrement punie, passible de la mort, de la mutilation ou du bannissement. Le tabou n'est jamais levé, quels que soient l'âge et la faculté de reproduction.

On peut supposer que le tabou de l'inceste remonte aux hommes de Cro-Magnon (ou longtemps avant), et ce pour plusieurs raisons. Tout d'abord, la pratique de l'inceste n'aurait guère été praticable. Si une fille Cro-Magnon avait eu un bébé de son frère ou de son père, le groupe aurait hérité d'un nouveau membre totalement à charge, sans nouvel adulte pour s'en occuper. Cela aurait constitué un périlleux fardeau. Économiquement parlant, il était beaucoup plus logique d'avoir un enfant d'un étranger et d'obtenir de ce dernier l'aide nécessaire pour l'élever.

Les relations incestueuses auraient également provoqué des conflits sociaux incessants. L'être humain est jaloux et possessif. Nous ne sommes pas faits pour partager un partenaire sexuel que nous aimons. Les relations incestueuses auraient provoqué d'insupportables rivalités domestiques, détruit la relation fragile entre mari et femme, affaibli les relations amicales au sein de la famille et perturbé l'ordre social. L'inceste aurait pu également handicaper la socialisation de l'enfant. Les enfants s'attachent aux parents. L'adulte qui a une relation sexuelle avec son enfant voit son autorité diminuée, les relations de confiance anéanties, tout cela interférant avec le processus psychologique de séparation de la famille.

Les hommes de Cro-Magnon ne pouvaient se permettre tous ces ferments de discorde.

L'inceste aurait aussi comporté des inconvénients politiques. Comme dit le proverbe : « Mieux vaut se marier chez les étrangers, que de se faire tuer par eux. » Si votre fille quitte la famille pour vivre avec un homme de la vallée d'à côté, vos relations avec ces gens-là ne s'en porteront que mieux. Ils feront partie de la famille. Si elle reste à la maison et s'accouple avec vous, vous ne créez ni nouvel échange, ni concurrent, ni lien social.

Il est donc pas surprenant que la plupart des cultures prescrivent à leurs jeunes de se marier en dehors de la famille, du clan, et parfois même de la communauté[4]. Cela n'empêche pas forcément la pratique de l'inceste, mais cela assure la circulation des adultes, des biens et des informations entre les différents groupes sociaux. Les occasions d'inceste deviennent plus rares et cela encourage la politique de « bon voisinage ». Le « mariage au-dehors » évite aussi les effets néfastes de la consanguinité[5].

Toutes ces raisons, économiques, sociales, politiques et génétiques, rendent plausibles des règles interdisant les rapports sexuels entre parents et enfants, et entre frères et sœurs, chez les hommes de Cro-Magnon. En fait, la nécessité d'élever les enfants, de protéger l'harmonie du groupe, d'assurer la cohésion sociale et des liens politiques, et de préserver la santé génétique fut si forte que nos ancêtres préhistoriques ont peut-être hérité d'un dégoût *biologique* envers les relations incestueuses, d'une prédisposition à s'accoupler et à se reproduire en dehors du noyau familial.

L'inceste

Y a-t-il une prédisposition génétique à éviter les relations sexuelles avec la mère, le père, les frères et les sœurs ? L'idée n'est pas nouvelle. En 1891, Edward Westermarck fut le premier à émettre cette hypothèse : selon lui, les enfants nourrissent une répulsion physique naturelle envers ceux avec qui ils ont grandi. Cette aversion a été corroborée depuis par des études sur la sexualité en Israël.

On a commencé à se poser ce type de questions quand Melford Spiro s'est mis à observer de jeunes enfants du même âge élevés ensemble dans un kibboutz, partageant vie quotidienne, bains et lieux de sommeil. Garçons et filles se livraient à des jeux sexuels, s'allongeaient sous les mêmes couvertures, s'examinaient leurs organes respectifs en « jouant au docteur », comme ils disaient. Le jeu consistait à s'embrasser, s'étreindre et se toucher les parties génitales. Mais à l'âge de douze ans, ces enfants devenaient entre eux timides et tendus. A l'âge de quinze ans, ils tissaient d'étroites relations de type exclusivement fraternel.

Ces jeunes n'appartenaient pas aux mêmes familles ; ils auraient pu s'accoupler et se marier sans problème. A la connaissance de Spiro, aucun ne se maria ni n'eut de rapports sexuels avec un autre membre du même kibboutz.

Poursuivant l'étude au début des années 1970, le sociologue Joseph Stepher a rassemblé des informations sur les mariages au sein de tous les kibboutz connus. Sur 2 769 mariages, 13 seulement

LA PREMIÈRE SOCIÉTÉ D'ABONDANCE

ont concerné des individus du même groupe. Et aucun de ces derniers mariés n'avait connu une enfance commune avant l'âge de six ans. Stepher pense qu'il existe un seuil critique au cours de l'enfance, entre trois et six ans, à partir duquel les gens manifestent une aversion sexuelle naturelle envers ceux qu'ils côtoient régulièrement.

La chimie semble avoir un rôle dans l'aversion pour l'inceste. Cette réaction physiologique a dû apparaître au moment où nos ancêtres se mirent à porter des manteaux de renard, à jouer de la flûte, à décorer les parois des cavernes en France et en Espagne. L'aversion pour l'inceste se retrouve fréquemment aussi dans le reste de la communauté animale.

Les oiseaux, les insectes et les mammifères préfèrent généralement s'accoupler avec des étrangers. En fait, la plupart des espèces ont développé tant de stratégies leur évitant de se reproduire avec leurs familiers que les biologistes pensent que le tabou de l'inceste humain découle de notre nature animale.

Les primates évolués, par exemple, reconnaissent leur parenté et s'accouplent rarement avec leur proche parent, en particulier avec leur mère. Cela est joliment illustré par les jeunes macaques rhésus mâles de l'île de Cayo Santiago, à l'est de Porto Rico, bien que leur comportement puisse tout aussi bien être le vôtre ou le mien. Ici, les mâles grandissent sous la tutelle de leur mère et d'une parente proche. Mais quand les petits grandissent, ils approchent rarement leur mère, sexuellement parlant. En revanche, ils la considèrent comme une autorité femelle de référence et elle leur sert de mur des lamentations. Loin de la courtiser, ils adoptent avec elle un comportement infantile, se réfugiant dans ses bras pour s'y blottir en gémissant, quand ils n'essaient pas de la téter. De la même façon, les hommes et les femmes aiment à l'occasion régresser, en se comportant comme des gosses en présence de leurs parents.

L'inceste frère-sœur et père-fille est rare dans la nature pour une autre raison. Chez de nombreuses espèces, les mâles ou les femelles quittent le groupe à la puberté. Toutefois les frères et sœurs chimpanzés atterrissent parfois dans la même communauté, et Jane Goodall a observé quelques cas d'inceste dans la réserve de la rivière Gombe, en Tanzanie. Néanmoins, à chacun de ces accouplements, soit le frère ou la sœur paraissait s'ennuyer prodigieusement, soit les deux se livraient à un âpre affrontement. Fifi, par exemple, s'accrocha à une branche en hurlant pendant que son frère la forçait.

La même répugnance pour l'inceste a dû exister dans notre lointain passé d'humains. Il y a quatre millions d'années, déjà, les hominidés ne devaient guère être attirés sexuellement par ceux avec qui ils avaient grandi. Ce qu'ils recherchaient auprès des parents, c'était de l'aide, pas l'aventure sexuelle. Les garçons et les filles changeaient sans doute de groupe à la puberté. L'inceste est rare dans les conditions « naturelles ». Puis, quand l'humanité s'est dotée d'un cerveau lui permettant d'élaborer, de mémoriser et de suivre des préceptes sexuels, les individus ont facilement pris conscience des désavantages économiques, sociaux et politiques de l'inceste. Ce qui avait été une tendance naturelle devint une règle culturelle.

Nous ne saurons jamais exactement quand ce seuil fut franchi dans l'histoire humaine. Mais les hommes et les femmes de Cro-Magnon, qui apprenaient les légendes de leurs aïeux dans les grottes des Pyrénées, savaient probablement très bien qui ils pouvaient courtiser et épouser, et qui était « le fruit défendu ». L'inceste était devenu un tabou.

Ces gens-là étaient soumis à d'autres interdits sexuels. C'est certain. Le tabou qui porte sur la période qui suit l'accouchement est le plus universel, puisqu'il existe dans 94 % de toutes les cultures connues. Les couples sont généralement censés s'abstenir de tout rapport sexuel pendant près de six mois après la naissance d'un enfant. Cette règle s'est probablement instituée afin que la mère et le père puissent s'occuper du bébé faible et vulnérable.

Les rapports sexuels ont suscité une myriade de croyances dans toutes les sociétés connues. Il y a donc tout lieu de penser que les hommes de Cro-Magnon avaient les leurs. Mais lesquelles ? Les Bellacoolas du centre de la Colombie britannique, par exemple, estimaient que la chasteté rapprochait l'homme de la puissance divine — comme beaucoup de chrétiens. Bien des gens pensent que la continence est souhaitable avant la chasse, et certains entraîneurs de football, en Amérique, sont convaincus que leurs équipes font de meilleures performances quand les joueurs s'abstiennent de tout rapport sexuel avant le match.

Les couples Cro-Magnon évitaient probablement de faire l'amour pendant un certain temps après la grossesse, et s'interdisaient tout rapport avant de traquer une proie ou d'assister à une cérémonie rituelle dans une grotte. Ils devaient s'accoupler dans l'obscurité et à l'abri des regards. Aucun peuple du monde n'a jamais pratiqué normalement le coït en public.

La plupart des sociétés humaines attribuent un pouvoir au sang menstruel. Nos aïeux européens étaient bardés de superstitions à ce sujet. En différents endroits d'Europe, écrit Sir James Frazer, grand expert des différents folklores du monde, on croit encore qu'une femme ayant ses règles rend la bière acide quand elle entre dans une brasserie, et qu'elle fait tourner le vin ou le lait qu'elle touche. Si elle fait des confitures, elles ne se conserveront pas ; si elle monte une jument en gestation, celle-ci avortera ; si elle porte la main sur des boutons de fleurs, ils se flétriront ; si elle grimpe dans un cerisier, il dépérira... Les femmes américaines désignaient encore la menstruation comme la « malédiction » dans les années 1950, et évitaient tout contact sexuel à ce moment-là.

Les gens de Cro-Magnon évitaient sans doute de la même façon de faire l'amour pendant la période des règles.

Ils avaient sans doute aussi un code de la pudeur. Dans la jungle humide de l'Amazonie, hommes et femmes portent des vêtements même si vous ne les reconnaîtriez pas comme tels. La femme Yanomami ne porte qu'une fine cordelette autour de la taille. Mais demandez-lui de la retirer, et elle manifestera autant de confusion qu'une femme américaine à qui on demande d'enlever son corsage. L'homme Yanomami porte une ceinture autour de l'abdomen et y insère soigneusement son pénis de façon que ses parties génitales soient bien serrées contre le ventre. Il verrait son pénis glisser hors de cet amarrage qu'il serait aussi embarrassé qu'un joueur de tennis sentant son sexe dépasser de la jambe de son short.

Hommes et femmes accordent beaucoup d'importance à leur habillement, qu'il s'agisse d'une simple cordelette en Amazonie ou d'une robe longue de l'Angleterre victorienne. Démunis de leur voile sexuel, ils se sentent nus et vulnérables, emplis de honte. Les hommes de Cro-Magnon, qui portaient des tuniques de cuir et des colliers de dents de lion, devaient aussi avoir un code vestimentaire destiné à leurs parties génitales. Nul doute qu'ils fussent très pointilleux au sujet du décorum sexuel.

Enfin, ils avaient sans doute des conventions réglementant l'adultère et le divorce. On l'a vu, les peuples de chasseurs-cueilleurs et de jardiniers tolèrent plus facilement l'infidélité que bien des sociétés industrielles. Il est possible qu'un flirt ne valût à leurs auteurs que des quolibets pour quelques heures, éventuellement une volée de coups sans gravité, voire une discussion un peu aigre. Mais il y a de bonnes chances pour que nos aïeux des deux sexes, il y a trente-cinq mille ans, aient connu des préceptes de fidélité.

Même les tempéraments les plus chauds étaient tenus de suivre les procédures de base réglementant le divorce. Dans de petits groupes sociaux où les commérages font la trame de la vie et où le bannissement équivaut à la mort, personne ne veut prendre trop de risques d'être rejeté. L'homme ou la femme de Cro-Magnon qui voulait rejoindre quelqu'un dans un groupe d'une autre vallée devait sans doute passer quelques après-midi dans la prairie à réfléchir à la meilleure façon d'annoncer la nouvelle, selon les règles de l'étiquette et au moment le plus opportun, avant de rassembler ses affaires et de s'en aller.

Les origines du « devoir »

Des règles, encore des règles, toujours des règles. Comment les hommes de Cro-Magnon ont-ils refréné leurs désirs sexuels pour se conformer à toutes ces exigences ? Avaient-ils une conscience, un sens moral, le sentiment du bien et du mal ?

Probablement.

> « Le sens moral et la conscience font l'essentiel de la différence entre l'espèce humaine et les animaux moins évolués », écrit Darwin.

Selon lui, la conscience se résume à un mot aussi bref qu'impérieux : le devoir. J'imagine que la notion de *devoir* était très courante en ces temps où les hommes de Cro-Magnon éduquaient leurs enfants en les terrifiant dans les cavernes magiques.

Comment cette extraordinaire chose qu'est la conscience a-t-elle évolué ?

En 1962, Michael Chance a proposé une théorie sur l'évolution de la maîtrise de soi qui donne quelques éclaircissements sur la façon dont la conscience a pu apparaître dans le genre humain. Selon lui, les jeunes primates mâles devaient « équilibrer », compenser et contrôler leur agressivité sexuelle, afin de circonvenir les mâles dominants plus âgés et se frayer leur propre chemin jusqu'au sommet de la hiérarchie. Survivaient ceux qui agissaient plus volontiers selon leur tête que leur cœur : s'ensuivirent une évolution vers de grands cerveaux et la faculté de différer le plaisir et de contrôler ses pulsions sexuelles.

L'anthropologue Robin Fox s'est appuyé là-dessus pour émettre une hypothèse sur l'évolution de la conscience. Le développement de la vie sociale aurait donc incité les jeunes hommes à respecter des règles strictes leur indiquant qui ils pouvaient courtiser ou non, tout en réprimant leurs tendances sexuelles agressives. Selon lui,

> « cette pression sélective a abouti à un fort sentiment de culpabilité à l'égard de la sexualité chez la créature humaine ».

Fox est convaincu que la conscience procède du cerveau. Il s'agit, selon lui,

> « d'une prédisposition génétiquement déterminée au sentiment de culpabilité et à la répression des conduites sexuelles agressives, tout particulièrement chez l'homme pubère ».

Le siège de la conscience, d'après Fox, est l'amygdale, glande minuscule reliée au centre émotionnel primitif (le système limbique), à l'hippocampe voisin contrôlant la mémoire, et aux zones néocorticales complexes contrôlant la pensée.

Bienvenue à l'amygdale ! Se pourrait-il que ce petit bout de protoplasme soit coupable de vous tenir éveillé la nuit quand vous avez un problème moral à résoudre ? Certains chercheurs pensent que les endorphines, ces médicaments du cerveau qui vous rendent « euphoriques », pourraient également en être la cause. Quand on agit selon les préceptes, on sécrète ces morphines naturelles qui apportent sérénité et sécurité.

Fox est peut-être sur la bonne voie. Notre penchant moral pourrait bien résider dans notre ADN. Certaines études sur les bébés corroborent cette hypothèse. Les chercheurs sont aujourd'hui convaincus que la prédisposition aux réactions morales existe déjà quand le nouveau-né émerge de la matrice. Un petit enfant, par exemple, se mettra à pleurer s'il en entend un autre sangloter. Cette contagion émotionnelle, cette sympathie innée qu'on nomme aussi « empathie » est la « première pierre », comme disait Darwin, ou, si l'on préfère, la première étincelle du futur code moral de l'enfant.

La moralité se développera par étapes. Entre un et deux ans, les enfants acquièrent la notion du « soi » et de l'« autre », et commencent à beaucoup s'intéresser à ce qui les entoure. Les bambins tentent naturellement de consoler un autre petit qui s'est fait mal, par exemple. Ils sont capables d'éprouver un sentiment de honte, et, peu après, de culpabilité. Ils comprennent les règles du bien et du mal. Ils s'efforcent d'adhérer à la convention en respectant le secret, les cachotteries et les convenances sociales.

Dès le début, garçons et filles s'imprègnent des règles morales de leur culture en adoptant chacun un style personnel d'obéissance et de tricherie. Ces différents styles ont eux-mêmes une composante adaptative. Les jeunes enfants sont excessivement égocentriques. Et, selon l'optique darwinienne, il est nécessaire qu'ils le soient. L'altruisme n'est pas ce qui convient le mieux aux très jeunes, dont l'objectif principal est de survivre. En revanche, les adolescents ont intérêt à contracter entre eux des alliances. Leur code moral reflète cette obsession : se faire reconnaître de leurs pairs. Ensuite, quand les gens prennent de l'âge, ils adoptent le système moral des parents afin d'élever leurs propres enfants.

« Ne sachant pas si elle est apprise ou innée, je n'ai aucune idée de ce qu'est la vertu », dit un jour Socrate. Les définitions de la moralité varient selon les cultures et les individus, selon l'âge et le statut social, c'est certain. Ce qui est bien considéré en Nouvelle-Guinée ne l'est pas nécessairement aux États-Unis. Mais l'animal humain vient au monde avec la faculté d'émettre une opinion sur le bien et le mal, c'est évident. Nous absorbons ensuite les mœurs de la culture qui nous est propre, selon notre propension personnelle à suivre ou violer la règle. Mais personne n'a besoin de vous inculquer le sentiment de culpabilité. On vous apprend seulement à propos de quoi il convient de se sentir coupable ou pas.

L'essor de la conscience

Quant à connaître l'origine de la prédisposition au sentiment moral, c'est une autre affaire. Darwin notait déjà que bon nombre d'animaux manifestaient des « instincts sociaux » comme la protection des petits, le secours aux congénères, le partage de la nourriture — autant de comportements que nous qualifions de « moraux » quand il s'agit de nous-mêmes. La moralité existe aussi chez les créatures non humaines. C'est pourquoi Darwin supposait que les formes ancestrales de l'homme manifestaient ce type d'instincts sociaux « qui faisaient office de grossières règles du bien et du mal, la norme morale s'élevant toujours plus haut, au fur et à mesure du progrès intellectuel humain ».

On imagine facilement comment l'évolution de la monogamie, et de l'adultère clandestin qui lui est lié, a pu focaliser les débuts de conventions morales, il y a quatre millions d'années. Quels conflits cette double stratégie reproductive n'a-t-elle pas dû entraîner ! Vouloir former un couple tout en pratiquant l'adultère suppose la faculté de tromper, donc du jugement et l'art de peser le occasions, de trouver un juste milieu, comme dirait Chance. Ensuite, si on suit l'hypothèse de Fox, à mesure que la vie sociale se serait complexifiée, les hommes ancestraux auraient acquis une conscience en même temps qu'ils continuaient à lutter pour le sexe et le pouvoir.

L'anthropologue Mary Maxwell va encore plus loin dans l'analyse de l'évolution de la conscience. Hommes et femmes s'engageant dans un réseau d'obligations sociales de plus en plus dense, ils auraient été, selon elle, de plus en plus tiraillés entre l'impératif reproducteur égoïste et la nécessité de coopérer au sein d'un groupe plus large. Là était le dilemme. Le bon Samaritain, sacrifiant ses chances sexuelles sur l'autel de l'obéissance à la règle, aurait tôt fait de disparaître. Les individus devinrent plus habiles à ménager leurs intérêts reproducteurs personnels, en même temps que l'humanité acquérait la propension à distinguer le bien-fondé ou l'illégitimité d'une action. Autrement dit, la conscience émergeait pour contrecarrer l'égoïsme.

Le biologiste Richard Alexander ajoute une dernière stimulation à l'évolution des règles morales et de la conscience : la guerre. Il émet l'idée que les chasseurs-cueilleurs vivant dans un environnement riche et fortement peuplé, les occasions de conflits avec les voisins étaient multiples. Chaque bande avait intérêt à présenter un front uni face à l'adversaire. Des règles morales émergèrent inévitablement pour compenser l'égocentrisme de chacun. Les opinions largement répandues, celles dont tout le monde convenait, devinrent des préceptes et des interdits moraux. Le groupe, dont les membres s'y conformaient, acquérait une cohésion et une paix interne lui permettant de présenter un front sans faille, face au voisinage hostile.

Ceux qui transgressaient les règles pour leur profit personnel pouvaient survivre, s'ils n'étaient pas découverts. Hommes et femmes acquirent la capacité de distinguer le bien et le mal, en même temps qu'ils pesaient les coûts et bénéfices de l'adhésion aux préceptes et s'opposaient aux transgressions éventuelles. Ils acquirent aussi une conscience :

« Cette petite voix intérieure qui nous dit jusqu'où nous pouvons aller dans la satisfaction de nos intérêts personnels sans encourir un risque intolérable », comme dit Alexander.

« Une société fonctionne bien quand les gens ont envie de faire ce qu'ils doivent faire », a dit le psychanalyste Erich Fromm, un homme qui connaissait la valeur sociale de la conscience, cette colle forte de la société.

Qu'en était-il des hommes et des femmes de Cro-Magnon ? Étaient-ce des sauvages sans foi ni loi, libres d'errer, de copuler et d'abandonner leurs partenaires ? Certainement pas. Nul doute que l'essence de leur moralité procédait directement de la nature et existait déjà sous une forme embryonnaire il y a quatre millions d'années, quand les premiers hominidés mirent en place une stratégie reproductrice monogame, tout en pratiquant l'infidélité et le divorce. Les hommes de Neandertal, au cerveau moderne mais à la société pratiquement dépourvue de manifestations artistiques, connaissaient sans doute le sentiment du bien et du mal, quelques règles morales et un sens du devoir les incitant à obéir aux traditions du groupe. Puis, à partir du moment où les hommes de Cro-Magnon peignirent des symboles sur les parois des cavernes de l'ancienne France, les tabous sexuels, la pression des pairs, les superstitions et la conscience les submergèrent.

« Le cœur de l'homme a été inventé pour concilier les contraires », dit un jour le philosophe écossais du XVIIIe siècle David Hume.

J'imagine qu'il arriva à plus d'une femme Cro-Magnon de rester éveillée la nuit, allongée dans sa hutte de peau, chaude et confortable, se retournant à l'écoute du souffle des braises et de la respiration de son mari, tout en réfléchissant à la façon dont elle allait rencontrer au petit matin un autre homme dans une clairière éloignée.

Ces femmes-là ne seraient pas les dernières à se colleter avec le tempérament volage de l'humanité.

14

L'AMOUR VOLAGE
Roman des temps passés

> *Je suis le visage de la famille, moi qui suis*
> *éternel quand la chair périt. Car je projette mes*
> *traits et ma nature au-delà du temps qui passe, et*
> *bondis de place en place au mépris de l'oubli.*
> *L'allure, les yeux et la voix que je possède en*
> *héritage font peu de cas de la brièveté humaine. Je*
> *suis l'éternité chez l'homme, moi qui dédaigne*
> *l'appel de la mort.*

Thomas Hardy, Hérédité

« Remonte le courant, dépasse la roche qui surplombe la rivière. Tu trouveras de petits cailloux blancs qui te conduiront jusqu'au buisson. Pas très loin de la piste des animaux, tu franchiras une cascade. A son sommet, il y a vue sur la pinède. Attends-moi là. Je viendrai. »

Il s'assit et écouta, songeant à son rire, à ses instructions judicieuses, à cet endroit secret. Tout en rêvassant, il pensait au petit cheval d'ivoire de la taille d'un poing. Il le lui offrirait le jour même, décida-t-il.

Combien de millions d'hommes et de femmes se sont-ils aimés au cours de toutes les saisons qui nous ont précédés? Que réalisèrent-ils de leurs rêves? Combien de nuits les amants ont-ils passées à implorer la faveur des étoiles, ou à remercier les dieux quand ils se blottissaient dans les bras l'un de l'autre? Il m'arrive de me promener dans les salles du Muséum d'histoire naturelle en songeant aux romans d'amour qui vivent encore dans les petits chevaux d'ivoire, les perles de coquillage, les pendentifs d'ambre, les vieux outils et les vieilles pierres qui reposent aujourd'hui dans les vitrines d'exposition.

Comment nos ancêtres s'aimaient-ils ?

Nous avons un indice sur la nature de la sexualité d'antan : les mœurs en vigueur chez les peuples archaïques d'aujourd'hui. Aussi prendrai-je deux exemples : les Kungs du désert du Kalahari, et les Mehinakus d'Amazonie, essentiellement parce que les anthropologues Marjorie Shostak et Thomas Gregor en ont décrit de façon si vivante les attitudes et les comportements sexuels. Aucune de ces deux cultures ne représente la vie telle qu'elle était il y a vingt mille ans, quand les hommes de Cro-Magnon commencèrent à inventer la morale et à se faire du souci, à adorer des dieux et à obéir, à sculpter des bustes de femmes plantureuses et à dessiner des vagins sur les murs des cavernes humides. Mais ces deux sociétés traditionnelles contemporaines partagent certains traits de comportement sexuel. On retrouve des ressemblances, les mêmes thèmes, le même type de pratiques amoureuses, dans toutes les sociétés sur les différents continents. Cela signifie qu'elles ont dû émerger à l'aube de l'humanité moderne, si ce n'est longtemps auparavant.

L'amour au Kalahari

Les premiers souvenirs sexuels de Nisa remontaient à l'époque où elle dormait aux côtés de ses parents, dans leur minuscule hutte faite de broussailles et de bâtons, juste assez grande pour s'y allonger. Quand Nisa faisait semblant de dormir, elle pouvait observer ses parents « à leur affaire ». Papa se mouillait la main de salive, la passait sur les parties génitales de Maman, puis se mettait sur elle en s'agitant de haut en bas. Il arrivait que sa mère, au cours d'une promenade dans le bush * à la recherche de végétaux, déposât Nisa sous un arbre, et s'accouplât avec un autre homme. Une fois, Nisa s'impatienta tellement qu'elle cria : « Je dirai à Papa qu'il a fait l'amour avec toi. »

---

* Le maquis sud-africain. (*N.d.T.*)

Nisa savait dès sa tendre enfance que le sexe était l'une de ces choses que les adultes pratiquent en en bafouant souvent les règles.

Quand Nisa fut sevrée, elle cessa d'accompagner sa mère dans ses expéditions de cueillette. Les Kungs disent que les enfants marchent trop lentement et qu'ils gênent. Nisa restait donc au camp et jouait avec ses copains. Régulièrement, le groupe d'enfants quittait le cercle des cinq à six cabanes pour construire un « prétendu village » un peu plus loin. Là, ils jouaient à la chasse, à la cueillette, à chanter, à « tomber en transe », à cuisiner, à partager — et au « mariage ».

« Se marier », cela voulait dire se mettre à deux, faire semblant de partager un repas avec une prétendue épouse et se livrer avec elle à des jeux sexuels. Les garçons enlevaient les tabliers de cuir des filles, s'allongeaient sur elles, mouillaient leurs parties génitales avec de la salive, et en semi-érection mimaient un rapport sexuel. Au début Nisa n'était pas une joueuse très enthousiaste, mais, d'après ce qu'elle racontait à l'anthropologue, elle aimait regarder. Les garçons et les filles s'éclipsaient aussi dans la brousse pour jouer au sexe avec des amants interdits. C'étaient les garçons qui prenaient l'initiative en disant :

> « Nous serons vos amants parce que nous avons déjà des femmes dans les cabanes qui sont là-bas. Nous viendrons vous faire ce que les amoureux font, puis nous retournerons à nos femmes. »

Jouer à « être infidèle » était une variante. C'étaient encore les garçons qui prenaient l'initiative du jeu en disant aux filles :

> « Il y a des gens qui nous ont dit que vous aimiez d'autres hommes. »

Les filles niaient. Mais les garçons insistaient et menaçaient de les battre afin de les empêcher de prendre d'autres amoureux. Voilà comment on jouait jusqu'à plus soif, expliquait Nisa.

Les parents Kungs n'approuvaient pas ces jeux sexuels, mais ils se contentaient de gronder les enfants en leur demandant de « jouer gentiment ». Quand il s'agissait d'adolescents, ils usaient de la tactique en faveur chez les Américains : ils regardaient ailleurs.

La première aventure de Nisa fut Tikay. Elle et son amoureux se bâtirent une petite hutte où ils jouaient à s'aimer tous les jours, en « faisant tout, sauf l'essentiel ». Mais, disait Nisa,

> « je ne comprenais toujours rien au plaisir sexuel. J'aimais seulement ce que Tikay faisait et prenais plaisir au jeu ».

Nisa ne voulait pas non plus partager son amoureux. Elle devint férocement jalouse quand Tikay décida de « prendre une seconde femme », en jouant un jour avec Nisa, et le jour suivant avec une autre fille.

Les hommes de Cro-Magnon commençaient-ils dès l'enfance à jouer au mariage et à l'infidélité, pour vivre leurs premières passions à l'adolescence ? Probablement. Les enfants occidentaux jouent au « docteur », et inventent toutes sortes d'autres jeux plus ou moins sexuels avant de nouer leurs premières histoires d'amour vers l'âge de dix ans. Ces jeux enfantins et ces passions adolescentes se retrouvent partout dans le monde. Ils ont dû apparaître il y a très longtemps.

La vie sexuelle de Nisa en tant qu'adulte — ses différents mariages et ses nombreuses aventures amoureuses — fait résonner une corde bien familière. Aux alentours de seize ou dix-sept ans, les jeunes filles Kungs « commencent leur lune ». Autrement dit, elles ont leurs premières règles. C'est à ce moment qu'en général elles contractent un mariage arrangé par les parents, bien qu'un bon nombre d'entre elles se marient avant même le début de la puberté. Les parents ont une opinion bien arrêtée sur le choix à faire. Ils jettent généralement leur dévolu sur un homme plus vieux que leur fille de quelques années. Les garçons doivent passer par les rites d'initiation, et tuer un gros animal avant le mariage. C'est ainsi que le fiancé a souvent une dizaine d'années de plus que la fiancée [1]. Les parents recherchent un bon chasseur et un homme célibataire responsable, plutôt qu'un homme marié voulant une seconde femme.

Les filles ne semblent pas exprimer leur opinion sur celui qu'elles désirent épouser. Les jeunes hommes, en revanche, disent qu'ils veulent des femmes jeunes, actives, belles, faciles à vivre et fécondes. Quand Shostak demanda à un homme s'il se marierait volontiers avec une femme plus intelligente que lui, l'homme répondit :

> « Bien sûr. Si je me marie avec elle, elle m'apprendra à être aussi intelligent qu'elle. »

Nisa se maria avant d'avoir atteint la puberté. Ses parents choisirent un garçon plus vieux qu'elle — mais pour le sens des responsabilités, il fallait repasser. Après les marchandages d'usage et les échanges de cadeaux préalables, la cérémonie nuptiale eut lieu. Au coucher du soleil, des amis conduisirent le couple à sa nouvelle hutte construite à quelque distance du village. Ils firent franchir le seuil à Nisa en la portant, et l'étendirent à l'intérieur tandis que le nouveau mari était assis au-dehors. Puis la famille de Nisa et les parents du marié apportèrent du combustible en provenance de leurs propres bûchers, pour démarrer un feu juste en face de la hutte. Ensuite, tout le monde se mit à chanter, danser et plaisanter, jusqu'à une heure avancée de la soirée. Le matin suivant, mari et femme furent enduits d'une huile rituelle par la mère de leur partenaire, selon la coutume.

Nisa vécut une étrange nuit de noces, et le mariage ne dura que quelques jours orageux. Nisa n'avait toujours pas eu ses règles, et, comme le veut la tradition chez les Kungs, une femme plus âgée dormit dans la hutte avec Nisa et le marié pour rassurer la mariée impubère. Mais le chaperon de Nisa avait une autre idée en tête. Elle fit du marié son amant, et bouscula quelque peu Nisa au cours de son ardente étreinte ! Nisa ne put dormir. Quand ses parents apprirent la chose, deux jours plus tard, ils devinrent fous furieux. Ils rompirent les noces, quittèrent le camp à grand fracas en emmenant Nisa avec eux.

Le second mariage de Nisa se heurta à d'autres difficultés. La virginité n'est pas une condition des fiançailles chez les Kungs. En réalité, Shostak n'a pas trouvé de mot exprimant la chose dans leur langage. Mais il arrive souvent aux jeunes filles de ne pas consommer le mariage pendant leur nuit de noces. Souvent beaucoup plus jeunes que leur mari, elles se comportent avec la plus parfaite indifférence à leur égard. C'était le cas de Nisa. Ses seins commençaient tout juste à poindre ; elle n'était pas prête à faire l'amour. Et son refus de l'acte sexuel était si péremptoire que

Tsaa, son second mari, s'impatienta et la quitta après plusieurs mois d'attente.

C'est alors que Nisa tomba amoureuse de Kantla, un homme marié. Le couple proposa à Nisa de devenir coépouse. Mais elle refusa. Les femmes Kungs répugnent à partager un mari. Elles disent que la jalousie, le favoritisme et les querelles se mettent en travers de l'amitié et de la coopération domestique. D'autant que les trois partenaires partagent souvent la même chambre minuscule, et qu'aucun d'entre eux ne jouit de la moindre intimité. Tout cela aboutit à ce que seulement 5 % de l'ensemble des hommes Kungs parviennent à maintenir une relation durable avec deux femmes à la fois. Les 95 % restants plaisantent interminablement sur les histoires et les complications qui surgissent au sein de ces ménages à trois.

Nisa aimait bien son troisième mari. Elle finit par tomber amoureuse, et accepta de faire l'amour avec lui. Comme elle l'expliquait à Shostak :

> « Nous vivions ensemble et je l'aimais comme il m'aimait. Je l'aimais comme un jeune adulte sait aimer. Je l'aimais, tout simplement. Quand il s'en allait et que je restais seule, il me manquait... Je me donnais à lui, me donnais et me redonnais... »

Néanmoins, Nisa ne tarda pas à avoir des amoureux clandestins. Kantla, son amour d'adolescente, était le premier parmi beaucoup d'autres. Il lui arrivait de rencontrer un amant dans la brousse quand son mari partait à la chasse, ou d'en recevoir dans sa propre hutte quand elle était seule. Nisa prenait aussi des amants dans d'autres camps, quand elle rendait visite à des parents.

Ces rencontres étaient aussi excitantes que dangereuses, et souvent grosses d'émotions douloureuses. Les Kungs croient que, si vous faites l'amour quand vous êtes enceinte, vous avortez de l'enfant. Nisa fit une fausse couche à la suite d'une rencontre avec l'un de ses amants. Cela ne l'empêcha pas d'en prendre d'autres. Certains provoquèrent sa jalousie, et ce sentiment de désespoir qui assaille les gens délaissés.

Son jeune mari mourut prématurément et Nisa devint une mère célibataire en charge d'enfants en bas âge. Son père ainsi que d'autres parents lui envoyaient de la viande, et elle semblait déterminée à élever sa famille sans prendre un nouvel époux. Le phénomène du parent unique n'est pas propre à la vie de famille occidentale.

Puis l'un des trois prétendants de Nisa, Besa, insista, et elle se maria pour la quatrième fois. Nisa et Besa se querellaient sans arrêt, généralement pour des questions intimes. Comme elle l'expliquait à l'anthropologue Shostak :

« Il se comportait comme un jeune homme, presque un gosse, qui veut coucher avec sa femme tout le temps. De quoi avoir le sexe à vif ! »

« Tu ne vaux pas mieux qu'un coq, criait-elle à Besa. La nuit, une fois ça va. Une fois suffit... Mais, toi, tu ferais crever une femme en une seule nuit ! »

Et la dispute repartait...

Mais Nisa et Besa vécurent ensemble plusieurs années en ayant tous deux des aventures extraconjugales. Besa suivit un jour Nisa. Elle était partie chercher du bois, et ses empreintes de pas rejoignaient celles d'un homme. Besa trouva rapidement sa femme se prélassant avec son amoureux sous un arbre. Les amants se mirent à trembler à la vue de Besa. Injures, colère... Besa traîna le couple jusqu'au camp où le chef ordonna de les battre tous les deux. Nisa refusa fièrement d'être battue, préférant qu'on la tue. Puis elle partit la tête haute. Son partenaire se soumit à la punition : quatre coups de bâton.

On voit que les formes de sexualité en vigueur chez les Kungs sont familières à la culture occidentale : les ébats de l'enfance, les béguins de l'adolescence, les expériences de jeunesse, puis l'enchevêtrement de mariages et d'aventures pendant les années de reproduction. Ces différents types de comportements étaient sans doute aussi fréquents chez les peuples qui peignaient des scènes d'animaux sauvages en fuite dans les sombres cavernes de France et d'Espagne, il y a vingt mille ans.

Les Kungs ont aussi tout un code de la sexualité, autre élément fondamental de la stratégie amoureuse humaine. Contrairement à la plupart des sociétés traditionnelles, les Kungs ne craignent pas le sang menstruel, pas plus que d'autres sécrétions corporelles. Ils croient seulement que la femme doit éviter de participer à une chasse quand elle saigne. Hommes et femmes évitent aussi le plus souvent d'avoir des rapports au plus fort des règles. Mais les époux refont l'amour aux derniers jours des règles, s'ils veulent avoir un enfant. Le sang menstruel, pensent-ils, se mélange à la semence pour faire l'enfant.

Et les Kungs aiment faire l'amour. « L'amour nourrit », disent-ils. Selon eux, une fille qui grandirait sans connaître les joies du coït deviendrait folle et débile, et se mettrait à errer en mangeant de l'herbe. Ils sont persuadés qu'on peut « mourir de faim sexuelle ».

Cela n'empêche pas les femmes de se plaindre des organes génitaux des hommes. Elles n'aiment pas qu'un homme ait un pénis trop grand, parce que cela leur fait mal, ni qu'il éjacule trop fort, car c'est salissant ! Les femmes discutent entre elles de l'éjaculation et de la taille du sexe de leurs hommes. Elles exigent des orgasmes. Si un homme « a terminé », il doit continuer jusqu'à ce que la femme termine aussi. Les femmes doivent être sexuellement satisfaites.

Les hommes ont eux aussi, bien sûr, un avis sur le sexe des femmes. L'un d'entre eux résumait un rendez-vous malheureux de la façon suivante :

> « Elle est si large, qu'on se croirait dans la bouche d'un Herero[2]. Je me suis perdu à l'intérieur et je n'ai rien ressenti du tout. Je ne sais pas ce qu'il en est pour elle, mais aujourd'hui j'ai mal au dos et suis épuisé. »

Les hommes s'inquiètent aussi de leurs propres performances. Quand ils ont du mal à entrer en érection, ils prennent des remèdes.

Les Kungs aiment beaucoup s'embrasser sur la bouche. Mais ils ne pratiquent pas le cunnilingus.

> « Le vagin brûle les lèvres et la langue de l'homme », explique Nisa.

Hommes et femmes se masturbent à l'occasion. Tout le monde plaisante sur le sexe. Les Kungs peuvent passer un après-midi à faire des mots d'esprit, des calembours et se raconter des histoires paillardes. Les rêves sexuels sont commentés. Les amies intimes parlent interminablement de leurs amants en allant ensemble prospecter les environs.

Mais une certaine étiquette sexuelle doit être respectée. Hommes et femmes s'efforcent toujours de cacher leurs aventures au partenaire conjugal. Car ils sentent bien que ces escapades pourraient provoquer d'intenses réactions affectives et « brûler les cœurs ». Il est sage de cacher sa passion, si l'on veut éviter des explosions de jalousie et des éclats à la maison. Les amants recherchent des endroits retirés et sûrs, loin des regards et des mauvaises langues. Ils disent que leur amour conjugal est de nature différente. Une fois la passion et les orages sexuels des débuts du mariage apaisés, mari et femme deviennent le plus souvent bons amis, comme s'ils étaient proches parents.

C'est le rôle que joue le cinquième mari de Nisa. Selon son expression :

> « Nous nous battons et nous nous aimons ; nous nous querellons et nous nous aimons. C'est notre façon de vivre. »

Et elle continue de s'éclipser dans la brousse avec son premier amour, Kantla, comme avec d'autres.

Nos ancêtres Cro-Magnon, il y a vingt mille ans, avaient-ils le tempérament aussi chaud que Nisa ? Les enfants jouaient-ils à l'amour et les adolescents se choisissaient-ils un galant ou une galante quand ils suivaient leurs parents à la chasse au renne dans les prairies de France et d'Espagne ? Fallait-il en passer par les lugubres rituels initiatiques de la puberté au fond des cavernes, avant de se marier ? Puis, comme Nisa, divorçaient-ils et se remariaient-ils quand les choses tournaient mal ? Rencontraient-ils des amants clandestins dans des endroits secrets pour égayer certains après-midi ?

C'est probable. Car les escapades amoureuses pratiquées au sein des sociétés archaïques très éloignées de la brousse aride d'Afrique du Sud ne sont guère différentes de celles de Nisa et de ses amies. Les deux cultures reflètent à l'évidence un monde sexuel et sentimental qui a évolué bien avant l'époque contemporaine.

L'amour dans la jungle

> « On s'ennuie à la pêche, même quand elle est bonne, jamais en faisant l'amour ! »

C'est ce qu'explique, à l'anthropologue Thomas Gregor, Ketepe, un homme de la tribu Mehinaku du centre du Brésil, au cœur de l'Amazonie. Ketepe a une femme qui lui est chère, dit-il. Il aime l'emmener à la pêche avec ses enfants, afin qu'ils puissent se retrouver entre eux. Quand il essaie de lui faire l'amour dans son hamac, après que les enfants se sont endormis, il y a inévitablement quelqu'un qui se lève pour ranimer le feu ou pour aller se soulager dehors. La maison n'est pas un endroit intime, propice à l'amour. Par ailleurs, Ketepe est le plus souvent trop occupé pour rencontrer sa femme dans le jardin familial et lui faire l'amour l'après-midi. La vie au village, dit-il, est trop agitée.

Ketepe sort de son hamac à l'aube. Il leur arrive, à lui et à sa femme, d'aller se baigner dans la rivière ensemble, en s'arrêtant en chemin pour bavarder avec d'autres couples. Mais la plupart du temps il rejoint un groupe de pêcheurs qui part au lever du soleil. Sa femme reste à la maison pour s'occuper des enfants et accomplir d'autres tâches féminines. Vers midi, Ketepe revient, donne son poisson à son épouse et rejoint ses amis dans la « maison des hommes » du village, au milieu de la grande place.

La maison des hommes est interdite aux femmes. Aucune n'y est jamais entrée — car c'est là que se trouvent les flûtes sacrées, cachées dans un coin. Si une femme aperçoit par accident les objets sacrés, les hommes lui tendent un guet-apens dans la forêt et la violent, une pratique courante chez certains peuples d'Amazonie.

Le club des hommes est un endroit très gai. Les taquineries et les plaisanteries fusent et, tout en bavardant, les hommes confectionnent des paniers, travaillent à leurs flèches ou se peignent le corps artistiquement en prévision de la « séance de lutte » du milieu de l'après-midi. Ensuite, après l'excitation, les grognements, la poussière, les cris de joie qui accompagnent régulièrement les matchs, le perdant et le gagnant rejoignent leurs maisons situées autour de l'esplanade de jeu. Là, Ketepe et sa femme s'assoient autour du feu familial, mangent du pain de manioc tartiné d'une épaisse sauce de poisson bien épicée, et jouent avec leurs enfants jusqu'à ce que tout le monde se retire dans son hamac pour dormir.

Les Mehinakus sont des gens occupés. Les femmes travaillent durant sept à neuf heures par jour à pétrir la farine de manioc, à tisser des hamacs, à filer du coton, à tresser de la ficelle, à aller chercher du bois, à aller puiser de l'eau dans des seaux à la rivière voisine. Les hommes en font beaucoup moins. Pêche, commerce, coup de main au jardin familial et participation aux rituels locaux ne leur prennent guère plus de trois ou quatre heures par jour, sauf à la saison sèche quand ils travaillent dur à défricher le terrain pour le nouveau jardin réservé au manioc.

Mais les villageois consacrent avec enthousiasme beaucoup de temps à une autre activité : l'amour.

> « L'amour est le piment qui donne la joie de vivre », disent-ils.

Et l'amour agrémente en effet joyeusement la vie quotidienne.

Dès qu'un enfant Mehinaku sait marcher, il ou elle rejoint les groupes de jeu sur l'esplanade. Les adultes taquinent les gosses qui se roulent et s'amusent par terre en disant :

> « Regarde, regarde, mon garçon fait l'amour à ta fille ! »

Et les enfants apprennent rapidement le jeu. En grandissant, tout comme les enfants Kungs, ils commencent à jouer « au mariage ».

Les petits garçons et les petites filles accrochent des hamacs aux arbres au-delà du village, et tandis que les filles alimentent de prétendus feux, ou jouent à tisser du coton, les garçons se procurent de grandes feuilles. Ils donnent fièrement ces « semblants de poisson » à leurs « épouses » pour qu'elles les cuisent (une forme de cour symbolique, comme on l'a déjà vu). Ensuite, après avoir mangé ensemble, les couples se mettent à jouer à autre chose : « à être jaloux ». Le garçon ou la fille part dans la brousse, suivi de près par le « conjoint » suspicieux. Quand il ou elle attrape l'autre en flagrant délit d'activité galante (toujours simulée), le cocu se met en colère.

Les enfants plus âgés ont l'occasion de voir leurs parents faire l'amour dans le jardin familial, et délaissent souvent les jeux innocents pour un sport sexuel de « grands », nettement plus sérieux. Si les parents les surprennent, les enfants se font gronder sévèrement, de sorte qu'ils apprennent très tôt à être prudents.

La sexualité insouciante de l'enfance s'achève brutalement vers onze ou douze ans, quand les conventions réglementant la vie sexuelle exigent que le garçon entame une retraite solitaire de trois ans. Le père érige un mur de bois et de feuilles de palme à un bout de la maison familiale, et suspend le hamac de son fils derrière cette barrière. L'adolescent passe ici une bonne partie de son temps, en ingurgitant des remèdes censés le faire grandir. Il doit parler doucement, suivre un régime sévère, et, surtout, éviter toute rencontre amoureuse. Néanmoins, vers la fin de sa réclusion, il commence à sortir en douce pour quelques aventures.

Quand il apprend l'escapade, le père démolit la cloison. Le garçon est devenu un homme, capable de partir seul pour une pêche lointaine, prêt à s'occuper d'un jardin et à prendre femme.

Les jeunes hommes peuvent alors se livrer librement au badinage et aux aventures sexuelles qui feront partie de leur vie d'adulte. Les garçons rencontrent leurs petites amies dans les bois pour leur faire l'amour[3]. Ils ne passent guère de temps en préludes amoureux[4]. Si le couple trouve un gros tronc d'arbre étendu sur le sol, il s'étreint dans la position du missionnaire, l'homme au-dessus. Mais les troncs confortables sont rares, le sol est souvent boueux et les insectes piquent. Les amants s'assoient alors face à face, la fille au-dessus, les jambes entourant les hanches du garçon.

Dans une autre position souvent pratiquée, le garçon s'age-nouille en écartant les jambes, tenant les cuisses et les fesses de la fille, puis se penche en arrière au-dessus du sol pendant qu'elle soutient le haut de son corps à l'aide de ses bras tendus. Les couples aiment aussi s'accoupler dans des mares d'eau tranquilles. Et s'ils n'ont que peu de temps, les amants font l'amour debout, la fille entourant son amant d'une jambe, pendant qu'il la soulève légèrement.

On arrête de faire l'amour dès que l'homme a éjaculé. Bien que les Mehinakus n'aient aucun mot pour désigner l'orgasme féminin, ils savent parfaitement que le clitoris enfle pendant les rapports et qu'il est le siège du plaisir féminin. Ils comparent le sexe de la femme à un visage dont le clitoris serait le nez « qui renifle l'amant ». Mais les anthropologues sont incapables de dire si les femmes parviennent régulièrement à l'orgasme.

Peu après la fin du coït, les amants prennent des chemins différents pour retourner chez eux, non sans avoir échangé de menus présents. Le poisson est la monnaie de l'amour. Au retour d'une expédition de pêche, juste avant d'entrer dans le village, l'amant s'arrêtera pour choisir la meilleure de ses prises qu'il fera porter à sa maîtresse ; ou il lui offre un poisson quand il vient à un rendez-vous. Les amants échangent également d'autres souvenirs, comme des fuseaux de coton, des paniers ou des bijoux de coquillage. La sexualité adolescente est si reconnue que personne ne cille à la vue d'une jeune fille déambulant sur l'esplanade centrale toute maculée de la peinture corporelle de son petit ami. Les Mehinakus ne voient rien de répréhensible dans les accouplements préconjugaux dans les bois.

En revanche, les parents qui ont une fille à marier sont excessivement contrariés si elle tombe enceinte. C'est juste après sa période de réclusion, qui commence lors de ses premières règles jusqu'à l'année suivante, voire un peu plus tard, la jeune fille se marie. C'est un jour qui sort de l'ordinaire. Le nouveau mari transporte son hamac dans la maison de sa femme et lui offre le meilleur d'une pêche abondante. Elle confectionne un pain de manioc particulièrement sucré. Les jours suivants, parents et amis échangent une foule de présents et de bons sentiments.

Les Mehinakus estiment que l'étalage sentimental est stupide et de mauvais goût, et les nouveaux mariés doivent afficher une certaine réserve. Des sentiments excessifs à l'égard d'un être aimé, croient-ils, pourraient attirer les serpents et les jaguars, comme les esprits malveillants. Cela n'empêche pas les nouveaux mariés de dormir dans le même hamac et de passer leurs jours ensemble à se baigner, à bavarder et à faire l'amour dans les bois en dehors du village. Les jeunes mariés deviennent très jaloux, surtout s'ils surprennent leur conjoint dans les bras de quelqu'un d'autre.

Les amourettes clandestines commencent rapidement après le mariage. Vient alors la stratégie de « l'alligator », comme disent les Mehinakus. L'homme qui recherche une liaison avec une femme s'allonge en l'attendant à « l'endroit de l'alligator », soit dans un bois derrière la maison de la femme convoitée, le long d'une des pistes partant de la place du village, soit près des jardins ou des coins de baignade. Quand la jeune femme arrive dans les parages, son soupirant fait un bruit de baiser pour attirer son attention, et lui fait des propositions quand elle s'approche. Elle peut s'exécuter ou proposer un rendez-vous ultérieur. Les hommes disent que les femmes les « appâtent avec leur sexe », même si elles ne sont pas consentantes ! Tamalu, la femme la plus dévergondée du village, a quatorze amants. En moyenne, les hommes Mehinakus entretiennent quatre liaisons différentes à la fois.

Selon Gregor, ces liaisons extraconjugales ont une fonction sociale importante : la cohésion du village. Les Mehinakus pensent que la semence fait le bébé et qu'il faut plusieurs rapports sexuels pour produire un enfant. Comme l'expliquent les hommes, la fabrication d'un bébé est l'aboutissement d'un « projet et d'un travail collectif », quelque chose comme une expédition de pêche. Et c'est ainsi que chaque amant pense que l'enfant à venir est un peu le sien. Il peut arriver qu'un homme reconnaisse publiquement l'enfant d'une de ses maîtresses, et l'aide à l'élever[5]. Mais cela attise la jalousie des maris, qui commencent alors à mesurer leurs capacités sexuelles respectives. C'est pourquoi le véritable père de l'enfant révèle rarement son identité. Mais cette croyance au sujet de la conception des enfants crée des liens d'amitié et de solidarité implicites entre les hommes et les femmes du village.

L'existence de toute cette vie sexuelle semi-clandestine fait que l'adultère est rarement puni. Dans les mythes des Mehinakus, les amants coupables sont battus, roués, voire mis à mort. Mais dans la vie réelle, seuls de nouveaux mariés font des histoires à propos d'un époux ou d'une épouse infidèle, et l'on comprend pourquoi : les villageois se moquent du mari jaloux en l'affublant du sobriquet de « martin-pêcheur », cet oiseau ayant la particularité de voler sans but précis en poussant des cris perçants. Il est rare qu'un homme consente à sacrifier sa dignité en s'attirant un tel mépris.

Cela ne veut pas dire que les hommes ou les femmes dont les conjoints sont volages ne souffrent pas. Les conflits sexuels aboutissent souvent à la séparation. On peut juger de l'entente ou de la discorde conjugale aux lieux de sommeil. Si les hamacs des conjoints sont accrochés à quelques centimètres l'un de l'autre, il y a des chances pour qu'ils vivent en bonne entente. Ces couples-là aiment parler des événements de la journée une fois les enfants endormis. Ils peuvent même faire l'amour dans l'un ou l'autre hamac. Au fur et à mesure que la tension monte, les hamacs s'éloignent. Il arrive même que les conjoints dorment des deux côtés du foyer. Une femme en colère peut s'emparer d'une machette pour faire tomber le lit du mari. C'est souvent le signal du divorce.

Bien que quelques femmes seules avec des enfants en bas âge vivent dans le village, la plupart des adultes se remarient. Chez les Mehinakus, les hommes ont besoin des femmes pour transporter le bois de chauffage, faire le manioc et raccommoder leur hamac. Elles sont aussi leurs compagnes et leurs partenaires sexuelles. Comme les Kungs et bien d'autres peuples, les Mehinakus suivent une stratégie reproductive mixte, intégrant le mariage, l'adultère, le divorce et le remariage.

Comme les Kungs, les Mehinakus aiment faire l'amour, une préoccupation qui se manifeste dans leurs innombrables croyances. Le poisson et le manioc, qui constituent leurs produits de base, ont tous deux une forte connotation sexuelle. Quand les femmes grattent les tubercules de manioc, ce qu'elles font à longueur de journée, les villageois disent qu'elles font l'amour. Le sexe est une source de plaisanteries quotidiennes. Hommes et femmes se taquinent souvent au sujet des relations amoureuses des uns et des autres. Les femmes peignent leurs corps, s'épilent le pubis et portent une cordelette qui passe sur les lèvres de la vulve et les fesses, mettant ainsi en valeur leurs organes sexuels. Les mythes des Mehinakus, leurs chansons, leurs rites, leur vie politique, leurs vêtements et leurs activités quotidiennes sont saturés de symboles sexuels.

Cela dit, leur sexualité comporte un arrière-fond morbide. Selon Gregor, les hommes Mehinakus souffrent d'une crainte obsessionnelle de la castration. En étudiant leurs rêves, il a découvert que 35 % des hommes craignaient une mutilation de leurs parties génitales, un taux bien plus élevé que chez les hommes américains. Les hommes Mehinakus redoutent également d'être impuissants, et ce pour une bonne raison : les commérages sont endémiques dans ce village de quatre-vingt-cinq personnes, et l'étendue des prouesses sexuelles de chacun est connue de tous. Une contrariété dans la matinée peut ainsi se transformer en une « angoisse de performance » la nuit.

Les hommes sont également terrifiés par le sang menstruel féminin. Cette sécrétion foncée et « malodorante », disent-ils, contamine les récipients d'eau, le ragoût de poisson, les boissons au manioc et le pain, et ce dès que la femme commence à saigner. Que ce poison se loge sous la peau d'un homme, et il se transforme en un corps étranger douloureux que seul un chaman peut extraire en ayant recours à la magie. Aussi n'est-il pas rare qu'une femme jette tout un jour de production de farine de manioc dans la jungle, pour peu qu'une autre femme de la maison ait vu arriver ses règles en fin d'après-midi.

Les Mehinakus croient que l'activité sexuelle freine la croissance, affaiblit les hommes, inhibe leur combativité et leur adresse à la pêche, et attire les mauvais esprits. Le seul fait de penser à l'acte sexuel pendant un voyage peut être dangereux pour la santé.

Ces croyances en acculent certains à l'abstinence ou les frappent d'impuissance. Beaucoup d'autres tentent de modérer le nombre de leurs rencontres ; quelques-uns se défient du vent et sèment leur semence un peu partout et à chaque fois qu'ils le peuvent. Mais, selon Gregor, tous les Mehinakus sont anxieux. Ils croient que faire trop souvent l'amour, aux moments interdits, avec un partenaire interdit, peut entraîner la maladie, des blessures et éventuellement la mort. Leurs « plaisirs anxieux », pour reprendre l'expression de Gregor, c'est peut-être un terme faible pour désigner les escapades amoureuses de ce peuple.

Esquisse de la sexualité humaine

Les escapades de Ketepe, dans les bois qui longent l'Amazone, diffèrent-elles des rendez-vous de Nisa avec Kantla ou Kalahari ? Nos ancêtres Cro-Magnon grandissaient, c'est certain, dans un environnement sexuel. Ils jouaient à l'amour pendant l'enfance, subissaient des cérémonies initiatiques à l'adolescence avant d'accéder au statut d'adulte sexuel, puis entraient dans un labyrinthe de mariages et d'aventures amoureuses imprégnées de passion, de préceptes et de superstitions.

Les enfants Cro-Magnon, pelotonnés sur les peaux d'ours au fond de leur hutte d'ossements de mammouths, devaient certainement surprendre au milieu de la nuit le remue-ménage et la lourde

315

respiration de leurs parents. Le matin, ils voyaient leurs parents se sourire. Il leur arrivait, une fois le père parti à la chasse, de voir leur mère disparaître dans la prairie avec un homme qui la courtisait et lui offrait des présents. Comme ceux de nombreuses autres cultures, les plus éveillés d'entre eux savaient de quoi il retournait et protégeaient les amants clandestins de la curiosité des adultes de la bande. Ils ne divulguaient pas le secret.

Vers l'âge de dix ans, les jeunes Cro-Magnon devaient entreprendre leurs propres voyages au pays du sexe et de l'amour[6]. Les fillettes couraient sans doute à la rivière se baigner et jouer avec les garçons « au mariage », ou « à être jaloux ». Ils vagabondaient probablement en bandes, et aux abords de l'adolescence, bien avant la puberté, certains devaient se livrer à des jeux sexuels plus sérieux[7]. Quelques-uns parmi eux passaient d'un flirt à l'autre, tandis que d'autres, plus constants, avaient leur préféré(e).

A l'adolescence, ils passaient des heures à se parer, comme le font les jeunes dans la plupart des cultures, tressant leurs cheveux, arborant des guirlandes de fleurs afin de sentir bon, portant des bracelets et des pendentifs, agrémentant leurs tuniques et leurs jambières de fourrures, de plumes, de perles, d'ocre rouge et jaune. Puis ils se pavanaient et paradaient dans la lueur du feu.

Peu avant la puberté[8], ces jeunes Cro-Magnon subissaient les importantes initiations rituelles qui les faisaient passer à l'âge adulte et qui se déroulaient dans les cavernes. Ils pénétraient alors un monde spirituel où ils dansaient et chantaient selon un cérémonial qui leur enseignait le courage et l'intelligence. Et quand les filles devenaient plus mûres, elles se mariaient avec des garçons plus âgés qu'elles qui avaient fait leurs preuves à la chasse.

A l'époque de la transhumance annuelle des rennes, au printemps, un couple de nouveaux mariés et leurs amis pouvaient allumer un feu de brousse qui semait la déroute chez ces grands animaux et les poussaient vers la mort dans un profond ravin. Les bêtes étaient ensuite dépecées et de belles pièces de viande transportées à la maison. On se rejouait les scènes cruciales de la chasse autour d'un feu crépitant. Puis certains disparaissaient hors du halo de lumière, dans les bois, tout à leurs étreintes et à leurs baisers.

Durant les mois d'été, il y avait sans doute une femme qui tannait la peau d'un ours piégé par son mari. Elle faisait cuire le poisson qu'il avait pêché dans la rivière. Elle pouvait tout aussi bien rentrer d'une expédition de cueillette pour lui dire où elle avait vu les chevaux paître et les abeilles faire leur miel. Le mari montrait à sa femme de nouveaux bosquets de noisetiers et des étangs poissonneux. Ils ramassaient les baies sauvages ensemble... puis s'étendaient langoureusement l'après-midi dans des endroits connus d'eux seuls.

A l'automne, ils partaient ensemble pour une expédition commerciale, là où les vagues se brisent sur la rive. Ils échangeaient des peaux de renard contre des coquillages pourpres et des pierres dorées, voyaient les vieux amis et les parents. Puis, quand l'hiver s'installait, ils passaient probablement des heures à la maison à enfiler des perles, à sculpter des statuettes et à raconter des histoires.

Certains de ces hommes et femmes se mariaient plus d'une fois. Certains nouaient des amours extraconjugales. Mais tous avaient des craintes, des espoirs, et le cœur sensible. Car ils portaient en leur âme une vieille devise, une passerelle vers la solidarité humaine : « le visage de la famille », comme disait Thomas Hardy, cette « éternité chez l'homme qui dédaigne l'appel de la mort ».

La nature humaine devait être douloureusement mise en question par ce qui allait survenir ensuite. Il y a dix mille ans, la dernière ère glaciaire en date fit place à l'actuel dégel de la période interglaciaire. La Terre commença à se réchauffer. Les grands glaciers, qui étaient descendus jusqu'à la latitude de l'actuelle Londres, amorcèrent leur retraite vers le nord, et les immenses prairies qui s'étendaient de l'Europe à l'Eurasie jusqu'à la mer de Chine se transformèrent en immenses forêts denses. Le mammouth laineux, le rhinocéros laineux et plusieurs autres grands animaux disparurent et firent place aux cerfs, chevreuils, sangliers et autres bêtes qui errent aujourd'hui encore dans les forêts européennes. Dès lors, hommes et femmes durent chasser du gibier plus petit, pêcher plus de poisson, attraper plus d'oiseaux, et ramasser toutes sortes de végétaux dans la forêt.

Bientôt, des hommes allaient se sédentariser, cultiver des

graines sauvages et domestiquer les animaux. Les ancêtres des populations occidentales allaient du même coup changer la face du mariage au moyen de deux idées nouvelles : honore ton mari, et fais-le jusqu'à ce que la mort vous sépare.

15

« JUSQU'À CE QUE LA MORT NOUS SÉPARE »

Apparition de l'inégalité sexuelle en Occident

Chacun l'un pour l'autre désormais,
pour le meilleur et pour le pire,
dans la richesse comme dans la pauvreté,
dans la souffrance ou la santé,
avec amour et tendresse,
jusqu'à ce que la mort nous sépare.

Livre de prières (1549)

Un grand coup sec. Un autre. Un autre encore. Le saule géant se fendit, oscilla, puis s'abattit dans un bruit de tonnerre près du lac. Les truites, les perches, les brochets, les chabots et les poissons-chats filèrent sous le tapis de nénuphars, vers les joncs du lac marécageux. Les canards, les oies et les poules d'eau fuirent à travers les roseaux en battant des ailes. Deux loutres se figèrent, à l'écoute. Il y avait quelqu'un de nouveau dans le bois.

Cinq mille ans avant J.-C., l'Europe centrale était parsemée d'étangs, de lacs et de torrents, autant d'empreintes laissées par les glaciers qui s'étaient retirés vers le nord cinq mille années auparavant. Une forêt dense entourait ces vestiges glaciaires. Les bouleaux et les pins furent les premiers à apparaître dans la prairie. Puis vinrent les chênes, les ormes, les épicéas et autres conifères. Enfin, les hêtres, les châtaigniers, les frênes et les érables recouvrirent les vallées. Là où les chênes avaient poussé, la lumière pouvait passer entre les branches et atteindre le sol de la forêt. Chardons, orties et autres plantes de sous-bois prospéraient et offraient de luxuriants logis à la vie animale forestière. Mais quand c'étaient les hêtres qui prenaient racine, leurs feuilles épaisses absorbaient la lumière du soleil, ne laissant leur chance qu'aux fougères, aux oignons et à l'ail sauvage, ainsi qu'à quelques herbes folles.

Les mammouths et autres mastodontes ne barrissaient plus dans l'air du matin. Disparus les vastes plaines, les prairies ondulantes, les buissons et la fraîcheur de l'aube. En contrepartie, la lumière d'août dansa sur les lacs de cristal, et la rosée égaya les feuilles et l'écorce des arbres. Des créatures solitaires comme le cerf, le sanglier, l'élan ou le blaireau se nourrirent de la verdure forestière. Le chevreuil et l'ours brun fréquentèrent l'orée des bois, là où les noisettes, les framboises, les fraises sauvages et les baies de sureau abondaient. Les chats sauvages poursuivaient les lièvres dans les champs de pissenlits. Les paysages et la faune de l'Europe d'aujourd'hui étaient apparus.

Des gens au nouveau mode de vie s'y installèrent : les paysans. Les hommes et les femmes se mirent à couper les arbres et labourer le sol des vallées de ce qui serait plus tard l'Allemagne, l'Autriche, la Tchécoslovaquie, la Pologne et les Pays-Bas. Certaines clairières n'étaient occupées que par une seule ferme. Ailleurs, on trouvait de petits hameaux de quatre ou cinq constructions basses et grossières. Ces premiers cultivateurs européens faisaient pousser des pois, des lentilles, des pavots et du lin, dans de petits potagers situés devant leur porte. On installait les animaux domestiques comme les cochons, les moutons et les chèvres dans des granges jouxtant la maison. Les chiens dormaient au pied de leurs maîtres. Derrière les maisons s'étendaient les champs épars de blé cultivé.

Comment les premiers paysans du sud de l'Allemagne s'entendaient-ils avec les chasseurs ? Nous ne le saurons peut-être jamais. L'archéologue Suzan Gregg a émis à ce sujet une hypothèse ingénieuse.

Afin de reconstituer la vie quotidienne au bord des rivières de ce temps-là, elle a imaginé un village hypothétique comprenant six maisons et trente-quatre hommes, femmes et enfants. Elle a étudié soigneusement le paysage, les objets de cette époque, le rythme de croissance du blé, des pois et des autres plantes, le cycle de vie des cochons et des autres animaux qui y vivaient. Puis elle a reconstitué l'emploi du temps de ces premiers paysans, recensé leurs techniques de culture et d'élevage, et fait une estimation de leurs production et consommation de viande, de lait, de grains et de légumes, par tête et par an[1].

Elle a inclus dans ses calculs le temps nécessaire à la plantation de chaque hectare de blé archaïque, les dimensions les plus fonctionnelles de chaque champ et de chaque jardin, ainsi que les pertes en grains dues aux limaces, souris, oiseaux et au stockage d'hiver. Elle ajouta à l'équation la récolte de paille après chaque moisson, l'étendue des pâturages, des broussailles, des forêts et la quantité de fourrage d'hiver nécessaire à l'entretien d'un nombre optimal de bovins, moutons, chèvres et porcs. Elle a aussi estimé la durée de vie de ces différentes espèces, le nombre de petits qui naissaient chaque année, la quantité disponible de baies sauvages, de simples et autres condiments, ainsi que le temps passé à couper du bois, sans oublier de nombreux autres détails. Tout cela pour déterminer le mode de vie le plus plausible dans les conditions de l'époque.

Conclusion : ces paysans semaient le blé au printemps en faisant appel aux populations de cueilleurs locaux pour les aider.

Toujours selon sa théorie, les paysans donnaient à cette main-d'œuvre occasionnelle leurs surplus de viande en échange, comme des brebis, des veaux et des petits cochons morts peu après la naissance au début du printemps, la période de l'année la plus maigre pour les nomades. Ensuite, en août, quand le blé avait mûri, Gregg suppose que les fermiers embauchaient derechef les nomades du coin pour qu'ils les aident à couper les épis, battre le grain et stocker la paille, en leur donnant cette fois du lait pour prix du service rendu. En outre, peut-être se procuraient-ils auprès des nomades du gibier sauvage, du silex et des pierres volcaniques pour la fabrication des haches. Mais le plus important était sans doute les nouvelles que leur rapportaient ces nomades sur les autres paysans qu'ils avaient rencontrés dans leurs pérégrinations.

Gregg pense que les peuples de chasseurs-cueilleurs frayaient volontiers avec les paysans, non seulement pour en obtenir de la viande, du lait et du grain, mais parce qu'ils pouvaient profiter de leurs champs abandonnés. Le défrichement ménageait dans la forêt des clairières où poussaient des buissons, des plantes et des herbages qui attiraient les cervidés et les cochons sauvages. La chasse devait être particulièrement fructueuse aux alentours des jachères. Mieux, les surplus fermiers qu'ils obtenaient en échange

321

de leurs services leur économisaient les lointaines et pénibles expéditions de pêche. Ils pouvaient à leur tour commencer à se sédentariser.

Il n'est pas sûr que les premiers contacts entre paysans et nomades fussent aussi amicaux et coopératifs que Gregg l'imagine. Chasseurs et paysans devaient bien se combattre à l'occasion. Quoi qu'il en fût, ce sont les seconds qui finirent par avoir le dessus. Ces colons sédentaires allaient bouleverser les rapports entre les sexes, en inaugurant un code de la sexualité et un comportement envers les femmes qui allaient se transmettre de siècle en siècle jusqu'à nous.

Et les hommes prirent le pouvoir en Europe

L'origine de la paysannerie européenne fait toujours l'objet d'un vif débat. Reste que le mode de production agricole occidental a pris naissance sur les collines d'un territoire en forme de sabot de cheval, s'étendant du nord de la Jordanie, en passant par Israël, le Liban, la Syrie et la Turquie, jusqu'au sud de l'Irak et de l'Iran — ce qu'on appelle le Croissant fertile. C'est ici qu'il y a environ dix mille ans les herbes sauvages poussaient et les cochons, les moutons, les chèvres en liberté broutaient les clairières, au milieu des arbres à pistaches et des oliviers, des cèdres et des genévriers, des chênes et des pins.

Nos ancêtres nomades avaient sans doute prospecté ces prairies depuis des millénaires pour y chasser et y récolter des graines. Mais la nourriture commença à manquer quand les étés se réchauffèrent et devinrent plus secs. Les gens se regroupèrent autour des quelques lacs d'eau fraîche qui subsistaient. Avec le temps, on commença à engranger le grain ramassé et à conserver les graines de certaines plantes dans l'espoir d'intensifier la récolte de céréales sauvages. Les premiers agriculteurs ont peut-être vécu dans la vallée du Jourdain. Huit mille ans avant J.-C., de nombreux hameaux s'étaient constitués, et les premiers villageois du Croissant fertile avaient commencé à semer de l'épeautre (le blé sauvage), du seigle, de l'orge et à élever des moutons et des chèvres. La source de la civilisation occidentale était née.

L'agriculture se répandit ensuite vers le nord et l'ouest.

L'habitude venue d'Asie Mineure de planter des graines et des plantes gagna l'Europe en longeant les rives des cours d'eau, et l'agriculture devint un mode de vie. Les hommes avaient erré au travers de l'Ancien Monde pendant quatre millions d'années à la recherche incessante de nourriture. Mais la vie nomade était désormais révolue. L'archéologue Kent Flannery a résumé la situation en un mot : « Où pouvez-vous donc aller avec une tonne de blé ? »

La charrue. Il n'y a probablement pas un seul outil dans l'histoire de l'humanité qui ait provoqué une telle dissension entre hommes et femmes, et autant de bouleversements dans leurs habitudes sexuelles et matrimoniales. On ne sait pas quand précisément la charrue est apparue. Les premiers agriculteurs utilisaient la houe et la bêche. Ensuite, environ trois mille ans avant J.-C., quelqu'un inventa l'araire, une charrue primitive munie d'une simple lame de pierre et d'un manche.

Cela fit une énorme différence.

Chez les peuples qui jardinent à l'aide d'une houe, ce sont les femmes qui font le gros du travail. Et dans bon nombre de ces sociétés, les femmes détiennent un certain pouvoir. Mais avec l'introduction de la charrue — un instrument qui requiert beaucoup plus de force physique —, l'essentiel du travail agricole revint aux hommes. Les femmes perdirent du même coup leur fonction indépendante et prestigieuse de pourvoyeuses de nourriture, sans lesquelles il n'y aurait pas eu de repas du soir. Dès que la charrue devint indispensable à la production, une différenciation sociale entre les sexes apparut chez les peuples paysans. Et l'on considéra les femmes comme inférieures aux hommes.

Honore ton mari

On trouve la première preuve écrite de l'assujettissement de la femme au sein de la communauté agraire dans un code de l'ancienne Mésopotamie datant de onze cents ans avant J.-C. La femme y est considérée comme un bien, une propriété. Un article de loi préconisait la peine de mort pour la femme adultère, mais tolérait l'infidélité du mari, du moins tant qu'il ne s'appropriait pas

323

le bien d'un autre homme, c'est-à-dire sa femme. Le mariage visait la procréation, et l'avortement était interdit[2]. L'homme dont la femme ne pouvait avoir d'enfants pouvait demander le divorce.

La condition des femmes en tant que simples reproductrices asservies n'est pas propre aux peuples du Moyen-Orient. On la retrouve chez la plupart des peuples d'agriculteurs.

Dans l'Inde agraire traditionnelle, toute femme honorable était censée se jeter dans le bûcher de son défunt mari — le rite dit du *sati,* c'est-à-dire « de la veuve ». En Chine, on recourbait sous leurs pieds les orteils des filles de haute lignée (sauf le gros orteil), et on les leur bandait étroitement dès l'âge de quatre ans. Il leur était très difficile de marcher et impossible de courir, donc de se sauver du foyer conjugal. A l'âge d'or de la Grèce classique, on mariait les filles de l'aristocratie dès leurs quatorze ans, pour être sûr de leur virginité au jour des noces. Les femmes des peuples germaniques qui envahirent la Rome antique pouvaient être achetées et vendues.

> « Femmes, soumettez-vous à vos maris, comme il sied à Dieu », dit le Nouveau Testament.

Ce commandement n'était pas spécifique à la religion chrétienne. A Sumer, Babylone, en Assyrie, en Égypte ancienne, dans la Grèce et la Rome antiques, l'Europe préindustrielle, en Inde, en Chine, au Japon et dans les différentes communautés agricoles d'Afrique du Nord, les hommes devinrent des prêtres, des chefs politiques, des guerriers, des commerçants, des diplomates et des chefs de famille. Le seigneur de la femme était d'abord son père, son frère, puis son mari, et son fils.

Voilà comment l'historien Xénophon, au ve siècle avant J.-C., résumait à l'attention de sa propre épouse les devoirs de la femme :

> « Sois désormais diligente, vertueuse et modeste. Consacre toute ta sollicitude et ton dévouement à moi-même, à tes enfants comme à ton foyer, et ton nom sera honorablement estimé après ta mort. »

Je n'en déduis pas que les sociétés agraires ont le monopole de l'inégalité sexuelle. Chez certains cultivateurs d'Amazonie (qui utilisent la bêche plutôt que la charrue) et quelques bergers d'Afrique orientale, les femmes sont subordonnées aux hommes dans la plupart des domaines de la vie sociale. Mais un système institutionnalisant la disparité sociale entre les deux sexes n'est pas courant chez les peuples d'éleveurs, ni chez ceux qui jardinent à la houe, ni a fortiori chez les chasseurs-cueilleurs, alors qu'il est pratiquement de règle dans les sociétés qui utilisent la charrue.

Je ne tiens pas non plus à suggérer que *toutes* les femmes des sociétés agraires subissent le même degré de sujétion sexuelle et d'infériorité sociale. Le statut de la femme a varié au cours des siècles en fonction de son appartenance de classe, son âge, son rôle économique et social.

Hatshepsout, par exemple, fut l'une des plus puissantes reines d'Égypte, où elle régna en 1505 avant J.-C. Dans la Grèce classique, les épouses étaient cloîtrées alors que les courtisanes étaient instruites et très indépendantes. Certaines femmes de la haute société urbaine dans la Rome antique, aux Ier et IIe siècles de notre ère, devinrent des personnages influents de la littérature ou du monde politique. Au Moyen Âge, bien des nonnes exercèrent de hautes fonctions au sein de l'Église, et certaines acquirent une grande influence sur la place publique. Dans les années 1400, certaines femmes musulmanes de l'Empire ottoman possédaient des terres et des navires. Et un nombre important de femmes de la Renaissance, en Angleterre comme sur le Continent, étaient aussi instruites que les hommes.

Sans compter que la sujétion sexuelle la plus rigoureuse n'est pas toujours une garantie contre la puissance occulte et l'autorité féminine au quotidien. Comme nous le savons tous, la femme la plus effacée, pour peu qu'elle appartienne à une classe élevée ou à un groupe ethnique plus prestigieux, peut très bien dominer un homme d'un rang social inférieur. Les femmes plus âgées ont souvent autorité sur les hommes plus jeunes. De jeunes et jolies femmes peuvent manipuler des hommes d'influence. Les sœurs peuvent commander aux frères. Et certaines femmes imposer leur loi à leur mari. Même là où la disparité sexuelle est extrême, les hommes n'ont jamais réussi à dominer complètement les femmes — ni dans l'Amérique paysanne ni dans les petites fermes qui longeaient le Danube il y a quelques milliers d'années.

Compte tenu de ces exceptions, il reste que la sexualité

féminine fut sérieusement réprimée au cours de notre longue filiation européenne. Les femmes devinrent des citoyennes de seconde zone presque partout. Les femmes des sociétés nomades quittaient régulièrement le camp pour travailler et rapporter des vivres et des informations précieuses ; elles partaient librement rendre visite à parents et amis, et menaient leur propre vie amoureuse. La paysanne sédentaire n'eut sa place qu'au jardin ou à la maison ; sa fonction se résuma à élever les enfants et à servir l'homme.

L'avènement de la charrue entraîna la sujétion féminine et bouleversa tout le paysage sexuel et social de l'Occident.

Cela fait près de cent ans qu'on discute pour savoir exactement comment la charrue et la vie à la ferme ont pu changer les relations entre les sexes en Occident. A mon avis, bien des facteurs sont entrés en ligne de compte : la vie sédentaire, la nécessité de faire durer le mariage monogame toute la vie, l'émergence des sociétés de classes, la guerre, sans oublier le rôle particulier de la testostérone, l'hormone mâle. Mais avant de présenter mon propre schéma de l'évolution de la disparité sociale entre les sexes au cours du passé européen, je voudrais passer en revue les principales théories modernes sur la question. Il est intéressant de noter que la prolongation du mariage monogame est prise en compte dans chacune d'elles.

Tout d'abord, un rappel : le *matriarcat* signifie *gouvernement* politique par les femmes. Il faut soigneusement le distinguer de la *matrilinéarité* (filiation maternelle) qui assigne une descendance à chacun par lignée maternelle.

Le droit maternel

Le premier à proposer un scénario sur la perte du pouvoir des femmes fut un avocat allemand du nom de Johann Jakob Bachofen qui écrivit *Das Mutterrecht (Le droit maternel),* en 1861. Dans son ouvrage, Bachofen suggère que l'humanité a d'abord vécu dans un état de promiscuité sexuelle où les femmes exerçaient autant de pouvoirs que les hommes. Puis les femmes inventèrent l'agriculture, et la société inventa sa première forme d'institution sociale, le matriarcat.

Comme personne ne pouvait dire avec certitude qui était le père d'un enfant, Bachofen en conclut que les premiers agriculteurs identifiaient leur descendance selon la lignée maternelle, autrement dit la matrilinéarité. Les femmes étaient respectées en tant qu'uniques détentrices de l'autorité parentale de la génération suivante. On vivait sous le règne du matriarcat. La société remplaça le « droit de la mère » par le « droit du père » aux temps héroïques de la Grèce ancienne, avec l'adoption de la *monogamie* et de nouveaux préceptes religieux. Bachofen fondait sa théorie du déclin féminin sur l'analyse d'innombrables passages de la littérature classique, se référant aux mythes archaïques dans lesquels la femme apparaissait avoir eu, un jour, un rôle tout-puissant.

La notion de matriarcat originel envahit bientôt les cercles intellectuels du XIXᵉ siècle. Puis l'anthropologue américain Lewis Henry Morgan réunit les faits tendant à « prouver » le scénario de Bachofen.

Morgan avait vécu parmi les Iroquois qui définissaient leur descendance par lignée maternelle. Il considéra ces Indiens comme une relique vivante de l'ordre social primitif à son stade matriarcal. Comme Bachofen, Morgan pensait que la promiscuité primitive avait évolué en vie sociale matriarcale avec les débuts de l'agriculture, puis que le matriarcat avait été supplanté par le patriarcat avec les progrès de cette dernière. Mais, à la différence de Bachofen, il donnait une explication économique à l'évolution du pouvoir masculin.

Morgan pensait que la propriété privée était à la base de la disparité sociale entre les sexes. Ainsi, dans son livre de 1877 intitulé *La société ancienne,* il suppose que les agriculteurs furent à même de contourner la règle matriarcale en s'appropriant les champs communautaires. L'explication de l'origine du « couple exclusif » à partir de la théorie de Morgan sur l'avènement du patriarcat est particulièrement intéressante. Il fallut que la monogamie *permanente* se développe, et permette du même coup aux premiers agriculteurs d'être sûrs de leur paternité, pour qu'ils puissent prendre le pouvoir et transmettre leur propriété à leurs héritiers mâles.

Friedrich Engels s'est appuyé sur le schéma de Morgan pour formuler sa propre théorie économique sur le déclin du droit maternel. Selon Engels, la propriété était collective aux tout débuts de l'agriculture. Hommes et femmes vivaient dans des groupes familiaux à filiation maternelle, plutôt qu'au sein de familles nucléaires dirigées par les hommes. La paternité n'avait qu'un rôle secondaire. Séparations et liaisons amoureuses étaient courantes. Les femmes pourvoyaient au moins autant que les hommes aux biens de subsistance, et elles régnaient sur le vaste foyer familial. Puis, quand hommes et femmes commencèrent à faire pousser des récoltes et à domestiquer des animaux, le rôle des hommes en tant qu'agriculteurs et éleveurs devint beaucoup plus important. Avec le temps, les hommes devinrent les propriétaires des seuls biens dignes d'intérêt : la terre et les bêtes. Les hommes usèrent alors de leur pouvoir de propriétaires pour instituer le droit en lignée paternelle et le patriarcat.

Comme Bachofen et Morgan avant lui, Engels pensait que la monogamie, qu'il définissait comme la stricte fidélité féminine à un seul partenaire la vie durant, était au centre de l'anéantissement de la puissance féminine. La monogamie est apparue pour garantir la paternité, écrivait-il. En même temps que la monogamie dissolvait les liens et les obligations à l'égard de l'ensemble du groupe, elle réduisit les femmes en esclavage.

Il baptisa cette transition : « la défaite historique mondiale du sexe féminin ».

Est-ce l'histoire du paradis perdu ? Les chercheurs ont aujourd'hui constaté que ces premières théories étaient en grande partie erronées, tout en contenant une parcelle de vérité. Le point de vue moderne s'est affirmé au tournant du siècle, quand les anthropologues ont commencé à constater qu'aucune des sociétés primitives encore existantes n'était de type matriarcal, et que la plupart n'avaient même pas de filiation matrilinéaire. Les anthropologues ont étudié depuis beaucoup d'autres cultures sans jamais en trouver une seule qui fût matriarcale. En outre, il n'existe aucune preuve archéologique permettant de supposer qu'un matriarcat originel ait jamais pu exister.

Certaines féministes modernes ne sont pas d'accord. Selon elles, les figurines féminines des anciennes poteries, les déesses et autres motifs féminins trouvés dans les vestiges archéologiques ou en usage dans les sociétés traditionnelles contemporaines fourniraient la preuve de l'existence d'un matriarcat primitif[3]. Mais ce raisonnement est infirmé par les faits. Sur les quatre-vingt-treize sociétés étudiées par le sociologue Martin White, dans les années 1970, quatre-vingt-trois étaient dépourvues de toute croyance populaire au sujet d'une éventuelle toute-puissance féminine originelle. Et là où les gens adoraient des déesses et racontaient des mythes de domination féminine, les femmes n'exerçaient aucune suprématie politique.

Il y a néanmoins une part de vérité dans l'idée que les femmes exerçaient autrefois plus de pouvoir. On l'a vu au chapitre 11, les peuples de chasseurs-cueilleurs avaient pour la plupart (et ont encore) des mœurs relativement égalitaires. Aucune société de chasseurs-cueilleurs, ou pratiquant le jardinage, actuellement existante, ne codifie strictement une forme quelconque d'inégalité sexuelle. Les femmes n'ont un statut subalterne que dans les sociétés utilisant la charrue pour l'agriculture *. Aussi bien, en dépit du fait qu'il n'y ait sans doute jamais eu de matriarcat primitif, Bachofen, Morgan et Engels avaient-ils en partie raison : *une relative égalité* entre les sexes devait régner au sein d'une bonne partie des sociétés préagraires. L'équilibre du pouvoir entre les sexes ne fut rompu au profit d'une *inégalité marquée* que peu après l'entrée en usage de la charrue.

Dans les années 1970, l'anthropologue féministe * Eleanor Leacock a intégré toutes ces idées en un nouveau scénario. Elle abandonna sagement l'idée d'un matriarcat originel, mais elle a réuni des faits un peu partout dans le monde, visant à prouver que dans les sociétés préhistoriques communautaires les hommes et les femmes étaient, en fait, largement égaux (voir chapitre 11). Puis elle a émis l'hypothèse qu'à partir du moment où les paysans se mirent à faire du commerce, à vendre des produits et à monopoliser des réseaux commerciaux, les femmes des paysans passèrent sous la domination de leurs maris. Comme Bachofen, Morgan et Engels avant elle, Leacok suppose que l'émergence de la famille monogamique (conjuguée à la vie sédentaire et à l'usage de la charrue) a contribué de façon déterminante à la détérioration de la condition féminine.

---

* Voir aussi *Le calice et l'épée*, Eisler, coll. « Réponses », Robert Laffont, 1989.

Les « grands hommes »

« Toute pensée est une association réussie », dit un jour Robert Frost. Aussi aimerais-je me servir des différentes théories dont je viens de vous parler, et y ajouter seulement un point de vue biologique afin de compléter ce que nous savons de la défaite des femmes.

Pour commencer, faisons avec ce que nous savons. La charrue était lourde. Il fallait qu'un gros animal pût la tirer, et cela requérait la force masculine. En tant que chasseurs, les maris avaient jusque-là fourni le superflu qui rendait la vie agréable, et pourvu en partie aux besoins quotidiens. En tant que laboureurs, ils devinrent indispensables à la survie. D'un autre côté, le rôle vital des femmes comme collectrices fut miné au fur et à mesure que nos ancêtres comptaient moins sur les plantes sauvages et plus sur les récoltes. Les femmes n'assumaient désormais que les rôles secondaires du désherbage, du ramassage et de la préparation du repas du soir. A partir du moment où le travail agricole détermina l'existence, le rôle principal passa des femmes aux hommes. Tous les anthropologues sont d'accord là-dessus.

Ce seul facteur écologique — le partage du travail entre les sexes et le contrôle des ressources de production par les hommes — suffit à expliquer l'éviction des femmes du pouvoir social. Ceux qui tiennent les cordons de la bourse gouvernent le monde. Mais d'autres facteurs ont contribué à la défaite des femmes. Avec l'introduction de la charrue dans l'agriculture, ni les femmes ni les hommes ne purent divorcer. Ils travaillaient la terre ensemble. Aucun des deux ne pouvait se contenter de labourer la moitié du sol et s'en aller. Ils étaient enchaînés à leur propriété commune, et du même coup l'un à l'autre. Ils étaient condamnés à la monogamie à perpétuité.

Mais on comprend mieux comment la charrue et la monogamie perpétuelle ont contribué au déclin de l'univers féminin en prenant en compte un phénomène insidieux propre aux sociétés agraires : le rang social. Pendant des millénaires, les « grands hommes » s'étaient distingués à l'occasion de la chasse, de la cueillette et des expéditions de troc. Mais les chasseurs-cueilleurs avaient de solides traditions de partage égalitaire. Les classes sociales n'étaient pas inscrites dans le patrimoine génétique humain. Néanmoins, quand il fallut organiser la récolte annuelle, stocker le grain et le fourrage, distribuer l'excédent de nourriture, surveiller régulièrement le commerce à longue distance et parler enfin au nom de la communauté dans des assemblées régionales, les chefs apparurent.

Des traces de l'existence de classes dans les archives archéologiques remontent à quinze mille ans. Certaines tombes de cette époque contiennent beaucoup plus d'offrandes que d'autres. Les chefs de village avaient probablement renforcé leur pouvoir en ayant recours aux premiers saisonniers, ces nomades au mode de vie non agricole. On trouve par ailleurs souvent dans les vestiges des villages qui longeaient le Danube, cinq mille ans avant J.-C., une maison plus grande que les autres, laissant penser qu'une stratification sociale se fit jour dès cette époque. Avec l'extension de l'usage de la charrue et de la vie villageoise, l'organisation politique devint de plus en plus complexe, et sans doute plus hiérarchisée[5].

Le temps de la sédentarisation, de la monogamie perpétuelle et des classes était arrivé.

L'autre facteur contribuant sans doute à la déchéance des droits sociaux et sexuels de la femme fut la guerre. Les villages proliféraient, la densité de la population augmentait, et les gens furent contraints de défendre leurs biens et même d'agrandir l'étendue de leurs terres quand ils le pouvaient. Les guerriers firent partie du paysage social. Comme le remarque l'anthropologue Robert Carneiro, partout où la guerre est une nécessité de la vie quotidienne, les hommes accentuent leur domination sur les femmes.

Le rôle économique déterminant des hommes comme agriculteurs, la stabilité obligée du couple autour du bien commun, la nécessité d'avoir un chef pour organiser le travail agricole et des guerriers pour défendre les terres... tout cela constitua un mélange détonant. L'occasion où jamais pour l'un des deux sexes de s'imposer à l'autre.

Et c'est ce qui arriva. Le patriarcat s'étendit à travers l'Eurasie et s'enracina profondément.

Pourquoi le patriarcat plutôt que le matriarcat ? Pourquoi les femmes ne se sont-elles pas emparées du gouvernail ? La force physique et la combativité requises par l'usage de la charrue et les offensives militaires sont une explication suffisante. Mais je crois qu'un autre élément primordial contribua à l'essor du patriarcat et à la faillite de l'univers féminin : la biologie.

Dans toute société où les classes prédominent, les hommes monopolisent la plupart des fonctions gouvernementales. En fait, dans 88 % des quatre-vingt-treize sociétés sondées à cet effet, *tous* les leaders politiques locaux et régionaux sont des hommes. Dans 84 % des mêmes sociétés, les hommes détiennent également *toutes* les positions dirigeantes dans les groupes familiaux. Non pas que les femmes n'aient pas le droit d'accéder à ces fonctions. Dans la plupart de ces cultures, comme aux États-Unis, les femmes peuvent briguer, en principe, d'importantes positions au sein du gouvernement. Et c'est un fait qu'un plus grand nombre de femmes qu'autrefois recherchent ce type de postes. Mais même aujourd'hui les femmes courent moins systématiquement après les responsabilités politiques que les hommes.

Le sociologue Steven Goldberg a cherché une explication à cette énorme disparité des comportements entre les deux sexes. Selon lui, la testostérone du système neuroendocrinien des hommes sexualise leur cerveau dès le stade du fœtus, et les pousse par la suite à briguer un certain statut. Il a baptisé cette pulsion la « volonté de puissance masculine ». Leur conditionnement biologique incite les hommes à sacrifier plus volontiers leur temps, leur plaisir, leur santé, leur sécurité, leur affectivité et leurs loisirs sur l'autel de l'ambition sociale.

Voilà une idée bien dangereuse. La plupart des féministes la repousseront certainement, comme tous ceux qui nient toute influence biologique sur les comportements humains. Mais, prenant la science au sérieux, je ne peux quant à moi écarter une influence éventuelle de facteurs biologiques dans la course au rang social. En fait, plusieurs arguments militent en faveur de cette conclusion.

Le cerveau est effectivement sexué avant la naissance par le truchement des hormones fœtales. Il y a un lien évident entre le taux de testostérone et les comportements agressifs chez les animaux comme chez les êtres humains. On constate un fort taux d'hormones mâles chez les hommes et les singes occupant des positions dominantes. Enfin, dans bien des sociétés, les femmes assument davantage de responsabilités après leur période de fécondité. Il y a sans doute des raisons culturelles à cela. Libérées de la charge des enfants, les femmes peuvent enfin se livrer à des activités extérieures au foyer après la ménopause. Mais leur nouvelle assurance peut avoir aussi une cause biologique. Le niveau d'œstrogènes diminue avec la ménopause, permettant à la testostérone de faire son effet. Aussi bien la nature a-t-elle pu concocter un climat chimique favorable à l'ambition sociale.

Peut-être y a-t-il également un autre élément chimique dans le cocktail : la sérotonine, une autre molécule cérébrale. Les chercheurs ont trouvé un taux de sérotonine nettement plus élevé dans le sang du mâle dominant d'une troupe de singes que dans celui des autres mâles. Les singes mâles qui montent dans la hiérarchie de dominance voient leur taux de sérotonine augmenter. A l'inverse, le taux baisse quand ils descendent l'échelle hiérarchique. Mieux : quand on leur ajoute artificiellement des doses de sérotonine, ils remontent dans la hiérarchie, et quand on leur donne une drogue qui inhibe la sécrétion de sérotonine, ils rétrogradent !

Les mêmes corrélations prévalent chez les mâles humains. Dans les universités, les chefs de groupes d'étudiants ont des taux de sérotonine dans le sang plus élevés que ceux qui n'ont pas leurs prérogatives. Même chose chez les chefs d'équipes sportives universitaires. Il semble qu'on ne retrouve pas les mêmes corrélations chez les femmes. Les chercheurs en ont conclu, à première vue, que les femmes et les primates femelles devaient avoir un comportement et un système biologique de domination plus complexes.

Il n'en reste pas moins qu'il semble y avoir une corrélation directe entre le taux de testostérone et le rang social, comme d'autres substances cérébrales paraissent avoir un rôle manifeste dans la biologie de la hiérarchie sociale.

« Jusqu'à ce que la mort nous sépare »

Ainsi donc nos aïeux européens s'installèrent dans leurs fermes, formèrent des couples pour la vie, labourèrent, firent la guerre et se lancèrent dans le commerce. Les laboureurs et les guerriers prirent de l'ascendant à mesure que les ramasseuses de baies perdirent le leur. Les hommes grimpèrent dans une hiérarchie sociale qui se précisait, et les femmes perdirent tout pouvoir. Le moindre recoin de la terre de chacun était cultivé. La sédentarisation, la division du travail, la monogamie à vie, l'émergence de la société de classes, les guerres, sans oublier le rôle probable de la testostérone et d'autres mécanismes physiologiques, autant de facteurs qui contribuèrent au système patriarcal propre aux sociétés agraires. La femme devint un bien convoité, protégé, et exploité. Le patriarcat trouvait sa justification dans une idéologie sociale biaisée, institutionnalisant l'inégalité entre les sexes. Et c'est cette morale qui nous fut transmise, à vous comme à moi.

Les préjugés selon lesquels les hommes auraient une vie sexuelle plus active, seraient naturellement portés à l'infidélité, alors que les femmes seraient faibles, stupides, dépendantes et devraient rester chastes avant le mariage collent à la boue du mode de vie agraire. Mais de tous les changements sociaux apportés par l'agriculture, la codification restrictive du divorce fut le plus spectaculaire.

Le nombre des divorces resta faible pendant une grande partie de notre passé agraire. Les Grecs de la période classique s'autorisaient presque tous les divertissements sexuels, à l'exception de ceux qui pouvaient menacer la stabilité familiale, comme le fait d'amener une courtisane à la maison. Chez les Grecs de la période archaïque, au temps d'Homère, le divorce était autorisé mais peu fréquent. De la même façon, les séparations conjugales étaient rares aux premiers jours de Rome, quand la plupart des citoyens étaient des paysans. La proportion des divorces ne s'éleva chez les classes supérieures qu'au moment de l'essor des villes, quand certaines femmes s'enrichirent, devinrent indépendantes et instruites.

Les pères fondateurs du christianisme considéraient le mariage comme un palliatif à la fornication. Ils voyaient dans le célibat et la chasteté des deux sexes une façon autrement pure d'honorer Dieu. Sur la question du divorce, ils n'étaient pas d'accord entre eux.

« Ce que Dieu a uni, aucun homme ne peut le défaire », avait dit Jésus.

Néanmoins les passages de la Bible sont contradictoires sur ce point, et certains érudits pensent que les premiers chrétiens avaient le droit légal et religieux de répudier une femme coupable d'adultère ou non croyante. En tout état de cause, le divorce n'a jamais été une pratique courante chez les paysans chrétiens, avant comme après la décadence romaine.

Les envahisseurs germaniques de l'Empire romain y apportèrent leurs coutumes. Le divorce et la polygamie étaient autorisés chez les classes dirigeantes de l'Allemagne préféodale. Les populations celtiques et anglo-saxonnes d'avant la chrétienté toléraient elles aussi le divorce et le remariage. Les hommes riches prenaient volontiers plusieurs femmes, bénéfice génétique masculin oblige. Mais les fouilles archéologiques laissent penser que le taux des divorces était faible chez les paysans européens durant les siècles obscurs qui suivirent la chute de Rome.

Au cours du IXe siècle, le système féodal apparut en France, et s'étendit à toute l'Europe. Comme le voulait la coutume féodale, les seigneurs accordaient des terres à leurs vassaux en échange de leur allégeance et du devoir militaire. Chaque vassal attribuait à son tour la jouissance de ces terres à des fermiers qui lui devaient différents services en échange. En principe, vassaux et fermiers étaient censés « entretenir » les terres en question, plutôt qu'ils ne les possédaient. En réalité, ils se transmettaient la concession de génération en génération, et la terre restait entre les mains de la famille. Sous le régime féodal, le mariage restait donc la seule façon d'acquérir des terres et de les transmettre à ses héritiers.

Les couples européens pouvaient éventuellement faire annuler un mariage pour cause d'adultère, d'impuissance, de lèpre ou de consanguinité. Les gens riches et pourvus de relations ne s'en privaient guère. Un conjoint pouvait quitter l'autre, si une cour légalement constituée prononçait une séparation juridique en bonne et due forme. Mais cette tolérance comportait une restriction : aucun des partis ne pouvait se remarier ; sinon, qui aurait surveillé les biens, entretenu les terres, les animaux et la maison ? Sans compagne, aucun paysan n'aurait pu joindre les deux bouts. Seuls les riches pouvaient s'offrir le luxe de divorcer à l'époque de l'Europe féodale.

La monogamie à vie : ce qui s'était imposé par nécessité

naturelle et matérielle fut sanctifié par les prêtres. Augustin, pense-t-on généralement, fut le premier chef religieux à considérer le mariage comme un saint sacrement. La plupart des autorités chrétiennes rallièrent son point de vue les siècles qui suivirent. Le divorce fut interdit aux membres de l'Église romaine catholique en toute circonstance. Bien que le dogme catholique eût consenti quelques exceptions en matière d'annulation et de séparation, le mariage à vie — nécessaire à la vie paysanne — devint un commandement de Dieu.

Avec l'essor des villes et du commerce en Europe au cours des xe et xie siècles, les femmes occupèrent toutes sortes de fonctions. Dans le Londres médiéval des années 1300, les femmes s'occupaient de textiles, d'épicerie, exerçaient le métier de chirurgien-barbier, travaillaient dans la soie, fabriquaient le pain, la bière, se faisaient servantes, brodeuses, cordonniers, bijoutiers, modistes, et pratiquaient moult et divers arts et métiers. On comprend que certaines d'entre elles, comme la « bourgeoise de Bath » chère à Chaucer *, une maîtresse femme délurée, aient pu se marier cinq fois de suite ! Il est vrai qu'il s'agissait d'exceptions... Habituellement, les femmes travaillaient aux côtés de leurs époux et leur étaient subordonnées. D'ailleurs, le mari était responsable des dettes de sa femme et était tenu de les honorer. La femme n'était pas une « personne libre » et n'avait aucun statut légal ni juridique. La pratique du divorce n'était sans doute pas courante dans les cités européennes médiévales.

Cette situation persista assez longtemps. Avec la Réforme, les protestants firent du mariage un contrat civil plutôt qu'un sacrement, du moins en ce qui les concernait. Et à partir des années 1600, les femmes des pays non catholiques purent obtenir le divorce de la part des autorités civiles. En fait, la proportion des divorces a nettement fluctué au cours des siècles, selon les exigences ou la tolérance divines ! Là où hommes et femmes mariés pouvaient se quitter, ils ne s'en privaient guère. Néanmoins, le divorce est resté une pratique remarquablement peu courante en Scandinavie, dans

---

* Geoffrey Chaucer, poète anglais réaliste et irrévérencieux du xive siècle, dont l'œuvre offre une chronique sociale réjouissante de la fin de ce siècle (déjà cité au chapitre 5). Dans *La bourgeoise de Bath (The Wife of Bath)*, son héroïne haute en couleur fait la satire du mariage. (*N.d.T.*)

les îles Britanniques, dans les campagnes de l'Allemagne, en France, aux Pays-Bas, en Espagne, en Italie, comme en Hongrie, ou chez d'autres peuples de l'Europe orientale, ainsi qu'en Russie, au Japon, en Chine, en Inde et dans toutes les sociétés agraires musulmanes de l'Afrique du Nord, et ce jusqu'à ce que la révolution industrielle eût mis en cause la vie paysanne.

Quand une épouse mourait, le paysan reprenait femme, là du moins où le remariage était autorisé. Ceux qui possédaient leur terre se remariaient souvent quelques jours seulement après la fin du deuil. Mais le remariage des veuves étaient fortement découragé dans les sociétés agraires de l'Europe préindustrielle, peut-être parce que cela compromettait l'héritage. Il n'empêche que bien des femmes se remariaient quand même.

Les nécessités de la vie paysanne exigeaient d'être deux. Nos aïeux paysans ne croyaient pas tous en Dieu. Tous, hommes ou femmes, n'avaient pas fait un mariage heureux. Tous ne souhaitaient pas non plus se remarier. Mais la plupart vivaient du soleil et de la terre, par laquelle ils étaient attachés l'un à l'autre, et pour toujours.

Du moins jusqu'à ce que les usines surgissent derrière les granges de l'Europe et de l'Amérique paysannes. Hommes et femmes regagnèrent alors leur indépendance, pour adopter désormais un style de sexualité, d'amour et de mariage renouant avec notre plus lointain passé.

16

LA SEXUALITÉ DU FUTUR
En avant vers le passé !

Et toute notre quête finira par aboutir au point de départ, que nous découvrirons pour la première fois.

T.S. Eliot, *Les quatre quatuors*

« Ainsi la somme des choses se reconstitue-t-elle toujours. Les mortels vivent les uns pour les autres en prenant ou en recevant. Certains peuples prospèrent, d'autres déclinent. En un rien de temps le cours des choses change et transmet le flambeau de la vie à quelqu'un d'autre. »

Voici comment Lucrèce, le poète de l'Antiquité romaine, parlait de la pérennité de la nature humaine — cet ensemble de particularités dont nous héritons à notre naissance et que les hommes et les femmes du monde entier partagent encore aujourd'hui. Notre stratégie humaine de reproduction, c'est-à-dire la façon dont nous nous accouplons et nous reproduisons, en fait partie.

La succession des jours, des décennies et des siècles à vu nos aïeux tomber amoureux, vivre en couple, avoir des aventures, se quitter pour former à nouveau d'autres couples, puis se stabiliser quand ils avaient d'autres enfants ou parce qu'ils étaient devenus vieux... Voilà du moins la version romantique de notre histoire. Tout le monde n'en passe pas par ces multiples phases. Les individus différaient entre eux dans le passé, comme c'est le cas aujourd'hui et comme ce le sera d'ici deux mille ans. Mais ces comportements naturels prévalent un peu partout dans le monde. La culture peut les bousculer, pas les effacer.

Elle peut, néanmoins, modifier la fréquence de l'adultère et du divorce, c'est-à-dire avoir une incidence sur le *nombre* de gens qui sortent de la norme naturelle. La vie du paysan, par exemple, a introduit la monogamie à perpétuité au sein de la tribu jusque-là très laxiste. La proportion des divorces chez les Occidentaux continuera-t-elle de s'accroître[1]? Le mariage subsistera-t-il? Quels types de familles connaîtrons-nous? Où allons-nous?

Comme chacun sait, toutes sortes de phénomènes sociaux, psychologiques et démographiques contribuent à favoriser le divorce. C'est le cas du « nomadisme ». La plupart d'entre nous, aujourd'hui, ont quitté leur foyer : nos parents vivent dans des villes différentes des nôtres, souvent eux-mêmes avec de nouveaux conjoints. Le large réseau familial et communautaire, auquel les couples pouvaient recourir dans les moments difficiles, s'est évanoui, renforçant d'autant les occasions de rupture. Ceux qui choisissent un partenaire aux coutumes, aux valeurs, aux centres d'intérêts, aux loisirs différents des leurs sont les premiers candidats au divorce. L'urbanisation et la laïcité s'accompagnent d'une fragilisation des liens du mariage. Il est vrai que la valorisation actuelle de l'individualisme et de la réussite personnelle contribue à augmenter la fréquence des divorces.

Mais de tous les facteurs qui contribuent à l'instabilité conjugale dans l'Amérique actuelle, le plus puissant peut être résumé en deux mots : le travail des femmes. Le divorce est plus fréquent chez les couples où le revenu du mari est inférieur à celui de la femme. Les hommes des classes socio-économiques favorisées gagnant plus que leurs femmes bénéficient d'une plus grande stabilité conjugale. Mais les femmes instruites dont le travail est bien rémunéré divorcent plus volontiers.

L'argent donne la liberté. Les femmes qui travaillent sont plus libres que celles qui restent à la maison. Et les démographes notent régulièrement une corrélation entre le travail féminin et la plus grande fréquence des divorces.

Il ne faudrait pas pour autant imputer le divorce aux femmes qui travaillent. Bien qu'à l'heure actuelle 60 % des demandes de divorce proviennent des femmes, les démographes ne sauront jamais lequel en réalité quitte l'autre. Mais à partir du moment où la femme travaille au-dehors et rapporte à la maison des biens de consommation courante, des objets de luxe ou de l'argent, le couple a effectivement la possibilité de se séparer. Et c'est ce qui se produit.

Le divorce : tendances actuelles

La révolution industrielle a lancé un flot de femmes de plus en plus important sur le marché du travail. Ce seul phénomène suffit à expliquer beaucoup de choses sur la vie de famille pratiquée aux États-Unis.

Dès que les hameaux de colons européens eurent essaimé sur la côte atlantique, les femmes américaines sortirent de chez elles pour se faire de l'argent en vendant leurs surplus de savon, leurs conserves de framboises, leurs bougies parfumées et leurs tartes faites maison. Quelques femmes célibataires ouvrirent des boutiques pour y vendre des livres ou des vêtements importés. Les veuves tinrent des auberges ou des agences immobilières. Mais la plupart des femmes continuèrent à s'occuper de leur intérieur.

Vers 1815, toutefois, des manufactures de textile se mirent à pousser derrière les cerisiers et les cours de fermes, et de jeunes femmes quittèrent leur maison pour aller à l'usine. Elles voulaient une paie régulière et des horaires de travail moins lourds, c'est-à-dire du temps et de l'argent pour feuilleter les catalogues de mode et acheter les modèles de leurs rêves. Même les femmes mariées se mirent à apporter du travail à la maison pour se faire de l'argent de poche. L'Amérique s'industrialisait. Et, vers le milieu du XIXᵉ siècle, le nombre des divorces commença à augmenter.

Depuis, le pourcentage des divorces n'a cessé d'augmenter par à-coups. Au milieu des années 1800, le travail bon marché des immigrants supplanta le travail des femmes. Ce fut l'époque de l'afflux de la main-d'œuvre paysanne vers les usines. Les hommes virent dans le travail féminin une menace pour leurs salaires ; le pays voulut davantage d'enfants pour élargir sa base fiscale, renforcer son armée, élargir le marché de la consommation et remplir les églises le dimanche. L'heure était à un nouveau slogan :

« La place de la femme est à la maison ! »

Vers 1900, seulement 20 % des femmes travaillaient au-dehors, et la plupart étaient des immigrées, des jeunes, des célibataires. Il y eut néanmoins plus de femmes mariées qui travaillaient qu'aux décennies précédentes, et le niveau des divorces fit un nouveau saut.

Le XXe siècle connut une accentuation de l'évolution sociale engendrée par l'âge industriel : davantage de femmes au travail, davantage de divorces. Avec une exception malgré tout : en s'imposant comme superpuissance à l'issue de la Seconde Guerre mondiale, l'Amérique connut une ère de stabilité matrimoniale que certains n'hésitèrent pas à interpréter comme un nouvel âge d'or. En réalité, les années 1950 furent la décennie la plus anachronique du siècle. Les hommes qui avaient fait la guerre, de retour à la maison, réclamaient du travail dans l'industrie et des millions de femmes quittèrent le marché du travail. L'expansion économique permit d'offrir aux maris de l'après-guerre toutes sortes de facilités économiques : des bourses d'études, des assurances sur la vie bon marché pour les militaires, des hypothèques garanties par le gouvernement, des avantages fiscaux pour les couples mariés... Tous ces jeunes hommes et ces jeunes femmes avaient grandi pendant la grande crise, quand la vie familiale était particulièrement perturbée. Ils appréciaient les joies d'un foyer stable.

Les années 1950 virent ainsi les Américains se stabiliser. Adlai Stevenson exprimait l'esprit du temps en conseillant aux femmes diplômées de l'université Smith, en 1955, d'« avoir une bonne influence sur leurs fils et leurs maris [au travers] de leur humble rôle de maîtresse de maison ».

L'Amérique suivit le conseil de Stevenson. Le « fait maison » devint à la mode. Les magazines féminins mettaient les femmes en garde contre le danger qu'il y avait à sacrifier son rôle de mère au travail à l'extérieur. Les psychanalystes décrétèrent que les femmes qui faisaient carrière souffraient d'une « envie de pénis ». Les sociologues proclamèrent que la femme était naturellement destinée à être mère et ménagère. L'anthropologue Ashley Montagu donna le coup de grâce en déclarant :

341

> « La femme qui a un mari et des enfants en bas âge ne peut pas à la fois occuper un poste de travail à plein temps et être une bonne maîtresse de maison. »

Il n'est guère surprenant dans ces conditions que les hommes et les femmes des années 1950 se soient mariés plus jeunes que ceux d'aucune autre période du xxᵉ siècle. Les femmes se mariaient en moyenne à vingt ans et deux mois, et les hommes à vingt-deux ans et six mois. Le nombre des divorces resta remarquablement stable. Celui des remariages diminua. Le taux des naissances atteignit le point culminant du siècle. Ce fut le « baby-boom ». On atteignit un record de naissances en 1957. Les nouvelles banlieues se transformèrent en nurseries.

> « Frappe dans tes mains, frappe dans tes mains quand Papa rentre à la maison. Car Papa rapporte de l'argent quand Maman n'en a pas. »

Cette comptine perdit son actualité au début des années 1960, quand les forces mises en branle par la révolution industrielle pointèrent à nouveau à la surface : un plus grand nombre de femmes au travail, un plus grand nombre de divorces. L'usage généralisé des nouveaux contraceptifs, en particulier de la « pilule », y fut sans doute, entre autres facteurs, pour quelque chose[2]. Mais les démographes remarquèrent que la jeunesse des épouses était le facteur clé de la nouvelle instablité conjugale.

Pourtant, la plupart de ces jeunes femmes ne cherchaient pas à faire carrière dans la vie active. Elles voulaient seulement des postes d'employées de bureau pour compléter les revenus du ménage, s'acheter un lave-vaisselle, une machine à laver et à sécher le linge, une voiture ou un poste de télévision. Leur ambition : vivre mieux. Les patrons américains leur ouvrirent les bras. Ils disposaient là d'une main-d'œuvre féminine qui parlait anglais, savait lire et écrire, tout en acceptant le temps partiel, l'absence de promotion, les postes ennuyeux et sans perspectives. Voilà comment l'anthropologue Marvin Harris résuma la situation de l'époque :

> « Avec la disparition de la main-d'œuvre immigrée non qualifiée, le patronat découvrit la Belle au bois dormant de ses services

d'accueil et de secrétariat en la maîtresse de maison américaine, de race blanche et peu exigeante. »

Puis, comme chacun sait, le mouvement féministe fit irruption. Plus important quant à ce qui nous intéresse, l'Amérique revint à un mode de croissance moderne : le nombre des femmes actives doubla entre 1960 et 1983, et celui des divorces en fit autant de 1966 à 1976. La proportion des remariages atteignit un record en 1981.

Après des siècles de monogamie à vie, voilà qu'émergeait à nouveau le régime primitif du mariage, divorce et remariage.

La croissance en spirale du taux des divorces s'arrêtera-t-elle un jour ? Le démographe Richard Easterlin affirme que la fréquence des divorces est en cours de stabilisation, mais son assertion est contestée. Selon le pronostic d'Easterlin, l'Amérique devrait retrouver un profil semblable à celui des années 1950 aux alentours des années 1990, caractérisé par des mariages précoces, davantage d'enfants et moins de séparations.

Easterlin fait remarquer que le « baby-boom » fut suivi d'une génération « baby-bust » (de pénurie d'enfants), née vers la fin des années 1960 et au cours des années 1970. Selon son raisonnement, les jeunes gens de cette cohorte moins nombreuse pourront accéder à l'université de leur choix, obtenir de meilleurs emplois et gravir plus rapidement l'échelle sociale dans les années 1990. Et comme leurs revenus seront plus confortables, ils pourront se marier plus tôt et avoir plus d'enfants. La sécurité financière et la famille nombreuse inciteront moins au divorce. Et, selon lui, la tendance des années 1950 réapparaîtra.

On verra. Après un pic de croissance en 1979 et en 1981, la proportion des divorces a légèrement diminué et s'en est tenue à un niveau relativement stable depuis 1986. Les faits donneront peut-être raison à Easterlin. Mais il a fondé ses prévisions sur une future pénurie de jeunes. J'ajouterai que, la nature humaine étant ce qu'elle est, ses effets suivront les fluctuations démographiques et contribueront également à la stabilité conjugale. Le risque de séparation est plus élevé chez les jeunes d'une vingtaine d'années. Nous avons tendance à croire que le divorce survient généralement vers trente, quarante ou cinquante ans, parce que c'est à ce moment-là que les journaux en parlent. Mais ce n'est pas le cas.

On l'a vu au chapitre 5, ce sont les jeunes qui se quittent le plus facilement. Vous risquez moins la rupture en prenant de l'âge.

Ce simple fait de nature, conjugué au baby-boom, a eu un effet surprenant. Soixante-seize millions d'enfants environ sont nés entre 1946 et 1964 aux États-Unis. Cette génération du baby-boom avance en âge au sein de la société américaine à la manière d'un petit cochon ingurgité par un python : elle modifie son environnement culturel au fur et à mesure qu'elle progresse dans le temps. Aux premières années de cette génération, la société de consommation inventa le biberon incassable « vendu en pharmacie ». A son adolescence, ce fut la vogue du « rock'n'roll ». A vingt ans, la révolution sexuelle et l'engouement pour la drogue s'en saisirent. Maintenant qu'elle aborde la trentaine, voire la quarantaine, ce sont les questions de vie quotidienne, du travail des femmes et de l'avortement qui font le pain blanc des médias.

L'Amérique semble marcher à l'unisson des enfants du baby-boom. Ces derniers vont bientôt se ranger. Pourquoi ? Parce qu'ils auront passé l'âge des ruptures faciles. Sans compter que bon nombre d'entre eux ont des enfants, ce qui apaise d'autant leurs velléités de séparation. Comme dit un jour Margaret Mead :

> « La première relation vise le sexe, la seconde les enfants, la troisième la camaraderie. »

La génération du baby-boom en est à ce dernier stade, celui où l'on cherche l'âme sœur. La plupart se marieront, ou se remarieront, et resteront ensemble. C'est inscrit dans leurs gènes.

Au fur et à mesure qu'un peu partout en Amérique ces couples issus du baby-boom vieilliront doucement, ils instaureront sans doute une ou deux décennies de relative stabilité conjugale.

Dans le miroir de la préhistoire

> « Que ceux qui savent lire dans la semence du temps et y distinguer les graines fécondes viennent me voir », écrivait Shakespeare.

Il est toujours périlleux de vouloir prévoir le futur. Mais l'évolution de l'animal humain le prédispose à faire certaines choses plutôt que d'autres. En me servant de notre préhistoire comme d'un guide, je me hasarderai à quelques pronostics sur l'avenir des relations entre les sexes. En quoi hier peut-il nous renseigner sur demain ?

Les femmes continueront à travailler.

Le sociologue Eli Ginzberg a récemment salué l'entrée des femmes dans le monde du travail comme « l'événement le plus remarquable de notre siècle ». Mais faut-il vraiment s'étonner du travail féminin ? Les femelles des chimpanzés travaillent. Celles des gorilles, des orangs-outangs et des babouins aussi. Les femmes des peuples chasseurs-cueilleurs ont travaillé pendant des millénaires. Les paysannes travaillaient. Le rôle de maîtresse de maison est plus une invention des privilégiés de la société de classes qu'une fonction naturelle de l'animal humain. Le double revenu familial relève de notre héritage évolutif.

Si la femme des années 1990 retournait vraiment au foyer, comme certains en font la prédiction, j'imagine qu'il ne s'agirait que d'une perturbation passagère de la courbe démographique analogue à celle des années 1950. Pour s'en tenir à une perspective d'anthropologue, on peut affirmer que les femmes persisteront à travailler demain, et d'ici un bon millier d'années.

Le passé peut-il nous en dire encore un peu plus ?

Oui, oui, et encore oui. « Le mariage, disait Voltaire, est la seule aventure ouverte aux pusillanimes. » A vrai dire, les Américains des deux sexes s'y adonnent avec délectation. 90 % d'entre eux se marient un jour ou l'autre. Même si les journaux prétendent que de moins en moins de gens ont envie de faire le saut, il faut bien constater que le taux des mariages a très peu varié au cours de l'histoire. En fait, le pourcentage de célibataires endurcis est pratiquement le même en 1989 qu'en 1890, il y a près de cent ans.

Les Américains ne se marient même pas plus tardivement, contrairement à ce qu'on dit souvent[3]. En 1990, l'âge moyen du mariage de la jeune fille était de vingt-trois ans et neuf mois, celui du fiancé de vingt-six ans et un mois. En 1890, il était de vingt-deux ans pour la jeune fille, de vingt-six ans et un mois pour le jeune homme. Mais les Américains considèrent la tendance actuelle comme un phénomène nouveau, parce qu'ils comparent les chiffres avec ceux des années 1950, quand hommes et femmes se mariaient en effet beaucoup plus tôt. C'est une erreur de perspective. En outre, loin d'être une pratique révolue comme on l'affirme souvent, le mariage reste l'une des caractéristiques de l'*Homo sapiens*.

L'attachement est humain. Ce trait est l'aboutissement d'une évolution de quatre millions d'années, et nous le garderons bien pendant encore quatre autres millions d'années si nous survivons en tant qu'espèce.

Les femmes continueront aussi à avoir moins d'enfants, un autre trait de notre passé. Les familles nombreuses sont contraires à la nature humaine. Chez les Kungs et bien d'autres sociétés archaïques, les femmes et les mères mettent au monde quatre ou cinq bébés chacune, dont deux seulement atteignent généralement l'âge adulte. La taille de la famille était restreinte au cours de notre long nomadisme ancestral. Cela changea avec le mode de vie paysan. Les enfants ne coûtent pas cher à élever à la ferme, et l'on a besoin de petites mains pour aider au jardin, aux champs et à l'étable. Au début des années 1800, les femmes américaines mettaient au monde sept à huit enfants en moyenne. Le taux des naissances ne se mit à décroître qu'avec l'industrialisation, quand l'entretien des enfants à la ville se révéla plus coûteux.

Aujourd'hui, les femmes occidentales ont en moyenne 1,8 enfant parvenant à l'âge adulte. On n'a plus besoin des enfants pour aider à la ferme, et les femmes en sont revenues à une forme de famille restreinte plus naturelle.

Pourquoi faudrait-il que cette norme change ?

Les femmes se mettent aussi à espacer leurs grossesses. On l'a vu, chez les peuples qui pratiquent l'horticulture et la cueillette, les femmes ne portent des enfants que tous les quatre ans environ. Cela donne à la mère un laps de temps suffisant pour élever son enfant avant d'en avoir un second. Cette tendance à l'espacement des naissances reprend le dessus aujourd'hui.

Tant mieux. Différentes études ont montré que les enfants des familles de taille réduite ont de meilleurs résultats scolaires. Ils vont plus loin dans leurs études. Et leurs parents leur accordent plus d'attention. L'espacement des naissances soulage aussi la santé des parents. Les hommes et les femmes n'ont pas été programmés par l'évolution pour s'occuper de deux enfants à la fois. Moins de naissances et à des intervalles plus longs, en plus du bénéfice éducatif, cela réduit aussi les possibilités de mauvais traitements dans les familles où les parents ne parviennent pas à s'occuper de plus d'un enfant à la fois.

Résumons. La nature humaine et les tendances de la civilisation moderne étant ce qu'elles sont, nous pouvons raisonnablement penser qu'au tournant du XXIe siècle notre scénario reproductif ancestral restera fondamentalement inchangé. Les jeunes tomberont amoureux et formeront des couples ; bon nombre d'entre eux se quitteront pour trouver d'autres partenaires. Au fur et à mesure qu'ils vieilliront et feront davantage d'enfants, les époux auront tendance à rester ensemble pour le reste de leur vie. Hommes et femmes continueront à se marier plus tard que dans les années 1950 et à avoir moins d'enfants, à des dates plus espacées. Les femmes continueront de travailler hors de chez elles, maintenant le taux des divorces à un niveau relativement élevé. Viendront contrebalancer cette tendance les mariages tardifs et l'installation des couples issus du baby-boom. Une certaine stabilité conjugale devrait régner.

Cela ne veut pas dire que la génération du baby-boom, ou qui que ce soit d'entre nous, se conformera au couple modèle des feuilletons télévisés des années 1950. Tout au contraire. En 1987, 10 % seulement de l'ensemble des familles américaines correspondaient au modèle paysan traditionnel où le père était la source unique de revenus, et la mère restait à la maison pour élever les enfants. Les femmes d'aujourd'hui vont travailler. Certains observateurs vont jusqu'à en conclure que notre époque inaugure un nouveau type de relations conjugales.

Mais ce n'est pas le cas. Prenez le mariage d'intérêt, par exemple. C'est un fait que le mariage visant à l'ascension sociale tombe en désuétude. Le premier objectif d'une jeune paysanne était de faire un bon mariage. Le mariage était sa seule ressource économique et sociale. Or, la carrière d'une femme dépend désormais de son éducation et de l'emploi qu'elle occupe. Les femmes cherchent toujours à épouser des hommes dont le salaire est plus élevé que le leur, car les hommes gagnent généralement plus que les femmes, encore aujourd'hui. Mais les femmes n'ont plus *besoin* de se marier pour gravir l'échelle sociale. Elles peuvent choisir leur partenaire pour son agrément, pas pour en obtenir un avantage social et financier.

Mais est-ce bien nouveau ? Les femmes, comme les hommes,

347

aspiraient sans doute aussi aux « bons mariages » tout au long de notre passé de chasseurs-cueilleurs. Et les époux dépendaient l'un de l'autre pour joindre les deux bouts d'une façon ou d'une autre. Mais l'homme n'était pas tout l'avenir économique et social de la femme. Elle avait sa famille, ses amis, et ses propres moyens d'existence. Les femmes de la plupart des sociétés primitives pouvaient choisir leur partenaire sans se préoccuper d'avancement social, exactement comme le font de plus en plus de femmes aujourd'hui.

Avec la disparition du mariage d'intérêt, nous verrons peut-être se multiplier les couples où la femme est plus âgée que l'homme, ainsi que les mariages mixtes entre ethnies et confessions, ou encore les couples dont les partenaires sont de condition économique et sociale différente.

Les mariages où les partenaires doivent « faire la navette » ne datent pas non plus d'aujourd'hui. Il est courant de voir une femme qui travaille à Paris mariée à un homme vivant à Bordeaux ou à Lyon. Ce type de relations a ses avantages et ses inconvénients. Ceux de la génération du baby-boom qui ont pris de l'âge tout en occupant un poste professionnel important se félicitent souvent de ce type de relations, du moins au début. Chaque époux préserve sa carrière, et garde ses propres biens. Et certains membres de cette génération estiment que l'éloignement préserve le mariage de l'usure.

D'un point de vue anthropologique, ils ont en partie raison. L'animal humain n'est pas fait pour vivre collé à son partenaire à longueur de journée. Chez bien des peuples primitifs, les époux n'ont pas le moindre contact avant d'échanger leurs pensées, le soir, au moment de dormir. En outre, les hommes partent à la chasse pendant des jours, et les femmes quittent le foyer pendant des semaines pour rendre visite à leurs parents. La distance géographique peut même raviver les liens. Elle aide le couple moderne à séparer travail et plaisir, en ménageant un « temps de loisir » pendant lequel les époux se courtisent et laissent au bureau les soucis professionnels.

Mais ce genre de mariage « à navette » contrarie d'autres prédispositions naturelles. Un jeune couple a besoin de passer du temps ensemble afin de définir le rôle de chacun, d'élaborer ses plaisanteries, son intimité, ses aspirations. Le mariage « à distance » inhibe ce processus. Les gens d'un certain âge en souffrent. Comme me l'expliquait un de mes amis ayant la cinquantaine :

> « Quand on est jeune on pense toujours au lendemain. Mais en prenant de l'âge, on s'intéresse plus au présent. On a envie de rentrer à la maison le soir pour partager ses pensées avec sa compagne ou son compagnon, sans devoir attendre le week-end suivant. »

Et puis, ce type de mariage incite aux aventures extraconjugales, l'animal humain étant porté à l'inconstance.

Dans les années 1920, au temps du jazz, les théoriciens sociaux « avancés » conseillaient aux hommes et aux femmes de contracter des mariages de « visite », où chacun vivait séparément chez lui et ne rencontrait l'autre que sur rendez-vous. Certains l'ont fait. Le mariage « à distance » n'a rien de très nouveau. Il se pratiquait dans les années 1920 comme il y a un million d'années, probablement.

L'art de vivre dans le péché

Dans son célèbre article publié dans *Redbook,* en juillet 1966, Margaret Mead suggérait aux Américains d'adopter une nouvelle forme d'union non conventionnelle : le mariage en « deux étapes ».

Le jeune couple ne voulant pas de progéniture dans l'immédiat aurait conclu un « mariage individuel » instituant un lien légal sans enfants, sans engagement à vie et sans conséquences économiques en cas de séparation. Au moment où le couple aurait décidé de faire un enfant, Mead suggérait alors un « mariage parental », légalisant la relation à long terme avec des clauses de garantie concernant les enfants en cas de divorce.

Dans les années 1960, la proposition de Mead était considérée comme d'avant-garde. Mais une version de la première étape de ce type de mariage fit florès dans les années 1970 : l'union libre. Sa pratique a plus que triplé entre 1970 et 1981, et ce qui faisait jusque-là scandale passa dans les mœurs. Chose notable : 60 % de

349

ces mariages à l'essai conduisirent à l'autel. Il est néanmoins difficile de juger leur incidence sur les divorces, les données vérifiables étant contradictoires. Selon certaines études, le concubinage semble associé à une augmentation du nombre des divorces, alors qu'on observe l'inverse selon d'autres. Il est possible que ce type d'union préalable n'ait qu'une incidence négligeable sur le divorce.

Les sociologues savent peu de chose sur l'union libre, à part qu'elle ne semble pas devoir régresser. Cela ne me surprend guère. Le mariage à l'essai doit être aussi vieux que l'humanité.

Cependant, une clause essentielle du mariage conçu par Mead a été oubliée : les couples qui passent à la deuxième phase de leur union ne prévoient aucune garantie en faveur des enfants en cas de divorce. Nous n'aimons guère les arrangements prénuptiaux. Et, en ce cas précis, nous allons à contresens de notre préhistoire.

Bien avant le jour des noces, les époux de la plupart des sociétés primitives connaissaient exactement les droits qu'ils détiendraient sur la maison, la terre et les enfants. L'enfant Navajo, par exemple, faisait partie du clan de la mère, de sorte que tout le monde savait à qui il appartenait en cas de rupture. Terres et biens n'étaient pas plus négociables. La femme Navajo possédait ses propres biens, et l'homme les siens. Le traumatisme de la séparation n'entraînait pas de querelles sur qui possède quoi.

Ce n'est pas le cas chez les Occidentaux. Nous vivons généralement, de fait, sous un régime de communauté des biens au moment du mariage. Les sentiments romantiques prenant le dessus, nous refusons d'envisager une éventuelle séparation, ou le moindre arrangement au sujet des enfants au cas où le mariage échouerait.

Ce mélange de sentimentalisme et d'absence de tout sens pratique devient explosif au moment de la rupture. Les individus qui sont alors impliqués dans le divorce à l'américaine peuvent être légion : le juge, l'huissier, l'avocat, le médiateur, l'administrateur de biens, l'agent immobilier... jusqu'au retoucheur professionnel qui efface certains visages dans les albums de famille ! Depuis les fabricants de cartes de vœux, en passant par les psychothérapeutes jusqu'aux experts fiscaux, l'« industrie du divorce » prospère en Amérique. L'anthropologue Paul Bohannan a proposé de reconvertir ce secteur économique en « une industrie de la bonne santé familiale [4] » ; en commençant par les accords prénuptiaux aux marches de l'autel, pourrait ajouter M. Mead.

L'« industrie du remariage » se porte elle aussi fort bien [5]. Nos clubs de « forme », de sports, de voyages, de célibataires, les groupes de « soutien », les psychothérapeutes et les conseillers, les livres de bons conseils, les magazines féminins, les lieux de rencontre et les petites annonces visent tous à satisfaire notre recherche de l'âme sœur. En dépit d'une certaine stabilisation du mariage dans les années 1990, 50 % de l'ensemble des Occidentaux finiront probablement par divorcer. On comprend que l'industrie du divorce et celle du remariage soient florissantes. La vieille coutume des mariages arrangés pourrait bien redevenir à la mode.

L'illusion de l'instant présent

Les femmes d'aujourd'hui travaillent. Elles ont moins d'enfants, et les naissances sont plus espacées. Elles ne considèrent plus le mariage comme un moyen d'ascension sociale. Certaines d'entre elles pratiquent l'union libre. D'autres font la navette entre deux domiciles. Et les différentes façons de faire ont leurs antécédents aux premiers temps de l'évolution de l'humanité. Mais qu'en est-il des parents célibataires et des familles « mixtes », dont les enfants sont issus de plusieurs lits ? S'agit-il d'un phénomène nouveau, ou sommes-nous à nouveau victimes d'une illusion d'optique, le nez collé à l'instant présent ?

En 1987, environ 20 % de l'ensemble des familles avec enfants n'avaient à leur tête qu'un seul parent. Pour 90 % des cas, il s'agissait de la mère, pour 10 % du père. Le nombre de ces foyers à parent célibataire a doublé depuis le début des années 1970, non seulement à cause de l'augmentation des divorces, mais aussi parce qu'un nombre plus important de femmes ont des enfants hors mariage. Un enfant sur quatre, garçon ou fille, a vécu un temps avec un seul de ses parents. Est-ce là phénomène nouveau ?

Oui et non. Il y a moins d'un siècle, ies célibataires dans une situation comparable avaient l'habitude d'abandonner leurs enfants à l'orphelinat, à moins de pouvoir les confier à des membres de la famille. En 1940, un enfant américain sur dix ne vivait avec *aucun* de ses parents. Aujourd'hui, un enfant sur trente-sept seulement vit dans un foyer d'adoption. Le parent célibataire semble constituer un progrès par rapport à l'absence de tout parent. De plus, le parent célibataire ne reste pas définitivement seul. La grande majorité des parents divorcés se remarient. La moitié d'entre eux le font dans les trois années qui suivent leur divorce. En moyenne, un enfant de divorcés reste près de quatre ans avec un seul de ses parents. Le foyer monoparental n'est donc en général qu'une solution provisoire.

Et puis le couple monoparental n'est pas chose nouvelle. Là aussi il s'agit sans doute d'une pratique qui ne fait jamais que renouer avec le passé, compte tenu du fait que la proportion des divorces devait être relativement élevée au sein des sociétés de chasseurs-cueilleurs, comme c'est le cas chez les peuples primitifs d'aujourd'hui.

Même chose pour nos familles « mixtes ». Plus d'un enfant américain sur six vit en famille avec un beau-père ou une belle-mère. Aussi bien, bon nombre d'entre eux vivent avec des demi-frères ou des demi-sœurs. L'histoire nous parle haut et fort à ce sujet. Hommes et femmes vivant moins longtemps aux temps passés, la famille nucléaire connaissait bien des vicissitudes. C'est un fait. Le remariage, la famille mixte et l'existence de beaux-parents étaient un phénomène très courant il y a une centaine d'années.

La famille est-elle une espèce menacée? Certainement pas. Les liens de remariage, les croisements matrimoniaux n'étaient pas choses nouvelles au XIXe siècle, pas plus qu'aux temps où nos ascendants allumaient leurs premières torches dans les cavernes d'Afrique, il y a un million d'années. Le divorce, les parents célibataires, le remariage, les parents d'adoption et les familles mixtes sont des pratiques aussi anciennes que l'animal humain. Paul Bohannan a résumé la situation de la façon suivante :

> « La famille est la plus souple de toutes les institutions humaines, et s'adapte à toute nouvelle exigence sociale. Elle ne rompt pas, tel le chêne ou le sapin sous la tempête, mais ploie sous le vent comme le font les bambous des contes orientaux, pour se relever ensuite instantanément. »

Un nouveau mode de parenté

Mais qu'y a-t-il d'authentiquement nouveau ? D'un point de vue anthropologique, la seule originalité du mode de vie familial contemporain résiderait dans le plus grand nombre de célibataires, divorcés, veufs ou veuves vivant seuls. Le menu du jour pourrait être « sachet pour une personne ».

Car le nombre de célibataires n'a pas changé ces cent dernières années. Environ 41 % des Américains de plus de quinze ans vivent seuls aujourd'hui, pour 46 % en 1900. Toutefois, les parents célibataires, les jeunes non mariés, les veufs et les veuves vivaient avec des membres de leur famille, et non seuls, dans le passé occidental comme dans les sociétés traditionnelles. Or, en 1990, près de trente-trois millions d'Américains vivaient seuls. Détail intéressant, le temps moyen de solitude des mêmes hommes et femmes est de quatre années et huit mois.

Et cela, c'est nouveau. Par ailleurs, cette nouvelle habitude entraîne une véritable forme de famille moderne : la vie associative. Une association, selon les anthropologues, rassemble des amis sans liens de parenté[6]. Ses membres se voient régulièrement et partagent leurs joies comme leurs peines. Ils se réunissent à l'occasion de petites réjouissances comme les anniversaires ou la fête du Travail. Ils prennent soin les uns des autres en cas de maladie. Ces gens-là forment un réseau d'amitiés qu'ils considèrent comme leur famille. Mais le groupe s'efface à l'occasion de fêtes plus importantes comme Noël, à l'occasion desquelles les individus retrouvent leurs parents biologiques. Les vacances sont souvent éprouvantes pour ces gens-là. Guère étonnant. Loin de leur monde habituel, ils ont le sentiment de ne pas être à leur place et d'être isolés.

Pour la première fois dans l'histoire de l'humanité, certaines personnes, dans les nations industrialisées, se sont mises à choisir leurs relations, forgeant ainsi un nouveau tissu de parenté fondé sur les liens amicaux et non sur ceux du sang. Ce type d'associations pourrait finir par susciter de nouveaux rapports de parenté, avec des clauses particulières dans les polices d'assurances, les contrats de santé, les contrats de location, de nouveaux types de logements, et bien d'autres institutions légales.

Quoi de nouveau par ailleurs ?

353

Eh bien, nous assistons à une révolution de la psychiatrie qui pourrait, qui sait ? changer la face de l'amour. Notre cerveau a été un objet de mystère pendant des siècles. Les chercheurs en parlent encore aujourd'hui comme d'une boîte noire. Mais nous sommes en passe de démêler les mécanismes de l'esprit. Comme on l'a vu au début de ce livre, des psychiatres comme Michael Liebowitz, Hector Sabelli et d'autres pensent que l'attraction amoureuse présente une certaine corrélation avec les amphétamines naturelles situées dans les centres émotionnels du cerveau, alors que le sentiment affectueux a un lien physiologique avec des substances analogues à la morphine : les endorphines. Certains psychiatres ont même entrepris de traiter les blessés et les handicapés de l'amour au moyen de médicaments qui agissent comme antidotes à certaines de ces substances cérébrales.

Pourrions-nous traiter le donjuanisme à l'aide de pilules ? De nouvelles potions pourront-elles nous aider à dénouer les nœuds passionnels d'une relation insatisfaisante ? Les chercheurs auront peut-être affiné leur compréhension biologique de l'attraction amoureuse et sentimentale au cours du siècle à venir, et trouvé des remèdes ou des traitements provisoires au mal d'amour. Si c'est le cas, on verra les amants dédaignés, les amoureux transis acheter ces potions par flacons, afin d'alimenter leur obsession ou de se débarrasser de leur passion.

L'élixir d'amour se vendait il y a mille ans et se vendra dans mille ans.

Le médecin français Étienne-Émile Baulieu a provoqué une révolution dans le contrôle des naissances en mettant au point le RU-486. Voici enfin une pilule abortive efficace et sans danger, l'antidote aux grossesses non désirées, de quoi renforcer les tendances sociales que nous avons évoquées.

Si le RU-486 n'est pas légalisé, son équivalent sera très certainement disponible au marché noir avant l'an 2000.

Dans ce cas, les adolescents l'achèteront aussi facilement qu'un timbre-poste. Nos jeunes ont été trahis par l'évolution. Aux temps préhistoriques, la puberté des filles survenait vers seize ou dix-sept ans, suivie de deux années d'ovulations irrégulières, période dite de sous-fertilité de l'adolescence. Tout au long de notre passé de chasseurs-cueilleurs, les adolescents pouvaient faire l'amour sans risque de grossesse. La sédentarisation et une alimentation plus riche ont avancé l'âge du poids critique, provoquant une puberté précoce. Il s'en est suivi que l'âge moyen de la puberté dans la plupart des sociétés industrielles tourne aujourd'hui autour de douze-treize ans, au lieu de seize en 1900.

Voilà pourquoi nos jeunes filles tombent enceintes bien avant l'âge voulu. La nature les a conditionnées à s'adonner à l'activité sexuelle et amoureuse, alors que leur mécanisme naturel de contrôle des naissances a disparu.

L'essor des professions de services

Les États-Unis sont au confluent de plusieurs tendances économiques qui ne manqueront pas d'influer sur les femmes, les hommes et l'amour. Tout d'abord, bon nombre d'enfants de la génération du baby-boom se sont mis « à leur compte ». Ces hommes et ces femmes qui avaient rejoint le monde du travail à vingt ans ne se satisfont plus aujourd'hui de leurs postes de cadres moyens. Ils ont une bonne formation, de l'expérience, tout un réseau de relations, et veulent sortir de leur emploi conventionnel. Les entreprises américaines, de leur côté, voudraient pouvoir s'en débarrasser. Le monde des affaires souffre d'une pléthore d'encadrement intermédiaire. Trois millions de cadres ont perdu leur emploi au cours des années 1980, et la tendance continuera sans doute de s'accentuer.

C'est le secteur des services qui récupère la génération du boom rejetée par les entreprises. Les citoyens les plus âgés, les femmes qui travaillent, les célibataires, et même les grosses entreprises ont recours à toutes sortes de services. Ils ont besoin non seulement de gardes d'enfants, de traiteurs, mais de masseuses, de décorateurs et autres professions du même style. Des gens submergés par leur carrière vont jusqu'à louer les services de professionnels pour nettoyer et ranger leurs placards.

Le futurologue Marvin Cetron envisage les choses ainsi :

> « Au tournant du siècle, la plupart de nos sociétés de taille moyenne auront disparu, mais des milliers d'entreprises minuscules fleuriront sous les pieds des géantes. »

La multiplication des innovations technologiques, tels les micro-ordinateurs et les fax, facilitera la prolifération de ces petites affaires. La synchronisation est parfaite : la « maison électronique » telle qu'Alvin Toffler l'imaginait est désormais d'actualité.

Le second changement majeur consiste en la mondialisation de l'activité économique. Les entreprises implantent leurs bureaux dans le monde entier. Elles ont désormais besoin de « médiateurs culturels » qui puissent aller d'un pays à l'autre en s'adaptant aux usages et en parlant la langue du pays.

En quoi la tendance à la mondialisation économique et à la création de sociétés de services influera-t-elle sur les relations amoureuses ?

Cela favorisera les femmes.

On l'a vu au chapitre 10, les femmes ont en moyenne une plus grande facilité de langage que les hommes. Elles savent aussi mieux qu'eux percevoir toute sorte de non-dits. Et elles excellent dans les relations humaines. Avant l'existence de l'ordinateur, de l'aiguille à tricoter, de l'arc et de la flèche, la femme avait inventé un autre outil de travail : l'arbitrage. Vous souvenez-vous de Big Mama, la reine de la colonie de chimpanzés au zoo d'Arnhem ? Mama était l'arbitre du groupe. Elle interrompait régulièrement les combats et apaisait les rancœurs, au cours des affrontements politiques incessants qui empoisonnaient la vie de cette communauté de chimpanzés. Pendant des millénaires nos aïeules ont dû jouer un rôle similaire, en jouant de la langue et de leur intelligence plutôt que des poings. La diplomatie est un talent éminemment féminin.

La femme du XXIe siècle fera de son âge un dernier atout. Dans les sociétés traditionnelles, les femmes gagnent en autorité et deviennent plus sûres d'elles-mêmes en vieillissant. Elles acquièrent en général du pouvoir dans la vie politique, religieuse et sociale. Cela tient sans doute à ce qu'elles sont moins accaparées par l'éducation des enfants. Mais, je l'ai déjà dit, la biologie peut aussi avoir son rôle. Avec la ménopause, le taux d'œstrogènes diminue, laissant s'exprimer la testostérone dont la sécrétion augmente avec l'autorité et le rang social.

« Rien de plus redoutable au monde, dit un jour Margaret Mead, que la combativité d'une femme ménopausée. »

Les femmes occuperont sans doute de plus en plus de postes en vue dans la vie économique nationale et internationale, grâce à leur maîtrise du langage, leur intuition, leur sens des relations et de la diplomatie, sans oublier l'élévation de leur taux de testostérone.

Et le pouvoir des femmes actives renforcera sans doute la tendance inaugurée par la révolution industrielle : mariage tardif, moins d'enfants, plus de divorces, plus de remariages.

Les conflits entre sexes sur les lieux de travail empireront probablement, car nous sommes là à contresens de notre préhistoire. Pendant des millénaires, hommes et femmes avaient des tâches bien distinctes. D'autant qu'il y a quelque inconvénient à travailler côte à côte : nous sommes portés au flirt. Pas étonnant que les lieux de travail aient été longtemps le bourbier du harcèlement sexuel. Bien entendu, un peu de libertinage ne nuit pas : certaines aventures de bureau finissent en heureux mariages. Mais je parle des avances sexuelles intempestives.

Mead a suggéré un antidote au dévergondage des lieux de travail : l'institution de tabous. On pourrait utilement commencer par des séances de prise de conscience périodiques. Le personnel et l'encadrement se réuniraient pour étudier, et sans en rire, des comportements ambigus largement partagés, en y apprenant à décrypter le pouvoir d'un regard, la subtilité d'un contact, telle démarche, tel geste, telle intonation, la façon de s'habiller ou d'utiliser l'espace — et tous les autres éléments du harcèlement sexuel. En dépit des plaisanteries que suscitera probablement ce type de réunion, certaines normes pourraient être ainsi fixées.

Dans les bureaux, des médiateurs ou spécialistes formés à l'écoute des plaintes d'ordre sexuel et habilités à intervenir pourraient devenir monnaie courante. Ces policiers de la bienséance ne décourageraient pas forcément le prédateur en venant au secours de la victime. Mais tout au moins chaque gardien de la paix sexuelle rappellerait les règles de l'entreprise en la matière et fonctionnerait comme garde-fou :

« Attention ! La direction ne pardonne pas qu'on viole le règlement. »

La crainte de la sanction serait dissuasive. La presse s'étant emparée du problème, des hommes politiques, des responsables gouvernementaux, des personnalités en vue sont sur la sellette. Les lois prévues à cet effet deviennent exécutoires, et le harcèlement sexuel sera peut-être contenu.

Je doute néanmoins qu'il disparaisse. Les deux sexes sont faits pour se séduire mutuellement, même si cela entraîne quelques problèmes. Les femmes feront seulement plus souvent dans l'avenir partie des contrevenants. Ce sera sans doute le seul fait nouveau.

Le mariage sera soumis à des centaines d'autres pressions sociales. Les horaires flexibles, l'emploi à temps partiel, le partage du travail, le congé parental pour les mères, et récemment pour les pères, transformeront quelque peu notre vie amoureuse. Les femmes engagées dans la vie active ne seront certainement pas des « ménagères » ou femmes au foyer pareilles à leurs aînées. Leurs conversations changeront de style, comme le contenu des querelles. Ce ne sera peut-être plus le même qui invitera l'autre au restaurant. Mais je ne suis pas sûre que les femmes parviendront pour autant à inciter leur mari à s'investir davantage dans les tâches ménagères. Ce sont les femmes qui s'en chargent un peu partout dans le monde, aussi bien dans les cultures où elles occupent de fortes positions que dans les autres, comme je l'ai mentionné plus haut.

J'imagine que les époux continueront à se partager le travail à la maison selon leur tempérament personnel. Et la montée du pouvoir économique féminin n'affectera pas spectaculairement cet état de fait.

En avant vers le passé !

Les créatures que nous sommes voient leur vie de famille ballottée au gré des courants de l'océan de la vie. Chaque culture imprime son cachet au modèle originel du mariage monogame à répétition. Le vieillissement de la population américaine, ajouté au fait que nous nous marions plus tardivement que dans les années 1950, tendra à stabiliser le nombre des divorces. En revanche, le travail féminin et la séparation géographique des conjoints iront à l'encontre de cette tendance stabilisatrice, maintenant le taux des séparations à un niveau relativement élevé. D'autres phénomènes comme l'union libre, les mères célibataires, les familles de taille réduite et les enfants provenant de plusieurs lits se banaliseront dans les décennies à venir.

Mais rien de très nouveau dans tout cela. Tout au contraire, ces tendances ont traversé les siècles, depuis l'errance des premiers hommes à travers la plaine africaine, il y a au moins quatre millions d'années.

Néanmoins, de tous les changements sociaux se déroulant sous nos yeux, le plus intéressant est à mon avis le suivant : nous nous débarrassons des traditions paysannes d'attachement à la terre, pour en revenir, par certains aspects, à nos racines nomades.

Peu d'entre nous vivent encore dans la maison de leur enfance. En revanche, nous sommes beaucoup à considérer comme nôtres plusieurs foyers : la maison de nos parents, le bureau, notre propre résidence, et parfois un lieu de vacances. Nous migrons de l'un à l'autre. Nous ne pourvoyons plus nous-mêmes à nos besoins alimentaires. Nous nous contentons d'aller chasser et de faire notre cueillette à l'épicerie du coin pour rapporter notre butin à la maison, comme Twiggy et l'*Homo sapiens* l'ont fait il y a plus d'un million d'années. (Rien de surprenant à ce que nous fréquentions les lieux de restauration rapide et que nous grignotions entre les repas ici ou là pendant la journée. Nos ancêtres mangeaient certainement pendant leurs déplacements.) Nous nous déplaçons de nouveau beaucoup pour aller travailler. Et chacun de nous dispose d'un assez large réseau d'amis et de parents dont la plupart résident assez loin.

Autant d'habitudes remontant à notre passé.

Nous avons aussi abandonné les coutumes matrimoniales de la vie paysanne. Dans l'Europe préindustrielle, le mariage faisait souvent fusionner les propriétés et inaugurait une alliance entre familles. Cela rendait les mariages stables et permanents. Mais la nécessité s'en est allée. Le rôle d'une femme consistait à porter la progéniture du mari et à l'élever, et c'est pourquoi nos prédécesseurs paysans exigeaient la virginité avant le mariage. La coutume a disparu. La plupart des familles paysannes pratiquaient le mariage arrangé. Ce n'est généralement plus le cas. Elles interdisaient le divorce. Terminé. Il y avait deux poids deux mesures en cas d'adultère. Cela aussi a changé. Et elles se pliaient à deux commandements lors de la cérémonie matrimoniale : « Honore ton mari » et « Jusqu'à ce que la mort nous sépare ». Ils ont disparu eux aussi.

Depuis ces quelques derniers milliers d'années, la plupart des femmes des sociétés agricoles n'eurent le choix qu'entre trois possibilités : rester à la maison en tant que servantes incultes ; se cloîtrer comme nonnes ; devenir courtisanes, concubines, ou se prostituer. Les hommes, de leur côté, veillaient seuls aux revenus de la famille et à la prospérité des enfants.

Aujourd'hui la plupart des femmes travaillent. Les familles disposent de deux sources de revenus. Nous sommes de plus en plus nomades. L'égalité entre les sexes s'est accrue. De ce point de vue, nous en revenons aux traditions amoureuses et matrimoniales propres à la mentalité primitive.

NOTES

Les numéros qui renvoient aux notes, dans chaque chapitre, font référence à des sources spécifiques, groupes de sources ou notes rassemblées en fin d'ouvrage. Pour toute référence plus complète, il est recommandé de ne pas se contenter des notes mais de se reporter à la bibliographie. Pour tout renseignement sur des sources non citées, vous pouvez me joindre à l'American Museum of Natural History, à New York.

1. LA SÉDUCTION

1. ÉTHOLOGIE : le mot *éthologie* vient du grec *ethos,* qui signifie « manière » ou « comportement » (voir Gould, 1982). L'éthologie est généralement considérée comme l'observation et l'analyse du comportement animal dans son environnement naturel. Elle est fondée sur l'hypothèse que les modèles caractéristiques de comportement d'une espèce varient de la même façon que ses traits physiques, par le moyen de la sélection et de l'évolution. Darwin jeta les fondements scientifiques de l'éthologie par son étude comparée des schèmes moteurs de différentes espèces, tels que les grognements et autres mimiques faciales. Voir Darwin (1872 ; 1965).

2. CARTOGRAPHIE DE LA FACE : à partir de textes et de planches anatomiques, de caméras et d'un miroir, le psychologue Paul Ekman et ses collègues s'exercèrent à contracter leurs propres muscles faciaux, à volonté. Lorsqu'ils n'étaient pas sûrs de connaître les muscles qu'ils utilisaient, ils fixaient des électrodes spéciales sur certains d'entre eux pour isoler leur activité. Ekman raconte que le « super-sourire » humain est parmi les expressions faciales les moins complexes. Pour faire votre large mimique engageante, il vous faut seulement mettre en jeu le muscle buccinateur, le grand zygomatique et le risorius. L'expression des quatre-vingt-seize variantes essentielles de la colère, selon leur intensité, nécessite par contre le recours à plusieurs centaines de combinaisons musculaires. Voir Ekman, 1985 ; Goleman, 1981.

3. LA CONVERSATION COMME TACTIQUE DE COUR : quand un couple engage la conversation, l'un et l'autre cherchent un sujet d'intérêt commun et tentent d'établir des points d'accord. Ils peuvent se tester l'un l'autre en exprimant leurs divergences, et observer alors comment l'autre réagit devant l'adversité. Le but est d'instaurer la confiance. L'un peut révéler une faiblesse, tout en l'enrobant dans une image positive de lui-même. Et tôt dans la période de cour, de petites faveurs peuvent être quémandées — à titre de test. Trois tendances sous-jacentes subtiles percent immanquablement dans ces interactions. Certains s'évertuent à « faire une bonne impression », ils cherchent à attirer l'attention de l'autre, et ils peuvent régresser vers des comportements enfantins, en particulier des gazouillis. Pendant toute cette phase, ils essaient de transmettre toute la panoplie de ce qu'ils ont à offrir, dont l'équilibre, la maîtrise de soi, l'intelligence, la gentillesse, la tendresse, la tolérance, la compétence, la fiabilité, le courage, l'humour, et, dernière qualité mais non des moindres, la disponibilité. Voir Eibl-Eibesfeldt, 1989.

4. TOUCHER : nos ancêtres, quand ils étaient petits enfants, ont toujours été portés dans les bras de leur mère et ils ont dormi contre sa poitrine, si bien que les êtres humains sont particulièrement préparés à vivre au contact corporel des autres. Dans certaines civilisations, les bébés sont portés en permanence, de telle sorte qu'ils ne se traînent jamais à quatre pattes ; leur première exploration du monde en solo arrive quand ils essaient de marcher. Le résultat, c'est que nous aimons et recherchons tout naturellement le contact physique avec les autres, jusqu'à ce que l'éducation révise nos comportements. Voir Hall, 1959 ; Montagu, 1971 ; Morris, 1971 ; Henley, 1977.

5. LES UNIVERS SPATIAUX HUMAINS : Lens divise l'espace humain en quatre zones distinctes. Pour les Américains, il y a d'abord l'« espace intime », qui s'étend généralement jusqu'à dix-huit pouces environ (un peu moins de cinquante centimètres) autour de la tête. Vous n'autorisez que des amis très proches ou des animaux familiers à franchir les limites de cette zone territoriale privée, pour une durée significative. Il y a ensuite l'« espace personnel », les deux à quatre pieds (soixante à cent vingt centimètres) qui vous entourent ; vous autorisez des amis à y pénétrer. Puis, l'« espace social », qui s'étend dans un rayon de quatre à huit pieds (cent vingt à deux cent quarante centimètres) autour de vous et où vous vaquez à vos occupations, aux côtés d'autres personnes, dans le cadre professionnel ou lors de rencontres sociales. Enfin, il y a les « espaces publics », qui s'étendent au-delà de neuf à dix pieds de vous (trois mètres). Des sociétés différentes mesurent différemment les zones territoriales autour de l'individu, mais elles admettent toutes des critères de promiscuité. See Hall, 1966.

6. L'ALIMENT DE L'AMOUR : il est possible que cette façon de se donner la becquée entre amoureux imite celle dont la mère alimente son petit ; elle déclenche des sentiments d'affection et de protection chez l'homme et des sentiments d'assimilation à l'enfant chez la femme, qui renforcent les liens. Voir Eibl-Eibesfeldt, 1989.

2. LA PASSION AMOUREUSE

1. PHÉROMONES : le terme *phéromone,* qui date de 1959, peut qualifier n'importe quelle substance chimique sécrétée par une créature et qui agit comme un signal provoquant une réponse spécifique instinctive chez d'autres créatures. Bien que des phéromones soient sécrétées parfois pour repousser — ou pour d'autres usages —, le terme est plus généralement utilisé pour évoquer les substances qui attirent sexuellement. Voir Shorey, 1976.

2. LES PHÉROMONES MÂLES HUMAINES : ces données sur les phéromones mâles humaines restent à ce jour spéculatives (voir Wilson, 1988). Mais chez certaines espèces animales, la présence d'un mâle stimule effectivement la période d'ovulation et d'excitation sexuelle de la femelle. Des scientifiques du Monell Chemical Senses Center pensent que l'« essence mâle » peut éventuellement corriger certains types de stérilité, en régularisant le cycle menstruel, en améliorant la méthode de contrôle des naissances dite des températures et en atténuant certains symptômes de la ménopause. Cutler et *al.,* 1986.

3. PERVERSION SEXUELLE : John Money (1986) fait l'hypothèse que les paraphilies, ou perversions sexuelles, puisent leurs racines dans l'enfance, quand des événements traumatisants perturbent le développement érotique, sexuel et amoureux normal d'un individu et que les pulsions sexuelles d'un enfant sont détournées vers des modèles déviants d'attraction et de stimulation. Adolescents, ces individus développent alors une carte amoureuse excentrique. Ils sont ensuite incapables de trouver un partenaire de gabarit complémentaire et ils se mettent en quête de partenaires même inadaptés pour satisfaire leurs besoins de stimulation sexuelle. Le lien entre amour et satisfaction sexuelle est rompu, bloqué ou faussé, et l'individu commence à s'adonner à des perversions sexuelles. Pour ce qui concerne la discus-

sion sur les perversions sexuelles humaines et leur étiologie, voir Money, 1986.

4. LHRH ET SENTIMENT AMOUREUX : de nombreuses autres substances neurochimiques sont probablement associées au sentiment amoureux. Dont la LHRH, ou « Luteinizing Hormone-Releasing Hormone ». L'hypothalamus produit la LHRH, qui circule ensuite jusqu'aux environs de l'hypophyse. Là, elle provoque la sécrétion d'hormones qui régularisent la production d'œstrogènes et de progestérone dans les ovaires, d'androgènes dans les testicules. Chez certains animaux, la LHRH circule aussi, directement, de l'hypothalamus vers les parties du cerveau qui commandent la pensée et l'émotion, leur transmettent les commandes des comportements de cour et de la copulation. La convergence entre la déficience hypophysaire et le manque d'excitation érotique/sexuelle laisse penser que cette rétroaction hormonale en circuit fermé joue un rôle dans le fait de tomber amoureux. Voir Money, 1980.

5. OXYTOCINE ET EXCITATION SEXUELLE : il est certain qu'on ne manquera pas de découvrir d'autres neuromédiateurs du cerveau, aussi bien que des hormones sécrétées par lui, dont l'action favorise notre système humain d'attachement — ou de détachement. L'oxytocine, par exemple, est un peptide d'abord synthétisé par l'hypothalamus qui se trouve à la base du cerveau et constitue une partie du système limbique ; elle est connue pour son rôle dans la stimulation des contractions utérines durant l'accouchement et la production de lait chez la femme. Des scientifiques pensent maintenant que l'oxytocine peut jouer aussi un rôle dans la stimulation des pulsions sexuelles, en particulier l'instinct qui pousse à cajoler et protéger les nourrissons, et les sentiments de plaisir et de satisfaction dans les contacts corporels — l'excitation et la satisfaction sexuelle. Une expérience a montré que les doses d'oxytocine dans le sang devenaient de trois à cinq fois plus élevées durant l'orgasme masculin (Angier, 1991).

3. DES LIAISONS HUMAINES

1. L'ORIGINE DES DEUX SEXES : il y a plusieurs théories sur l'origine de l'évolution des deux sexes. Les algues bleues primitives ont deux modes d'appariement, désignés chacun par + et −, leur sexe n'étant pas discernable. Selon la première hypothèse, ce type d'appariement éviterait la consanguinité (cf. Daly et Wilson, 1983). Selon l'hypothèse de « la réparation génétique », la reproduction sexuée, grâce aux nouvelles combinaisons qu'elle suscite, serait à même de réparer les mutations délétères de l'ADN qui surviennent au moment qui précède la division cellulaire (cf. Michod, 1989). Il y a aussi l'hypothèse dite du parasitisme. Les sexes seraient apparus à la façon dont les virus d'aujourd'hui parasitent les cellules hôtes : le virus incorpore son propre ADN au sein de la cellule hôte ; ensuite, celle-ci réplique l'ADN du virus en même temps qu'elle se reproduit. Ainsi, les précurseurs des mâles auraient été de minuscules gamètes qui auraient parasité des gamètes femelles plus grands. Pour avoir une vue d'ensemble sur les avantages respectifs de la reproduction sexuée et asexuée, les coûts de la reproduction sexuée, et les théories sur son origine, voir Daly et Wilson, 1983 ; Williams, 1975 ; Maynard Smith, 1978 ; Low, 1979 ; Daly, 1978 ; Michod et Levin, 1987.

2. « L'ADAPTATION GLOBALE » ET L'ALTRUISME : la théorie de « l'adaptation globale » a d'abord été émise par Darwin (1859) quand il a remarqué que la sélection naturelle pouvait agir au niveau de la famille plutôt qu'au niveau de l'individu. Cette notion réapparut dans les années 1930 avec le généticien britannique J.B. Haldane. Mais la théorie fut formalisée en 1964 par le généticien des populations William D. Hamilton, pour expliquer l'évolution de l'altruisme : si un homme préhistorique se sacrifiait pour sauver son frère de la noyade, il préservait la moitié de son propre ADN et, du même coup, une partie de sa nature altruiste. L'adaptation se mesure alors au nombre de ses propres gènes et de ceux des membres de la famille qui survivent. La notion d'adaptation globale permet d'expliquer bien d'autres comportements sociaux : pourquoi les animaux défendent un territoire commun, pratiquent le partage et la coopération ; les gens sont patriotes parce qu'ils propagent leur propre ADN quand ils aident leurs proches (voir Wilson, 1975). Aujourd'hui, l'adaptation globale et le concept, qui lui est lié, de sélection familiale sont couramment utilisés pour expliquer certains types de comportements animaux. Voir Barish, 1977 ; Hamilton, 1964.

3. LES STRATÉGIES DE REPRODUCTION : l'adéquation des termes est incomplète. Les deux variantes de la monogamie — la monogynie et la monoandrie — ne sont pas utilisées pour décrire les formes de mariages humains. Du coup, on néglige le plus souvent la distinction entre les tactiques reproductives des hommes et des femmes. On nous dit par exemple que les Ibos Afikpos de l'est du Nigeria pratiquent la polygynie. Certains hommes Ibos Afikpos ont plusieurs femmes. Mais les femmes Ibos Afikpos ne se marient qu'avec un seul homme à la fois, et pratiquent donc la monoandrie. Deux formes de mariages donc : la polygynie et la monoandrie, selon le point de vue de la femme ou de l'homme. Quand les sociologues décrivent une société comme « polygynétique * », ils ignorent la tactique de reproduction féminine.

---

* En français on se contente de dire polygame, mais le résultat est le même. (N.d.T.)

4. DÉFINITIONS DU MARIAGE : les anthropologues ont donné de nombreuses définitions du mariage. Celle de Suzanne Frayser est particulièrement convaincante : « Le mariage est une forme de relation par laquelle un groupe social approuve et encourage les rapports sexuels et la naissance des enfants » (Frayser, 1985, p. 248). D'une manière analogue, l'anthropologue Ward Goodenough attribue au mariage une fonction juridique et légale : celle d'être voie d'accès privilégiée à l'acte sexuel, et encouragement à la reproduction.

5. LE MARIAGE CHEZ LES TIWIS ET LE RÔLE DES FEMMES : les femmes Tiwis ne sont pas les pions des guerres matrimoniales entre hommes. Tout au contraire, les femmes jouent un rôle crucial dans les mariages arrangés. Tout gendre doit pourvoir aux besoins de la femme qui portera ses futures fiancées, et la belle-mère peut rompre le contrat si elle estime ses dons et son travail dérisoires. Les femmes Tiwis sont de puissants rouages au sein de ce système de mariage, à la mesure du pouvoir qu'elles exercent dans bien d'autres domaines.

6. LA POLYGYNIE ET LES FEMMES : les femmes vivant avec des co-épouses sont généralement moins fécondes que les femmes qui vivent sous un régime monogame (Daly et Wilson, 1978). Cependant, chez les femmes vivant avec un homme polygame, la première épouse porte souvent plus d'enfants que les femmes cadettes, sans doute parce qu'elle échappe aux travaux les plus pénibles et peut mieux se nourrir (Isaac et Feinberg, 1982).

7. LES DIFFÉRENTES FORMES DE POLYGYNIE : les mâles des communautés animales acquièrent des harems au moins de quatre façons. Chacune a son équivalent chez les sociétés humaines (Flinn et Low, 1986). On rencontre souvent la polygynie chez des espèces où les réserves de nourriture, les caches, les nichées et les lieux d'accouplement sont rassemblés. Les femelles ont tendance à se rassembler dans ces lieux pour nourrir et élever les petits, et si un mâle réussit à devenir l'unique propriétaire de l'un de ces endroits enviés, il peut acquérir un harem simplement en en chassant les autres mâles et en attendant l'arrivée des femelles. Cette tactique est connue sous le nom de POLYGYNIE avec PROTECTION DES RESSOURCES (Emlen et Oring, 1977). Chez les Kipsigis du Kenya, les femmes choisissent régulièrement des maris polygames parmi ceux qui possèdent des biens en abondance (Borgerhoff Mulder, 1990).

Les mâles de certaines espèces rassemblent un groupe de femelles puis empêchent les autres mâles de les approcher ; il s'agit cette fois de POLYGYNIE avec PROTECTION DES FEMELLES. Si un mari Tiwi d'Australie suspecte sa jeune femme d'adultère, il peut lui arriver de la battre ou de se plaindre auprès de sa famille. Si un garçon enlève une jeune mariée adolescente et refuse de se repentir, un mari irascible pourra tuer le coupable (Goodale, 1971). Ces comportements protecteurs font penser à la polygynie avec protection des femelles observée chez d'autres espèces (Flinn et Low, 1986).

Une autre stratégie est dite POLYGYNIE À DOMINANCE MÂLE. Les mâles se livrent entre eux à des manœuvres d'intimidation aussi étudiées que mesurées pour investir un lieu d'accouplement sur un site d'où ils peuvent facilement être vus des femelles de passage. Les femelles déambulent ensuite parmi eux et s'y reposent en attendant l'accouplement. Les mâles les plus âgés, les plus vigoureux essaient d'attirer le maximum de femelles de passage (De Vos, 1983). Chez les Kungs Sans du désert du Kalahari au sud de l'Afrique, certains hommes mettent en valeur leur charisme, leur force et leur santé. Il leur arrive d'acquérir deux femmes non pas au moyen de leurs ressources matérielles, mais grâce au prestige de leur personnalité (Shostak, 1981).

Les orangs-outangs, les élans, les bourdons recherchent avec acharnement des femelles réceptives, copulent, puis s'en vont ; il s'agit alors de POLYGYNIE DE RECHERCHE. Cette forme de harem est caractéristique des camionneurs, des commis voyageurs, des hommes d'affaires internationaux, et des marins ayant « une femme dans chaque port ». Cf. Flinn et Low, 1986 ; Dickemann, 1979.

8. LE MARIAGE NAYAR : les Nayars de la côte indienne de Malabar au Kerala pratiquent une forme de mariage qui défie toute classification. Le foyer de ces gens-là rassemble la mère et les enfants. Le chef de famille est un homme. Le premier mariage d'une femme n'est qu'une brève cérémonie, après laquelle elle n'est pas tenue de cohabiter ni d'avoir de rapports sexuels avec son mari. Si une femme souhaite prendre d'autres amants, elle est libre de le faire. Son mari et ses amants ne font appel à elle que la nuit. On les appelle alors les « maris en visite ». Toutes les femmes ont entre trois et douze amants à la fois. Un mariage prend fin si le mari cesse de faire des cadeaux à sa femme lors des fêtes annuelles. Mais il est indispensable qu'un (ou plusieurs) homme(s) du groupe social proclame sa paternité quand une « épouse » est enceinte, même si le père biologique se contente le plus souvent de respecter le tabou de l'inceste par la suite — s'il sait que l'enfant est de lui. Pour les Nayars, le mariage ne sert qu'à légitimer les enfants. Se reporter à Gough, 1968 ; Fuller, 1976.

9. « L'AMOUR LIBRE » EN COMMUNAUTÉ : des études sur six communautés américaines ont montré que leurs membres ne pratiquent pas, en fait, « l'amour libre » ; en réalité, les règles qui président à l'acte sexuel y sont rigides et les rôles sociaux et sexuels sont définis dans des structures très hiérarchisées. Cf. Wagner, 1982 ; Stoehr, 1979 ; Constantine et Constantine, 1973.

10. POLYGYNIE ET POLYANDRIE — DES STRATÉGIES REPRODUCTIVES SECONDAIRES : la polygynie donnant un avantage sélectif aux mâles et procurant des ressources supplémentaires aux femelles, certains anthropologues en ont tiré argument pour prétendre que ces stratégies sont fondamentales chez les êtres humains ; selon eux, les hommes et les femmes ne se replieraient sur la monogamie que parce que les hommes ne sont pas capables de rassembler les ressources qui leur permettent d'acquérir un harem, et parce que les femmes ne sont pas capables de séduire plusieurs hommes à même de les entretenir. Ce point de vue a la clarté de l'évidence chez les hommes habitués au pouvoir (Betzig, 1986). Mais une variante, alliant la monogamie à l'adultère, engendre des avantage sélectifs similaires, les mâles ayant la possibilité de féconder plusieurs partenaires ; les femelles se procurant ainsi des extra. Le fait est que la plupart des êtres humains manifestent un comportement monogame doublé d'adultère. C'est pourquoi je pense que cette dernière stratégie est la stratégie reproductive fondamentale d'*Homo sapiens,* tandis que la polygynie et la polyandrie ne sont que des tactiques *opportunistes, secondaires.*

4. POURQUOI L'ADULTÈRE ?

1. Normes mondiales de l'adultère : dans 72 % des 56 sociétés étudiées, l'adultère féminin est modérément pratiqué (Van den Berghe, 1979). Sur 139 sociétés étudiées dans les années 1940, on en a décompté 39 % dans lesquelles les hommes et les femmes étaient autorisés à avoir des relations extraconjugales soit pendant des vacances ou festivités, avec certains membres de la parenté comme une belle-sœur ou un beau-frère, soit dans des circonstances particulières. Les relations extraconjugales étaient fréquentes dans 17 des 85 cultures restantes, et les fautifs étaient rarement punis (voir Ford et Beach, 1951). Dans une autre étude, l'anthropologue George Murdock a étudié 148 sociétés, passées et actuelles, et a découvert que pour 120 d'entre elles l'adultère était un tabou ; 5 l'autorisaient librement ; 19 excusaient l'infidélité sous certaines conditions ; et 4 la désapprouvaient mais n'interdisaient pas formellement les relations sexuelles en dehors du mariage (Murdock, 1949). Dans tous les cas, cependant, Murdock prenait en compte l'adultère entre personnes sans liens de parenté proche, ou aucun lien du tout. Cette distinction est importante. Murdock appuie les découvertes de Ford et Beach (1951) qui remarquent qu'une majorité non négligeable des sociétés autorisent les relations extraconjugales entre individus ayant certaines relations familiales. Suzanne Frayser (1985) confirme que l'adultère entre individus sans lien de parenté est un tabou répandu : elle rapporte que 74 % des 58 cultures étudiées interdisent l'adultère tant pour les femmes que pour les deux sexes. Elle note que les punitions pour adultère varient. Dans 83 % des 48 sociétés, les deux partenaires sont également punis ; dans 40 % d'entre elles, les hommes et les femmes sont châtiés de la même façon ; dans 31 %, la punition de l'homme est plus sévère que celle de son amante. Aucune société qui punit les hommes ne tolère par ailleurs l'infidélité féminine ; et dans une majorité significative de cas, les femmes sont plus brimées que les hommes. Parmi les sociétés qui jettent peu d'interdits contre les liaisons extraconjugales de toutes sortes, et où l'on observe une activité sexuelle hors mariage très élevée, des femmes comme des hommes, on compte les Dieris d'Australie, les Gilyaks de l'Asie du Nord-Est, les Indiens Hidatsas du Nord-Dakota, les Lesus de Nouvelle-Irlande, les Massaïs de l'Est africain, les Todas d'Inde, les Kaingangs du Brésil, et les Yapeses du Pacifique (Ford et Beach, 1951). Stephens (1963) rapporte que même dans les cultures où l'on pardonne l'adultère hommes et femmes souffrent de jalousie.

2. Origine des termes sexuels : au IVe siècle après J.-C. l'adultère était devenu si courant à Rome que les officiels commencèrent à mettre des amendes aux fautifs. Le revenu de cette taxation fut apparemment si élevé que l'État put construire un temple à Vénus (Bardis, 1963). Les termes cunnilingus, fellation, masturbation et prostitution viennent tous de l'ancien latin vernaculaire (Bullough, 1976).

3. Rythme et durée des relations extraconjugales : la durée des relations extraconjugales est difficile à établir à partir de la littérature sur le sujet. Dans une étude sur 200 couples, les amours extraconjugales des maris duraient en moyenne vingt-neuf mois, tandis que celles des femmes avaient une durée moyenne de vingt et un mois (Hall, 1987). Kinsey (1953) notait qu'environ 42 % des femmes étudiées avaient entretenu des relations sexuelles extraconjugales pendant un an au moins, 23 % pendant deux à trois ans, et 35 % pendant quatre ans ou plus. Mais il ne précisait pas combien de temps chaque liaison avait duré ; il informait seulement sur la durée totale des relations extraconjugales.

Une étude portant sur environ 600 hommes et femmes britanniques a montré que les hommes mariés dans les années 1970 avaient eu leur première relation extraconjugale cinq ans après leur mariage, et que les femmes étaient restées fidèles en moyenne quatre ans et demi. Les hommes mariés dans les années 1960 avaient attendu une moyenne de sept ans, et les femmes une moyenne de huit ans avant de nouer d'autres relations. Parmi ceux mariés avant 1960, les hommes avaient eu des maîtresses en moyenne onze ans après leur mariage, alors que les femmes avaient attendu quatorze ans et demi en moyenne pour leur premier amant (Lawson, 1988).

5. DIVORCE, MODE D'EMPLOI

1. Hommes et femmes, face au droit au divorce : dans trente sociétés traditionnelles sur les quarante étudiées en 1950 par George Peter Murdock, hommes et femmes possédaient un droit égal à demander le divorce ; dans 10 % d'entre elles, les femmes bénéficiaient de privilèges supplémentaires en matière de divorce. Et il en concluait qu'en général le divorce était pareillement accessible aux deux sexes (Murdock, 1965). Dans une étude portant sur quatre-vingt-treize sociétés, Whyte confirmait la chose, concluant : « Nous trouvons des droits égaux en matière de divorce, partout, à peu de chose près » (Whyte, 1978). Suzanne Frayser rapporta que, sur quarante-cinq sociétés qu'elle étudia, 38 % autorisaient aussi bien l'homme que la femme à demander le divorce ; un partenaire ou les deux eurent des difficultés à l'obtenir dans 62 % de ces cultures. Dans de nombreuses sociétés des îles du Pacifique, il était aussi facile aux femmes qu'aux hommes d'obtenir le divorce, mais dans de nombreuses sociétés africaines, les choses étaient plus difficiles pour les hommes. Voir Frayser, 1985.

2. Le mariage en tant que stratégie de reproduction : Murdock (1949) a défendu l'idée que, parce que le sexe et la reproduction pouvaient fort bien être satisfaits hors du mariage, la coopération économique et la division du travail entre les sexes étaient les raisons primordiales de l'union « légale ». Mais dans les quarante sociétés traditionnelles où il mena son enquête en 1950, il nota que les problèmes de reproduction étaient déterminants en matière de divorce (Murdock, 1965). Une enquête de Frayser confirme le rôle important de la reproduction dans le divorce — et évidemment dans le mariage. Sur un échantillon de cinquante-six cultures, les motifs invoqués par les hommes pour demander la séparation sont : premièrement, des raisons de procréation ; deuxièmement, l'incompatibilité de caractère ; et troisièmement, les infidélités sexuelles commises par la femme. Sur un échantillon de quarante-huit cultures, les femmes, elles, demandent la séparation : le plus fréquemment, pour des raisons d'incompatibilité de caractère ; ensuite, à cause de l'incompétence du mari à assumer ses responsabilités économiques et familiales ; enfin, à cause de violences physiques. Voir Frayser, 1985.

3. Le remariage : une enquête portant sur trente-sept peuples traditionnels a mis en évidence que le remariage était ouvertement autorisé dans 78 % de ces sociétés ; là où le remariage était difficile à obtenir (dans 22 % des cas), c'était généralement la femme qui affrontait les plus grands obstacles (Frayser, 1985). Le remariage existait dans les sociétés préindustrielles d'Europe occidentale, mais il était bien plus souvent lié à la mort d'un époux qu'au divorce, surtout depuis que le divorce avait été proscrit par l'Église catholique romaine. Plusieurs peuples avaient ceci en commun qu'ils partageaient cette croyance appelée la *charivari tradition,* affirmant qu'il était immoral pour les veuves de se remarier. A la base de ces interdits, il y avait la menace qui pesait sur les transactions complexes de propriété et les mécanismes d'héritage, quand les veuves se remariaient (Dupâquier et *al.,* 1981). En dépit de la désapprobation qui pesait, au sein de la paysannerie européenne des derniers siècles, sur le remariage des veuves (et parfois des veufs), celui-ci était à la fois fréquent et répandu (Dupâquier et *al.*, 1981 ; Goody, 1983). Le remariage des veuves était difficile dans l'Inde, la Chine et le Japon préindustriels et chez d'autres peuples agricoles (Dupâquier et *al.*, 1981 ; Goody, 1983, 40). Dans toutes les sociétés sur lesquelles nous avons des données, cependant, les taux de remariage sont plus élevés chez les femmes en âge de reproduire. Voir Dupâquier et *al.*, 1981 ; Furstenberg et Spanier, 1984 ; voir aussi le chapitre 16 de ce livre.

4. L'INDIFFÉRENCE DES FEMMES ET LE TAUX ÉLEVÉ DES DIVORCES : parmi les cultures où les femmes jouissent d'une grande indépendance et où les taux des divorces sont élevés, on compte les Semangs de la péninsule malaise (Sanday, 1981 ; Murdock, 1965 ; Textor, 1967) ; de nombreuses populations des Caraïbes (Flinn et Low, 1986) ; les Dobus qui vivent sur une île au large de la pointe extrême-orientale de la Nouvelle-Guinée (Fortune, 1963) ; les Ngonis de Fort Jameson, les Yaos et les Lozis d'Afrique australe (Barnes, 1967) ; les Turus de Tanzanie (Schneider, 1971) ; les Samoans d'Océanie (Textor, 1967) ; les Gururumbas de Nouvelle-Guinée (Friedl, 1975) ; les habitants des îles Trobriand, en Papouasie-Nouvelle-Guinée (Weiner, 1976) ; les indigènes de Mangaia, en Polynésie (Suggs et Marshall, 1971) ; les Tlingits du sud de l'Alaska (Laura Klein, Département d'anthropologie, Pacific Lutheran Univ., communication personnelle) ; les Kaingangs du sud du Brésil, les Crows du Montana et les Iroquois de New York (Murdock, 1965).

5. Brenda Kay Manuelito, Département d'anthropologie, Université du Nouveau-Mexique, communication personnelle.

6. L'INDÉPENDANCE CROISSANTE DES FEMMES ROMAINES : les historiens ne sont pas tous d'accord sur la façon d'expliquer ou de dater l'émancipation et l'autoritarisme grandissant des femmes romaines. Certains mettent l'accent sur la défaite d'Hannibal, en 202 avant J.-C. ; d'autres, sur la débâcle de l'Empire macédonien, en 168 avant J.-C. ; d'autres encore, sur la destruction de Carthage, en 146 avant J.-C. Aboutissement de toute une histoire, Rome connut alors une opulence qui n'a cessé de croître dans les siècles qui ont précédé l'ère chrétienne, et qui est allée de pair avec l'affermissement du pouvoir économique, social et politique des femmes et l'augmentation du taux des divorces. Voir Baldson, 1973 ; Carcopino, 1973 ; Rawson, 1986 ; Hunt, 1959.

7. Paul Morgan, Département de sociologie, Université de Pennsylvanie, communication personnelle.

8. LA DÉMANGEAISON DES SEPT ANS : le concept américain de « démangeaison des sept ans » provient de l'utilisation, en démographie, d'une médiane pour évaluer la longévité des mariages. Par rapport à un ensemble de nombres, la « médiane » ou le « médian » est le nombre central qui partage ce groupe en deux parties égales ; 50 % des événements ou phénomènes étudiés se placent avant la médiane, et 50 % après. Aux États-Unis, entre 1960 et 1982, la durée *médiane* des mariages qui se concluaient par un divorce est passée de 7,2 à 6,5 années ; ainsi, 50 % de tous les mariages se sont terminés au bout de sept ans environ (Bureau américain du recensement 1986, chart 124). Mais ce qui m'intéresse, c'est de savoir ce que font *la plupart* des individus, autrement dit de mettre en lumière ce « pic » des divorces, c'est-à-dire les modalités du divorce. L'échantillon des Nations unies montre que 48 % des divorces, en moyenne, interviennent avant sept ans de mariage — la médiane —, mais que la majorité des divorces se concentrent aux alentours de la quatrième année de mariage — le « pic » des quatre ans (Fisher, 1989).

9. Andrew Cherlin, Département de sociologie, Université John-Hopkins, communication personnelle.

10. LES RISQUES DE DIVORCE, EN FONCTION DU NOMBRE D'ENFANTS À CHARGE — UN PROBLÈME GRAVE : pour établir les *risques* de divorce en fonction du nombre d'enfants d'une famille, on a besoin de données qui ne figurent pas dans les annuaires des Nations unies. Pour établir par exemple le *risque* de divorce des couples ayant un enfant à charge, il faut diviser le nombre de couples qui divorcent avec un enfant à charge par le nombre de couples de cette même catégorie qui restent mariés. A partir des données des services du recensement, je me suis trouvée dans l'incapacité de définir la corrélation qui permette d'établir le risque de divorce en fonction du nombre d'enfants à charge, pour quelque année et quelque pays que ce soit, y compris les États-Unis. De telle sorte que les statistiques fournies ici sur le divorce en fonction du nombre d'enfants à charge *permettent de penser* que le mariage est stabilisé par la « progéniture » — mais elles ne le prouvent pas.

11. RELATIONS ENTRE DIVERS PROFILS DE DIVORCES : du fait que les données fournies par les annuaires des Nations unies — sur la longévité des mariages qui se concluent par un divorce, sur l'âge des conjoints, et sur le nombre d'enfants à charge au moment du divorce — ne sont pas disponibles sous des formes suffisamment variées pour être utilisables,

elles ne peuvent pas permettre d'établir des corrélations entre ces trois profils de divorces. Le « pic » des divorces parmi les couples sans enfant ou avec seulement un enfant, par exemple, peut n'être qu'un sous-produit du paroxysme des divorces aux alentours de la quatrième année de mariage.

12. MODÈLES UNIVERSELS DE GARDE DES ENFANTS ET DE PARTAGE DES BIENS, EN CAS DE DIVORCE : ce qui pèse le plus sur une décision de divorce, ce sont les problèmes liés à la garde des enfants et au partage des biens et propriétés, en particulier celui du versement d'une pension alimentaire en fonction des ressources. Une étude portant sur quarante et une cultures a montré que, dans 44 % des cas, la garde des enfants avait été octroyée en fonction des circonstances qui avaient précipité la séparation, ou en fonction du désir ou de l'âge de la « progéniture ». Dans 22 % des cas (correspondant toujours aux quarante et une sociétés étudiées), les enfants furent placés sous la garde du père ; dans 20 % des cas, sous la garde de la mère. Pour le partage des biens et des propriétés, il fut tenu compte dans 41 % des cas (correspondant à trente-neuf sociétés) des circonstances du divorce. Dans 29 % de ce même échantillon de trente-neuf sociétés, les ressources économiques furent partagées équitablement entre les époux ; dans 23 % des cas, ce sont les femmes qui subirent la plus grande perte financière, tandis que les maris et leurs parents firent dans seulement 15 % des cas le gros des frais (Frayser, 1985).

6. « QUAND, A L'ÉTAT SAUVAGE, LE NOBLE PRIMITIF PARCOURAIT LES BOIS »

1. La faune et la flore, mentionnées dans ce paragraphe et dans le reste de l'ouvrage, sont des variétés anciennes d'espèces et de familles aujourd'hui disparues.

2. LE COMPORTEMENT SEXUEL DES CHIMPANZÉS PYGMÉES : les chimpanzés pygmées ou nains, connus aussi sous le nom de bonobos, ont une vie sexuelle tout à fait différente de celle des autres grands singes. Ils engagent de nombreuses relations homosexuelles, et bien que celles-ci connaissent leur plus grande intensité en période de rut, les bonobos s'adonnent à ces jeux homosexuels à d'autres phases du cycle œstral (De Waal, 1987 ; Thompson-Handler, Malenky et Badrian, 1984). L'activité hétérosexuelle des singes bonobos a lieu, elle aussi, presque tout au long du cycle (*ibid.*). Les femelles bonobos redeviennent réceptives sexuellement dans un délai d'un an après la parturition (Badrian et Badrian, 1984). Comme les chimpanzés pygmées sont des primates à la sexualité exceptionnelle et comme les données biochimiques laissent penser qu'ils sont apparus il y a deux millions d'années « seulement » (Zihlman et al., 1987), je ne crois pas qu'ils puissent fournir un modèle fiable de ce qu'était la vie des hominoïdés, il y a vingt millions d'années.

3. LE VIOL CHEZ D'AUTRES ESPÈCES : plusieurs « tests de libre accès » (« free-access tests » — FATs) consistèrent à maintenir dans une cage une femelle de chimpanzé commun, de gorille ou d'orang-outang, en la seule compagnie d'un mâle de la même espèce ; chaque animal pouvait accéder en permanence à l'autre. Dans certains cas, et de la même manière chez les trois espèces, le mâle s'imposa à la femelle et la força à copuler — qu'elle soit sexuellement réceptive ou non, consentante ou non (Nadler, 1988). Les mâles orangs-outangs offrent l'exemple des viols les plus remarquables et les plus fréquents. Quelle que soit la phase du cycle œstral de la femelle et son attirance pour le sexe, on a pu constater quotidiennement un viol là où un couple était logé ensemble. Dans un second test, une cloison ouverte fut installée pour diviser la cage en deux, mais de telle sorte que la femelle pouvait passer librement d'un côté à l'autre pour rejoindre le mâle tandis que le mâle ne pouvait pas passer librement pour rejoindre la femelle. Dans ce cas, les femelles de chacune des trois espèces ne recherchèrent la copulation que durant une période restreinte correspondant à l'œstrus situé à mi-cycle (ibid.). D'où la constatation que, lorsque les femelles étaient en situation de contrôler l'accouplement, l'activité sexuelle était de toute évidence remarquablement périodique (ibid.).

Le viol existe aussi chez les grands singes en liberté. Deux cas de copulation forcée chez des chimpanzés ont été relatés (Tutin et MacGinnis, 1981). Dans les deux cas, un mâle traqua une femelle dans un arbre pour la forcer au coït. On put observer à quelques reprises un gorille mâle gesticulant de façon agressive en direction d'une femelle qu'il courtisait, mais il ne la força jamais à copuler (Harcourt, 1979). Le viol est peut-être au nombre des stratégies reproductrices primaires des mâles orangs-outangs immatures sexuellement. Les mâles dominants, tout à fait matures, s'associent de fait avec une femelle pour la période où elle est réceptive sexuellement ; ils ne forcent pas les femelles à copuler (Galdikas, 1979). Mais ceux qui n'ont pas atteint la maturité accostent fréquemment une femelle pour tenter de copuler de force (MacKinnon, 1979). Ce comportement de « violeur à la sauvette » est désormais considéré comme une « stratégie alternative stable » de reproduction chez les orangs-outangs (Rodman, 1988). Le viol a été observé également chez d'autres espèces comme les canards, les goélands, les hérons, les albatros et les hirondelles de mer. Chez les hirondelles de mer monogames qui nichent en colonies, par exemple, un mâle apparié à une femelle essaiera de frapper en vol d'autres femelles, appariées de leur côté, pour les faire chuter et les forcer à copuler (voir Daly et Wilson, 1983).

4. Une savane est une « zone de végétation herbeuse bien drainée, recouverte de 10 % à 40 % d'arbres » (Retallack, Dugas et Bestland, 1990).

5. DATER LA BIFURCATION VERS L'HUMANITÉ : les données fournies par l'ADN et d'autres analyses biochimiques, anatomiques et génétiques sur les différences entre l'homme et les grands singes anthropoïdes africains conduisent à dater de façon quelque peu différente le point de bifurcation de la lignée humaine. Les estimations varient de dix à quatre millions d'années avant notre époque (voir Sarich et Wilson, 1967 a, 1967 b ; Cronin, 1983 ; Sibley et Ahlquist, 1984 ; Andrews et Cronin, 1982). De nouvelles données laissent penser que c'est avec les chimpanzés que les êtres humains présentent le plus de similitudes ; les gorilles auraient divergé plus tôt (Miyamoto, Slightom et Goodman, 1987). Une partie de cette étude est cependant très controversée (Lewin, 1987 b).

6. LE COÏT FACE À FACE DANS LA NATURE : dans certaines circonstances, de nombreux animaux copulent face à face, dont les gorilles (Nadler, 1975), les orangs-outangs (Galdikas, 1979), les siamangs (Chivers, 1978), les baleines et les marsouins (Harrison, 1969).

7. Information communiquée par l'anthropologue Ellen Ingmanson.

7. CHASSÉS DE L'ÉDEN

1. LES TERMES D'HOMINOÏDÉS ET D'HOMINIDÉS : traditionnellement, les anthropologues utilisaient le terme d'hominoïdés pour désigner les ancêtres communs des grands singes et des hommes. Ils utilisaient le terme d'hominidés pour désigner les ancêtres des êtres humains, exclusivement. Depuis, la science de la « cladistique* » a fait des progrès. Les partisans de ce mode de classification affirment que les espèces devraient être regroupées en fonction des dates auxquelles elles se sont séparées d'ancêtres communs. Certains de ces scientifiques souhaiteraient que la terminologie tienne compte aussi des phénomènes biochimiques, car il y a une relative distance de ce point de vue entre les hommes et les orangs-outangs, mais des similitudes étroites, toujours de ce même point de vue biochimique, entre les humains, les chimpanzés et les gorilles. J'utilise pour ma part l'appellation traditionnelle d'*hominoïdés* pour désigner les seuls ancêtres des humains (voir Marks, 1989).

---

* Méthode de classification scientifique qui range dans un même groupe taxinomique les organismes dont certains traits indiquent qu'ils ont des ancêtres récents communs. (*N.d.T.*)

2. LES NÉCROPHAGES, PARMI LES PRIMATES AUTRES QUE LES HOMMES :
à dix occasions, Goodall releva des attitudes nécrophages parmi les
chimpanzés de Gombe (Gombe Stream Reserve), en Tanzanie. Il
s'agissait la plupart du temps de chimpanzés retournant par exemple
manger de la viande abandonnée par un groupe de chimpanzés ayant tué
du gibier plus tôt dans la journée. Dans un cas, un chimpanzé, que
Goodall était en train de photographier, chaparda le corps flasque d'un
singe. Cela dit, les chimpanzés de Gombe ne se montraient pas spécialement alléchés par les cadavres de faons ou de pintades. Mais à quatre
occasions, des chimpanzés de la réserve proche des montagnes de Mahale
dévorèrent des carcasses d'antilopes bleues (*Cephalophus*) ou de daims
mâles (Goodall, 1986).

3. LES PEUPLES DE CHASSEURS-COLLECTEURS CONTEMPORAINS,
MODÈLES POUR L'ÉVOLUTION DES HOMINIDÉS : dans les années 1960, il
devint à la mode parmi les anthropologues d'utiliser les Kungs comme
modèles, pour reconstituer ce que pouvait avoir été la vie dans notre passé
de chasseurs-collecteurs (Lee, 1968). Aujourd'hui, c'est devenu une faute
de goût ! Wilmsen (1989) rappelle que les Kungs ont été en contact, des
siècles durant, avec des peuples pastoraux des environs et qu'ils n'apparaissent comme primitifs qu'en raison d'événements historiques récents
(*ibid.*). Ainsi, les Kungs ne seraient-ils pas un peuple primitif de
chasseurs-cueilleurs comme les anthropologues l'ont cru un temps ; leur
modèle ne permettrait pas non plus de mieux comprendre ce qu'a pu être
la vie à des périodes reculées.

Récemment, des anthropologues ont commencé à analyser les activités de chasse et de cueillette de peuples traditionnels en termes de
STRATÉGIES PRIMITIVES OPTIMALES. Les chercheurs engagés dans cette voie
soutiennent que les membres d'une société adapteront leur recherche de
nourriture aux conditions d'acquisition et de transformation de celle-ci, à
leur dépendance qualitative et quantitative à l'égard des ressources
alimentaires, et à de nombreux autres facteurs, dans le but d'augmenter la
consommation d'éléments nutritifs tout en diminuant la dépense d'énergie,
de temps et de risques (Hawkes et *al.*, 1982 ; Torrence, 1989). Ainsi, comme
nous ne savons pas quels étaient les micro-environnements de l'Afrique
orientale durant les millénaires passés, nous ne pouvons pas affirmer qu'il
soit raisonnable de prendre les chasseurs-collecteurs modernes comme
modèles pour reconstituer le mode de vie des populations du passé.

Cela dit, tous ces avertissements entendus, il est bon de préciser que
les Kungs traditionnels vivaient dans un environnement fondamentalement similaire à celui des premiers hominidés et qu'ils ont développé une
organisation sociale très peu contaminée par les influences extérieures.
De telle sorte que, pour ma part, je continuerai à me référer aux Kungs

pour tenter de comprendre notre passé (voir Schire, 1984 ; Solway et Lee, 1990 ; Wilmsen et Denbow, 1990).

4. LA PATERNITÉ, SELON LES ESPÈCES : les mâles de nombreuses espèces affichent des comportements paternels, bien que la plupart ne soient pas monogames. L'investissement paternel se manifeste sous deux formes : *a)* par des soins directs tels que nourrir le tout-petit, le porter, le surveiller, le bercer ou dormir à ses côtés, le toiletter, le soigner et jouer avec lui ; *b)* par des soins indirects, tels que protéger les ressources familiales, accumuler des réserves pour l'enfant, construire des abris, apporter de l'aide à la femelle enceinte ou à celle qui élève un nourrisson, délimiter et protéger un territoire, le défendre et organiser des patrouilles sur son pourtour, expulser d'éventuels intrus et/ou appeler à la rescousse pour refouler tous les concurrents (Kleiman et Malcolm, 1981 ; voir aussi Hewlett, 1992).

5. LA MONOGAMIE, DANS UNE PERSPECTIVE INTERCULTURELLE : de nombreuses circonstances concourent à la monogamie, et des chercheurs fournissent des explications différentes à l'apparition de la monogamie chez diverses espèces. Je suis particulièrement sensible à ce que Devra Kleiman écrit dans son ouvrage — et tout particulièrement à son affirmation que la monogamie arrive « dans tous les cas où il y a besoin de plus d'un individu (la femelle) pour élever un petit » (Kleiman, 1977, 51). Ember et Ember ont dit la même chose de façon différente (1979) : « Des couples hétérosexuels se forment dans tous les cas où la nécessité pour la mère de trouver sa subsistance entre en contradiction avec les soins à apporter à sa progéniture. La durée de la relation de couple est fonction du temps pendant lequel les parents doivent fournir des soins à leurs petits. » Je pense que ce facteur fut déterminant dans l'apparition de la monogamie chez les *Homo sapiens*. Pour ce qui concerne les controverses sur la monogamie chez les oiseaux et les mammifères, voir Kleiman, 1977 ; Wittenberger et Tilson, 1980 ; Lack, 1968 ; Orians, 1969 ; Rutberg, 1983 ; Peck et Feldman, 1988 ; Mock et Fujioka, 1990.

6. LA PROGÉNITURE PRÉCOCE : les créatures dont les petits sont dans un état de relative maturité à la naissance, en opposition à celles dont les petits naissent immatures, sont dites porteuses de « progéniture précoce ». Les chevaux en fournissent un bon exemple ; quelques heures après la naissance, un poulain peut voir et se tenir sur ses pattes.

7. LE DIMORPHISME SEXUEL, LA POLYGYNIE ET LA MONOGAMIE : chez de nombreuses espèces polygyniques (ou polygames selon la terminologie française), les hommes se battent pour obtenir le privilège d'être maîtres du harem, et les plus petits et les plus faibles sont mis sur la touche, tandis que les plus forts s'imposent comme procréateurs — ce qui perpétue la sélection des plus forts. Du fait que les os fossiles déterrés à Hadar et Laetoli étaient de différentes tailles, certains anthropologues ont pensé que ces créatures

se reproduisaient selon un système polygynique. La controverse porte sur différents aspects. *a*) La corrélation entre les grands mâles, les petites femelles et la polygynie n'est pas systématique dans la nature. Les exceptions sont si nombreuses que les anthropologues font maintenant l'hypothèse qu'il n'y a pas de corrélation automatique entre le degré de dimorphisme sexuel et la stratégie reproductive (Frayer et Wolpoff, 1985 ; Mock et Fujioka, 1990). *b*) Très peu d'ossements fossiles ont été trouvés à Hadar et Laetoli, et quelques échantillons de petite taille interdisent de faire des extrapolations concernant des populations entières (Gaulin et Boster, 1985). *c*) Les différences de taille entre les os peuvent s'expliquer par d'autres facteurs écologiques. Le fait de se nourrir de détritus organiques et de chasser (aussi bien que la monogamie intermittente) peut avoir sélectionné des mâles costauds tandis que la toute petite stature de Lucy aurait été un contrepoids aux rigueurs imposées aux femmes par la procréation. Du fait de la grossesse et de la lactation, les mammifères femelles ont besoin de calories supplémentaires ; elles doivent manger pour deux et, de plus, nourrir un enfant, et il est permis de penser que la petite taille de Lucy présentait l'avantage de réduire ses besoins en nourriture. Pour tout complément d'informations sur le dimorphisme sexuel, voir Hall, 1982.

8. Le cycle des naissances humaines, espacées de quatre ans — variations modernes, origines anthropoïdes : le mode de vie moderne a perturbé ce cycle général de quatre ans qui s'écoulent entre deux naissances successives. Même chez les femmes qui continuent à nourrir leurs enfants au sein, en Inde, au Bangladesh, aux États-Unis ou en Écosse, le processus d'ovulation redémarre cinq à dix-huit mois après l'accouchement (Simpson-Hebert et Huffman, 1981 ; Short, 1984). De telle sorte que l'espacement entre deux naissances peut être réduit à deux ans ou même moins. A ce jour, ce phénomène est expliqué par l'hypothèse du « taux de graisse critique » « *critical fatness*). Dans les années 1970, Rose Frisch et ses collègues avancèrent qu'il était indispensable qu'un certain stock de graisses soit emmagasiné par le corps de la femme pour déclencher l'ovulation (Frisch et Revelle, 1970 ; Frisch, 1978, 1989). A cause des régimes alimentaires modernes riches en calories, à cause du manque d'exercice et de la réduction des soins apportés aux enfants en bas âge, l'ovulation se produit chez les femmes quelques mois après une naissance et elles peuvent alors tomber à nouveau enceintes.

L'espacement des naissances à notre époque ne correspond plus cependant aux modèles traditionnels d'un passé plus lointain. Quand nos ancêtres parcouraient des kilomètres et des kilomètres pour trouver quelque chose à se mettre sous la dent, quand ils mangeaient des fruits et de la viande maigre, et que les femmes nourrissaient leur progéniture en permanence, les réserves de graisse étaient bien plus rares et, pendant des périodes pouvant aller jusqu'à quatre ans, les femmes se consacraient vraisemblablement au strict élevage de leurs enfants (Lancaster et Lancaster, 1983). Les données sur l'espacement des naissances chez les singes anthropoïdes montrent l'ancienneté de ce modèle reproductif. Chez les chimpanzés et les gorilles, la durée qui sépare deux naissances successives est de quatre à cinq ans approximativement, tandis qu'elle est généralement de huit ans chez les orangs-outangs (Allen et *al.,* 1982 ; Galdikas et Wood, 1990).

9. Laura Betzig, Évolution et programme de comportement humain, Université du Michigan, communication personnelle.

10. LA FONCTION ADAPTATIVE DU « REMARIAGE » CHEZ LES MÂLES : chez les grands singes, les mâles ont tendance à chercher à copuler avec des femelles plus vieilles, plus mûres plutôt qu'avec des adolescentes — probablement parce que les femelles qui ont déjà enfanté ont montré qu'elles étaient capables de bons résultats. On se demande alors pourquoi nos ancêtres mâles hominidés cherchaient au contraire à former des couples avec de jeunes femelles plutôt qu'avec des femelles plus matures. L'écologie de la monogamie fournit à mon avis la réponse. Chez les espèces monogames, le mâle investira du temps et de l'énergie à élever sa progéniture lui-même. De telle sorte que les critères de jeunesse — des ovules frais, un corps souple, une personnalité dynamique, une longue vie féconde devant soi — pourront avoir davantage d'importance pour un mâle que les bonnes performances reproductives de la femelle.

11. LA FONCTION ADAPTATIVE DU « REMARIAGE » CHEZ LES FEMELLES : le psychologue David Buss (Département de psychologie, Université du Michigan, communication personnelle) avance qu'à partir du moment où une femme a enfanté sa valeur de reproductrice baisse, ce qui la rend moins attirante pour des hommes de premier choix. Ainsi, au fur et à mesure qu'une femme prend de l'âge, ses liens de couples se nouent avec des hommes de moindre valeur reproductive. De telle sorte que la monogamie avec des partenaires successifs ne semble pas avoir une fonction adaptative pour nos ancêtres femelles. Cet argument a une certaine logique. Mais plusieurs facteurs pratiques doivent être pris en considération. *a)* La taille des groupes et la rareté des contacts inter- groupes peuvent avoir réduit les chances d'une femelle d'acquérir un mâle de premier choix lors de son premier accouplement, et lui fournir l'occasion de trouver un bon parti au second essai. *b)* La valeur reproductive du premier partenaire de la femelle peut chuter dramatique- ment, suite à une blessure ; et bien que son second partenaire ne soit pas de premier choix, il peut être pourtant de meilleur rapport que le premier, sur le plan de la reproduction. *c)* Un jeune mâle pouvait certainement se montrer fort et rapide, mais n'être cependant qu'un chasseur et un protecteur inexpérimenté, tandis qu'un mâle d'âge plus avancé pouvait indubitablement être mieux rodé à la chasse, au pillage, au nettoyage des charognes, et à l'exercice de la paternité (tout en ayant à supporter la lourde charge économique de femmes et d'enfants précédents). La capacité reproductrice des mâles tolérait donc d'énormes variations, en fonction de bien d'autres factcurs que le seul âge. *d*) La capacité reproductrice d'une femelle pouvait avoir augmenté avec l'âge si elle s'était trouvé un pourvoyeur plus compétent et était restée féconde, et si du coup elle avait attiré davantage de mâles de bon apport pour des accouplements ultérieurs. A mon avis, la valeur reproductrice de chaque mâle et de chaque femelle a augmenté ou diminué en fonction de nombreuses variables ; les vicissitudes de l'environnement en ayant d'ailleurs allongé la liste. De telle sorte qu'une stratégie reproductive, fondée sur des monogamies intermittentes alimentées d'accouplements *opportunistes,* a manifestement eu une fonction adaptative pour les femelles.

8. ÉROS

1. Les objets de l'attachement : les éthologues notent que les animaux s'attachent à diverses choses (ils les recherchent et restent ensuite à leur proximité) : un objet, comme un arbre ou une clôture ; un lieu, comme un champ ou un morceau de rivage ; un individu ou un groupe de congénères, comme un enfant, un partenaire, ou une formation en cohorte. Les êtres humains s'attachent aux mêmes types d'éléments : à une maison, à certains territoires ou régions, et à des enfants, parents et amis. Plusieurs chercheurs ont confirmé que ce penchant à l'attachement était instinctif. Voir Wickler, 1976 ; Bowlby, 1969.

2. L'attachement chez les animaux : les petits chiots, les bébés singes, les oisillons et les cochons d'Inde pleurent quand leur mère s'en va — même s'ils ont chaud, sont à l'aise et rassasiés. Leur rythme cardiaque, leur pression sanguine et la température de leur corps augmentent en même temps que l'« angoisse de la séparation » se transforme en panique. Cependant, si on leur administre des endomorphines ou autres opiacés naturels, ces enfants retrouvent leur calme. Le *locus ceruleus,* une aire primitive du cerveau, ainsi que d'autres régions cérébrales jouent aussi un rôle dans ces accès de panique et d'angoisse. Voir Liebowitz, 1983.

3. Michael Trupp, psychiatre à New York, communication personnelle.

4. Merry Ratliff Muraskin, thérapeute et anthropologue à New York, communication personnelle.

5. David, Buss, Département de psychologie de l'université du Michigan, communication personnelle.

9. LE CHANT DES SIRÈNES

1. Sélection naturelle contre sélection sexuelle : en ce qui concerne la transmission des gènes, il n'y a pas de différence entre la sélection naturelle et la sélection sexuelle. La distinction réside dans le type de sélection et le type d'adaptation qui en résulte. La *sélection sexuelle* est définie comme la sélection de caractères qui accroissent spécifiquement l'aptitude des individus à attirer et à gagner des partenaires sexuels. Le résultat en est l'apparition de caractéristiques utiles à l'activité sexuelle et à la reproduction, plutôt que de caractéristiques adaptatives par rapport à l'environnement général. A la suite de Darwin, on a pris l'habitude de faire la distinction entre deux types de sélection sexuelle : *a*) la sélection intrasexuelle ou sélection de caractéristiques qui permettent aux créatures d'un même sexe d'entrer en compétition les unes avec les autres pour s'accoupler avec une créature du sexe opposé ; *b*) la sélection intersexuelle ou sélection de caractéristiques qui rendent une créature attirante pour l'autre sexe. Voir Darwin, 1871 ; Campbell, 1972 ; Gould et Gould, 1989.

2. La néoténie : Ashley Montagu (1981) pense que l'orientation vers le bas du canal vaginal féminin et le coït face à face se sont manifestés comme des conséquences secondaires de la néoténie ou capacité de rester un « grand enfant ». La néoténie, au sens de persistance de caractéristiques prénatales dans la vie postnatale et adulte, est un phénomène remarquable ; nous avons de nombreux traits infantiles, en particulier des visages plats comme des galettes, des crânes arrondis, un caractère espiègle et curieux, et d'autres caractéristiques physiques et affectives que les primates non humains affichent dans leur enfance, mais perdent avec l'âge adulte. Tous les embryons femelles de mammifères ont un canal vaginal orienté vers le bas, mais, après la naissance, le canal vaginal opère une rotation vers l'arrière et prend une position parallèle à la colonne vertébrale. Les femmes conservent jusqu'à un âge avancé cette orientation embryonnaire du canal vaginal. Montagu émet l'hypothèse que cette position « embryonnaire » du vagin humain (de même que bien d'autres traits infantiles humains) est apparue comme un lot accompagnant la croissance du cerveau, il y a des millénaires. L'expansion du cerveau fœtal nécessitait que la mère mette l'enfant au monde à un stade plus précoce de développement. Avec la naissance à un stade immature, pense Montagu, l'espèce humaine a connu une maturation plus lente, une enfance plus longue et la persistance de nombreux traits infantiles jusqu'à l'âge adulte — dont un vagin incliné. Des données récentes vont à l'encontre de la théorie de Montagu. Certains traits de caractères encore embryonnaires du crâne des hominidés peuvent avoir fait leur apparition à des périodes différentes, chacun ayant été le fruit d'une pression sélective directe (Lewin, 1985).

3. L'ORGASME COMME MOYEN D'EXCITER DES SENSATIONS PHYSIOLOGIQUES D'ATTACHEMENT : l'oxytocine, peptide produit par la glande cérébrale hypophysaire, est sécrétée (au moins chez l'homme) pendant l'orgasme et contribue à engendrer des sensations de plaisir et de satisfaction sexuels (Angier, 1991). Ce qui laisse penser que l'orgasme pourrait s'accompagner de réactions chimiques augmentant les sentiments d'attachement.

4. LES CAPRICES DE L'ORGASME CHEZ LES FEMELLES HUMAINES : à partir d'observations sur la façon dont les individus apprennent, il est désormais établi qu'une aide partielle ou irrégulière encourage davantage à persévérer dans l'effort, à tenter d'autres essais, que ne le fait une récompense, dans 100 % des cas. Certains pensent de ce fait que c'est la frustration sexuelle féminine engendrée par une réaction orgastique capricieuse qui peut avoir incité nos ancêtres femelles à rechercher l'expérience de rapports sexuels toujours nouveaux (Diamond, 1980).

5. LE SEXE EN DEHORS DES PÉRIODES D'ŒSTRUS CHEZ LES AUTRES ANIMAUX : la femelle du chimpanzé pygmée engage des relations sexuelles avec d'autres femelles, quotidiennement. Les accouplements hétérosexuels ont lieu tout au long du cycle menstruel, mais non exclusivement (Thompson-Handler, Malenky et Badrian, 1984). On rapporte que les dauphins femelles se masturbent et s'accouplent régulièrement, sans que cela présente un caractère vraiment périodique (Diamond, 1980). Dans certaines circonstances particulières, les femelles de nombreuses espèces de primates affichent des comportements sexuels en dehors de leur pleine période d'œstrus : quand une bande se déplace, quand elles vivent en captivité ou quand elles sont enceintes. Il y a de nombreuses exceptions mais la grande majorité des relations hétérosexuelles, chez les primates femelles, sont généralement nouées au plus fort de leur cycle œstral. Voir Fedigan, 1982 ; Lancaster, 1979 ; Hrdy, 1981.

6. MÉNOPAUSE : la cessation de l'ovulation programmée de façon complexe et connue sous le nom de ménopause, qui intervient chez toutes les femmes à la moitié environ de leur vie, ne semble pas se manifester chez les autres primates ou mammifères, bien que les éléphants, les baleines pilotes (*Globicephala,* appelé aussi « poisson noir ») et quelques primates manifestent certains signes de ménopause à un âge avancé (Alexander, 1990 ; Pavelka et Fedigan, 1991). Il est courant de penser, dans les milieux scientifiques, que la ménopause a fait son apparition chez nos ancêtres hominidés en tant que stratégie adaptative destinée à favoriser la progéniture existante et les parents génétiques, au détriment de nouveaux enfants dont l'élevage demanderait plusieurs années d'investissement. Ainsi, les mères ménopausées peuvent être grand-mères et baby-sitters. La ménopause pourrait également être le sous-produit d'une longévité humaine croissante ou le résultat de l'effet pléiotropique* (Pavelka et Fedigan, 1991). La *libido* élevée de la postménopause a pu faire son apparition chez les hominidés femelles pour leur permettre de préserver leurs relations de couple (et le tissu de relations politiques et sociales qui en découle), et leur permettre aussi de continuer à engranger les ressources supplémentaires tirées de copulations « extraconjugales ». Voir Alexander, 1990 ; Dawkins, 1976 ; Pavelka et Fedigan, 1991.

7. LES PULSIONS SEXUELLES DES FEMELLES DE L'ESPÈCE HUMAINE ET LEURS PAROXYSMES NATURELS : des études semblent montrer que l'activité sexuelle d'une femme atteint son paroxysme à mi-cycle (Hrdy, 1981). Par-delà les effets de nombreux moyens contraceptifs, les femmes mariées manifestent dans la plupart des cas une augmentation de leurs pulsions et entreprises sexuelles pendant l'ovulation ; ce phénomène a disparu avec l'usage des contraceptifs oraux (Adams, Gold et Burt, 1978). L'étude d'un échantillon de femmes américaines a montré que l'activité sexuelle était cependant à son maximum peu de temps après la fin des règles (Udry et Morris, 1977). D'autres études montrent chez les épouses américaines (comme chez les femmes d'autres cultures) un maximum d'excitabilité juste avant ou juste après leurs règles (Ford et Beach, 1951 ; Kinsey et al., 1953). Ces données m'incitent à penser que les femmes connaissent en fait deux sommets dans leurs pulsions sexuelles : l'un pendant ou aux alentours de l'ovulation et l'autre juste avant ou pendant la menstruation. Le sommet qui se manifeste au moment de l'ovulation est peut-être un vestige de l'œstrus. Celui qui se manifeste pendant la menstruation a probablement fait son apparition avec la station bipède ; le sang s'accumulait naturellement dans la région pelvienne avant les règles, et la station bipède a probablement contribué à augmenter la tension exercée sur les tissus génitaux.

10. POURQUOI LES HOMMES NE RESSEMBLENT-ILS PAS PLUS AUX FEMMES ?

1. LE DÉTERMINISME CULTUREL : le retour de balancier en faveur du « déterminisme culturel » dans les années 1920-1930 ne visait pas seulement les différences sexuelles, mais faisait partie du combat intellectuel

---

* Contrôle ou détermination par un seul gène de plus d'un caractère ou fonction. (*N.d.T.*)

contre le mouvement eugéniste du moment, et visait aussi les préjugés racistes et ethniques. Ceux qui voudraient en savoir plus sur la controverse « nature/culture », et les événements du début des années 1920 qui influencèrent le débat, pourront se reporter au livre de Degler, 1991.

2. L'ORIGINE DE L'INTUITION FÉMININE, AUTRE POINT DE VUE : Donald Symons (1979) suggère que les femmes ont développé leur aptitude à saisir les messages non verbaux parce que les hominidés femelles devaient choisir un compagnon approprié les aidant à élever les enfants. Les femelles qui savaient « lire » avec plus de précision la personnalité d'autrui bénéficièrent d'un avantage sélectif (Symons, 1979). Les sociologues soulignent le fait que les indivius de statut social inférieur sont de meilleurs observateurs que les individus dominants. Et l'on pourra toujours invoquer la relégation des femmes aux rôles subalternes dans les sociétés patriarcales pour expliquer l'intuition féminine. Les facteurs culturels jouent certainement un rôle dans la capacité de chacun à saisir les messages non verbaux. Mais je crois que le rôle ancestral de la femme en tant que nourricière et éducatrice a été à l'origine de la première pression sélective vers la cristallisation de son talent intuitif particulier.

3. QUI FABRIQUAIT LES OUTILS ET DÉPEÇAIT LA VIANDE A OLDUVAI ? Bien que les données récentes laissent penser que les robustes australopithèques auraient pu utiliser des outils — on a observé un renflement dans l'aire de Broca du cerveau de ces créatures —, un faisceau de preuves permet de suggérer que les individus *Homo habilis* fabriquaient et stockaient ces outils, et étaient les auteurs du système de caches sur les sites de boucherie à Olduvai il y a deux millions d'années. *a)* Les dents de taille réduite d'*Homo habilis* laissent penser que ces créatures étaient carnivores (McHenry et O'Brien, 1986). *b)* La plus grande capacité crânienne de cette espèce peut avoir nécessité la consommation de nourriture particulièrement énergétique comme la viande (Ambrose, 1986). *c)* Les ossements d'*Homo habilis* ont été retrouvés dans des configurations spatiales correspondant à celles des outils de pierre découverts à Olduvai, et celles-ci sont comparables à celles des fossiles humains et des outils retrouvés à Koobi Fora. *d)* Différents détails anatomiques de ces ossements fossiles font penser qu'*Homo habilis* est un ascendant direct de la lignée humaine.

11. FEMMES, HOMMES ET POUVOIR

1. DISCUSSION SUR LA DOMINATION MASCULINE UNIVERSELLE : les anthropologues ont avancé différentes explications à ce phénomène de domination universelle des hommes sur les femmes. Certains se sont appuyés sur la biologie : les hommes sont par nature plus forts et plus agressifs, et c'est pourquoi ils ont toujours dominé les femmes (Sacks, 1979). D'autres ont invoqué la psychologie : les hommes dominent les femmes pour écarter de leur chemin celles dont le pouvoir leur ferait ombrage (Whiting, 1965). La domination masculine universelle, selon d'autres encore, serait enracinée dans les fonctions reproductives de la femme. Comme les femmes portent les enfants, elles sont plus proches du monde de la nature que du monde de la culture (Ortner et Whitehead, 1981) ou du secteur privé que du secteur public (Rosaldo, 1974). Pour toutes ces discussions entre anthropologues sur la nature universelle de la domination masculine et la variabilité interculturelle dans le domaine des relations entre les sexes, voir Dahlberg, 1981 ; Reiter, 1975 ; Étienne et Leacock, 1980 ; Leacock, 1981 ; Friedl, 1975 ; Harris, 1977 ; Sanday, 1981 ; Sacks, 1979 ; Ortner et Whitehead, 1981 ; Rosaldo et Lamphiere, 1974 ; Collier, 1988.

2. Sociétés traditionnelles où les femmes jouissaient de pouvoirs : les femmes Pygmées du Congo, les femmes Navajos du Sud-Ouest américain, les femmes Iroquois de New York, les femmes Tlingits du sud de l'Alaska, les femmes Algonkins du Nord-Est américain, les femmes balinaises, les femmes Semangs des forêts tropicales de la péninsule malaise, les femmes de Polynésie, les femmes de certaines parties des Andes, d'Afrique, d'Asie du Sud-Est et des Caraïbes, les femmes des îles Trobriand dans le Pacifique et les femmes de nombreuses autres sociétés traditionnelles ont exercé de tout temps un pouvoir économique et social non négligeable. Voir Sanday, 1981 ; Étienne et Leacock, 1980 ; Dahlberg, 1981 ; Reiter, 1975 ; Sacks, 1979 ; Weiner, 1976.

3. Les différents types de pouvoir : le pouvoir dans les sociétés traditionnelles se manifeste sous différentes formes. Le sociologue Robert Alford classe cependant le pouvoir en trois catégories distinctes : *a*) la capacité d'influencer ou de persuader ; *b*) l'autorité ou le commandement formellement institutionnalisé ; *c*) ce que les sociologues appellent parfois l'hégémonie, qui est presque identique à l'une des acceptions du terme *culture* parce qu'elle renvoie aux mœurs admises et non contestées de telle ou telle société qui octroie le pouvoir à un sexe ou à un individu plutôt qu'à l'autre (Alford et Friedland, 1985). Voir le chapitre 15 de ce livre qui contient des éléments pour la discussion sur l'évolution du statut social et de l'autorité.

4. Le fichier du Département des relations humaines : de nombreux anthropologues considèrent cet inventaire comme très inégal et imparfait car, sur chacune des cultures, les dossiers ont été établis par des ethnographes différents. Chacun a utilisé un questionnaire différent, en rapport avec sa sensibilité particulière, dans des circonstances elles aussi

différentes et en fonction de perspectives subjectives. Les données de ce fichier ont été publiées au compte-gouttes et de façon éparse par Whyte et ses collègues — ce qui n'a pas augmenté les chances d'exactitude. J'utilise ici le travail de Whyte, car je ne voudrais surtout pas omettre une source disponible et parce que mon expérience de la littérature ethnographique me laisse penser que ses conclusions sur le sujet présentent quelques vérités générales valables pour toutes les cultures.

12. PRESQUE HUMAIN

1. L'UTILISATION DU FEU, UNE CONTROVERSE : plusieurs anthropologues ont émis récemment l'hypothèse que le feu de la grotte de Swartkrans et ceux d'autres sites en Afrique, au Proche-Orient, en Asie et en Europe, remontant à une période comprise entre un million huit cent mille et cent vingt mille ans avant notre ère, se seraient déclenchés naturellement. Ils auraient pu être le résultat de feux de brousse, d'éruptions volcaniques, d'orages, de combustions spontanées, voire de la chute de branches incandescentes dans les failles du plafond des grottes (James, 1989 ; Binford, 1981, 1985 et 1987). Mais bien d'autres faits laissent penser que l'humanité vivant à cette époque a effectivement fait du feu et l'a utilisé : *a*) des morceaux de charbon, des os brûlés, des pierres carbonisées, de l'argile cuite, de la terre rougie et autres traces de feu antérieures à cent vingt mille ans ont été trouvés sur trente-quatre sites en Afrique, au Proche-Orient, en Asie et en Europe (James, 1989) ; *b*) de petits feux de brousse se produisaient tous les ans pendant la saison sèche, permettant aux humains de faire régulièrement l'expérience du feu et de sa maîtrise ; *c*) les grottes sont des lieux humides, froids et protégés — elles ne représentent pas l'endroit idéal à la propagation d'un incendie d'orage, ni à la combustion spontanée d'excréments accumulés ; *d*) les orages provoquent rarement des incendies de prairies — en fait, c'est peut-être le genre humain qui a créé les prairies africaines *en les incendiant*. Quand les gens d'aujourd'hui quittent une région, la savane revient rapidement à un paysage plus naturel de brousse ponctuée ici et là d'arbres et de buissons ; *e*) on trouve des os d'hominidés ancestraux datant de cette époque dans de nombreuses cavernes d'Afrique et d'Eurasie ; auraient-ils pu survivre dans ces grottes gelées sans contrôler le feu ?

Ces différentes observations ont amené un certain nombre d'anthropologues à conclure que l'humanité de l'époque a très probablement pratiqué l'art des feux de camp. Voir James, 1989 et Strauss, 1289.

2. HOMO ERECTUS ET LE DIMORPHISME SEXUEL : les fossiles d'*Homo* *erectus* font ressortir une réduction du dimorphisme sexuel dans la dimension des os par rapport aux premières espèces d'hominidés. Je maintiens néanmoins, comme dans les notes de la fin du chapitre 7, que la taille des os des mâles et des femelles ne nous apprendra rien sur les stratégies de reproduction primitives ; je ne discute donc pas l'évolution de ce trait ici.

3. La prématurité humaine de second degré : les nouveau-nés humains ne sont pas uniformément prématurés ; ils présentent une mosaïque de traits dont certains révèlent plus de prématurité que d'autres (Gibson, 1981). Les chercheurs discutent actuellement la question de savoir si la prématurité secondaire de certains caractères néonataux a évolué en réaction à la disproportion céphalo-pelvienne, ou non (Lindburg, 1982). Je m'en tiendrai à l'explication classique : la prématurité secondaire est une réponse à la disproportion céphalo-pelvienne. Voir Montagu, 1961 ; Gould, 1977 ; Bromage, 1987 ; Trevathan, 1987.

4. L'évolution de la chasse — une controverse : certains anthropologues mettent en doute le fait qu'*Homo erectus* pût chasser de gros animaux ; selon eux, *Homo erectus* aurait commencé par survivre en tant que charognard (Binford, 1981, 1985, 1987). Je pense qu'il était chasseur de gros gibier pour plusieurs raisons : *a)* il y a aujourd'hui plus de soixante-dix tonnes de gros gibier tous les trois kilomètres carrés dans le parc national Albert en Ouganda, et les faits archéologiques donnent à penser que le gros gibier dominait en cet endroit il y a un million d'années. *b)* Les *Homo erectus* ont fabriqué des outils de pierre leur permettant de découper le gibier, qu'on a retrouvés le long des cours d'eau où les gros animaux venaient s'abreuver. *c)* Les faucons chassent, les requins chassent, les loups chassent en bandes ; les chimpanzés chassent de gros animaux, relativement à leur propre taille, sans laisser de traces archéologiques des bêtes tuées. Il est à peine besoin d'un cerveau humain moderne pour tuer et manger de la viande. Je pense qu'*Homo erectus* a très bien pu chasser, tuer et partager la viande il y a un million d'années.

5. L'homo sapiens archaïque : un certain nombre d'anthropologues pensent qu'il faut attribuer à l'espèce *Homo sapiens* archaïque, plutôt qu'à celle d'*Homo erectus,* les fossiles trouvés dans ces sites relativement récents (Wolpoff, 1984). En outre, certains pensent qu'*Homo erectus* n'est qu'une seule lignée qui a progressivement évolué au cours du temps (*ibid.*) ; d'autres pensent que ces fossiles sont ceux de différentes sous-espèces, voire d'espèces différentes, et qu'une seule parmi elles a conduit à l'*Homo sapiens* (Lewin, 1989).

13. LA PREMIÈRE SOCIÉTÉ D'ABONDANCE

1. ORIGINES DE L'*HOMO SAPIENS SAPIENS* — THÉORIES : certains anthropologues pensent que l'*Homo erectus* aurait quitté l'Afrique il y a environ un million d'années, et qu'il aurait ensuite évolué progressivement vers l'homme moderne selon des lignées parallèles en différentes régions d'Afrique et d'Eurasie. Il s'agit là du modèle dit du « candélabre ». D'autres pensent qu'une seule population d'hommes modernes est apparue en Afrique il y a plus de cent mille ans, puis s'est dispersée à travers le reste de l'Ancien Monde, en supplantant les populations existantes plus primitives (y compris les néandertaliens — hypothèse dite de l'« Arche de Noé », ou de « Out of Africa », en français : « Hors l'Afrique »). Les sites africains et moyen-orientaux datant d'environ soixante-dix mille ans avant J.-C. révèlent des fossiles d'hommes totalement modernes. On a également retrouvé le même type de spécimens d'hommes modernes en Asie du Sud-Est, en Australie, en Nouvelle-Guinée et dans le Nouveau Monde.

2. Pour ce qui est des autres hypothèses sur les origines de l'art, de la culture et de l'organisation politique du paléolithique supérieur, voir Conkey, 1983 ; Price et Brown, 1985 ; Johnson et Earle, 1987 ; Cohen, 1977.

3. CÉRAMIQUES PRIMITIVES — DES OBJETS RITUELS ? Des restes archéologiques trouvés en Tchécoslovaquie donnent à penser que ces figurines étaient utilisées lors de cérémonies. Sur les bas versants des collines Pavlov, dans l'actuelle Moravie, des hommes ancestraux ont construit, il y a vingt-six mille ans, des maisons qui donnaient sur le confluent de deux rivières à méandres. A quatre-vingts mètres au-dessus du village, dans les rochers, ils creusèrent une fosse ronde fermée sur deux côtés : l'un des nombreux fours trouvés dans la région. On y a retrouvé des milliers de fragments de figurines de céramique bien durcies et bien conservées, faites d'un mélange de graisse de mammouth, de cendre d'os, de loess local et d'un peu d'argile. Une seule sculpture en provenance de ces sites de Moravie reste intacte : une sorte de blaireau de la taille d'un poing. Ces hommes-là étaient de piètres potiers ; à moins qu'ils n'aient pratiqué leur art dans des intentions rituelles (Vandiver, 1989).

4. L'EXOGAMIE, EN TANT QUE STRATÉGIE DE REPRODUCTION : les anthropologues distinguent soigneusement les règles sexuelles (dont le tabou de l'inceste) et les règles du mariage. Ces phénomènes sont cependant étroitement liés, et les avantages politiques de la reproduction en dehors de la famille immédiate ont pu stimuler la règle ordinaire du mariage *exogame,* c'est-à-dire en dehors de la communauté. Suzanne

Frayser (en 1985) a fait une étude sur les mariages mixtes, interculturels, portant sur soixante-deux sociétés. Il en ressort que 35 % d'entre elles préconisent le mariage *en dehors* de la communauté, 42 % *au sein* de la communauté, et, pour le reste, aucune préférence n'est marquée.

5. La consanguinité : il faut le plus souvent de nombreuses générations de fécondation entre parents très proches pour que des tares génétiques soient sélectionnées et qu'apparaissent des maladies graves dans une lignée familiale. En fait, un certain nombre de mariages consanguins sont nécessaires pour sélectionner des traits favorables ; c'est la raison pour laquelle on fait se reproduire des chiens entre eux pour leur tempérament ou leur endurance, par exemple. La bonne santé génétique de l'espèce suppose suffisamment de mariages consanguins afin de fixer les traits favorables, et suffisamment de mariages exogames afin de diluer les gènes récessifs et d'enrichir le génome d'un nouveau matériel génétique. C'est pourquoi, en dépit de l'universalité du tabou de l'inceste (l'acte sexuel entre membres du même noyau familial), de nombreuses sociétés imposent ou préconisent le mariage entre cousins germains (Bischof, 1975 ; Daly et Wilson, 1983).

14. L'AMOUR VOLAGE

1. Différence d'âge entre la mariée et le marié : il est pratiquement de règle que le marié ait plusieurs années de plus que la mariée dans les différentes cultures de la planète (Daly et Wilson, 1983).

2. Les Hereros sont un peuple d'éleveurs qui s'est installé dans la région du Dobe Kung au milieu des années 1920.

3. L'intimité sexuelle : hommes et femmes ont toujours recherché l'intimité pour s'accoupler, partout dans le monde. Les chimpanzés, les babouins et d'autres primates poussent à l'occasion leur partenaire derrière un buisson pour s'accoupler. Mais les primates pratiquent habituellement le coït à portée de vue de leurs congénères. La tendance humaine à rechercher un rapport amoureux privé, à l'abri de tout dérangement, est sans doute apparue dans la brousse africaine il y a des millénaires.

4. Préludes amoureux : les habitants de Ponape et des îles Trobriand, dans le Pacifique, consacrent des heures à ces préludes, alors que ceux de Lepcha et du Sikkim ne se caressent pratiquement pas. Le temps passé aux caresses précoïtales varie d'une société à l'autre. Goldstein (1976 *a*) a consacré plusieurs études à ce sujet à travers le monde. Il a établi une liste des caresses préliminaires dans leur ordre décroissant de fréquence dans le monde. L'étreinte de l'ensemble du corps se retrouve partout : nous avons instinctivement tendance à nous serrer dans les bras, à nous toucher, à nous caresser avant de faire l'amour. Le « simple baiser », c'est-à-dire le contact de bouche à bouche, est si universel qu'il fait sans doute partie du répertoire de base de la sexualité humaine, en dépit du fait que certaines sociétés le considèrent comme répugnant (Ford et Beach, 1951). Le baiser avec la langue est aussi très répandu. Viennent ensuite seulement la caresse des seins, puis le toucher des parties génitales de la femme, la stimulation orale des seins, la caresse des parties génitales de l'homme, la fellation, le cunnilingus, l'anilingus, et, en dernier, les stimulations douloureuses de certaines parties du corps (Goldstein, 1976 a). D'autres espèces pratiquent les caresses préliminaires. Les oiseaux se frottent le bec, les chiens se lèchent, les baleines se touchent avec leurs nageoires. La plupart des oiseaux et des mammifères se livrent à certaines formes de caresses préliminaires.

5. Le couvage : il existe un certain nombre de sociétés qui ont institué une pratique connue sous le nom de « couvage » ou « couvade », du mot français couver. Cette coutume veut que le père imite en partie le comportement de sa femme pendant la grossesse et au moment de la naissance. Chez certains peuples, l'homme simule la douleur physique de l'accouchement. Chez d'autres, il se contente de respecter les tabous alimentaires. Les Mehinakus imposent seulement une forme de diète. Il peut arriver que le père, lorsqu'il n'est pas le mari, suive les restrictions de la couvade. Mais il se dérobe le plus souvent à la tradition, de crainte de trahir sa relation avec la mère du nouveau-né.

6. Les rites de la puberté : la plupart des sociétés marquent la puberté par des cérémonies, tant pour les garçons que pour les filles. Ce devait être aussi le cas à l'époque du paléolithique. Les mariages arrangés étant une pratique courante un peu partout, on peut supposer que les parents ancestraux choisissaient le premier conjoint de leur enfant adolescent (Frayser, 1985).

7. L'amour préconjugal : la plupart des peuples des îles du Pacifique, des régions subsahariennes d'Afrique et d'Eurasie tolèrent les relations sexuelles avant le mariage. Mais ce type de relations est strictement interdit dans certaines sociétés du pourtour de la Méditerranée. Chez 82 % des soixante et un peuples étudiés, les mêmes restrictions (ou les mêmes tolérances) s'appliquent aux deux sexes, et il n'y a pas de double norme concernant les relations préconjugales. Dans les sociétés où la double norme est en vigueur, c'est parfois le garçon qui encourt une sanction plus sévère que la fille. Il s'agit souvent de sociétés nord-africaines.

8. L'âge de la puberté : l'âge moyen de l'apparition des premières règles est aujourd'hui de 12,8 ans pour les filles américaines blanches, et de 12,5 ans pour les Noires. La puberté précoce est aussi la règle chez les populations européennes contemporaines. Il faut noter que l'âge de la puberté a légèrement baissé au cours des cent cinquante dernières années, tant en Europe qu'en Amérique. En 1840, l'âge moyen de l'arrivée des premières règles se situait entre seize ans et demi et dix-sept ans et demi en plusieurs endroits d'Europe. Cela ne signifie pas que la menstruation arrive de plus en plus tôt avec l'évolution humaine. Chez les Grecs et les Romains de l'époque classique, il semble que les filles aient eu leurs règles dès l'âge de treize ou quatorze ans (Eveleth, 1986). On l'a vu, les filles des peuples de chasseurs-cueilleurs ont généralement leurs règles entre seize et dix-sept ans, c'est-à-dire à la fin de l'adolescence. La puberté tardive semble un trait typique de la condition humaine (Lancaster et Lancaster, 1983).

15. « JUSQU'À CE QUE LA MORT NOUS SÉPARE »

1. Il y a controverse sur la question de savoir si la domestication des plantes et des animaux en Europe a été introduite par des immigrants, ou si ces nouvelles pratiques furent inventées et adoptées par les cueilleurs locaux (Howell, 1987).

2. L'AVORTEMENT n'a pas toujours été illégal dans l'histoire occidentale. Les Grecs anciens, par exemple, préconisaient des familles de taille réduite et approuvaient l'avortement. Les lois sur l'avortement ont varié de façon spectaculaire dans l'histoire occidentale, selon les différentes circonstances sociales.

3. LE MATRIARCAT ORIGINEL : en dépit de l'insuffisance de preuves sur l'existence ou l'absence d'un matriarcat primitif, un certain nombre d'universitaires tiennent à en défendre le concept (se reporter à Fluehr-Lobban, 1979 ; Davis, 1971 ; Gimbutas, 1989). Gimbutas affirme que les sociétés matriarcales ont existé en Europe il y a sept mille ans et que ces populations ont été ensuite envahies par des brigands venus des steppes de Russie qui ont apporté avec eux les coutumes de la filiation patrilinéaire et le régime du patriarcat. Elle appuie son affirmation sur les cultes survivants de divinités femelles grecques et romaines, sur des représentations féminines mystérieuses dans le folklore européen, les contes de fées, et les dessins de déesses sur d'anciennes fresques et poteries.

4. LA SUBORDINATION SOCIALE DES FEMMES DANS LES CULTURES AGRAIRES : une étude portant sur quatre-vingt-treize sociétés préindustrielles montre que les femmes des communautés agraires ont moins d'autorité chez elles, moins de liens coutumiers de solidarité avec les autres femmes et moins de contrôle sur les biens que les femmes de l'époque des chasseurs-cueilleurs. Les femmes paysannes recourent plus souvent à un mode d'influence tacite et informel. Les hommes expriment une peur ritualisée des femmes dans ce type de société. Le travail des femmes y est dévalorisé et l'on accorde moins d'importance à leur vie (Whyte, 1978).

5. ÉVOLUTION DE LA CHEFFERIE : selon Johnson et Earle (1987), la chasse à grande échelle et la densité de la population européenne ont fait apparaître au paléolithique supérieur, entre trente-cinq mille et douze mille avant J.-C., une organisation politique caractérisée par l'existence permanente de « grands hommes », c'est-à-dire de chefs. Mais cette institution ne devint la règle qu'avec l'introduction de l'agriculture. Pour tout ce qui concerne l'évolution de l'organisation politique humaine, voir Carneiro, 1987 ; Nissen, 1988 ; Johnson et Earle, 1981, 1987, 1991.

16. LA SEXUALITÉ DU FUTUR

1. LA FRÉQUENCE DU DIVORCE : il est beaucoup plus difficile d'évaluer la proportion des divorces au sein de la population qu'on ne le pense généralement. En 1989, le taux des divorces en Amérique était de 4,7 pour mille, ce qui signifie que près de cinq personnes sur mille ont divorcé cette année-là. Cela ne vous dit pas quel risque vous avez de divorcer au cours de votre vie. Pour calculer cela, les démographes utilisent des « diagrammes de vie ». Ils font le compte du nombre des divorces au sein de plusieurs groupes d'âge successifs, et analysent les différents facteurs qui ont pu provoquer le divorce pendant la même période au sein de chaque groupe. Ils évaluent ensuite l'impact actuel de tous ces facteurs, prennent en compte les nouveaux éléments qui pourraient contribuer au divorce, et intègrent toutes ces données pour faire une estimation du nombre des personnes qui divorceront pendant l'année en cours et dans les décennies suivantes. Selon les ESTIMATIONS ACTUELLES, calculées à partir des tendances au divorce au cours du siècle et à l'aide du « diagramme de vie », 47,4 % de l'ensemble des Américains mariés en 1974 divorceront au cours de leur vie, si toutefois la fréquence des divorces et la mortalité de l'année 1975 restent inchangées (Cherlin, 1981, 25). Pour une étude exhaustive de la fréquence des divorces par tranche d'âge, du nombre d'enfants et du statut matrimonial antérieur, se reporter à London et Foley Wilson, 1988.

2. CONTRÔLE DES NAISSANCES ET DIVORCE : selon certains chercheurs, l'introduction de la pilule contraceptive, du stérilet et de la stérilisation chirurgicale a contribué à la chute du nombre des naissances dans les années 1960 et les décennies qui ont suivi. Mais le taux des naissances était bas durant la grande crise économique, quand les gens voulaient reporter à plus tard la vie de famille, et que les moyens de contraception modernes n'existaient pas encore (Cherlin, 1981, 57). Le taux des naissances a également chuté au début des années 1960, avant la généralisation des nouvelles méthodes contraceptives (Harris, 1981). En fait, la natalité a régulièrement décru au cours des cent dernières années, avant les progrès de la contraception (Golding, 1990). Cela dit, les nouvelles formes de contraception ont pu affecter les tendances démographiques d'une autre manière. Grâce à elles, un plus grand nombre de femmes non mariées peuvent éviter la grossesse. Ces femmes se marient moins jeunes, contribuant à relever l'âge moyen du premier mariage, et à faire entrer les femmes plus tôt sur le marché du travail. Le démographe Andrew Cherlin (1981) en conclut que les nouvelles méthodes contraceptives ne sont pas le facteur principal de la tendance au mariage plus tardif, aux familles moins nombreuses et au divorce plus répandu.

3. ÂGE DU MARIAGE ET DIFFÉRENCE D'ÂGE ENTRE MARI ET FEMME : le mariage tardif n'est pas courant dans les sociétés primitives. Dans 69 % des quarante-cinq sociétés traditionnelles étudiées, les filles se marient à moins de dix-huit ans. La classe d'âge comprenant le plus grand nombre de mariées est celle des douze-quinze ans (Frayser, 1985, 208). Dans 74 % des quarante-deux cultures étudiées, les garçons avaient au moins dix-huit ans au moment de leur mariage. La classe d'âge du plus grand nombre de mariages chez les hommes est celle des dix-huit-vingt et un ans (*ibid.*). Même aux États-Unis, environ 25 % de l'ensemble des femmes se marient à dix-neuf ans, et cet état de fait est constant depuis 1910 (Cherlin, 1981, 10). Dans les sociétés agraires, le système de la dot repousse souvent le mariage de la femme aux alentours de la vingtaine. Le mariage tardif dans l'Amérique d'aujourd'hui est essentiellement dû à l'allongement de la durée des études chez les femmes et à leur entrée dans la vie active (Glick, 1975). Dans l'ensemble du monde, les maris ont généralement deux à six ans de plus que leurs femmes. Aux États-Unis, la différence d'âge entre mari et femme s'accroît avec l'âge du marié, car les hommes qui divorcent se remarient généralement avec une femme plus jeune (London et Foley Wilson, 1988).

4. LES LOIS SUR LE DIVORCE EN AMÉRIQUE ET EN EUROPE : pour une étude générale de l'histoire des lois et des pratiques concernant le divorce aux États-Unis et en Europe occidentale, consulter Phillips, 1988 ; Stone, 1990 ; Bohannan, 1985 ; Dupâquier et *al.*, 1981.

5. PROPORTION DES GENS DIVORCÉS QUI SE REMARIENT, ET DÉLAI AVANT LE REMARIAGE : selon le bureau de recensement national, 76,3 % des femmes qui divorcent avant trente ans se remarient ; 56,2 % de celles qui divorcent au cours de la trentaine se remarient, contre 32,4 % de

celles qui divorcent au cours de la quarantaine (Levitan, Belous et Gallo, 1988). 75 % de l'ensemble des femmes divorcées et 80 % de l'ensemble des hommes divorcés se remarient. Le tiers des jeunes adultes d'aujour-d'hui peuvent s'attendre à contracter un nouveau mariage (Cherlin, 1981, 69). La moitié des remariages ont lieu trois ans après le divorce (Cherlin, 1981 ; Furstenberg et Spanier, 1984).

Le nombre d'années séparant le divorce et le remariage est de 2,9 pour les femmes américaines de moins de trente ans sans enfants, de 3 pour les femmes ayant un ou deux enfants, et de 4,4 pour les femmes ayant de trois à cinq enfants (Levitan, Belous et Gallo, 1988). Selon d'autres statistiques, les femmes se remarient généralement quatre ans après leur divorce, alors que les hommes, de façon caractéristique, n'attendent que trois ans (London et Foley Wilson, 1988). Selon le démographe Paul Glick (1975), la durée moyenne entre le divorce et le remariage est de trois ans. Les enfants de divorcés restent en moyenne 3,8 ans avec un seul de leurs parents (*Mariage et divorce aujourd'hui*, 1986).

LA PROPORTION DES REMARIAGES a régulièrement augmenté depuis les années 1930, à l'exception des années 50 (Levitan, Belous et Gallo, 1988, 33). Les couples remariés divorcent légèrement plus souvent que les couples de premières noces (Cherlin 1981, Furstenberg et Spanier, 1984). Très peu de gens se marient plus de deux fois (Levitan, 1988). Selon Glick, les femmes qui divorcent et se remarient avec un homme qui se marie lui-même pour la première fois ont en moyenne 3,1 enfants ; les hommes et les femmes qui ne se marient qu'une fois ont en moyenne 3,2 enfants. Quand il s'agit de remariages entre deux personnes divorcées, le nombre d'enfants est légèrement inférieur, 2,9 en moyenne (Glick, 1975).

6. REMARQUE SUPPLÉMENTAIRE SUR LES ASSOCIATIONS : il y a toutes les raisons de penser que les individus appartenant à des sociétés à base familiale nouent des relations d'amitié avec des personnes qui ne sont pas du même sang. Mais il est peu probable que ce type d'association ait alors joué le rôle qu'elle joue dans la civilisation moderne où les relations au sein de la famille ne déterminent pas la vie quotidienne (Leith Mullings, Département d'anthropologie, CUNY Graduate Center, communication personnelle). Par ailleurs, ce type d'association n'existe pas partout en Amérique. Je m'attends par exemple à ce qu'elles soient plus nombreuses en ville qu'à la campagne, et plus fréquentes chez certains groupes ethniques que d'autres.

APPENDICE

Courbes statistiques des divorces

FIGURE 1 : Évolution de la courbe des divorces en Finlande de 1950 à 1987 :
- (A) Finlande 1950
- (B) Finlande 1966
- (C) Finlande 1974
- (D) Finlande 1981
- (E) Finlande 1987

FIGURE 2 : La démangeaison des quatre ans : pics des divorces observés sur un échantillon de 62 peuples, pour les années 1947 à 1989.

FIGURE 3 : La courbe des divorces en Égypte pour l'année 1978.

FIGURE 4 : La courbe des divorces aux États-Unis pour l'année 1986.

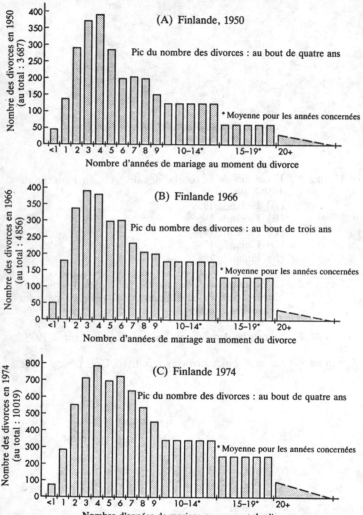

FIGURE 1 : Courbe des divorces en Finlance de 1950 à 1987

(A) Finlande, 1950

Nombre des divorces en 1950 (au total : 3 687)

Pic du nombre des divorces : au bout de quatre ans

* Moyenne pour les années concernées

Nombre d'années de mariage au moment du divorce

(B) Finlande 1966

Nombre des divorces en 1966 (au total : 4 856)

Pic du nombre des divorces : au bout de trois ans

* Moyenne pour les années concernées

Nombre d'années de mariage au moment du divorce

(C) Finlande 1974

Nombre des divorces en 1974 (au total : 10019)

Pic du nombre des divorces : au bout de quatre ans

* Moyenne pour les années concernées

Nombre d'années de mariage au moment du divorce

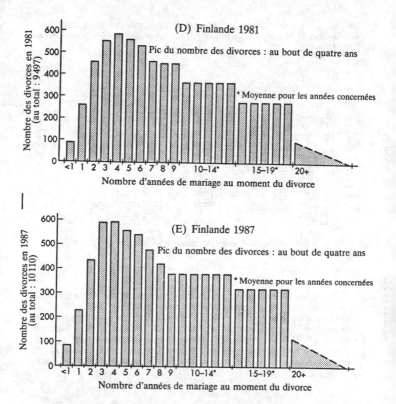

(D) Finlande 1981

Nombre des divorces en 1981 (au total : 9497)

Pic du nombre des divorces : au bout de quatre ans

* Moyenne pour les années concernées

Nombre d'années de mariage au moment du divorce

(E) Finlande 1987

Nombre des divorces en 1987 (au total : 10 110)

Pic du nombre des divorces : au bout de quatre ans

* Moyenne pour les années concernées

Nombre d'années de mariage au moment du divorce

Les courbes A-E montrent le profil de l'évolution des divorces en Finlande par tranches de cinq années pour lesquelles les données sont disponibles dans l'annuaire démographique des Nations unies. En 1987, par exemple, 84 couples ont divorcé au bout de moins d'un an de mariage, 228 couples ont divorcé au bout d'un an de mariage, 432 au bout de deux ans de mariage, et ainsi de suite. La plupart des divorces surviennent entre la quatrième et la cinquième année de mariage. La statistique des divorces survenant au bout d'une période comprise entre dix et quatorze ans de mariage, et entre quinze et dix-neuf ans de mariage ne donne que des moyennes car les données brutes ne distinguent pas le détail de chaque année. Les divorces indiqués dans la catégorie « 20 et + » concernent ceux qui surviennent au bout d'une période comprise entre vingt et quarante ans de mariage, il s'agit là aussi de moyennes. En fait, le nombre des divorces diminue régulièrement avec la durée du mariage. Comme le montrent ces histogrammes, le nombre des divorces s'accroît régulièrement jusqu'au pic des quatre ans de mariage, et ce phénomène ne varie guère, en dépit de l'augmentation régulière du taux des divorces durant les décennies étudiées.

FIGURE 2 : La démangeaison des quatre ans : pic des divorces sur un échantillon de 62 peuples, pour toutes les années disponibles entre 1947 et 1989 (188 cas).

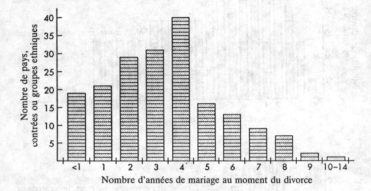

La figure 2 montre le profil des divorces sur un échantillon de 62 pays, contrées et groupes ethniques pour les années 1947 à 1989 (188 cas). Le pic des divorces de chacun des histogrammes est représenté par une case sur ce graphique global. Ainsi le pic des divorces en Finlande pour l'année 1987 est représenté ici par une case placée dans la colonne 4. On voit que les êtres humains de différentes sociétés tendent à divorcer entre la seconde et la quatrième année de mariage, avec un pic survenant au cours de la quatrième année.

FIGURE 3 : Profil des divorces pour l'année 1978 en Égypte

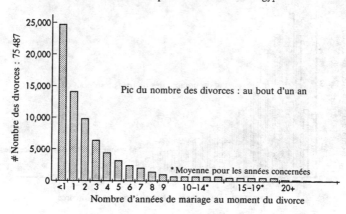

FIGURE 3 : Profil des divorces pour l'année 1978 en Égypte

La figure 3 montre qu'en Égypte, en 1978, comme dans presque tous les autres pays musulmans sur lesquels les Nations unies ont des statistiques entre 1947 et 1989, la plupart des divorces surviennent avant la première année de mariage, et que les couples ont plus de chances de rester unis au fur et à mesure que les années passent. Les explications de cette caractéristique sont données au chapitre 5.

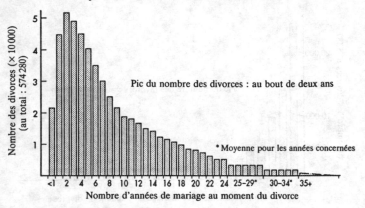

FIGURE 4 : Le profil des divorces aux États-Unis en 1986

Axe vertical : Nombre des divorces (× 10000) (au total : 574 280)

Pic du nombre des divorces : au bout de deux ans

* Moyenne pour les années concernées

Axe horizontal : Nombre d'années de mariage au moment du divorce

<1 2 4 6 8 10 12 14 16 18 20 22 24 25–29* 30–34* 35+

La figure 4 montre le profil des divorces aux États-Unis pour l'année 1986, d'après *Les statistiques démographiques des États-Unis*. Les chiffres sur les divorces survenant entre vingt-cinq et vingt-neuf ans de mariage, entre trente et trente-quatre ans de mariage, et dans la catégorie trente-cinq ans et plus sont des moyennes, les données brutes ne distinguant pas les années. La plupart des divorces surviennent entre la seconde et la troisième année de mariage, comme c'est le cas pour toutes les années que j'ai étudiées entre 1960 et 1989. On trouvera l'explication de la constance de ce pic au chapitre 5.

BIBLIOGRAPHIE

1. Ouvrages publiés en français

BOWLBY, J. *Attachement et perte,* trois volumes, P.U.F., 1978-1984.

DARWIN, C. *L'Origine des espèces au moyen de la sélection naturelle ou la lutte pour l'existence dans la nature,* deux volumes, Maspéro, 1983, Paris (ou collection de poche, Marabout Université).
— *L'Expression des émotions chez l'homme et les animaux,* Complexe, 1981.

DAWKINS, R. *L'Horloger aveugle,* Robert Laffont, La Fontaine des Sciences, 1989.

DE ROUGEMONT, D. *L'Amour en Occident,* Plon, 1952.

EIBL-EIBESFELDT, I. *Biologie du comportement,* Ophrys, 1984.

ENGELS, F. *Origine de la famille, de la propriété privée et de l'État,* Éditions sociales.

FOSSEY, D. *Gorilles dans la brume,* Presses Pocket, 1983.

FOUCAULD, M. *Histoire de la sexualité, l'usage des plaisirs,* Gallimard, 1990.

FRAZER, J. G. *Le Rameau d'or,* collection « Bouquins », 4 tomes, Robert Laffont, 1984.

FREUD, S. *Totem et tabou : quelques concordances entre la vie psychique des sauvages et celle des névrosés,* Gallimard, 1993.

GILLIGAN, C. *Une si grande différence,* Flammarion, 1986.

GOODALL, J. *La Vie chimpanzé,* Stock, 1992.

GOULD, S. J. *Darwin et les grandes énigmes de la vie,* Seuil 1984.
— *Le Pouce du panda,* Livre de Poche, 1986.
— *La Malmesure de l'homme,* Livre de Poche, 1986.
— *Quand les poules auront des dents,* Seuil, 1991.
— *Le Sourire du flamant rose,* Seuil, 1993.
— *La vie est belle,* Seuil, 1991.
— *La Foire aux dinosaures,* Seuil, 1993.

HALL, E. T. *Au-delà de la culture,* Seuil, 1987.
— *Les Différences cachées : une étude sur la communication intercultu-relle entre français et rastoin,* Stern, 1984.

JESPERSEN, O. *Nature, évolution et origines du langage,* Payot, 1976.

JOHANSON, D. et M. EDEY. *Lucy, une jeune femme de 3 500 000 ans,* Robert Laffont, 1983.

JOHANSON, D. et J. SHREEVE, *La Fille de Lucy,* Robert Laffont, 1990.

LEROI-GOURHAN, A. *Le Geste et la parole, la mémoire et les rythmes,* Albin Michel, 1965.

LÉVI-STRAUSS, C. *Le Regard éloigné,* Plon, 1983.

MALINOWSKI, B. *La Sexualité et sa répression dans les sociétés primitives,* Payot, 1980.

MEAD, M. *L'Un et l'autre sexe,* Gonthier, 1966.
— *Mœurs et sexualité en Océanie,* Plon, 1982.

MORGAN, L. H. *La Société archaïque,* Anthropos, 1973.

MORRIS, D. *Le Singe nu,* Grasset, 1968.

MURDOCK, G. P. *De la structure sociale,* Payot, 1972.

NADEL, S. F. *Byzance noire : le royaume des Nupes au Nigeria,* Maspéro, 1971.

SAHLINS, M. *Âge de pierre, âge d'abondance : l'économie des sociétés primitives,* Gallimard, 1976.

SHERFEY, M. J. *Nature et évolution de la sexualité féminine,* P.U.F., 1976.

STENDHAL, *De l'amour,* collection « Folio », Gallimard, 1980.

TIGER, L. *A la recherche des plaisirs,* Dunod, 1992.

VAN GULIK, R. *La Vie sexuelle dans la Chine ancienne,* Gallimard, 1971.

WEINER, A. B. *La Richesse des femmes ou comment l'esprit vient aux hommes (Îles Trobriand)*, Seuil, 1983.

WESTERMARCH, E. *Histoire du mariage*, Payot, 1934-1945

WILSON, E. O. *La Sociobiologie*, éd. du Rocher, 1987.

2. Ouvrages publiés en anglais

ABRAMS, A. 1973. Medieval women and trade. Dans *Women : From the Greeks to the French Revolution*, éd. S. G. Bell. Stanford : Stanford Univ. Press.

ABU-LUGHOD, L. 1986. *Veiled Sentiments : Honor and Poetry in a Bedouin Society*. Berkeley : Univ. of California Press.
—. 1987. Bedouin blues. *Natural History*, July, 24-34.

ACKERMAN, C. 1963. Affiliations : Structural determinants of differential divorce rates. *American Journal of Sociology* 69:13-20.

ACKERMAN, D. 1990. *The Natural History of the Senses*. New York : Random House.

ACKERMAN, S. 1989. European history gets even older. *Science* 246:28-29.

ADAMS, D. B., A. R. GOLD et A. D. BURT. 1978. Rise in female-initiated sexual activity at ovulation and its suppression by oral contraceptives. *New England Journal of Medicine* 299:1145-50.

ADAMS, V. 1980. Getting at the heart of jealous love. *Psychology Today*, mai, 38-48.

ALCOCK, J. 1987. Ardent adaptationism. *Natural History*, April, 4.

ALEXANDER, R. D. 1974. The evolution of social behavior. *Annual Review of Ecology and Systematics* 5:325-83.
—. 1987. *The Biology of Moral Systems*. New York : Aldine de Gruyter.
—. 1990. *How Did Humans Evolve ?* Museum of Zoology, University of Michigan, Special Publication no. 1.

ALEXANDER, R. D. et K. M. NOONAN. 1979. Concealment of ovulation, parental care and human social evolution. In *Evolutionary Biology and Human Social Behavior*, ed. N. A. Chagnon et W. Irons. North Scituate, Mass. · Duxbury Press.

ALFORD, R. R. et R. FRIEDLAND. 1985. *Powers of Theory : Capitalism, the State, and Democracy*. New York : Cambridge Univ. Press.

ALLEN, L. L., P. S. BRIDGES, D. L. EVON, K. R. ROSENBERG, M. D. RUSSELL, L. A. SCHEPARTZ, V. J. VITZTHUM et M. H. WOLPOFF. 1982. Demography and human origins. *American Anthropologist* 84:888-96.

ALLEN, M. 1981. Individual copulatory preference and the "Strange female effect" in a captive group-living male chimpanzee *(Pan troglodytes)*. *Primates* 22:221-36.

ALTSCHULER, M. 1971. Cayapa personality and sexual motivation. Dans *Human Sexual Behavior,* éd. D. S. Marshall et R. C. Suggs. Englewood Cliffs, N.J. : Prentice-Hall.

AMBROSE, S. H. 1986. Comment on : H. T. Bunn and E. M. Kroll, Systematic butchery by Plio/Pleistocene hominids at Olduvai Gorge, Tanzania. *Current Anthropology* 27:431-53.

ANDREWS, P. 1981. Species diversity and diet in monkeys and apes during the Miocene. Dans *Aspects of Human Evolution,* éd. C. B. Stringer. London : Taylor & Francis.

ANDREWS, P. et J. E. CRONIN. 1982. The relationships of *Sivapithecus* and *Ramapithecus* and the evolution of the orang-utan. *Nature* 297:541-46.

ANDREWS, P. et J. A. H. VAN COUVERING. 1975. Palaeoenvironments in the East African Miocene. Dans *Approaches to Primate Paleobiology,* éd. F. S. Szalay. Basel : S. Karger.

ANGIER, N. 1990. Mating for life ? It's not for the birds or the bees. *New York Times,* aug. 21.
—. 1991. A potent peptide promotes an urge to cuddle. *New York Times,* Jan. 22.

ARENSBURG, B., A. M. TILLIER, B. VANDERMEERSCH, A. DUDAY, L. A. SCHEPARTZ et Y. RAK. 1989. A middle paleolithic human hyoid bone. *Nature* 338:758-60.

ATWATER, L. 1987. College students extramarital involvement. *Sexuality Today,* Nov. 30, p. 2.

AVERY, C. S. 1989. How do you build intimacy in an age of divorce ? *Psychology Today,* May, 27-31.

AXELROD, D. I. et P. H. RAVEN. 1977. Late Cretaceous and tertiary vegetation history in Africa. Dans *Biogeography and Ecology of Southern Africa,* éd. M. J. A. Werger. The Hague : Junk.

410

BADRIAN, N. et R. K. MALENKY. 1984. Feeling ecology of *Pan paniscus* in the Lomako Forest, Zaire. Dans *The Pygmy Chimpanzee,* éd. R. L. Susman. New York : Plenum Press.

BADRIAN, A. et N. BADRIAN. 1984. Social organization of *Pan paniscus* in the Lomako Forest, Zaire. Dans *The Pygmy Chimpanzee,* éd. R. L. Susman. New York : Plenum Press.

BALSDON, J. P. V. D. 1973. Roman women : Their history and habits. Dans *Women : From the Greeks to the French Revolution,* éd. S. G. Bell. Stanford : Stanford Univ. Press.

BARASH, D. P. 1977. *Sociology and Behavior.* New York : Elsevier.

BARDIS, P. 1963. Main features of the ancient Roman family. *Social Science* 38 (Oct.) : 225-40.

BARNES, J. 1967. The frequency of divorce. Dans *The Craft of Social Anthropology,* éd. A. L. Epstein. London : Tavistock.

BARRETT, N. 1987. Women and the economy. Dans *The American Woman, 1987-88,* éd. Sara E. Rix. New York : W. W. Norton.

BARRINGER, F. 1989a. U.S. birth level nears 4 million mark. *New York Times,* Oct. 31.
—. 1989b. Divorce data stir doubt on trial marriage. *New York Times,* June 9.
—. 1991. Changes in U.S. households : Single parents amid solitude. *New York Times,* June 7.

BATEMAN, A. J. 1948. Intra-sexual selection in drosophila. *Heredity* 2:349-68.

BEALS, R. L. 1946. *Cherán : A Sierra Tarascan village.* Smithsonian Institution, Institute of Social Anthropology, Publication n° 2. Washington, D.C. : Government Printing Office.

BEARDSLEY, R. K., J. W. Hall et R. E. Ward. 1959. *Village Japan.* Chicago : Univ. of Chicago Press.

BEHRENSMEYER, K. 1984. Taphonomy and the fossil record. *American Scientist* 72:558-66.

BEHRENSMEYER, K. et A. P. HILL. 1980. *Fossils in the Making.* Chicago : Univ. of Chicago Press.

BELKIN, L. 1989. Bars to equality of sexes seen as eroding, slowly. *New York Times,* Aug. 20.

411

BELL, A. P. et S. WEINBERG. 1978. *Homosexualities : A Study of Diversity among Men and Women.* New York : Simon and Schuster.

BELL, D. 1980. Desert politics : Choices in the "marriage market". Dans *Women and Colonization,* éd. Mona Etienne et Eleanor Leacock. New York : Praeger.

BELL, S. G., éd. 1973. *Women : From the Greeks to the French Revolution.* Stanford : Stanford Univ. press.

BENBOW, C. P. et J. C. STANLEY. 1980. Sex differences in mathematical ability : Fact of artifact. *Science* 210:1234-36.
—. 1983. Sex differences in mathematical reasoning ability : More facts. *Science* 222:1029-31.

BENDERLY, B. L. 1987. *The Myth of Two Minds : What Gender Means and Doesn't Mean.* New York : Doubleday.
—. 1989. Don't believe everything you read : A case study of how the politics of sex differences research turned a small finding into a major media flap. *Psychology Today,* Nov. 63-66.

BENSHOOF, L., and R. THORNHILL. 1979. The evolution of monogamy and concealed ovulation in humans. *Journal of Social and Biological Structures* 2:95-106.

BERGER, J. 1986. *Wild Horses of the Great Basin : Social Competition and Population Size.* Chicago : Univ. Chicago Press.

BERGGREN, W. A. et C. D. HOLLISTER. 1977. Plate tectonics and paleocirculation — Commotion in the ocean. *Tectonophysics* 38:11-48.

BERNARD, J. 1964. The adjustment of married mates. Dans *Handbook of Marriage and the Family,* éd. H. I. Christensen. Chicago : Rand McNally.

BERNDT, C. H. 1981. Interpretations and "facts" in aboriginal Australia. Dans *Woman the Gatherer,* éd. F. Dahlberg. New Haven : Yale Univ. Press.

BERNOR, R. L. 1985. Neogene palaeoclimatic events and continental mammalian response : Is there global synchroneity ? *South African Journal of Science* 81:261.

BERREMANN, G. 1962. Pahari polyandry : A comparison. *American Anthropologist* 64:60-75.

BERTRAM, B. C. R. 1975. Social factors influencing reproduction in wild lions. *Journal of Zoology* 177:463-82.

BETZIG, L. L. 1982. Despotism and differential reproduction : A cross-cultural correlation of conflict asymmetry, hierarchy and degree of polygyny. *Ethology and Sociobiology* 3:209-21.
—. 1986. *Despotism and Differential Reproduction : A Darwinian View of History*. Hawthorne, N. Y. : Aldine.
—. 1989. Causes of conjugal dissolution : A cross-cultural study. *Current Anthropology* 30:654-76.

BETZIG, L., A. HARRIGAN et P. TURKE. 1989. Childcare on Ifaluk. *Zeitschrift für Ethnologie* 114:161-77.

BIEBER, I., H. J. DAIN, P. R. DINCE, M. G. DRELLICH, H. G. GRAND, R. H. GUNDLACH, M. W. KREMER, A. H. RIFKIN, C. B. WILBUR et T. B. BIEBER. 1962. *Homosexuality : A Psychoanalytic Study of Male Homosexuals*. New York : Basic Books.

BINFORD, L. R. 1981. *Bones : Ancient Men and Modern Myths*. New York : Academic Press.
—. 1985. Human ancestors : Changing views of their behavior. *Journal of Anthropological Archaeology* 4:292-327.
—. 1987. The hunting hypothesis : Archaeological methods and the past. *Yearbook of Physical Anthropology* 30:1-9.

BIRDSELL, J. B. 1968. Some predictions for the Pleistocene based on equilibrium systems among recent hunter-gatherers. Dans *Man the Hunter*, éd. R. B. Lee and I. DeVore. New York : Aldine.
—. 1979. Ecological influences on Australian aborginal social organization. Dans *Primate Ecology and Human Origins*, éd. I. S. Bernstein and E. O. Smith. New York : Garland STPM Press.

BISCHOF, N. 1975a. A systems approach toward the functional connections of attachment and fear. *Child Development* 46:801-17.
—. 1975b. Comparative ethology of incest avoidance. Dans *Biosocial Anthropology*, éd. R. Fox. London : Malaby Press.

BLAKE, J. 1989a. *Family Size and Achievement*. Berkeley : Univ. California Press.
—. 1989b. Number of siblings and educational attainment. *Science* 245:32-36.

BLUMENSCHINE, R. J. 1986. *Early Hominid Scavenging Opportunities : Implications for Carcass Availability in the Serengeti and Ngorongoro Ecosystems*. British Archaeological Reports International Series, n° 283. Oxford : BAR.

—. 1987. Characteristics of an early hominid scavenging niche. *Current Anthropology* 28:383-407.

—. 1989. A landscape taphonomic model of the scale of prehistoric scavenging opportunities. *Journal of Human Evolution* 18:345-71.

BLUMLER, M. A. et R. BYRNE. 1991. The ecological genetics of domestication and the origins of agriculture. *Current Anthropology* 32:23-54.

BLUMSTEIN, P. et P. SCHWARTZ. 1983. *American Couples : Money, Work, Sex.* New York : William Morrow.

BLURTON-JONES, N. G. 1984. A selfish origin for human sharing : Tolerated theft. *Ethology and Sociobiology* 5:1-3.

BOESCH, C. et A. BOESCH. 1984. Mental map in wild chimpanzees : An analysis of hammer transports for nut cracking. *Primates* 25:160-70.

BOHANNAN, P. 1985. *All the Happy Families : Exploring the Varieties of Family Life.* New York : McGraw-Hill.

BONNEFILLE, R. 1985. Evolution of the continental vegetation. The palaeobotanical record from East Africa. *South African Journal of Science* 81:267-70.

BORGERHOFF MULDER, M. 1990. Kipsigis women's preferences for wealthy men : Evidence for female choice in mammals ? *Behavioral Ecology and Sociobiology* 27:255-64.

BOTWIN, C. 1988. *Men Who Can't Be Faithful.* New York : Warner Books.

BOWER, B. 1984. Fossil find may be earliest known hominid. *Science News* 125:230.

—. 1985. A mosaic ape takes shape. *Science News* 127:26-27.

—. 1986. The math gap : Puzzling sex differences. *Science News* 130:357.

—. 1988a. Ancient human ancestors got all fired up. *Science News* 134:372.

—. 1988b. Retooled ancestors. *Science News* 133:344-45.

—. 1989. Conflict enters early European farm life. *Science News* 136:165.

—. 1990. Average attractions : Psychologists break down the essence of physical beauty. *Science News* 137:298-99.

—. 1991. Darwin's minds. *Science News* 140:232-34.

BRAIN, C. K. 1981. *The Hunters of the Hunted ? An Introduction to African Cave Taphonomy.* Chicago. Univ. of Chicago Press.

BRAIN, C. K. et A. SILLEN. 1988. Evidence from the Swartkrans cave for the earliest use of fire. *Nature,* 336:464-66.

BRANDWEIN, N., J. MACNEICE et P. SPIERS. 1982. *The Group House Handbook : How to Live with Others (and love it).* Reston, Va. : Acropolis Books.

BRAY, O. E., J. J. KENNELLY et J. L. GUARINO. 1975. Fertility of eggs produced on territories of vasectomized red-winged blackbirds. *Wilson Bulletin* 87:187-95.

BRIGGS, J. L. 1970. *Never in Anger : Portrait of an Eskimo Family.* Cambridge : Harvard Univ. Press.

BRINK, A. S. 1957. The spontaneous fire-controlling reactions of two chimpanzee smoking addicts. *South African Journal of Science* 53:241-47.

BROD, H. 1987. Who benefits from male involvement in wife's pregnancy ? *Marriage and Divorce Today* 12 (n° 46):3.

BROMAGE, T. G. 1987. The biological and chronological maturation of early hominids. *Journal of Human Evolution* 16:257-72.

BROWN, E. 1987. The hidden meaning : An analysis of different types of affairs. *Marriage and Divorce Today* 12 (n° 44):1.

BROWN, F., et al. 1985. Early *Homo erectus* skeleton from West Lake Turkana, Kenya. *Nature* 316:788-92.

BROWN, P. 1988. *The Body and Society : Men, Women and Sexual Renunciation in Early Christianity.* New York : Columbia Univ. Press.

BULLOUGH, V. L. 1976. *Sexual Variance in Society and History.* Chicago : Univ. of Chicago Press.

BULLOUGH, V. L. et B. BULLOUGH. 1987. *Women and Prostitution : A Social History.* Buffalo : Prometheus Books.

BUNN, H. T. et E. M. KROLL. 1986. Systematic butchery by Plio/Pleistocene hominids at Olduvai Gorge, Tanzania. *Current Anthropology* 27:431-53.

BURCH, E. S., Jr. et T. C. CORRELL. 1972. Alliance and conflict : Interregional relations in north Alaska. Dans *Alliance in Eskimo Society,* éd. L. Guemple. Seattle : Univ. of Washington Press.

BURGESS, E. W. et L. S. COTTRELL. 1939. *Predicting Success and Failure in Marriage.* New York : Prentice-Hall.

415

BURLESON, M. H. et W. R. Trevathan. 1990. Non-ovulatory sexual activity : Possible physiological effects on women's lifetime reproductive success. Paper presented at the annual meeting of the Human Behavior and Evolution Society, Los Angeles.

BURLEY, N. 1979. The evolution of concealed ovulation. *American Naturalist* 114:835-58.

BURNS, G. 1990. Dans *Newsweek Special Edition,* hiver/printemps, 10.

BURTON, F. D. 1971. Sexual climax in female *Macaca mulatta.* Dans *Proceedings of the Third International Congress of Primatology, Zurich 1970,* 3:180-91. Basel : Karger.

BUSS, D. M. 1989. Sex differences in human mate preferences : Evolutionary hypotheses tested in 37 cultures. *Behavioral and Brain Sciences* 12:1-49.

BYGOTT, J. D. 1974. Agonistic behavior and dominance in wild chimpanzees. Thèse de doctorat, Univ. of Cambridge.
—. 1979. Agonistic behavior, dominance and social structure in wild chimpanzees of the Gombe National Park. Dans *The Great Apes,* éd. D. A. Hamburg et E. R. McCown. Menlo Park, Calif. : Banjamin/Cummings.

BYRNE, G. 1989. Overhaul urged for math teaching. *Science* 243:597.

CAMPBELL, B., éd. 1972. *Sexual Selection and the Descent of Man, 1871-1971.* Chicago : Aldine.

CANT, J. G. H. 1981. Hypothesis for the evolution of human breasts and buttocks. *American Naturalist* 117:199-204.

CAPELLANUS, A. 1959. *The Art of Courtly Love.* Trans. J. Parry. New York : Ungar.

CARCOPINO, J. 1973. The emancipation of the Roman matron. Dans *Women : From the Greeks to the French Revolution,* éd. S. G. Bell. Stanford : Stanford Univ. Press.

CARNEIRO, R. L. 1958. Extra-marital sex freedom among the Kuikuru Indians of Mato Grosso. *Revista do Museu Paulista* (São Paulo) 10:135-42.
—. 1981. The chiefdom : Precursor of the state. Dans *The Transition to Statehood in the New World,* éd. G. D. Jones et R. R. Kautz. New York : Cambridge Univ. Press.

—. 1987. Cross-currents in the theory of state formation. *American Ethnologist* 14:756-70.

—. 1991. The nature of the chiefdom as revealed by evidence from the Cauca valley of Colombia. Dans *Profiles in Cultural Evolution,* éd. A. T. Rambo et K. Gillogly. Anthropology Papers, Museum of Anthropology, University of Michigan, n° 85:167-90.

CAVALLO, J. A. 1990. Cat in the human cradle. *Natural History,* Feb., 53-60.

CAVALLO, J. A. et R. BLUMENSCHINE. 1989. Tree stored leopard kills : Expanding the hominid scavenging niche. *Journal of Human Evolution* 18:393-99.

CETRON, M. et O. DAVIES. 1989. *American Renaissance : Our Life at the Turn of the 21st Century.* New York : St. Martin's Press.

CHAGNON, N. 1982. Sociodemographic attributes of nepotism in tribal populations : Man the rule breaker. Dans *Current Problems in Sociobiology,* éd. B. Bertram. Cambridge : Cambridge Univ. Press.

CHANCE, M. R. A. 1962. Social behavior and primate evolution. Dans *Culture and the Evolution of Man,* éd. M. F. A. Montagu. New York : Oxford Univ. Press.

CHANCE, N. A. 1966. *The Eskimo of North Alaska.* New York : Holt, Rinehart and Winston.

CHASE, P. G. et H. L. DIBBLE. 1987. Middle Paleolithic symbolism : A review of current evidence and interpretations. *Journal of Anthropological Archaeology* 6:263-96.

CHERLIN, A. J. 1978. Women's changing roles at home and on the job. *Proceedings of a conference on the national longitudinal surveys of mature women in cooperation with the employment and training administration.* Department of Labor Special Report, n° 26.

—. 1981. *Marriage, Divorce, Remarriage.* Cambridge : Harvard Univ. Press.

—. 1987. Women and the family. Dans *The American Woman, 1987-88,* éd. S. E. Rix. New York : W. W. Norton.

CHESTERS, K. I. M. 1957. The Miocene flora of Rusinga Island, Lake Victoria, Kenya. *Palaeontographica* 101B:30-67.

CHIN, P. 1978. *The Family.* Trans. S. Shapiro. Peking : Foreign Languages Press.

CHIVERS, D. J. 1978. Sexual behavior of the wild siamang. Dans *Recent*

Advances in Primatology. Vol. 1, *Behavior,* éd. D. J. Chivers et J. Herbert. New York : Academic Press.

CHUTE, M. 1949. *Shakespeare of London.* New York : E. P. Dutton.

CIOCHON, R. L. et J. G. Fleagle. 1987. Part V : *Ramapithecus* and human origins. Dans *Primate Evolution and Human Origins,* éd. R. L. Ciochon and J. G. Fleagle. New York : Aldine de Gruyter.

CLARK, G. 1980. *Mesolithic Prelude.* Edinburgh : Edinburgh Univ. Press.

COHEN, M. N. 1977. *The Food Crisis in Prehistory : Overpopulation and the Origins of Agriculture.* New Haven : Yale Univ. Press.
—. 1980. Speculations on the evolution of density measurement and population regulation in *Homo sapiens.* Dans *Biosocial Mechanisms of Population Regulation,* éd. M. N. Cohen, R. S. Malpass et H. G. Klein. New Haven : Yale Univ. Press.
—. 1989. *Health and the Rise of Civilization.* New Haven : Yale Univ. Press.

COHEN, R. 1971. *Dominance and Defiance : A Study of Marital Instability in an Islamic African Society.* Washington, D.C : American Anthropological Association.

COHEN, Y. A. 1964. *The Transition from Childhood to Adolescence : Cross-Cultural Studies of Initiation Ceremonies, Legal Systems, and Incest Taboos.* Chicago : Aldine.

COLLIER, J. F. 1988. *Marriage and Inequality in Classless Societies.* Stanford : Stanford Univ. Press.

CONKEY, M. W. 1983. On the origins of Paleolithic art : A review and some critical thoughts. Dans *The Mousterian Legacy,* éd. E. Trinkaus. Oxford : British Archaeological Reports.
—. 1984. To find ourselves : Art and social geography of prehistoric hunter gatherers. Dans *Past and Present in Hunter Gatherer Societies,* éd. C. Schrire. New York : Academic Press.

CONOWAY, C. H. et C. B. Koford. 1964. Estrous cycles and mating behavior in a free-ranging band of rhesus monkeys. *Journal of Mammalogy.* 45:577-88.

CONROY, G. E., M. W. VANNIER et P. V. TOBIAS. 1990. Endocranial features of *Australopithecus africanus* revealed by 2 and 3-D computed tomography. *Science* 247:838-41.

CONSTANTINE, L. L. et J. N. CONSTANTINE. 1973. *Group Marriage : A Study of Contemporary Multilateral Marriage.* New York : Macmillan.

COOLIDGE, H. J. 1933. *Pan paniscus*, pygmy chimpanzee from south of the Congo River. *American Journal of Physical Anthropology* 18:1-59.

CORRUCCINI, R. S., R. L. CIOCHON et H. M. MCHENRY. 1976. The postcranium of Miocene hominoids : Were Dryopithecines merely " dental apes " ? *Primates* 17:205-23.

CORRUCCINI, R. S. et H. M. MCHENRY. 1979. Morphological affinities of *Pan paniscus*. *Science* 204:1341-42.

COWAN, A. L. 1989. Women's gains on the job : Not without a heavy toll. *New York Times,* Aug. 2.

CRONIN, J. E. 1983. Apes, humans and molecular clocks : A reappraisal. Dans *New Interpretations of Ape and Human Ancestry,* éd. R. L. Ciochon et R. S. Corruccini. New York : Plenum Press.

CROOK, J. H. et S. J. CROOK. 1988. Tibetan polyandry : Problems of adaptation and fitness. Dans *Human Reproductive Behaviour,* éd. L. Betzig, M. B. Mulder et P. Turke. Cambridge : Cambridge Univ. Press.

CUTLER, W. B., G. Preti, A. KRIEGER, G. R. HUGGINS, C. R. GARCIA et H. J. LAWLEY. 1986. Human axillary secretions influence women's menstrual cycles : The role of donor extract from men. *Hormones and Behavior* 20:463-73.

DAHLBERG, F., éd. 1981. *Woman the Gatherer.* New Haven : Yale Univ. Press.

DALY, M. 1978. The cost of mating. *American Naturalist* 112:771-74.

DALY, M. et M. WILSON, 1978. *Sex, Evolution and Behavior : Adaptations for Reproduction.* North Scituate, Mass. : Duxbury Press.
—. 1983. *Sex, evolution, and Behavior.* Boston : Willard Grant Press.
—. 1988. *Homicide.* New York : Aldine de Gruyter.

DAMON, W. 1988. *The Moral Child : Nurturing Children's Natural Moral Growth.* New York : Free Press.

DANIELS, D. 1983. The evolution of concealed ovulation and self-deception. *Ethology and Sociobiology* 4:69-87.

DARWIN, C. 1871. *The Descent of Man and Selection in Relation to Sex.* New York : Modern Library.

DAVIS, D. E. 1964. The physiological analysis of aggressive behavior.

Dans *Social Behavior and Organization among Vertebrates,* éd. W. Etkin. Chicago : Univ. of Chicago Press.

DAVIS, E. 1971. *The First Sex.* Harmondsworth, England : Penguin Books.

DAWKINS, R. 1976. *The Selfish Gene.* Oxford : Oxford University Press.

DEGLER, C. N. 1991. *In Search of Human Nature : The Decline and Revival of Darwinism in American Social Thought.* New York : Oxford Univ. Press.

DE LACOSTE-UTAMSING, C. et R. L. HOLLOWAY. 1982. Sexual dimorphism in the human corpus callosum. *Science* 216:1431-32.

DELSON, E., éd. 1985. *Ancestors : The Hard Evidence.* New York : Alan R. Liss.

DE VOS, G. J. 1983. Social behavior of black grouse : An observational and experimental field study. *Ardea* 71:1-103.

DE WAAL, 1982. *Chimpanzee Politics : Power and Sex among Apes.* New York : Harper & Row.
—. 1987. Tension regulation and nonreproductive functions of sex in captive bonobos *(Pan paniscus). National Geographic Research* 3:318-35.
—. 1989. *Peacemaking among Primates.* Cambridge : Harvard Univ. Press.

DIAMOND, M. 1980. The biosocial evolution of human sexuality. Reply to Precis of *The evolution of human sexuality,* par Donald Symons. *Behavioral and Brain Sciences* 3:171-214.

DIANA, L. n.d. Extra-marital sex in Italy : A family responsibility. Social Science Program, Virginia Commonwealth Univ.

DICKEMANN, M. 1979. The ecology of mating systems in hypergynous dowry societies. *Social Science Information* 18:163-95.

DIONNE, E. J. 1989. Struggle for work and family fueling women's movement. *New York Times,* Aug. 22.

DISSANAYAKE, E. 1988. *What is Art For ?* Seattle : Univ. of Washington Press.

DONALDSON, F. 1971. Emotion as an accessory vital system. *Perspectives in Biology and Medicine* 15:46-71.

DOUGHERTY, E. G. 1955. Comparative evolution and the origin of sexuality. *Systematic Zoology* 4:145-69.

DOUGLAS, C. 1987. The beat goes on. *Psychology Today,* Nov., 37-42.

DRAPER, P. 1985. Two views of sex differences in socialization. Dans *Male-Female Differences : A Bio-Cultural Perspective,* éd. R. L. Hall, P. Draper, M. E. Hamilton, D. McGuinness, C. M. Otten et E. A. Roth. New York : Praeger.

DUPÂQUIER, J., E. HÉLIN, P. LASLETT, M. LIVI-BACCI et S. SOGNER. 1981. *Marriage and Remarriage in Populations of the Past.* New York : Academic Press.

DURDEN-SMITH, J. et D. DESIMONE. 1983. *Sex and the Brain.* New York : Arbor House.

DYCHTWALD, K. et J. FLOWER. 1989. *Age Wave : The Challenges and Opportunities of an Aging America.* Los Angeles : Jeremy P. Tarcher.

EAST, R. 1939. *Akiga's Story : The Tiv Tribe as Seen by One of Its Members.* London : Oxford Univ. Press.

EASTERLIN, R. A. 1980. *Birth and Fortune : The Impact of Numbers on Personal Welfare.* New York : Basic Books.

EBERHARD, W. G. 1985. *Sexual Selection and Animal Genitalia.* Cambridge : Havard Univ. Press.

—. 1987. Runaway sexual selection. *Natural History,* Dec., 4-8.
—. 1990. Animal genitalia and female choice. *American Scientist* 87:134-41.

EIBL-EIBESFELDT, I. 1970. *Ethology : The Biology of Behavior.* New York : Holt, Rinehart and Winston.
—. 1989. *Human Ethology.* New York : Aldine de Gruyter.

EKMAN, P. 1980. *The Face of Man.* New York : Garland STPM Press.
—. 1985. *Telling Lies : Clues to Deceit in the Marketplace, Politics, and Marriage.* New York : W. W. Norton.

EKMAN, P. E., R. Sorenson et W. V. Friesen. 1969. Pan-cultural elements in facial displays of emotion. *Science* 164:86-88.

ELKIN, A. P. 1939. Introduction to *Aboriginal Woman : Sacred and Profane,* par P. M. Kaberry. London : Routledge and Kegan Paul.

ELLIS, B. et D. SYMONS. 1990. Sex differences in sexual fantasy : An evolutionary psychological approach. Paper presented at the annual meeting of the Human Behavior and Evolution Society, Los Angeles.

EMBER, M. et C. R. EMBER. 1979. Male-female bonding : A cross-species study of mammals and birds. *Behavior Science Research* 14:37-56.

EMLEN, S. T. et L. W. Oring. 1977. Ecology, sexual selection and the evolution of mating systems. *Science* 197:215-33.

EPSTEIN, C. 1988. *Deceptive Distinctions : Sex, Gender and the Social Order.* New York : Russell Sage.

ESPENSHADE, T. J. 1985. Marriage trends in America : Estimates, implications, and underlying causes. *Population and Development Review* 11 (n° 2) : 193-245.

ETIENNE, M. et E. LEACOCK, éds. 1980. *Women and Colonization : Anthropological Perspectives.* New York : Praeger.
—. 1991. Monogamy, adultery and divorce in cross-species perspective. Dans *Man and Beast Revisited,* éd. M. H. Robinson et L. Tiger. Washington, D.C. : Smithsonian Institution Press.
—. En préparation. Human divorce patterns : mise à jour.

FISHMAN, S. M. et D. V. SHEEHAN. 1985. Anxiety and panic : Their cause and treatment. *Psychology Today,* April, 26-32.

FLINN, M. V. et B. S. LOW. 1986. Resource distribution, social competition and mating patterns in human societies. Dans *Ecological Aspects of Social Evolution,* éd. D. I. Rubenstein et R. W. Wrangham. Princeton : Princeton Univ. Press.

FLUEHR-LOBBAN, C. 1979. A Marxist reappraisal of the matriarchate. *Current Anthropology* 20:341-60.

FOLEY, R. A. et P. C. LEE. 1989. Finite social space, evolutionary pathways, and reconstructing hominid behavior. *Science* 243:901-06.

FORD, C. S. et F. A. BEACH. 1951. *Patterns of Sexual Behavior.* New York : Harper & Brothers.

FORSYTH, A. 1985. Good scents and bad. *Natural History,* Nov., 25-32.

FORTUNE, R. 1963. *Sorcerers of Dobu.* New York : E. P. Dutton.

FOSSEY, D. 1979. Development of the mountain gorilla *(Gorilla gorilla beringei) :* The first thirty-six months. Dans *The Great Apes,* éd. D. A. Hamburg and E. R. McCown. Menlo Park, Calif. : Benjamin/Cummings.

FOUTS, D. 1983. Louis tries his hand at surgery. *Friends of Washoe* 3, n° 4.

FOX, R. 1972. Alliance and constraint : Sexual selection in the evolution of human kinship systems. Dans *Sexual Selection and the Descent of Man,* éd. B. Campbell. Chicago : Aldine.

—. 1980. *The Red Lamp of Incest.* New York : E. P. Dutton.

FRANK, R. 1985. *Choosing the Right Pond : Human Behavior and the Quest for Status.* New York : Oxford Univ. Press.

FRAYER, D. W. et M. H. WOLPOFF. 1985. Sexual Dimorphism. *Annual Review of Anthropology.* 14:429-73.

EVANS, M. S. 1987. Women in twentieth century America : An overview. Dans *The American Woman : 1987-88,* éd. S. E. Rix. New York : W. W. Norton.

EVELETH, P. B. 1986. Timing of menarche : Secular trend and population differences. Dans *School-Age Pregnancy and Parenthood : Biosocial Dimensions,* éd. J. B. Lancaster et B. A. Hamburg. New York : Aldine de Gruyter.

FARAH, M. 1984. *Marriage and Sexuality in Islam : A Translation of al-Ghazālī's* Book on the Etiquette of Marriage from the Ihyā. Salt Lake City : Univ. of Utah Press.

FEDIGAN, L. M. 1982. *Primate Paradigms : Sex Roles and Social Bonds.* Montreal : Eden Press.

FEHRENBACKER, G. 1988. Moose courts cows, and disaster. *Standard-Times* (New Bedford, Mass.), Jan. 23.

FEINMAN, S. et G. W. GILL. 1978. Sex differences in physical attractiveness preferences. *Journal of Social Psychology* 105:43-52.

FELD, A., éd. 1990. How to stay married in the 90s. *Bride's* magazine, Dec., 126.

FENNEMA, E. 1990. Justice, equity and mathematics education. Dans *Mathematics and Gender,* éd. E. Fennema et G. C. Leder. New York : Teachers College Press.

FENNEMA, E. et G. C. LEDER, éd. 1990. *Mathematics and Gender.* New York : Teachers College Press.

FIELD, T. M., et al. 1982. Discrimination and imitation of facial expressions by neonates. *Science* 218:179-81.

FINN, M. V. et B. S. LOW. 1986. Resource distribution, social competition and mating patterns in human societies. Dans *Ecological Aspects of Social Evolution,* éd. D. I. Rubenstein et R. W. Wrangham. Princeton : Princeton Univ. Press.

FISHER, H. E. 1975. The loss of estrous periodicity in hominid evolution. Recherche de doctorat, Univ. of Colorado, Boulder.

—. 1982. *The Sex Contract : The Evolution of Human Behavior*. New York : William Morrow.

—. 1987. The four-year itch. *Natural History*, Oct., 22-33.

—. 1989. Evolution of human serial pairbonding. *American Journal of Physical Anthropology* 78:331-54.

FRAYSER, S. 1985. *Varieties of Sexual Experience : An Anthropological Perspective on Human Sexuality*. New Haven : HRAF Press.

FRIEDL, E. 1975. *Women and Men : An Anthropologist's View*. New York : Holt, Rinehart and Winston.

FRISCH, R. E. 1978. Population, food intake and fertility. *Science* 199:22-30.

—. 1989. Body weight and reproduction. *Science* 246:432.

FRISCH, R. E. et R. REVELLE. 1970. Height and weight at menarche and a hypothesis of critical weights and adolescent events. *Science* 169:397-99.

FULLER, C. J. 1976. *The Nayars Today*. Cambridge : Cambridge Univ. Press.

FURSTENBERG, F. F., Jr. 1981. Remarriage and intergenerational relations. Dans *Aging : Stability and Changes in the Family,* éd. R. W. Fogel et al. New York : Academic Press.

FURSTENBERG, F. F., Jr. et G. B. SPANIER. 1984. *Recycling the Family . Remarriage after Divorce*. Beverly Hills, Calif. : Sage Publications.

Gage, R. L. 1979. *Fox Family*. New York : Weatherhill/Heibonsha.

GALDIKAS, B. M. F. 1979. Orangutan adaptation at Tanjung Puting Reserve : Mating and ecology. Dans *The Great Apes,* éd. D. A. Hamburg et E. R. McCown. Menlo Park, Calif. : Benjamin/Cummings.

GALDIKAS, B. M. F. et J. W. WOOD. 1990. Birth spacing patterns in humans and apes. *American Journal of Physical Anthropology* 83:185-91.

GALLUP, G. G. 1982. Permanent breast enlargement in human females : A socio-biological analysis. *Journal of Human Evolution* 11:597-601.

GARGETT, R. H. 1989. Grave shortcomings : The evidence for Neanderthal burial. *Current Anthropology* 30:157-90.

GAULIN, S. J. et J. BOSTER. 1985. Cross-cultural differences in sexual dimorphism : Is there any variance to be explained? *Ethology and Sociobiology* 6:219-25.

GAULIN, S. J. et R. W. FITZGERALD. 1989. Sexual selection for spatial-learning ability. *Animal Behavior.* 37:322-31.

GAULIN, S. J. et M. J. KONNER. 1977. On the natural diet of primates, including humans. Dans *Nutrition and the Brain.* Vol. I, éd. R. et J. Wurtman. New York : Raven Press.

GEHLBACK, F. R. 1986. Odd couples of suburbia. *Natural History,* July, 56-66.

GESCHWIND, N. 1974. The anatomical basis of hemispheric differentiation. Dans *Hemispheric Function of the Human Brain,* éd. S. J. Dimond et J. G. Beaumont. New York : John Wiley.

GIBBONS, A. 1990a. Our chimp cousins get that much closer. *Science* 250:376.
—. 1990b. Paleontology by bulldozer. *Science* 247:1407-9.
—. 1991. First hominid finds from Ethiopia in a decade. *Science* 251:1428.

GIBBS, H. L., et al. 1990. Realized reproductive success of polygynous redwinged blackbirds revealed by DNA markers. *Science* 250:1394-97.

GIBSON, K. R. 1981. Comparative neuroontogeny, its implications for the development of human intelligence. Dans *Infancy and Epistemology,* éd. G. Butterworth. Brighton, England : Harvester Press.

GIES, F. et J. GIES. 1978. *Women in the Middle Ages.* New York : Barnes & Noble Books.

GIESE, J. 1990. A communal type of life, and dinner's for everyone. *New York Times,* Sept. 27.
—. 1982. Why should a woman be more like a man? *Psychology Today,* June, 70-71.

GILLIGAN, C. et G. WIGGINS. 1988. The origins of morality in early childhood relationships. Dans *Mapping the Moral Domain,* éd. C. Gilligan et al. Cambridge : Harvard Univ. Press.

GIMBUTAS, M. A. 1989. *The Language of the Goddess.* San Francisco : Harper & Row.

GIVENS, D. B. 1983. *Love Signals : How to Attract a Mate.* New York : Crown.

—. 1986. The big and the small : Toward a paleontology of gesture. *Sign Language Studies* 51:145-70.

GLADKIH, M. I., N.L. KORNIETA et O. SOFFER. 1984. Mammoth-bone dwellings on the Russian plain. *Scientific American* 251 (n° 5):164-75.

GLENN, N. et M. SUPANCIC. 1984. The social and demographic correlates of divorce and separation in the United States : An update and reconsideration. *Journal of Marriage and the Family* 46:563-75.

GLICK, P. C. 1975. Some recent changes in American families. *Current Population Reports*. Social Studies Series P-23, n° 52. Washington, D.C. : Bureau américain du recensement.

GOLDBERG, S. 1973. *The Inevitability of Patriarchy*. New York : William Morrow.

GOLDIN, C. 1990. *Understanding the Gender Gap : An Economic History of American Women*. New York : Oxford Univ. Press.
—. 1991. A conversation with Claudia Goldin. *Harvard Gazette*, Feb. 1, pp. 5-6.

GOLDIZEN, A. W. 1987. Tamarins and marmosets : Communal care of offspring. Dans *Primate Societies,* éd. B. B. Smuts, D. L. Cheney, R. M. Seyfarth, R. W. Wrangham, et T. T. Struhsaker. Chicago : Univ. of Chicago Press.

GOLDSTEIN, B. 1976. *Human Sexuality*. New York : McGraw-Hill.

GOLDSTEIN, M. 1976. Fraternal polyandry and fertility in a high Himalayan village in N. W. Nepal. *Human Ecology* 4 (n° 3):223-33.

GOLDSTEIN, M. C. 1987. When brothers share a wife. *Natural History,* March, 39-49.

GOLEMAN, D. 1981. The 7,000 faces of Dr. Ekman. *Psychology Today,* Feb., 43-49.
—. 1986. Two views of marriage explored : His and hers. *New York Times,* April 1.
—. 1989. Subtle but intriguing differences found in the brain anatomy of men and women. *New York Times,* April 11.

GOODALE, J. C. 1971. *Tiwi Wives : A Study of the Women of Melville Island, North Australia*. Seattle : Univ. of Washington Press.

GOODALL, J. 1968. The behavior of free-ranging chimpanzees in the Gombe Stream Reserve. *Animal Behavior Monographs* 1:161-311.

—. 1970. Tool-using in primates and other vertebrates. *Advanced Studies of Behavior* 3:195-249.

—. 1977. Watching, Watching, Watching. *New York Times,* Sept. 15.

—. 1986. *The Chimpanzees of Gombe : Patterns of Behavior.* Cambridge : Belknap Press/Harvard Univ. Press.

—. 1988. *In the Shadow of Man.* Rev. éd. Boston : Houghton Mifflin.

GOODALL, J., A. BANDORA, E. BERGMANN, C. BUSSE, H. MATAMA, E. MPONGO, A. PIERCE et D. RISS. 1979. Intercommunity interactions in the chimpanzee population of the Gombe National Park. Dans *The Great Apes,* éd. D. A. Hamburg et E. R. McCown. Menlo Park, Calif. : Benjamin/Cummings.

GOODENOUGH, W. H. 1970. *Description and Comparison in Cultural Anthropology.* Chicago : Aldine.

GOODY, J. 1969. Inheritance, property, and marriage in Africa and Eurasia. *Sociology* 3:55-76.

—. 1983. *The Development of the Family and Marriage in Europe.* Cambridge : Cambridge Univ. Press.

GORER, G. 1938. *Himalayan Village : An Account of the Lepchas of Sikkim.* London : M. Joseph.

GOUGH, E. K. 1968. The Nayars and the definition of marriage. Dans *Marriage, Family, and Residence,* éd. P. Bohannan et J. Middleton. Garden City, N. Y. : Natural History Press.

GOULD, J. L. 1982. *Ethology : The Mechanisms and Evolution of Behavior.* New York : W. W. Norton.

GOULD, J. L. et C. G. GOULD. 1989. *The Ecology of Attraction : Sexual Selection.* New York : W. H. Freeman.

GOULD, S. J. 1977. *Ontogeny and Phylogeny.* Cambridge : Harvard Univ. Press.

—. 1981. *The Mismeasure of Man.* New York : W. W. Norton.

—. 1987a. Freudian slip. *Natural History,* Feb., 14-19.

—. 1987b. Steven Jay Gould Replies to John Alcok's " Ardent Adaptationnism. " *Natural History,* April, 4.

GOVE, C. M. 1989. Wife lending : Sexual pathways to transcendence in Eskimo culture. Dans *Enlightened Sexuality,* éd. G. Feuerstein. Freedom, Calif. : Crossing Press.

GRAHAM, C. A. et W. C. McGREW. 1980. Menstrual synchrony in female undergraduates living on a coeducational campus. *Psychoneuroendocrinology* 5:245-52.

427

GRAY, J. P. et L. D. WOLFE. 1983. Human female sexual cycles and the concealment of ovulation problem. *Journal of Social and Biological Structures* 6:345-52.

GREENFIELD, L. O. 1980. A late-divergence hypothesis. *American Journal of Physical Anthropology* 52:351-66.
—. 1983. Toward the resolution of discrepancies between phenetic and paleontological data bearing on the question of human origins. Dans *New Interpretations of Ape and Human Ancestry,* éd. R. L. Ciochon et R. S. Corruccini. New York : Plenum Press.

GREGERSEN, E. 1982. *Sexual Practices : The Story of Human Sexuality.* London : Mitchell Beazley.

GREGG, S. A. 1988. *Foragers and Farmers : Population Interaction and Agricultural Expansion in Prehistoric Europe.* Chicago : Univ. of Chicago Press.

GREGOR, T. 1985. *Anxious Pleasures : The Sexual Lives of an Amazonian People.* Chicago : Univ. of Chicago Press.

GRINE, F. E. 1989. *Evolutionary History of the Robust Australopithecines.* New York : Aldine de Gruyter.

GRIFFIN, D. R. 1984. *Animal Thinking.* Cambridge : Harvard Univ. Press.

GUBERNICK, D. J. Department of Psychology, Univ. of Wisconsin, Madison. Personal communication.

GUTTENTAG, M. et P. F. SECORD. 1983. *Too Many Women? The Sex Ratio Question.* Beverly Hills, Calif. : Sage Publications.

HALL, E. T. 1959. *The Silent Language.* New York : Doubleday.
—. 1966. *The Hidden Dimension.* New York : Anchor Books.

HALL, J. 1984. *Nonverbal Sex Differences.* Baltimore : Johns Hopkins Press.

HALL, J. A., R. ROSENTHAL, D. ARCHER, M. R. DiMATTEO et P. L. ROGERS. 1977. The profile of nonverbal sensitivity. Dans *Advances in Psychological Assessment.* Vol. 4, éd. P. McReynolds. San Francisco : Jossey-Bass.
—. 1978. Decoding wordless messages. *Human Nature,* May, 68-75.

HALL, R. L. 1982. *Sexual Dimorphism in Homo Sapiens : A Question of Size.* New York : Preager.

HALL, T. 1987. Infidelity and women : Shifting patterns. *New York Times,* June 1.

HAMES, R. B. 1988. The allocation of parental care among the Ye'kwana. Dans *Human Reproductive Behavior : A Darwinian Perspective,* éd. L. Betzig, M. Borgerhoff Mulder et P. Turke. New York : Cambridge Univ. Press.

HAMILTON, W. D. 1964. The genetical evolution of social behaviour : I. et II. *Journal of Theoretical Biology* 7:1-52.
—. 1980. Sex versus non-sex versus parasite. *Oikos* 35:282-90.

HAMILTON, W. D., P. A. HENDERSON et N. A. MORAN. 1981. Fluctuation of environment and coevolved antagonist polymorphism as factors in the maintenance of sex. Dans *Natural Selection and Social Behavior,* éd. R. D. Alexander et D. W. Tinkle. New York : Chiron Press.

HARCOURT, A. H. 1979. Social relationships between adult male and female mountain gorillas in the wild. *Animal Behavior* 27:325-42.
—. 1979. The social relations and group structure of wild mountain gorillas. Dans *The Great Apes,* éd. D. A. Hamburg et E. R. McCown. Menlo Park, Calif. : Benjamin/Cummings.

HARRIS, M. 1977. Why men dominate women. *New York Times Magazine,* Nov. 13, 46, 115-23.
—. 1981. *America Now : The Anthropology of a Changing Culture.* New York : Simon et Schuster.

HARRISON, R. J. 1969. Reproduction and reproductive organs. Dans *The Biology of Marine Mammals,* éd. H. T. Andersen. New York : Academic Press.

HART, C. W. M. et A. R. PILLING. 1960. *The Tiwi of North Australia.* New York : Holt, Rinehart et Winston.

HARWOOD, D. M. 1985. Late Neogene climate fluctuations in the southern high-latitudes : Implications of a warm Pliocene and deglaciated Antarctic continent. *South African Journal of Science* 81:239-41.

HASSAN, F. 1980. The growth and regulation of human population in prehistoric times. Dans *Biosocial Mechanisms of Population Regulation,* éd. M. N. Cohen, R. S. Malpass et H. G. Klein. New Haven : Yale Univ. Press.

HAUSFATER, G. et S. B. HRDY. 1984. *Infanticide : Comparative and Evolutionary Perspectives.* New York : Aldine.

HAWKES, K., K. HILL et J. F. O'CONNELL. 1982. Why hunters gather :

429

Optimal foraging and the Ache of eastern Paraguay. *American Ethnologist* 9:379-98.

HAY, R. L. et M. D. LEAKEY. 1982. The fossil footprints of Laetoli. *Scientific American,* Feb., 50-57.

HEIDER, K. G. 1976. Dani sexuality : A low energy system. *Man* 11:188-201.

HENLEY, N. 1977. *Body Politics : Power, Sex and Nonverbal Communication.* Englewood Cliffs, N.J. : Prentice-Hall.

HENRY, D. J. 1985. The little foxes. *Natural History,* Jan., 46-56.

HENRY, J. 1941. *Jungle People.* Richmond : William Byrd.

HESS, E. H. 1975. *The Tell-Tale Eye.* New York : Van Nostrand Reinhold.

HEWLETT, B., éd. 1992. *Father Child Relations.* New York : Aldine de Gruyter.

JENNI, D. A. 1974. Evolution of polyandry in birds. *American Zoology* 14:129-44.

JIA, L. et H. WEIWEN. 1990. *The Story of Peking Man : From Archaeology to Mystery.* New York : Oxford Univ. Press.

JOHANSON, D. et M. EDEY.

JOHANSON, D. et J. SHREEVE.

JOHANSON, D. C. et T. D. WHITE. 1979. A systematic assessment of early African hominids. *Science* 203:321-30.

JOHNSON, A. W. et T. EARLE. 1987. *The Evolution of Human Societies : From Foraging Group to Agrarian State.* Stanford : Stanford Univ. Press.

JOHNSON, L. L. 1989. The Neanderthals and population as prime mover. *Current Anthropology* 30:534-35.

JOHNSON, R. A. 1983. *We : Understanding the Psychology of Romantic Love.* San Francisco : Harper & Row.

JOHNSON, S. C. 1981. Bonobos : Generalized hominid prototypes or specialized insular dwarfs ? *Current Anthropology* 22:363-75.

JOHNSTON, F. E. éd. 1982. Pliocene hominid fossils from Hadar, Ethiopia. *American Journal of Physical Anthropology* 57:373-19.

JORGENSEN, W. 1980. *Western Indians.* San Francisco : W. H. Freeman.

JOST, A. 1972. A new look at the mechanisms controlling sex differentiation in mammals. *Johns Hopkins Medical Journal* 130:38-53.

JUNGERS, W. 1988. Relative joint size and hominoid locomotor adaptations. *Journal of Human Evolution* 17:247.

KABERRY, P. M. 1939. *Aboriginal Woman : Sacred and Profane.* London : Routledge et Kegan Paul.

KAGAN, J. et S. LAMB, éds. 1987. *The Emergence of Morality in Young Children.* Chicago : Univ. of Chicago Press.

KAGAN, J., J. S. REZNICK et N. SNIDMAN. 1988. Biological Bases of Childhood Shyness. *Science* 240:167-71.

KANO, T. 1979. A pilot study on the ecology of pygmy chimpanzees, *Pan paniscus.* Dans *The Great Apes,* éd. D. A. Hamburg et E. R. McCown. Menlo Park, Calif. : Benjamin/Cummings.
—. 1980. Social behavior of wild pygmy chimpanzees *(Pan paniscus)* of Wamba : A preliminary report. *Journal of Human Evolution* 9:243-260.

KANO, T. et M. MULAVWA. 1984. Feeding ecology of the pygmy chimpanzees *(Pan paniscus)* of Wamba. Dans *The Pygmy Chimpanzee,* éd. R. L. Susman. New York : Plenum Press.

KANTROWITZ, B. et P. WINGERT. 1990. Step by step. *Newsweek Special Edition,* Winter/Spring, 24-34.

KAY, R. F. 1981. The nut-crackers : A new theory of the adaptations of the Ramapithecinae. *American Journal of Physical Anthropology* 55:141-51.

KIMURA, D. 1983. Sex differences in cerebral organization for speech and praxic functions. *Canadian Journal of Psychology* 37:19-35.
—. 1989. How sex hormones boost or cut intellectual ability. *Psychology Today,* Nov., 63-66.

KINSEY, A. C., W. B. POMEROY et C. E. MARTIN. 1948. *Sexual Behavior in the Human Male.* Philadelphia : W. B. Saunders.

KINSEY, A. C., W. B. POMEROY, C. E. MARTIN et P. H. GEBHARD. 1953. *Sexual Behavior in the Human Female.* Philadelphia : W. B. Saunders.

KINZEY, W. G. 1987. Monogamous primates : A primate model for human mating systems. Dans *The Evolution of Human Behavior,* éd. W. G. Kinzey. Albany : State Univ. of New York Press.

KIRKENDALL, L. A. et A. E. GRAVATT. 1984. Marriage and family : Styles

431

and forms. Dans *Marriage and the Family in the Year 2000*, éd. L. A. Kirkendall et A. E. Gravatt. Buffalo : Prometheus Books.

KLEIMAN, D. G. 1977. Monogamy in mammals. *Quarterly Review of Biology* 52:39-69.

KLEIMAN, D. G. et J. F. EISENBERG. 1973. Comparisons of child and felid social systems from an evolutionary perspective. *Animal Behavior* 21:637-59.

KLEIMAN, D. G. et J. R. MALCOLM. 1981. The evolution of male parental investment in mammals. Dans *Parental Care in Mammals*, éd. D. J. Gubernick et P. H. Klopfer. New York : Plenum Press.

KLEIN, L. 1980. Contending with colonization : Tlingit men and women in change. Dans *Woman and Colonization*, éd. M. Etienne et E. Leacock. New York : Praeger.

KOHLBERG, L. 1969. Stage et sequence : The cognitive-developmental approach to socialization. Dans *Handbook of Socialization Theory and Research*, éd. D. A. Goslin. Chicago : Rand McNally.

KOHLER, W. 1925. *The Mentality of Apes*. London : Routledge et Kegan Paul. Reprint. New York : Liveright, 1976.

KONNER, M. J. 1982. *The Tangled Wing : Biological Constraints on the Human Spirit*. New York : Harper & Row.
—. 1988. Is orgasm essential ? *Sciences,* March-April 4-7.

KONNER, M. et C. WORTHMAN. Nursing frequency, gonadal function, and birth spacing among ! Kung hunter-gatherers. *Science* 207:788-91.

KRIER, B. A. 1988. Why so many singles ? *Los Angeles Times,* June 26.

KRISTOF, N. D. 1991. Love, the starry-eyed kind, casts spell on China. *New York Times,* March 6.

KRUUK, H. 1972. *The Spotted Hyena : A Study of Predation and Social Behavior*. Chicago : Univ. of Chicago Press.

KUMMER, H. 1968. *Social Organization of Hamadryas Baboons*. Chicago : Univ. of Chicago Press.

KURODA, S. 1984. Interaction over food among Pygmy Chimpanzees. Dans *The Pygmy Chimpanzee*, éd. R. L. Susman. New York : Plenum Press.

LACEY, W. K. 1973. Women in democratic Athens. Dans *Women :*

From the Greeks to the French Revolution, éd. S. G. Bell Stanford : Stanford Univ. Press.

LACK, D. 1968. *Ecological Adaptations for Breeding in Birds.* London : Methuen.

LAITMANN, J. T., R. C. HEIMBUCH et E. S. CRELIN. 1979. The basicranium of fossil hominids as an indicator of their upper respiratory system. *American Journal of Physical Anthropology* 51:15-34.

LAITMAN, J. T. 1984. The anatomy oh human speech. *Natural History*, Aug., 20-27.

LAMPE, P. E., éd. 1987. *Adultery in the United States : Close Encounters of the Sixth (or Seventh) Kind.* Buffalo : Prometheus Books.

LANCASTER, J. B. 1979. Sex and gender in evolutionary perspective. Dans *Human Sexuality,* éd. M. Katchadourian. Berkeley : Univ. of California Press.
—. 1986. Human adolescence and reproduction : An evolutionary perspective. Dans *School-Age Pregnancy and Parenthood,* éd. J. B. Lancaster et B. A. Hamburg. New York : Aldine de Gruyter.
—. In preparation : Parental investment and the evolution of the juvenile phase of the human life course. Dans *The Origins of Humanness,* éd. A. Brooks. Washington, D. C. : Smithsonian Institution Press.

LANCASTER, J. B. et C. S. LANCASTER, 1983. Parental investment : The hominid adaptation. Dans *How Humans Adapt : A Biocultural Odyssey,* éd. D. J. Ortner. Washington, D. C. : Smithsonian Institution Press.

LATIMER, B. M., T. D. WHITE, W. H. KIMBEL, D. C. JOHANSON et C. O. LOVEJOY. 1981. The pygmy chìmpanzee is not a living missing link in human evolution. *Journal of Human Evolution* 10:475-88.

LAWRENCE, R. J. 1989. *The Poisoning of Eros : Sexual Values in Conflict.* New York : Augustine Moore Press.

LAWSON, A. 1988. *Adultery : An Analysis of Love and Betrayal.* New York : Basic Books.

LEACOCK, E. B., éd. 1972. *The Origins of the Family, Private Property and the State, By Frederick Engels with an Introduction by Eleanor Burke Leacock.* New York : International Publishers.

LEACOCK, E. B. 1980. Montagnais women and the Jesuit program for colonization. Dans *Women and Colonization*, éd. M. Etienne E. Leacock. New York : Praeger.

—. 1981. *Myths of Male Dominance*. New York : Monthly Review Press.

LEAKEY, M. D. 1971. *Olduvai Gorge*. Vol. 3. London : Cambridge Univ. Press.

LEAKEY, M. D. et R. L. HAY. 1979. Pliocene footprints in the Laetolil beds at Laetoli, northern Tanzania. *Nature* 278:317-23.

LEAKEY, M. D., R. L. HAY, G. H. CURTIS, R. E. DRAKE, M. K. JACKES et T. D. WHITE. 1976. Fossil hominids from the Laetolil beds. *Nature* 262:460-66.

LEBŒUF, B. J. 1974. Male-male competition and reproductive success in elephant seals. *American Zoologist* 14:163-76.

LE CLERCQ, C. 1910. *New relation of Gaspesia*, éd. W. F. Ganong. Toronto : Champlain Society.

LEDER, G. C. 1990. Gender differences in mathematics : An overview. Dans *Mathematics and Gender*, éd. E. Fennema et G. C. Leder. New York : Teachers College Press.

LEE, R. B. 1968. What hunters do for a living, or, How to make out on scarce resources. Dans *Man the Hunter*, éd. R. B. Lee et I. DeVore. New York : Aldine.

—. 1980. Lactation, ovulation, infanticide, and women's work : A study of hunter-gatherer population regulation. Dans *Biosocial Mechanisms of Population Regulation*, éd. M. N. Cohen, R. S. Malpass et H. G. Klein. New Haven : Yale Univ. Press.

LEHRMAN, N. S. 1962. Some origins of contemporary sexual standards. *Journal of Religion and Health* 1:362-86.

—. 1963. Moses, monotheism and marital fidelity. *Journal of Religion and Health* 3:70-89.

LEROI-GOURHAN, A. 1975. The flowers found with Shanidar IV : A Neanderthal burial in Iraq. *Science* 190:562-64.

LEVINGER, G. 1968. Marital cohesiveness and dissolution : An integrative review. Dans *Selected Studies in Marriage and the Family*, éd. R. R. Winch et L. L. Goodman. 3d éd. New York : Holt, Rinehart et Winston.

LEVITAN, S. A., R. S. BELOUS et F. GALLO. 1988. *What's Happening to the American Family ?* Baltimore : Johns Hopkins Univ. Press.

LEWIN, R. 1982. How did humans evolve big brains ? *Science* 216:840-41.
—. 1983a. Fossil Lucy grows younger, again. *Science* 219:43-44.
—. 1983b. Is the orangutan a living fossil ? *Science* 222:1222-23.
—. 1985. Surprise findings in the Taung child's face. *Science* 228:42-44.
—. 1987a. Africa : Cradle of modern humans. *Science* 237:1292-95.
—. 1987b. Four legs bad, two legs good. *Science* 235:969-71.
—. 1988a. A revolution of ideas in agricultural origins. *Science* 240:984-86.
—. 1988b. Conflict over DNA clock results. *Science* 241:1598-1600.
—. 1988c. DNA clock conflict continues. *Science* 241:1756-59.
—. 1988d. Subtleties of mating competition. *Science* 242:668.
—. 1989. Species questions in modern human origins. *Science* 243:1666-67.

LEWIS, H. T. 1989. Reply to Hominid use of fire in the Lower and Middle Pleistocene : A review of the evidence, by S. R. James. *Current Anthropology* 30:1-26.

LEWIS, R. A. et G. B. SPANIER. 1979. Theorizing about the quality and stability of marriage. Dans *Contemporary Theories about the Family,* éd. W. Burr, R. Hill, F. Nye et I Reiss. New York : Free Press.

LIEBERMAN, P. 1984. *The Biology and Evolution of Language.* Cambridge : Harvard Univ. Press.

LIEBOWITZ, M. R. 1983. *The Chemistry of Love.* Boston : Little, Brown.

LINDBURG, D. G. 1982. Primate obstetrics : The biology of birth. *American Journal of Primatology.* Supplement. 1:193-99.

LLOYD, H. G. 1980. *The Red Fox.* London : Batsford.

LLOYD, P. 1968. Divorce among the Yoruba. *American Anthropologist* 70:67-81.

LONDON, K. A. et B. FOLEY WILSON. 1988. D-i-v-o-r-c-e. *American Demographics,* Oct., 22-26.

LOVEJOY, C. O. 1981. The origin of man. *Science* 211:341-50.

LOW, B. S. 1979. Sexual selection and human ornamentation. Dans *Evolutionary Biology and Human Social Behavior,* éd. N. A. Chagnon et W. Irons. North Scituate, Mass. : Duxbury Press.

LOW, B. S., R. D. ALEXANDER et K. M. NOONAN. 1987. Human hips, breasts and buttocks : Is fat deceptive ? *Ethology and Sociobiology* 8 (n° 4) : 249-58.

435

MACCOBY, E. E. et C. N. JACKLIN. 1974. *The Psychology of Sex Differences*. Stanford : Stanford Univ. Press.

MACE, D., et V. MACE. 1959. *Marriage : East and West*. Garden City, N.Y. : Dolphin Books, Doubleday.

MACKINNON, J. 1979. Reproductive behavior in wild orangutan populations. Dans *The Great Apes*, éd. D. A. Hamburg et E. R. McCown. Menlo Park, Calif. : Benjamin/Cummings.

MACLEAN, P. D. 1973. *A Triune Concept of the Brain and Behaviour*. Toronto : Toronto Univ. Press.

MAGLIO, V. J. 1978. Patterns of faunal evolution. Dans *Evolution of African Mammals,* éd. V. J. Maglio et H. B. S. Cooke. Cambridge : Harvard Univ. Press.

MANSPERGER, M. C. 1990. The precultural human mating system. *Journal of Human Evolution* 5:245-59.

MARKS, J. 1989. The hominin clad. *Science* 246:1645.

Marriage and Divorce Today. 1987. The hidden meaning : An analysis of different types of affairs. June 1, pp. 1-2.
—. 1986. May 12, p. 1.

MARTIN, M. K. et B. VOORHIES. 1975. *Female of the Species*. New York : Columbia Univ. Press.

MARTIN, R. D. 1982. Human brain evolution in an ecological context. Fifty-second James Arthur Lecture on the Evolution of the Human Brain, American Museum of Natural History, New York.

MASCIA-LEES, F. E., J. H. RELETHFORD et T. SORGER. 1986. Evolutionary perspectives on permanent breast enlargement in human females. *American Anthropologist* 88:423-29.

MAXWELL, M. 1984. *Human Evolution : A Philosophical Anthropology*. New York : Columbia Univ. Press.

MAYNARD SMITH, J. 1978. *The Evolution of Sex*. Cambridge : Cambridge Univ. Press.

McCLINTOCK, M. K. 1971. Menstrual synchrony and suppression. *Nature* 229:244-45.

McCORRISTON, J. et F. HOLE. 1991. The ecology of seasonal stress and the origins of agriculture in the Near East. *American Anthropologist* 93:46-69.

McGinnis, P. R. 1979. Sexual behavior in free-living chimpanzees : Consort relationships. Dans *The Great Apes,* éd. D. A. Hamburg et E. R. McCown. Menlo Park, Calif. : Benjamin/Cummings.

McGrew, W. C. 1974. Tool use by wild chimpanzees in feeding upon driver ants. *Journal of Human Evolution* 3:501-8.
—. 1979. Evolutionary implications of sex differences in chimpanzee predation and tool use. Dans *The Great Apes,* éd. D. A. Hamburg et E. R. McCown. Menlo Park, Calif. : Benjamin/Cummings.
—. 1981. The female chimpanzee as a human evolutionary prototype. In *Woman the Gatherer,* éd. F. Dahlberg. New Haven : Yale Univ. Press.

McGuiness, D. 1976. Perceptual and cognitive differences between the sexes. Dans *Explorations in Sex Differences,* B. Lloyd et J. Archer. New York : Academic Press.
—. 1979. How schools discriminate against boys. *Human Nature,* Feb., 82-88.
—. 1985. Sensory biases in cognitive development. Dans *Male-Female Differences : A Bio-Cultural Perspective.* Éd. R. L. Hall, P. Draper, M. E. Hamilton, D. McGuinness, C. M. Otten et E. A. Roth. New York : Praeger.

McGuinness, D. et K. H. Pribram. 1979. The origin of sensory bias in the development of gender differences in perception and cognition. Dans *Cognitive Growth and Development,* éd. M. Bortner. New York : Brunner/Mazel.

McGuire, M. M. Raleigh et G. Brammer. 1982. Sociopharmacology. *Annual Review of Pharmacology and Toxicology* 22:643-61.

McHenry, H. M. 1986. The first bipeds. *Journal of Human Evolution* 15:177.

McHenry, H. M. et C. J. O'Brien. 1986. Comment on H. T. Bunn and E. M. Kroll, « Systematic butchery by Plio/Pleistocene hominids at Olduvai Gorge, Tanzania ». *Current Anthropology* 27:431-53.

McMillan, V. 1984. Dragonfly monopoly. *Natural History,* July, 33-38.

McWhirter, N. et R. McWhirter. 1975. *Guinness Book of World Records.* New York : Sterling.

MEAD, M. 1935. *Sex and Temperament in Three Primitive Societies*. New York : William Morrow.

—. 1949. *Male and Female*. New York : William Morrow.

—. 1966. Marriage in two steps. *Redbook,* July, 47-49, 84, 86.

MEALEY, L. 1985. The relationship between social status and biological success : A case study of the Mormon religious hierarchy. *Ethology and Sociobiology* 6:249-257.

MEGGITT, M. J. 1962. *Desert People : A Study of the Walbiri Aborigines of Central Australia*. Chicago : Univ. of Chicago Press.

MELLARS, P. 1989. Major issues in the emergence of modern humans. *Current Anthropology* 30:349-85.

MELLEN, S. L. W. 1981. *The Evolution of Love*. San Francisco : W. H. Freeman.

MICHOD, R. E. 1989. What's love got to do with it ? *The Sciences,* May-June, 22-28.

MICHOD, R. E. et B. R. LEVIN, éds. 1987. *The Evolution of Sex : An Examination of Current Ideas*. Sunderland, Mass. : Sinauer.

MILLER, J. A. 1983. Masculine/feminine behavior : New views. *Science News* 124:326.

MITTERAUER, M. et R. SIEDER. 1982. *The European Family : Patriarchy to Partnership from the Middle Ages to the Present*. Chicago : Univ. of Chicago Press.

MIYAMOTO, M. M., J. L. SLIGHTOM et M. GOODMAN. 1987. Phylogenetic relations of humans and African apes from DNA sequences in the Ψ7-globin region. *Science* 238:369-72.

MOCK, D. W. et M. FUJIOKA. 1990. Monogamy and long-term pair bonding in vertebrates. *Trends in Ecology and Evolution* 5 (n° 2):39-43.

MOIR, A. et D. JESSEL. 1989. *Brain Sex : The Real Differences between Men and Women*. London : Michael Joseph.

MOLLER, A. P. 1988. Ejaculate quality, testes size and sperm competition in primates. *Journal of Human Evolution* 17:479.

MONEY, J. 1980. *Love and Love Sickness : The Science of Sex, Gender Difference, and Pair-Bonding*. Baltimore : Johns Hopkins Univ. Press.

—. 1986. *Lovemaps : Clinical Concepts of Sexual/Erotic Health and Pathology, Paraphilia, and Gender Transposition in Childhood, Adolescence and Maturity*. New York : Irvington Publishers.

Money, J. et A. A. Ehrhardt. 1972. *Man and Woman, Boy and Girl : The Differentiation and Dimorphism of Gender Identity from Conception to Maturity.* Baltimore : Johns Hopkins Univ. Press.

Montagu, A. 1937. *Coming into Being among the Australian Aborigines.* London : Routledge.
—. 1961. Neonatal and infant immaturity in man. *Journal of the American Medical Association* 178:56-57.
—. 1971. *Touching : The Human Significance of the Skin.* New York : Columbia Univ. Press.
—. 1981. *Growing Young.* New York : McGraw-Hill.

Morris, D. *Le singe nu,* Grasset-Livre de Poche, Paris, 1968.
—. 1971. *Intimate Behavior.* New York : Bantam Books.

Morrison, P. 1987. Review of *Dark caves, bright visions : Life in Ice Age Europe,* by Randall White. *Scientific American* 256 (n° 3):26-27.

Moss, C. 1988. *Elephant Memories : Thirteen Years in the Life of an Elephant Family.* New York : William Morrow.

Murdock, G. P. 1949. *Social Structure.* New York : Free Press.
—. 1965. Family stability in non-European culture. Dans *Culture and Society,* éd. G. P. Murdock. Pittsburgh : Univ. of Pittsburgh Press.
—. 1967. *Ethnographic Atlas.* Pittsburgh : Univ. of Pittsburgh Press.

Murdock, G. P. et D. R. White. 1969. Standard cross-cultural sample. *Ethnology* 8:329-69.

Nadler, R. D. 1975. Sexual cyclicity in captive lowland gorillas. *Science* 189:813-14.
—. 1988. Sexual aggression in the great apes. Dans *Human Sexual Aggression,* ed. R. A. Prentky et V. L. Quinsey. Annals of the New York Academy of Sciences, vol. 528:154-61. New York : NYAS.

Nimuendaju, C. 1946. *The Eastern Timbira.* Trans. R. H. Lowie. Univ. of California Publications in American Archaeology and Ethnology, vol. 41. Berkeley : Univ. of California Press.

Nishida, T. 1979. The social structure of chimpanzees of the Mahali Mountains. Dans *The Great Apes,* éd. D. A. Hamburg et E. R. McCown. Menlo Park, Calif. : Benjamin/Cummings.

Nissen, H. J. 1988. *The Early History of the Ancient Near East, 9000-2000 B.C.* Chicago : Univ. of Chicago Press.

439

OAKLEY, K. P. 1956. Fire as a Paleolithic tool and weapon. *Proceedings of the Prehistoric Society* 21:36-48.

O'BRIEN, E. M. 1984. What was the acheulean hand ax ? *Natural History*, July, 20-24.

OKONJO, K. 1976. The dual-sex political system in operation : Igbo women and community politics in midwestern Nigeria. Dans *Women in Africa : Studies in Social and Economic Change*, éd. N. J. Hafkin et E. G. Bay. Standford : Stranford Univ. Press.

ORIANS, G. H. 1969. On the evolution of mating systems in birds and mammals. *American Naturalist* 103:589-603.

ORTNER, S. B., et H. WHITEHEAD. 1981. Introduction : Accounting for sexual meanings. Dans *Sexual Meanings,* éd. S. B. Ortner et H. Whitehead. Cambridge : Cambridge Univ. Press.

OTTEN, C. M. 1985. Genetic effects on male and female development and on the sex ratio. Dans *Male-Female Differences : A Bio-Cultural Perspective,* éd. R. H. Hall, P. Draper, M. E. Hamilton, D. McGuinness, C. M. Otten et E. A. Roth. New York : Praeger.

PAGELS, E. 1988. *Adam, Eve and the Serpent.* New York : Vintage Books.

PARKER, G. A., R. R. BAKER et V. G. F. SMITH. 1972. The origin and evolution of gamete dimorphism and the male-female phenomenon. *Journal of Theoretical Biology* 36:529-53.

PAVELKA, M. S. et L. M. FEDIGAN. 1991. Menopause : A comparative life history perspective. *Yearbook of Physical Anthropology* 34:13-38.

PECK, J. R. et M. W. FELDMAN. 1988. Kin selection and the evolution of monogamy. *Science* 240:1672-74.

People magazine. 1986. Unfaithfully Yours : Adultery in America. Aug. 18, 85-95.

PERPER, T. 1985. *Sex Signals : The Biology of Love.* Philadelphia : ISI Press.

PFEIFFER, J. E. 1982. *The Creative Explosion : An Inquiry into the Origins of Art and Religion.* New York : Harper & Row.

PHILLIPS, R. 1988. *Putting Asunder : A History of Divorce in Western Society.* Cambridge : Cambridge Univ. press.

PILBEAM, D. 1985. Patterns of hominoid evolution. Dans *Ancestors : The Hard Evidence,* éd. E. Delson. New York : Alan R. Liss.

PITTMAN, F. 1989. *Private Lies : Infidelity and the Betrayal of Intimacy.* New York : W. W. Norton.

PLOOIJ, F. X. 1978. Tool-use during chimpanzee's bushpig hunt. *Carnivore* 1:103-6.

POTTS, R. 1984. Home bases and early hominids. *American Scientist* 72:338-47.

—. 1988. *Early Hominid Activities at Olduvai.* New York : Aldine de Gruyter.

—. 1991. Untying the knot : Evolution of early human behavior. Dans *Man and Beast Revisited,* éd. M. H. Robinson et L. Tiger. Washington, D.C. : Smithsonian Institution Press.

POWER, E. 1973. The position of women. Dans *Women : From the Greeks to the French Revolution.* éd. S. G. Bell. Stanford : Stanford Univ. Press.

PRETI, G., W. B. CUTLER, C. R. GARCIA, G. R., HUGGINS et H. J. LAWLEY. 1986. Human axillary secretions influence women's menstrual cycles : The role of donor extract of females. *Hormones and Behavior* 20:474-82.

PRICE, D. et J. A. BROWN, éds. 1985. *Prehistoric Hunter-Gatherers : The Emergence of Cultural Complexity.* New York : Academic Press.

PUSEY, A. E. 1979. Intercommunity transfer of chimpanzees in Gombe National Park. Dans *The Great Apes,* éd. D. A. Hamburg et E. R. McCown. Menlo Park, Calif. : Benjamin/Cummings.

—. 1980. Inbreeding avoidance in chimpanzees. *Animal Behavior* 28:543-52.

QUADAGNO, D. M., H. E. SHUBEITA, J. DECK et D. FRANCŒUR. 1981. Influence of male social contacts, exercise and all-female living conditions on the menstrual cycle. *Psychoneuroendocrinology* 6:239-44.

QUEEN, S. A. et R. W. HABENSTEIN. 1974. *The Family in Various Cultures.* Philadelphia : J. B. Lippincott.

RADCLIFFE-BROWN, A. R. 1922. *The Andaman Islanders.* Cambridge : Cambridge Univ. Press.

RALEIGH, M. et al. Serotonergic mechanisms promote dominance acquisition in adult male vervet monkeys. *Brain Research.*

RANCOURT-LAFERRIERE, D. 1983. Four adaptive aspects of the female orgasm. *Journal of Social and Biological Structures,* 6:319-33.

RAWSON, B. éd. 1986. *The Family in Ancient Rome : New Perspectives.* Ithaca : Cornell Univ. Press.

REICHARD, G. S. 1950. *Navaho Religion.* New York : Bollingen Foundation.

REITER, R. R. 1975. Introduction. Dans *Toward an Anthropology of Women,* éd. R. R. Reiter. New York : Monthly Review Press.

—, éd. 1975. *Toward en Anthropology of Women.* New York : Monthly Review Press.

REPENNING, C. A. et O. FEJFAR. 1982. Evidence for early date of Ubeidiya, Israel, hominid site. *Nature* 299:344-47.

RETALLACK, G. J., D. P. DUGAS et E. A. BESTLAND. 1990. Fossil soils and grasses of the Middle Miocene East African grassland. *Science* 247:1325.

ROBERTS, L. 1988. Zeroing in on the sex switch. *Science* 239:21-23.

RODMAN, P. S. 1988. Orangutans. *Institute of Human Origins Newsletter* 6 (n° 1): 5.

ROGERS, S. C. 1975. Female forms of power and the myth of male dominance : A model of female/male interaction in peasant society. *American Ethnologist* 2:727-56.

ROHRLICH-LEAVITT, R. B. SYKES et E. WEATHERFORD. 1975. Aboriginal woman : Male and female, anthropological perspectives. Dans *Toward an Anthropology of Women,* éd. R. R. Reiter. New York : Monthly Review Press.

ROSALDO, M. Z. 1974. Woman, culture, and society : A theoretical overview. Dans *Woman, Culture, and Society,* éd. M. Z. Rosaldo et L. Lamphere. Stanford : Stanford Univ. Press.

ROSALDO, M. Z. et L. LAMPHERE, éds. 1974. *Women, Culture, and Society.* Stanford : Stanford Univ. Press.

ROSE, M. D. 1983. Miocene hominoid postcranial morphology : monkey-like, ape-like, neither, or both ? Dans *New Interpretations of Ape and Human Ancestry,* éd. R. L. Ciochon et R. S. Corruccini. New York : Plenum Press.

ROSE, R. M., J. W. HOLADAY et I. S. BERNSTEIN. 1971. Plasma

testosterone, dominance rank and aggressive behavior in male rhesus monkeys. *Nature* 231:366-68.

ROSE, R. M., I. S. BERNSTEIN, T. P. GORDON et S. F. CATLIN. 1974. Androgens and aggression : A review and recent findings in primates. *Primate Aggression, Territoriality, and Xenophobia,* éd. R. L. Holloway. New York : Academic Press.

ROSENBLUM, A. 1976. *The Natural Birth Control Book.* Philadelphia : Aquarian Research Foundation.

ROSSI, A. 1984. Gender and parenthood. *American Sociological Review* 49:1-19.

ROWELL, T. E. 1972. Female reproductive cycles and social behavior in primates. Dans *Advances in the Study of Behavior,* Vol. 4, éd. D. S. Lehrman, R. A. Hinde et E. Shaw. New York : Academic Press.

RUE, L. L. 1969. *The World of the Red Fox.* Philadelphia : J. B. Lippincott.

RUSE, M. 1988. *Homosexuality : A Philosophical Inquiry.* Oxford : Basil Blackwell.

RUSSEL, M. J. 1976. Human olfactory communication. *Nature* 260:520-22.

RUSSETT, C. E. 1989. *Sexual Science : The Victorian Construction of Woman-hood.* Cambridge : Harvard Univ. Press.

RUTBERG, A. T. 1983. The evolution of monogamy in primates. *Journal of Theoretical Biology* 104:93-112.

RYAN, A. S. et D. C. JOHANSON. 1989. Anterior dental microwear in *Australopithecus afarensis :* Comparisons with human and nonhuman primates. *Journal of Human Evolution* 18:235-68.

RYDER, N. B. 1974. The family in developed countries. *Scientific American,* March, 123-32.

SABELLI, H. C. 1991. Rapid treatment of depression with selegiline-phenylalanine combination. Letter to the editor. *Journal of Clinical Psychiatry* 52:3.

SABELLI, H. C., L. CARLSON-SABELLI et J. I. JAVAID. 1990. The thermodynamics of bipolarity : A bifurcation model of bipolar illness and bipolar character and its psychotherapeutic applications. *Psychiatry* 53:346-68.

SACKS, K. 1971. Comparative notes on the position of women. Paper delivered at the annual meeting of the American Anthropological Association, Washington, D.C.

—. 1979. *Sisters and Wives : The Past and Future of Sexual Equality.* Urbana : Univ. of Illinois Press.

SADE, D. S. 1968. Inhibition of son-mother mating among free-ranging rhesus monkeys. *Science and Psychoanalysis* 12:18-37.

SANDAY, P. R., 1974. Female status in the public domain. Dans *Woman, Culture, and Society,* éd. M. Z. Rosaldo et L. Lamphere. Stanford : Stanford Univ. Press.

—. 1981. *Female Power and Male Dominance : On the Origins of Sexual In-equality.* Cambridge : Cambridge Univ. Press.

SAPOLSKY, R. M. 1983. Endocrine aspects of social instability in the olive baboon. *American Journal of Primatology* 5:365-76.

SARICH, V. M. et A. C. WILSON. 1967a. Immunological time scale for hominid evolution. *Science* 158:1200-1203.

—. 1967b. Rates of albumin evolution in primates. *Proceedings of the National Academy of Sciences* 58:142-48.

SARICH, V. M. et J. E. Cronin. 1976. Molecular systematics of the primates. Dans *Molecular Anthropology,* éd. M. Goodman et R. E. Tashian. New York : Plenum Press.

SAVAGE-RUMBAUGH, E. S. et B. J. Wilkerson. 1978. Socio-sexual behavior in *Pan paniscus* and *Pan troglodytes :* A comparative study. *Journal of Human Evolution* 7:327-44.

SCHALLER, G. B. 1972. *The Serengeti Lion : A Study of Predator-Prey Relations.* Chicago : Univ. of Chicago Press.

SCHALLER, G. B. et G. R. LOWTHER. 1969. The relevance of carnivore behavior to the study of early hominids. *Southwestern Journal of Anthropology* 25:307-41.

SCHLEGEL, A. 1972. *Male Dominance and Female Autonomy : Domestic Authority in Matrilineal Societies.* New Haven : HRAF Press.

SCHNEIDER, H. K. 1971. Romantic love among the Turu. Dans *Human Sexual Behavior,* éd. D. S. Marshall et R. C. Suggs. Englewood Cliffs, N.J. : Prentice Hall.

SCHIRE, C., éd. 1984. *Past and Present in Hunter-Gatherer Societies.* New York : Academic Press.

SELIGMAN, J. 1990. Variations on a theme. *Newsweek Special Edition*. Winter/Spring, 38-46.

SERVICE, E. R. 1978. The Arunta of Australia. Dans *Profiles in Ethnology*, éd. E. R. Service, 3ᵉ éd. York : Harper & Row.

Sexuality Today. 1988. Approaching the male of the species. March 7, p. 5.

SHEPHER, J. 1971. Mate selection among second generation kibbutz adolescents and adults : Incest avoidance and negative imprinting. *Archives of Sexual Behavior* 1:293-307.
—. 1983. *Incest — A Biosocial View*. New York : Academic Press.

SHERMAN, J. 1978. *Sex-Related Cognitive Differences : An Essay on Theory and Evidence*. Springfield, Ill. : Charles C. Thomas.

SHIPMAN, P. 1984. Scavenger Hunt. *Natural History*, April, 20-27.
—. 1986. Scavenging or hunting in early hominids : Theoretical framework and tests. *American Anthropologist* 88:27-43.
—. 1987. Studies of hominid-faunal interaction at Olduvai Gorge. *Journal of Human Evolution* 15:691-706.

SHOREY, H. H. 1976. *Animal Communication by Pheromones*. New York : Academic Press.

SHORT, R. V. 1976. The evolution of human reproduction. *Proceedings of the Royal Society*, ser. B, 195:3-24.
—. 1977. Sexual selection and descent of man. Dans *Reproduction and Evolution*, éd. J. H. Calaby et C. Tyndale-Biscoe. Canberra : Australian Academy of Science.
—. 1984. Breast feeding. *Scientific American*, April, 35-41.

SHOSTAK. M. 1981. *Nisa : The Life and Words of a ! Kung Woman*. New York : Random House.

SIBLEY, C. et J. AHLQUIST. 1984. The phylogeny of hominoid primates, as indicted by DNA-DNA hybridization. *Journal of Molecular Evolution* 20:2-11.

SILVERMAN, I. et M. BEALS. 1990. Sex différences in spatial abilities : Evolutionary theory and data. Paper delivered at the annual meeting of the Human Behavior and Evolution Society, Los Angeles.

SILVERSTEIN, C. 1981. *Man to Man : Gay Couples in America*. New York : William Morrow.

SIMONS, E. L. 1985. Origins and characteristics of the first hominoids.

Dans *Ancestors : The Hard Evidence*, éd. E. Delson. New York : Alan R. Liss.
—. 1989. Human origins. *Science* 245:1343-50.

SIMPSON-HEBERT, M. et S. L. HUFFMAN. 1981. The contraceptive effect of breastfeeding. Dans *Breastfeeding* éd. E. C. Baer et B. Winikoff. Numéro spécial de *Studies in Family Planning* 12 (n°. 4):125-33.

SINCLAIR, A. R. E., M. D. LEAKEY et M. NORTON-GRIFFITHS. 1986. Migration and Hominid bipedalism. *Nature* 324:307.

SLOCUM, S. 1975. Woman the gatherer : Male bias in anthropology. Dans *Toward an Anthropology of Women*, éd. R. R. Reiter. New York : Monthly Review Press.

SMALL, M. F. 1988. Female primate sexual behavior and conception : Are there really sperm to spare ? *Current Anthropology* 29:81-100.

SMITH, B. H. 1986. Dental development in *Australopithecus and early Homo*. *Nature* 323:327.

SMITH, R. L. 1984. Human sperm competition. Dans *Sperm Competition and the Evolution of Mating Systems*, éd. R. L. Smith. New York : Academic Press.

SMUTS, Barbara B. 1985. *Sex and Friendship in Baboons*. New York : Aldine de Gruyter.
—. 1987. What are friends for ? *Natural History*, Feb., 36-44.
—. 1992. Male-infant relationships in nonhuman primates : Parental investment or mating effort ? Dans *Father Child Relations*, éd. B. Hewlett. New York : Aldine de Gruyter.

SOLECKI, R. S. 1971. *Shanidar : The First Flower People*. New York : Knopf.
—. 1989. On the evidence for Neanderthal burial. *Current Anthropology* 30:324.

SOLWAY, J. S. et R. B. LEE. 1990. Foragers, genuine or spurious ? *Current Anthropology* 31:109-46.

SOSTEK, A. J. et R. J. Wyatt. 1981. The chemistry of crankiness. *Psychology Today*, Oct., 120.

SPENCER, R. F. 1959. *The North Alaskan Eskimo : A Study in Ecology and Society*. Washington, D. C. : Smithsonian Institution Press.

SPIRO, M. E. 1958. *Children of the Kibbutz*. Cambridge : Harvard Univ. Press.

SPRINGER, S. P. et G. DEUTSCH. 1985. *Left Brain, Right Brain*. Rev. éd. San Francisco : W. H. Freeman.

STEPHENS, W. N. 1963. *The Family in Cross-Cultural Perspective*. New York : Holt, Rinehart et Winston.

STOEHR, T., éd. 1979. *Free Love in America : A Documentary History*. New York : AMS Press.

STONE, L. 1990. *Road to Divorce : England, 1530-1987*. New York : Oxford Univ. Press.

STRASSMAN, B. I. 1981. Sexual selection, parental care, and concealed ovulation in humans. *Ethology and sociobiology* 2:31-40.

STRAUS, L. G. 1989. On early hominid use of fire. *Current Anthropology* 30:488-89.

STRINGER, C. B. et P. ANDREWS. 1988. Genetic and fossil evidence for the origin of modern humans. *Science* 239:1263-68.

STRUM, S. 1990. *Almost Human : A Journey into the World of Baboons*. New York : W. W. Norton.

SUGGS, R. C. et D. S. MARSHALL. 1971. Anthropological perspectives on human sexual behavior. Dans *Human Sexual Behavior,* éd. D. S. Marshall et R. C. Suggs. Englewood Cliffs, N. J. : Prentice-Hall.

SUSMAN, R. L. 1984. The locomotor behavior of *Pan paniscus* in the Lomako Forest. Dans *The Pygmy Chimpanzee,* éd. R. L. Susman. New York : Plenum Press.
—. 1989. New hominid fossils from the Swartkrans formation excavations (1979-1986) : Postcranial specimens. *American Journal of Physical Anthropology* 79:451-74.
—. 1990. Evidence for tool behavior in the earliest hominids. Paper delivered at the Anthropology Section of the New York Academy of Sciences, Nov. 19.

SUSMAN, R. L., J. T. STERN, Jr. et W. L. JUNGERS. 1985. Locomotor adaptations in the Hadar hominids. Dans *Ancestors : The Hard Evidence,* éd. E. Delson. New York : Alan R. Liss.

SYMONS, D. 1979. *The Evolution of Human Sexuality*. New York : Oxford Univ. Press.

SYMONS, D. 1982. Another woman that never existed. *Quarterly Review of Biology* 57:297-300.

SYMONS, D. et B. ELLIS. 1989. Human male-female differences in sexual desire. Dans *The Sociobiology of Sexual and Reproductive Strategies*, éd. A. E. Rasa, C. Vogel et E. Voland. New York : Chapman and Hall.

TANNER, N. M. 1981. *On Becoming Human*. Cambridge : Cambridge Univ. Press.

TANNER, N. M. et A. L. ZIHLMAN. 1976. Women in evolution. Part I : Innovation and selection in human origins. *Signs : Journal of Women in Culture and Society* 1:585-608.

TAVRIS, C. et S. SADD. 1977. *The Redbook Report on Female Sexuality*. New York : Delacorte Press.

TELEKI, G. 1973a. *The Predatory Behavior of Wild Chimpanzees*. Lewisburg : Bucknell Univ. Press.
—. 1973b. The omnivorous chimpanzee. *Scientific American,* Jan., 3-12.

TENNOV, D. 1979. *Love and Limerence : The Experience of Being in Love*. New York : Stein and Day.

TEXTOR, R. B. 1967. *A Cross-Cultural Summary*. New Haven : HRAF Press.

THOMAS, H. 1985. The Early and Middle Miocene land connection of the Afro-Arabian plate and Asia : A major event for hominoid dispersal ? In *Ancestors : The Hard Evidence,* éd. E. Delson. New York : Alan R. Liss.

THOMPSON-HANDLER, N., R. K. MALENKY et N. BADRIAN. 1984. Sexual behavior of *Pan paniscus* under natural conditions in the Lomako Forest, Equateur, Zaire. Dans *The Pygmy Chimpanzee,* éd. R. L. Susman. New York : Plenum Press.

THORNHILL, R. et J. ALCOCK. 1983. *The Evolution of Insect Mating Systems*. Cambridge : Harvard Univ. Press.

TOBIAS, P. V. 1991. *Olduvai Gorge*. Vol. 4, *The Skulls, Endocasts and Teeth of Homo habilis*. New York : Cambridge Univ. Press.

TOFLER, A. 1980. *The Third Wave*. New York : William Morrow.

TORRENCE, R., éd. 1989. *Time, Energy and Stone Tools*. New York : Cambridge Univ. Press.

TREVATHAN, W. R. 1987. *Human Birth : An Evolutionary Perspective*. New York : Aldine de Gruyter.

TRIVERS, R. L. 1972. Parental investment and sexual selection. Dans *Sexual Selection and the Descent of Man, 1871-1971,* éd. B. Campbell. Chicago : Aldine.

—. 1985. *Social Evolution.* Menlo Park, Calif. : Benjamin/Cummings.

TUNNELL, G. G. 1990. Systematic scavenging : Minimal energy expenditure at Olare Orok in the Serengeti ecosystem. Dans *Problem Solving in Taphonomy,* éd. S. Solomon, I. Davidson et D. Watson. Santa Lucia, Queensland, Australia : Univ. of Queensland Press.

TURKE, P. W. 1984. Effects of ovulatory concealment and synchrony on protohominid mating systems and parental roles. *Ethology and Sociobiology* 5:33-44.

TURNBULL, C. M. 1981. Mbuti womanhood. Dans *Woman the Gatherer,* éd. F. Dahlberg. New Haven : Yale Univ. Press.

TUTIN, C. E. G. 1979. Mating patterns and reproductive strategies in a community of wild chimpanzees (*Pan troglodytes schweinfurthii*). *Behavioral Ecology and Sociobiology* 6:39-48.

TUTIN, C. E. G. et R. McGINNIS. 1981. Chimpanzee reproduction in the wild. Dans *Reproductive Biology of the Great Apes,* éd. C. E. Graham. New York : Academic Press.

TUTTLE, R. H. 1990. The pitted pattern of Laetoli feet. *Natural History,* March, 61-64.

TYLOR, E. B. 1889. On a method of investigating the development of institutions : Applied to laws of marriage and descent. *Journal of the Royal Anthropological Institute* 18:245-69.

UDRY, J. R., et N. M. MORRIS. 1977. The distribution of events in the human menstrual cycle. *Journal of Reproductive Fertility* 51:419-25.

United Nations. Statistical Office, Department of Economic and Social Affairs. 1955. Divorce rates per 1 000 married couples, 1935-1953. *Demographic Yearbook : 1954.* Chart 35. New York : United Nations.

—. 1958. Technical Notes. *Demographic Yearbook : 1954.* New York : United Nations.

—. 1984. *Demographic Yearbook : 1982.* New York : United Nations.

U.S. Bureau of the Census (Bureau Américain du Recensement). 1986. *Statistical Abstract of the United States.* Washington D.C. 1985. Chart 124.

VAN ALLEN, J. 1976. "Aba Riots" or Igbo Women's War? Ideology, Stratification, and the Invisibility of Women. Dans *Women in Africa,* éd. N. J. Hafkin et E. G. Bay. Stanford : Stanford Univ. Press.

449

VAN COUVERING, J. A. et J. A. H. VAN COUVERING. 1975. African isolation and the Tethys seaway. Dans *Proceedings of the VI Congress of the Regional Committee on Mediterranean Neogene Stratigraphy.* Bratislava : Slovak Academy of Science.

VAN COUVERING, J. A. H. 1980. Community evolution and succession in East Africa during the Late Cenozoic. Dans *Bones in the Making,* éd. A. Hill et K. Berensmeyer. Chicago : Univ. of Chicago Press.

VAN DEN BERGHE, P. L. 1979. *Human Family Systems : An Evolutionary View,* Westport, Conn. : Greenwood Press.

VANDIVER, P., O. SOFFER, B. KLIMA et J. SVOBODA. 1989. The origins of ceramic technology at Dolni Vestonice, Czechoslovakia. *Science* 246:1002-8.

VAN HOOFF, J. A. R. A. M. 1971. *Aspects of the Social Behavior and Communication in Human and Higher Non-Human Primates.* Rotterdam : Bronder-Offset.

VAN VALEN, L. 1973. A new evolutionary law. *Evolutionary Theory :* 1:1-30..

VEIT, P. G. 1982. Gorilla society. *Natural History,* March, 48-58.

VELLE, W. 1982. Sex, hormones and behavior in animals and man. *Perspectives in Biology and Medicine* 25:295-315.

VERNER, J. et M. F. WILLSON. 1966. The influence of habitats on mating systems of North American passerine birds. *Ecology* 47:143-47.

Vital Statistics of the United States, 1960. 1964. Vol. 3. Washington, D.C. : National Center for Health Statistics. Table 4-7.
—. *1970.* 1974. Vol. 3. Rockville, Md. : National Center for Health Statistics. Table 2-4.
—. *1977.* 1981. Vol. 3. Hyattsville, Md. : National Center for Health Statistics. Table 2-17.
—. *1979.* 1984. Vol. 3. Hyattsville, Md. : National Center for Health Statistics. Table 2-22.
—. *1981.* 1985. Vol. 3. Hyattsville, Md. : National Center for Health Statistics. Table 2-13.
—. *1983.* 1987. Vol. 3. Hyattsville, Md. : National Center for Health Statistics. Table 2-10.
—. *1986.* 1990. Vol. 3. Hyattsville, Md. : National Center for Health Statistics. Table 2-29.

VRBA, E. S. 1985. African Bovidae : Evolutionary events since the Miocene. *South African Journal of Science* 81:263-66.

WAGNER, J., éd. 1982. *Sex Roles in Contemporary American Communes.* Bloomington : Indiana Univ. Press.

WASHBURN, S. L., et C. S. LANCASTER, 1968. The evolution of hunting. Dans *Man the Hunter,* éd. R. B. Lee et I. DeVore. New York : Aldine.

WASHBURN, S. L. et R. MOORE. 1974. *Ape into Man : A Study of Human Evolution.* Boston : Little, Brown.

WATANABE, H. 1985. *Why Did Man Stand Up ?: An Ethnoarchaeological Model for Hominization.* Tokyo : Univ. of Tokyo Press.

WEISMAN, S. R. 1988. Broken marriage and brawl test a cohesive cast. *New York Times,* Feb. 21.

WEISS, R. 1987. "How dare we ? Scientists seek the sources of risk-taking behavior. *Science News* 132:57-59.
—. 1988. Women's skills linked to estrogen levels. *Science News* 134:341.

WEISS, R. S. 1975. *Marital Separation.* New York : Basic Books.

WERNER, D. 1984. Paid sex specialists among the Mekranoti. *Journal of Anthropological Research* 40:394-405.
—. 1934. Recent theories of exogamy. *Sociological Review* 26:22-44.

WESTNEAT, D. F., P. W. SHERMAN et M. L. MORTON. 1990. The ecology and evolution of extra-pair copulations in birds. Dans *Current Ornithology.* Vol. 7, éd. D. M. POWER. New York : Plenum Press.

WHITE, J. M. 1987. Premarital cohabitation and marital stability in Canada. *Journal of Marriage and the Family* 49:641-47.

WHITE, R. 1986. *Dark Caves, Bright Visions : Life in Ice Age Europe.* New York : American Museum of Natural History.
—. 1989a. Visual thinking in the Ice Age. *Scientific American,* July, 92-99.
—. 1989b. Production complexity and standardization in Early Aurignacian bead and pendant manufacture : Evolutionary implications, dans *The Human Revolution,* éd. P. Mellars et C. B. Stringer. Vol. 1. Edinburgh : Edinburgh Univ. Press.

WHITE. T. D. 1977. New fossil hominids from Laetoli, Tanzania. *American Journal of Physical Anthropology* 46:197-229.

451

—. 1980. Additional fossil hominids from Laetoli, Tanzania : 1976-1979 specimens. *American Journal of Physical Anthropology* 53:487-504.

—. 1985. The hominids of Hadar and Laetoli : An element-by-element comparison of the dental samples. Dans *Ancestors : The Hard Evidence,* éd. E. Delson. New York : Alan R. Liss.

WHITING, B. 1965. Sex identity conflict and physical violence : A comparative study. *American Anthropologist* 67:123-40.

WHITING, B. B. et J. W. M. Whiting. 1975. *Children in Six Cultures.* Cambridge : Harvard Univ. Press.

WHITTEN, R. G. 1982. Hominid promiscuity and the sexual life of proto-savages : Did *Australopithecus* swing ? *Current Anthropology* 23:99-101.

WHYTE, M. K. 1978. *The Status of Women in Preindustrial Societies.* Princeton : Princeton Univ. Press.

—. 1990. *Dating, Mating, and Marriage.* New York : Aldine de Gruyter.

WICKLER, W. 1976. *The Ethological Analysis of Attachment.* Berlin : Verlag Paul Parey.

WILLIAMS, G. C. 1975. *Sex and Evolution.* Princeton : Princeton Univ. Press.

WILMSEN. E. N. 1989. *Land Filled with Flies : A Political Economy of the Kalahari.* Chicago : Univ. of Chicago Press.

WILMSEN, E. N. et J. R. DENBOW. 1990. Paradigmatic history of San-speaking peoples and current attempts at revision. *Current Anthropology* 31:489-524.

WILSON, E. O. 1975. *Sociobiology : The New Synthesis.* Cambridge : Belknap Press/Harvard Univ. Press.

WILSON, H. C. 1988. Male axillary secretions influence women's menstrual cycles : A critique. *Hormones and Behavior* 22:266-71.

WILSON, M. et M. DALY. 1991. The man who mistook his wife for a chattel. Dans *The Adapted Mind : Evolutionary Psychology and the Generation of Culture,* éd. J. H. Barkow, L. Cosmides et J. Tooby. New York : Oxford Univ. Press.

WITTENBERGER, J. F. et R. L. TILSON. 1980. The evolution of monogamy : Hypotheses and evidence. *Annual Review of Ecology and Systematics* 11:197-232.

WOLFE, L. 1981. *Women and Sex in the 80s : The Cosmo Report*. New York : Arbor House.

WOLPOFF, M. H. 1980. *Paleo-Anthropology*. New York : Alfred A. Knopf.
—. 1982. Ramapithecus and hominid origins. *Current Anthropology* 23:501-22.
—. 1984. Évolution of *Homo erectus :* The question of stasis. *Paleobiology* 10:389-406.
—. 1989. Multiregional evolution : The fossil alternative to Eden. Dans *The Human Revolution,* éd. P. Mellars et C. B. Stringer. Vol. 1. Edinburgh : Edinburgh Univ. Press.

WOLPOFF, M. H., J. N. SPUHLER, F. H. SMITH, J. RADOVIC, G. POPE, D. W. FRAYER, R. ECKHARDT et G. CLARK. 1988. Modern human origins. *Science* 241:772-74.

WOODBURN, J. 1968. An introduction to Hadza ecology. Dans *Man the Hunter,* éd. R. B. Lee et I. DeVore. New York : Aldine.

WRANGHAM, R. W. 1977. Feeding behavior of chimpanzees in Gombe National Park, Tanzania. Dans *Primate Ecology,* éd. T. H. Clutton-Brock. London : Academic Press.
—. 1979a. On the evolution of ape social systems. *Social Science Information* 18:335-68.
—. 1979b. Sex differences in chimpanzee dispersion. Dans *The Great Apes,* éd. D. A. HAMBURG et E. R. McCOWN. Menlo Park, Calif. : Benjamin/Cummings.

WUDUNN, S. 1991. Romance, a novel idea, rocks marriages in China. *New York Times,* April 17.

YERKES, R. M. et J. H. ELDER. 1936. Oestrus, receptivity and mating in the chimpanzee. *Comparative Psychology Monographs* 13:1-39.

ZIHLMAN, A. L. 1979. Pygmy chimpanzee morphology and the interpretation of early hominids. *South African Journal of Science* 75:165-68.
—. 1981. Women as shapers of the human adaptation. Dans *Woman the Gatherer,* éd. F. Dahlberg. New Haven : Yale Univ. Press.

ZIHLMAN, A. L. et N. TANNER, 1978. Gathering and hominid adaptation. Dans *Female Hierarchies,* éd. L. Tiger et H. Fowler. Chicago : Beresford Book Service.

ZIHLMAN, A. L., J. E. CRONIN, D. L. CRAMER et V. M. SARICH. 1987. Pygmy chimpanzee as a possible prototype for the common ancestor of humans, chimpanzees and gorillas. Dans *Interpretations of Ape and Human Ancestry,* éd. R. L. Ciochon et R. S. Corrucini. New York : Plenum Press.

ZIMEN, E., éd. 1980. *The Red Fox : Symposium on Behavior and Ecology.* The Hague : Junk.

ZUCKERMAN, M. 1971. Dimensions of sensation seeking. *Journal of Consulting and Clinical Psychology* 36:45-52.

ZUCKERMAN, M., M. S. BUCHSBAUM et D. L. MURPHY 1980. Sensation seeking and its biological correlates. *Psychological Bulletin* 88 : 187-214.

ZUCKERMAN, M., J. A. HALL, S. W. DEFRANK et R. ROSENTHAL. 1976. Encoding and decoding of spontaneous and posed facial expressions. *Journal of Personality and Social Psychology* 34:966-77.

ZUCKERMAN, Sir S. 1932. *The Social Life of Monkeys and Apes.* London : Butler et Turner.

REMERCIEMENTS

Merci à Ray Carroll, Florine et Gene Katz, et Helen Fisher, ma mère, pour leur soutien admirable. Merci à Judy Andrews et Sue Carroll, pour leur aide précieuse dans mes recherches.

Je suis extrêmement reconnaissante à Mary Cunnane, responsable de l'édition chez W.W. Norton, ainsi qu'à William Rusin, Fran Rosencrantz, Jeannie Luciano, Patricia Anthonyson, Caroline Crawford, et à tous ceux de l'équipe de Norton pour leurs efforts inestimables en faveur de ce livre.

Je remercie aussi Amanda Urban, mon agent littéraire, pour ses conseils avisés, Lynn Goldberg et Louise Brockett pour leurs suggestions pertinentes, Nancy Crampton, pour avoir pris ma photographie, Michael Rothman, pour avoir dessiné les illustrations, Otto Sonntag, pour avoir assuré le secrétariat de rédaction.

Je remercie également grandement mes collègues Robert Alford, Laura Betzig, Vern Bullough, Robert Carneiro, Ray Carroll, Andrew Cherlin, Ceciley Collins, Ellen Dissanayake, Perry Faithorn, Stan Freed, David Givens, Terry Harrison, Sarah Hrdy, Albin Jones, Florine Katz, Warren Kinzey, Laura Klein, Peter Lacey, Michael Liebowitz, Richard Milner, Merry Muraskin, Barbara Pillsbury, Carolyn Reynolds, Alice Rossi, Lionel Tiger, Wenda Trevathan, Michael Trupp, Randall White, et Milford Wolpoff, pour leurs bons conseils et leurs commentaires pertinents sur différentes parties du manuscrit.

Enfin, je remercie mes amis et ma famille pour la patience et la bonne humeur qu'ils ont gardées durant les nombreuses années de rédaction de ce livre.

TABLE DES MATIÈRES

Imprimé en France, par l'imprimerie Hérissey à Évreux (Eure) - N° 76517
HACHETTE/PLURIEL - 43, quai de Grenelle - Paris
Collection n° 24 - Édition n° 02
Dépôt légal : 1634 - Avril 1997
ISBN : 2.01.278711.8
ISSN : 0296-2063

27/8711/7